ŒUVRES COMPLÈTES

V

ÉLÉMENTS D'IDÉOLOGIE

TROISIÈME PARTIE

LOGIQUE

DU MÊME AUTEUR

À LA MÊME LIBRAIRIE

De l'amour, texte original en langue française, introduction, édition et notes par Claude Jolly, préface de Jean Tulard, « Bibliothèque des Textes Philosophiques – Poche », 128 pages, 2006.

Œuvres complètes, éditées par Claude Jolly, « Bibliothèque des Textes Philosophiques », 8 volumes :

I. *Premiers écrits. Sur l'éducation et l'instruction publique*, 256 pages, 2011.

II. *Essais philosophiques*.

III. *Éléments d'idéologie*, 1, *Idéologie proprement dite*, 308 pages, 2012.

IV. *Éléments d'idéologie*, 2, *Grammaire*, 248 pages, 2013.

V. *Éléments d'idéologie*, 3, *Logique*.

VI. *Éléments d'idéologie*, 4-5, *Économie, Morale (Traité de la volonté et de ses effets)*.

VII. *Commentaire sur* L'Esprit des lois *de Montesquieu*.

VIII. *Correspondance*.

BIBLIOTHÈQUE DES TEXTES PHILOSOPHIQUES

Fondateur : HENRI GOUHIER   Directeur : JEAN-FRANÇOIS COURTINE

DESTUTT DE TRACY

ŒUVRES COMPLÈTES
V

ÉLÉMENTS D'IDÉOLOGIE

TROISIÈME PARTIE

LOGIQUE

Introduction, édition et notes
par
Claude JOLLY

PARIS
LIBRAIRIE PHILOSOPHIQUE J. VRIN
6, place de la Sorbonne, V[e]

2014

Imprimé en France

ISSN 0249-7972
ISBN 978-2-7116-2137-8

www.vrin.fr

INTRODUCTION

LA LOGIQUE OU LA SCIENCE DU RAISONNEMENT

La *Logique*, troisième volume des *Éléments d'idéologie*, qui paraît en juillet 1805, est un ouvrage que l'on peut qualifier de composite. Il réunit en effet plusieurs ensembles qui sont certes complémentaires mais qui auraient pu tout aussi bien être publiés de façon indépendante. Nous pouvons en compter cinq :

1. Le cœur de l'ouvrage, suite naturelle des deux premiers volumes, est consacré à ce que l'on pourrait appeler la logique *stricto sensu* : il traite de la combinaison des idées, après que les volumes précédents ont traité de leur formation et de leur expression. Il est constitué des chapitres Ier à VIII et a pour objet la certitude et la vérité (de quoi pouvons-nous être certains ? à quelle(s) condition(s) un jugement et un raisonnement peuvent-ils être qualifiés de vrais ?) ainsi que l'erreur (à quelle(s) cause(s) attribuer les erreurs qui affectent un si grand nombre de nos jugements ?).

2. Cet ensemble est précédé d'un long « Discours préliminaire » qui veut montrer que cette nouvelle science qu'est l'Idéologie s'inscrit dans le prolongement d'une longue tradition philosophique, tout en la rectifiant et en la dépassant de façon radicale.

3. Viennent en appui de ces deux premiers ensembles ce que Destutt de Tracy présente comme les « Pièces justificatives » de sa *Logique*, à savoir un *Sommaire raisonné de l'Instauratio Magna* de Bacon et une traduction quasi-intégrale de la *Logique* de Hobbes, première partie du *De Corpore* du philosophe anglais, ces deux ouvrages pouvant être tenus pour des tentatives méritoires, quoique non abouties, de refonder la philosophie sur des bases justes.

4. Le chapitre IX, intitulé « Résumé des trois parties qui composent la science logique et programme de ce qui doit suivre », doit être regardé, de l'aveu même de l'auteur, « plutôt [...] comme un appendice et une conséquence de [s]on ouvrage, que comme en faisant une partie intégrante »[1].

5. À cela s'ajoute un « Supplément à la première partie des *Éléments d'idéologie* ». Composé d'un petit nombre d'aphorismes complétés d'observations et de corollaires, il a été rédigé peu après la parution de la *Logique*, mais n'a été publié qu'en 1815 en tête du *Traité de la volonté et de ses effets, IVe et V^e parties des Éléments d'idéologie*. Il ne fait pas de doute pour autant que ce « Supplément » mérite d'être placé à la fin du présent volume : c'est d'ailleurs le parti qui a été retenu par Destutt de Tracy lui-même pour l'édition complète des *Éléments d'idéologie* parue en 1824-1826.

Ce caractère composite de l'ouvrage s'explique : il trouve son origine dans le fait que les années 1803-1804 qui sont celles de la rédaction de la *Logique* constituent aussi une phase décisive dans l'élaboration de la pensée tracéenne qui parvient alors à sa pleine maturité. Trois phénomènes se conjuguent en effet durant cette période.

Le premier, c'est la conviction qu'acquiert Destutt de Tracy de la vérité et de la cohérence de l'Idéologie au fur et à mesure de sa construction. Non seulement celle-ci lui paraît reposer sur une base solide mais il fait le constat que les différentes pièces qui constituent les *Éléments* et qu'il a parfois laborieusement confectionnées s'emboîtent parfaitement les unes dans les autres. Il l'écrit dans une lettre à Maine de Biran du 30 vendémiaire an 13 (22 octobre 1804), alors qu'il vient de mettre la dernière main à la plus grande partie de son troisième volume :

> Je viens d'achever ma *Logique*. J'ai parcouru tout mon petit cercle. Il se referme complètement juste sans que j'y aie visé ; ce qui tendrait à prouver qu'il a été tracé régulièrement[2].

La dédicace à Cabanis placée en tête de l'ouvrage confirme en outre qu'il tient pour rempli avec succès l'objectif qu'il s'était initialement fixé, à savoir écrire « l'histoire détaillée de notre intelligence »[3].

Le second, c'est sa capacité à déployer sa pensée dans toute son ampleur et donc à aller au-delà de la seule analyse des mécanismes de la

1. *Éléments, III, Logique*, chapitre VIII, p. 191.

2. *Œuvres* de Maine de Biran, sous la direction de François Azouvi, XIII-2 et XIII-3, *Correspondance philosophique, 1766-1824*, éditée par André Robinet et Nelly Bruyère, Paris, Vrin, 1996, p. 408.

3. *Éléments, III, Logique*, dédicace, p. 38.

formation, de l'expression et de la combinaison de nos idées qui l'a occupé depuis une dizaine d'années. Il a le sentiment de dominer pleinement son sujet et cela le conduit dans deux directions. D'un côté, il mesure plus clairement qu'auparavant que l'Idéologie est l'aboutissement d'un long processus philosophique qui commence dans l'Antiquité avec Aristote, reprend vie au XVIIe siècle avec Bacon et Hobbes en Angleterre, Descartes et Port-Royal en France, puis débouche à la fin du XVIIe siècle et au XVIIIe avec Locke et Condillac ; c'est ce qui fournit la matière du « Discours préliminaire ». D'un autre côté, il a enfin une perception globale et stabilisée du périmètre de l'Idéologie et des tâches qui restent à accomplir pour en faire de façon exhaustive la science à la fois fondatrice et unificatrice de toutes les sciences. Il est ainsi en mesure de dresser, à la fin du chapitre IX, le plan complet des *Éléments d'idéologie* : au-delà de l'analyse de nos facultés intellectuelles, qui font l'objet de la première section des *Éléments*, il conviendra de se pencher sur l'homme voulant et agissant (deuxième section) ainsi que sur l'homme appliquant ses moyens de connaître au monde qui l'environne (troisième section). L'Idéologie, ainsi entendue dans toutes ses dimensions, sera ainsi placée sous le double sceau du bonheur et de la vérité, car,

> le bonheur est le but de la volonté, comme la vérité est celui du jugement [1].

Le troisième phénomène, parce qu'il est commandé non pas par les nécessités propres à la réflexion mais par les circonstances, est plus inattendu : c'est le sentiment dont est saisi l'auteur de l'urgence qu'il y a à publier. Dans une lettre à son ami Daunou datée du 8 frimaire an 13 (29 novembre 1804), c'est-à-dire peu après que l'essentiel de la *Logique* a été achevé, il sollicite son avis sur le manuscrit et ajoute :

> Je me hâterai d'en commencer l'impression. Car on ne sait pas si on pourra seulement parler de logique dans trois mois [2].

En 1804 en effet, l'Idéologie, que Destutt de Tracy qualifie désormais de « persécutée » (après avoir été, dit-il, « méconnue ») [3], est de plus en plus difficilement tolérée par le pouvoir impérial et chaque jour plus attaquée par une fraction grandissante de la classe intellectuelle qui voue aux

1. *Éléments, III, Logique*, chapitre IX, p. 212.

2. BnF, dpt des mss, correspondance de Daunou, N. Acq. Fr. 21888 (199).

3. *Éléments, III, Logique*, chapitre premier, p. 96. On peut noter à ce sujet que Destutt de Tracy laisse poindre, par quelques remarques incidentes de la *Logique*, une certaine exaspération, par exemple quand il dénonce « l'influence des hypocrites » qui tient à « cette vieille métaphysique qui tombe en ruine » (chapitre IV, p. 128).

gémonies le « sensualisme », dénoncé comme la philosophie de la plupart des penseurs qui ont accompagné la Révolution. Dans ce contexte en partie hostile, Destutt de Tracy craint d'être bientôt réduit au silence. Compte tenu de la dérive autoritaire du régime [1], cette inquiétude n'a rien de fantaisiste et elle se vérifiera : mis à part un petit texte intitulé « Aux rédacteurs de la Revue : Sur les lettres de Descartes », paru en juin 1806 dans la *Revue philosophique, littéraire et politique* (nouveau nom de *La Décade philosophique* à partir de 1804), il ne publiera rien entre la parution de la *Logique* et la fin de l'Empire. Une lettre à J. Rey de 1810 exprime son état d'esprit à cet égard :

> Je vous avoue que je tremble à la seule idée de se faire imprimer. Je sais ce qu'il en coûte quoique je n'aie jamais attaqué personne et que j'aie écrit sur un sujet qui ne semblait devoir éveiller aucune passion et ne provoquer que l'ennui [2].

Certain que « le feu sacré [en faveur de l'Idéologie] vit toujours », ainsi qu'il l'écrit à Maine de Biran [3], désireux aussi de répondre à certaines attaques comme en témoigne la longue note qu'il consacre au chapitre V à Degérando, convaincu enfin qu'en œuvrant pour la raison il utilise la seule arme qui lui reste contre le despotisme napoléonien [4], Destutt de Tracy est d'autant plus déterminé à publier rapidement l'ensemble des textes qui expriment le point auquel est parvenue sa pensée qu'il sait que le temps lui est compté : au-delà de la seule « Logique » (qui réunit outre les chapitres Ier à VIII, les « Pièces justificatives » et le « Supplément »), le troisième volume des *Éléments* s'adjoint ainsi le long « Discours préliminaire » qui porte un vaste regard sur l'histoire de la logique et le chapitre IX qui fixe le programme du travail à venir.

1. « Les rapports officiels du ministère de la police font mention de cent soixante saisies [d'ouvrages] entre 1800 et 1810, et encore ce chiffre est-il bien en dessous de la réalité » (B. Vouillot, « La Révolution et l'Empire : une nouvelle réglementation », dans *Histoire de l'édition française, II, Le Livre triomphant (1660-1830)*, sous la direction de Henri-Jean Martin et Roger Chartier, Paris, Promodis, 1984, p. 528).

2. Lettre du 28 septembre 1810, dans *Lettres à Joseph Rey, 1804-1814*, éditées par Claude Jolly, Genève, Droz, 2003, p. 100.

3. Lettre du 4 nivôse an 13 (25 décembre 1804), dans *Œuvres* de Maine de Biran, *Correspondance philosophique*, *op. cit.*, p. 417.

4. C'est ce qui ressort de façon transparente d'une note du « Discours préliminaire », p. 81-82 : « Ce n'est pas aujourd'hui qu'il est besoin de s'étendre longuement pour prouver que quiconque contribue à assurer la marche de la raison humaine, sape par leur base tous les genres d'oppression, et que même il les attaque de la seule manière qui soit solidement utile. C'est une vérité constante et point dangereuse à divulguer, car elle est encore plus connue des oppresseurs que des opprimés. »

LE LONG CHEMINEMENT VERS L'IDÉOLOGIE DANS L'HISTOIRE DE LA PHILOSOPHIE

Si, comme il l'a écrit au début de sa *Grammaire*, Destutt de Tracy pense que l'Idéologie n'a pu éclore que de son temps, c'est-à-dire après que certaines conditions ont été réunies (« un grand fonds de connaissances acquises, une excellente méthode et une liberté entière »[1]), il considère également que l'homme, à chaque fois qu'il a progressé dans ses connaissances, s'est fait Idéologue sans le savoir, ou plutôt a mis en œuvre, sans en être nécessairement conscient, les principes qui président à la méthode qu'a su mettre au jour l'Idéologie. Par là même, il n'est pas surprenant que dans l'histoire de la philosophie, à côté des milliers d'erreurs qui ont été cultivées par les principaux auteurs et dont Tracy ne voit guère l'intérêt de dresser le catalogue[2], se soient développées des écoles de pensée qui ont peu à peu approché la vérité, préparant ainsi de longue date l'avènement de l'Idéologie.

Destutt de Tracy distingue trois principales étapes dans ce cheminement. La première est ouverte par Aristote, à qui il reconnaît deux grands mérites : celui d'avoir lutté contre les sophistes et les sceptiques et d'avoir refusé le ciel platonicien des idées, d'une part ; celui d'avoir dans sa logique (*Organon*) fait précéder la présentation des règles du raisonnement ou de la déduction des idées d'une analyse des idées elles-mêmes (*Des Catégories*) et de leur expression (*De l'Interprétation*), d'autre part. Malheureusement, cette analyse est à ses yeux à la fois si lacunaire et si fautive qu'elle ne pourra déboucher que sur un ensemble de procédés techniques (l'art du syllogisme) qui, même s'il a régné sans partage pendant dix-huit siècles, s'est néanmoins révélé au mieux inutile, au pire nuisible. Sa grande erreur aura été de voir dans les idées et les propositions générales le principe de toute connaissance :

> Tout cela est faux et est précisément l'inverse de la marche de la raison humaine. [...]. C'est toujours par les [propositions] plus particulières qu'il faut commencer ; c'est en elles qu'est la source de la vérité des autres. Ce n'est pas parce que *tous les hommes sont des êtres* parlants que *Jacques est*

1. *Éléments, II, Grammaire*, introduction, p. 43. Sur ce point, on peut se reporter à notre introduction au volume III des *Œuvres complètes*, p. 14-17.

2. Dans une lettre à Claude Fauriel du 5 juin 1804 (Bibl. de l'Institut, fonds Fauriel, Ms 2327, n°2, pièce 450), Destutt de Tracy ironise sur « le tableau des folies humaines que Degérando vient de tracer avec tant de complaisance », visant directement l'*Histoire comparée des systèmes de philosophie, relativement aux principes des connaissances humaines*, gros ouvrage en trois volumes que ce dernier a publié la même année.

> *un être parlant.* [...] C'est tout le contraire. *Jacques est un être parlant* parce qu'on le voit, on l'entend parler; en un mot parce qu'il est prouvé par le fait que l'idée d'être un être parlant est une des idées qui lui conviennent, qui composent l'idée totale de son individu [1].

La gloire de Bacon et de Descartes est d'avoir, chacun de son côté, ouvert le deuxième chapitre, qui constitue un moment décisif dans l'histoire humaine : le premier a perçu la nécessité de recommencer toutes les sciences à l'aide d'un *Novum Organum* ou d'une nouvelle « machine intellectuelle »; peu après, le second a donné à la philosophie sa seule véritable base (en fondant la certitude de notre existence sur notre pensée et donc, pour Tracy, sur notre faculté de sentir[2]) et a défini les règles de la méthode permettant d'avancer dans les sciences. Sans doute Bacon a-t-il échoué dans son entreprise dans la mesure où nous trouvons en lui « beaucoup de traces de cette mauvaise manière de philosopher que lui-même voulait corriger »[3]. Mais on doit lui reconnaître une vertu essentielle : en percevant que les principes généraux sont fondés sur des faits particuliers, il a non seulement porté un coup terrible au système d'Aristote, mais plus encore contribué à détourner les esprits des chimères métaphysiques et à les conduire à l'observation et à l'étude des faits. Sans doute Descartes, après avoir si bien commencé, a-t-il à son tour « substitué quelques erreurs nouvelles aux anciennes »[4], mais on lui doit d'avoir orienté les esprits dans la bonne direction.

Continuateurs respectifs de Bacon et de Descartes, Hobbes et les Messieurs de Port-Royal ont achevé de ruiner l'héritage aristotélicien en percevant que l'essentiel de la logique ne réside pas dans des règles purement formelles du raisonnement, telles que celles qui constituent la vaste machine syllogistique, mais bien dans ce qui se situe en amont de ces règles, à savoir les mécanismes de la formation des idées et des signes, ainsi que les opérations du jugement.

Ces mécanismes n'ont certes pas encore été correctement mis au jour, mais la voie est désormais ouverte pour la troisième étape, incarnée par Locke puis par Condillac. Le premier, avec l'*Essai sur l'entendement humain*, a écrit à la fin du XVIIe siècle le premier vrai traité de « science logique », par opposition aux traités qui, en s'attachant prioritairement aux

1. *Éléments, III, Logique*, discours préliminaire, p. 75.

2. Revu par Destutt de Tracy, le *cogito* se formule : *Je pense parce que je sens, donc je suis.* Voir *ibid.*, p. 79.

3. *Ibid.*, p. 61.

4. *Ibid.*, p. 79.

formes du raisonnement, cultivent simplement l'art logique. Le second est, comme on sait, tenu par Destutt de Tracy pour le fondateur de l'Idéologie.

En fin de compte, au long des deux siècles qui précèdent l'avènement de l'Idéologie, on assiste en matière de logique à un renversement progressif dans l'ordre des facteurs. Les traités de logique de l'âge classique comportaient en effet traditionnellement quatre parties (1. des idées; 2. du jugement; 3. des formes du raisonnement; 4. de la méthode)[1]. Voici comment, au milieu du XVIIe siècle, Louis de Lesclache, qui est sur ce point parfaitement représentatif, le justifie :

> Nous avons besoin d'une science pour nous apprendre à bien concevoir, à bien juger et à bien tirer toutes sortes de conclusions. Cette science, qui reçoit le nom de logique, ne se contente pas de régler les trois actions de notre entendement, elle nous donne encore des préceptes pour inventer et bien disposer plusieurs connaissances, c'est pourquoi elle est divisée en quatre parties. Les trois premières nous donneront des règles pour bien conduire les trois actions de notre raison, et la quatrième établira la méthode qu'il faut suivre dans toutes les sciences et dans tous les discours[2].

Notamment sous l'influence de Port-Royal et au fur et à mesure de la prise de conscience de l'inutilité du système syllogistique, qui à bien y regarder n'est efficace que lorsqu'on n'en a pas besoin, les deux premières parties se verront progressivement privilégiées au détriment des deux dernières. Ce mouvement arrive à son terme avec Destutt de Tracy qui réduit à néant la troisième partie relative aux formes du raisonnement et fait tenir la logique dans les deux premières parties considérablement développées et seulement complétées d'un unique principe de méthode, consistant à faire de bonnes définitions de ce dont on parle[3]. On comprend donc pourquoi il considère que « [sa] logique finit là où [les autres] commencent »[4].

1. *Éléments, III, Logique*, discours préliminaire, p. 48, note a.

2. Lesclache (Louis de), *Première partie de la philosophie, ou La Logique divisée en quatre parties*, Paris, 1665, p. 5-6.

3. « Pour bien raisonner, les formes n'y font rien. [...] Ainsi, des quatre parties des anciennes Logiques, j'ai beaucoup étendu les deux premières qui y étaient presque nulles; j'espère avoir anéanti la troisième; et je n'ai pris de la quatrième qu'un principe incomplet » (*Éléments, III, Logique*, extrait raisonné, p. 260). Dans le « Supplément... » (p. 365), il précise : « Mes deux premiers volumes [*Idéologie proprement dite; Grammaire*] ne sont que le remplacement plus ou moins heureux des deux premières parties des anciennes logiques ».

4. *Éléments, III, Logique*, extrait raisonné, p. 260.

CERTITUDE, VÉRITÉ ET ERREUR DANS LE RAISONNEMENT

Destutt de Tracy ne manque jamais de rappeler que la solidité de l'Idéologie repose sur le fait qu'elle a su « commencer par le commencement ». Partant du constat que nous ne connaissons notre existence que par les impressions que nous ressentons, il en a conclu que la connaissance de nos facultés intellectuelles est non seulement la tâche prioritaire de la philosophie mais plus encore son seul point d'accroche possible. De là sont résultées l'analyse de la formation de nos idées (*Idéologie proprement dite*) et celle des signes, sans lesquels « nous ne penserions presque pas » (*Grammaire*). C'est sur ces bases qu'il est en mesure d'

> expliquer en quoi consistent la combinaison et la déduction de ces mêmes idées et comment se forment toutes nos connaissances. *C'est cette dernière partie de la science qui mérite plus spécialement le nom de logique* ; mais on voit qu'elle est absolument illusoire si elle ne suit pas rigoureusement les deux autres [1].

À cet égard, comme il l'indique dans une lettre à Maine de Biran, cette *Logique*, troisième partie des *Éléments*, « ne sera que des applications et des développements » [2] des deux premières. Elle prendra notamment appui sur l'analyse de la faculté de juger qui, plus encore que les trois autres facultés élémentaires (la sensibilité proprement dite, la mémoire et la volonté), concourt puissamment à notre capacité à connaître et à progresser dans la connaissance. Comme il l'a montré dans l'*Idéologie proprement dite* puis de façon plus détaillée dans le premier chapitre de la *Grammaire*, l'opération en acte dans le jugement ne consiste pas seulement à sentir un rapport entre deux idées mais à sentir qu'une idée en renferme une autre, ou pour dire la même chose autrement, consiste à percevoir dans une proposition (i.e. l'énoncé d'un jugement) que le sujet renferme l'attribut. La *Logique* s'attache à tirer toutes les conséquences de ce fait pour tout ce qui touche à la déduction de nos idées, c'est-à-dire au *raisonnement* qui n'est pas autre chose qu'une suite de jugements par lesquels nous observons que l'idée renfermée dans la première en renferme elle-même

> une troisième, celle-là une quatrième, et ainsi de suite jusqu'à la dernière ; en sorte que la première renferme cette dernière [3].

1. *Éléments, III, Logique*, chapitre premier, p. 96. Nous soulignons.

2. Lettre du 27 prairial an 12 (15 juin 1804), dans *Œuvres* de Maine de Biran, *Correspondance philosophique*, *op. cit.*, p. 384.

3. *Éléments, III, Logique*, chapitre premier, p. 96.

On sait que, pour illustrer son propos, Destutt de Tracy, après avoir utilisé dans le *Mémoire sur la faculté de penser* l'image des poupées gigognes, a recours à la métaphore de la longue-vue : enchaîner des jugements, raisonner, progresser dans la connaissance (ces trois expressions sont équivalentes), c'est comme tirer successivement des « tuyaux de lunettes »[1] qui sont emboîtés les uns dans les autres et découvrir à chaque nouvelle étape un élément qu'on n'avait pas vu à l'étape précédente, bien qu'il s'y trouvât déjà. Dans la connaissance, l'homme n'opère pas autrement : il perçoit d'abord son objet grossièrement (Destutt de Tracy dit : « en masse »), puis dégage un à un chacun de ses éléments au fur et à mesure que la représentation se fait plus précise[2].

Entre vérité et erreur, quelle est la marche de notre intelligence ?

Ainsi armé, Destutt de Tracy peut traiter d'une logique qui n'a bien sûr que faire d'une approche purement formelle de nos raisonnements, mais qui doit rendre compte de la certitude, de la vérité et de l'erreur de ceux-ci en s'attachant « au fond des idées »[3]. Il s'agit bien en effet d'élaborer la *science logique* qui « ne peut être autre chose que la connaissance de nos moyens de raisonner »[4], à partir de laquelle il sera possible dans un second temps de formaliser les règles de l'*art logique*. Sa démonstration prend la forme d'une réponse à quatre questions qui se commandent l'une l'autre :

1. *Quelle est la cause première de toute certitude ?* (chapitre II).

Au départ, il convient de déterminer s'il existe un fondement à la certitude et donc à la vérité. Si notre intelligence ne peut remonter à la cause première de toute chose, il y a en revanche un premier fait dont nous pouvons être absolument sûrs : il s'agit de notre sensibilité ou de notre capacité à sentir ou à penser, à avoir des perceptions de toutes sortes (qu'on les nomme sensations, idées ou sentiments) que même un philosophe sceptique (qui sait au moins de façon certaine « qu'il existe doutant »[5]) ne

1. *Éléments, III, Logique*, chapitre preùier, p. 105.

2. « La marche de notre esprit est telle qu'il commence toujours par les masses, que dans une première impression il a toujours vu tout son sujet, qu'il ne peut plus qu'en démêler les détails, et reconnaître explicitement ce qu'il avait d'abord senti implicitement » (*Ibid.*, chapitre V, p. 134).

3. « Toutes nos erreurs viennent toujours du fond de nos idées, et non de la forme de nos raisonnements » (*Ibid.*, supplément à la première section, p. 370).

4. *Ibid.*, chapitre VIII, p. 189.

5. *Ibid.*, chapitre II, p. 111.

saurait contester. C'est sur la base de ce premier fait que peut prendre appui ce premier jugement :

> nous sommes sûrs de ce que nous sentons [1],

qui constitue le premier maillon de tout raisonnement juste. Dès lors que ce que nous sentons est notre existence même et que nous ne pouvons pas nous tromper dans ce que nous sentons, on doit logiquement en conclure que nous ne saurions être sujets à l'erreur. Pour capital qu'il soit, en ce qu'il constitue le fondement de toute vérité, ce premier jugement n'en est pas moins problématique. En effet, chacun peut faire le constat que l'erreur est partout, aussi bien dans la multitude des opinions des hommes que dans ce que nous enseigne l'histoire de chacune des sciences.

2. *Quelle est la cause première de toute erreur ?* (chapitres III et IV).

Si la base de toute certitude a bien été mise au jour, il est nécessaire par conséquent de rechercher par ailleurs la cause première de toute erreur. Il ne fait aucun doute que nos idées simples, nos pures sensations, celles qui ne sont accompagnées d'aucun jugement, ne sont susceptibles d'aucune erreur : elles sont certaines et vraies par cela seul que nous les sentons. En revanche, n'en va-t-il pas autrement de nos idées composées qui, par leur nature même, sont construites au moyen d'un ou plusieurs jugements ? Or, il apparaît en première analyse que certains de ces jugements peuvent être erronés, en ce sens qu'ils peuvent prononcer qu'une idée renferme un élément qui ne s'y trouve pas ou ne renferme pas un élément qui s'y trouve. La cause première de toute erreur résiderait donc dans la défaillance d'un jugement constitutif d'une idée composée. À ce stade de la démonstration, il semble que l'on soit devant une difficulté et même une contradiction. En effet, comment concilier :

- d'un côté, le fait que nos jugements, qui sont une perception de rapports, sont, comme toute perception actuelle et en vertu même de la cause première de toute certitude, inaccessibles à l'erreur,
- de l'autre, le fait que c'est dans le jugement que peut résider la cause de l'erreur.

La difficulté est bien identifiée par Tracy lui-même :

> Il paraît absurde de dire que nos idées ne sont sujettes à erreur que par les jugements qui s'y mêlent; et que pourtant nos jugements sont en eux-mêmes aussi inaccessibles à l'erreur que toutes nos autres perceptions [2].

1. *Éléments, III, Logique*, chapitre III, p. 110.
2. *Éléments, III, Logique*, chapitre III, p. 123.

Cette contradiction n'est toutefois qu'apparente et tient à une analyse incomplète, et à ce titre imparfaite. En effet, nous savons que la quasi-totalité de nos idées sont non seulement des idées composées, mais qu'elles sont aussi des souvenirs, car elles sont le fruit d'un long processus que nous ne nous donnons pas la peine de reconstituer à chaque fois que nous mobilisons une idée ou le signe qui la représente. Dès lors, l'erreur ne trouve pas sa source dans un jugement constitutif de l'idée, jugement « nécessairement et invinciblement juste, pris isolément » [1], mais dans le fait que nous introduisons dans la chaîne du raisonnement un souvenir infidèle : ainsi, alors que nous croyons raisonner sur une idée, nous raisonnons en fait sur une autre, fondée sur un souvenir inexact. Aussi nos jugements ne sont-ils faux que quand nous croyons à tort que

> l'idée dont nous jugeons *actuellement*, et dans laquelle nous voyons un nouvel élément, est la même que celle que nous connaissions d'avance, qui ne renfermait cet élément ni implicitement ni explicitement, et à laquelle il ne peut convenir. Il est donc vrai, par conséquent, que nos jugements ne sont jamais faux que par l'imperfection de nos souvenirs [2].

3. *Comment ces deux causes opposées agissent-elles dans le développement de notre intelligence ?* (chapitre v).

Deux phénomènes opposés sont donc à l'œuvre dans le développement de nos facultés intellectuelles : la certitude attachée à nos perceptions actuelles, d'une part, l'incertitude de la relation entre ces perceptions actuelles et les perceptions antérieures, d'autre part. Au premier, nous devons nos connaissances et notre puissance intellectuelle ; au second, nos illusions et la faiblesse de notre esprit. C'est sur cette base, et pour en vérifier l'exactitude, que Tracy entreprend d'esquisser une histoire fictive (il la qualifie « d'hypothétique ») de l'intelligence humaine, sorte de nouveau *Traité des sensations* en abrégé qui, à la différence de celui de Condillac, fait agir de façon conjointe chacune de nos facultés. Il y trouve la confirmation que les deux causes qu'il a identifiées

> sont capables de produire tous les phénomènes observables dans notre intelligence [3].

1. *Éléments, III, Logique*, chapitre III, p. 123.
2. *Ibid.*
3. *Ibid.*, chapitre V, p. 135.

4. *L'existence d'êtres distincts de notre faculté de sentir a-t-elle un impact sur la manière d'opérer de notre intelligence ?* (chapitre VI).

Dès lors que l'homme a appris, par la résistance opposée au mouvement conscient et volontaire, l'existence des « êtres qui ne sont pas nous » ou des « êtres autres que notre vertu sentante » [1], la question de la vérité et de l'erreur de nos jugements paraît prendre une dimension supplémentaire : en effet, pour être juste, un jugement ne devrait pas seulement être correctement lié au précédent (c'est-à-dire ne pas substituer subrepticement un souvenir imparfait ou inexact à l'idée dont il s'agit de juger), mais encore il devrait s'assurer que nos idées

> sont bien *conformes* à l'existence réelle de ces êtres qui en ont une propre à eux, et que nous ne pouvons pas changer puisqu'elle est totalement distincte et indépendante de la nôtre [2].

Autrement dit, pour bien raisonner sur des êtres extérieurs à nous, suffit-il de savoir bien enchaîner nos jugements en mobilisant des souvenirs exacts ? Pour montrer qu'il s'agit là d'un faux problème, Destutt de Tracy s'engage dans une démonstration consistant à adopter momentanément le point de vue de ceux qui, comme Berkeley, refusent de reconnaître toute existence en dehors de celle de notre « vertu sentante ». Or, il constate que cela ne change rien, dans la mesure où, dans tous les cas, nos perceptions (nos idées) trouvent nécessairement leur origine dans une cause : que celle-ci trouve sa source au sein de notre faculté de sentir elle-même ou qu'elle nous vienne du monde extérieur, le résultat est et sera toujours strictement identique; il ne s'agit en définitive que d'une querelle de mots, car

> les causes sont les êtres ou les êtres sont les causes [3].

Ainsi est-il prouvé que

> la découverte qu'il existe des êtres distincts et indépendants de notre faculté de sentir ne change point la marche de notre intelligence et que les causes qui mènent à la vérité ou à l'erreur sont les mêmes qu'auparavant [4].

De façon collatérale, car ce n'est pas précisément en l'espèce son sujet, Destutt de Tracy règle son compte à ce qu'il juge un conflit sans objet dans

1. Existence démontrée dans les chapitres VII et VIII des *Éléments, I, Idéologie proprement dite.*

2. *Éléments, III, Logique*, chapitre VI, p. 153. Nous soulignons.

3. *Ibid.*, p. 154.

4. *Ibid.*, p. 156.

l'histoire de la philosophie, celui qui oppose l'idéalisme et le réalisme : pour lui, en effet, la réalité est *à la fois* : 1. dans nos perceptions (nos idées) qui sont, comme il le répète inlassablement, « tout pour nous » (il la qualifie alors de *réalité première et immédiate*) ; 2. dans les êtres « qui ne sont pas nous », qui consistent dans les impressions que nous en recevons (il la qualifie de *réalité secondaire et réfléchie*[1]). Ces « deux » réalités se correspondent parfaitement dans la mesure où « nos pures sensations, nos idées simples sont des effets directs de ces êtres distincts de notre vertu sentante »[2]. Voilà, nous dit-il, la véritable « harmonie préétablie ». Aussi nos idées sont-elles *conformes* dès lors qu'elles sont formées correctement :

> Nos idées sont toujours certaines et *conformes à la réalité des êtres* par cela seul que nous ne les formons que d'après des souvenirs exacts et des représentations fidèles de nos perceptions antérieures, depuis la première jusqu'à la dernière[3].

Quant à savoir si le « principe pensant » est de l'ordre de l'esprit ou de la matière, c'est un point à la fois indécidable et indifférent dont l'Idéologie ne s'occupe pas[4].

Sa démonstration achevée, Destutt de Tracy en résume si parfaitement la conclusion que nous devons le citer ici intégralement :

> Il est bien simple le mécanisme de toute intelligence, s'il est tel que je viens de le représenter. Un seul fait primitif est inexplicable ; tous les autres en sont des conséquences nécessaires. Nous pouvons faire en deux mots l'histoire de l'être animé, quel qu'il soit. Il sent et il juge ; c'est-à-dire encore que ce qu'il avait d'abord senti en masse, il le sent ensuite en détail. S'il ne voit dans sa perception que ce qui y était renfermé, il a raison. S'il y

1. *Ibid.*, chapitre VIII, p. 176. Cette idée est reprise dans le « Supplément », p. 367 : « Il suit de là que ces perceptions sont tout pour nous, que nous ne connaissons jamais rien que nos perceptions, qu'elles sont les seules choses vraiment réelles pour nous, et que la réalité que nous connaissons dans les êtres qui nous les causent n'est que secondaire et ne consiste que dans le pouvoir permanent de faire toujours les mêmes impressions dans les mêmes circonstances, soit à nous, soit aux autres êtres sensibles ».

2. *Éléments, III, Logique*, chapitre VI, p. 158.

3. *Ibid.* Nous soulignons.

4. « Nous commençons par croire que la première chose à faire est de chercher à découvrir la nature du principe pensant ; nous reconnaissons ensuite que cela est indifférent, et qu'il ne s'agit que d'en étudier les effets » (*ibid.*, chapitre Ier, p. 104). Voir aussi à ce sujet la lettre de Destutt de Tracy à Mme de Staël du 4 nivôse an 13 (23 février 1805), conservée dans les archives de Broglie et publiée par Robert de Luppé dans *Les Idées littéraires de Madame de Staël et l'héritage des lumières, 1795-1800*, Paris, Vrin, 1969, p. 163-165, ainsi que le commentaire de Rose Goetz dans *Destutt de Tracy, philosophie du langage et science de l'homme*, Genève, Droz, 1993, p. 49-50.

> voit ce qui n'y était pas, il n'a pas tort encore; seulement il a changé de perception sans s'en apercevoir; et c'est là la cause de toutes ses erreurs; car alors il ne juge plus de ce dont il croit juger; ses jugements ne sont plus enchaînés; et ils ne dérivent plus sans interruption de ce premier jugement, source de toute vérité, *je suis sûr de ce que je sens*. Tous ceux, au contraire, qui y sont bien liés sont également indubitables, ils n'en sont que des développements[1].

Des preuves supplémentaires ?

Alors qu'il a en principe dit tout ce qu'il avait à dire sur la logique dans les sept premiers chapitres, Tracy croit devoir y ajouter un huitième qui a pour objet de « confirmer » et « défendre » sa position. Il ne s'agit pas à proprement parler de répondre à des objections qui lui auraient été adressées : bien que convaincues de la justesse de son propos, plusieurs personnes (qu'il ne nomme pas) lui demandent, nous dit-il, que des arguments supplémentaires leur soient apportés afin qu'elles puissent adopter ses vues en toute sûreté. Il se trouve ainsi dans la situation paradoxale de devoir trouver lui-même les objections susceptibles de lui être opposées et d'y répondre.

Sans que l'on puisse avoir de certitudes à cet égard, il est probable que ces questions sont issues des discussions qu'il a pu avoir avec ceux de ses amis ou relations avec lesquels il entretient au cours de cette période un dialogue philosophique: Cabanis bien sûr, son *alter ego* physiologiste en philosophie; Maine de Biran avec qui il échange une correspondance philosophique particulièrement dense et de nature à alimenter directement sa réflexion[2]; le couple formé par Claude Fauriel et Sophie de Condorcet avec lequel il très lié; l'Idéologue Pierre Laromiguière qui vient de publier un ouvrage intitulé *Paradoxes de Condillac, ou Réflexions sur la langue des calculs*[3], dans lequel se trouve reprise de façon radicale la thèse condillacienne selon laquelle tout raisonnement peut être assimilé à un calcul; son ami Daunou enfin, à qui il écrit en novembre 1804 :

> Voici enfin la partie didactique de mon manuscrit [La *Logique*]. Je vous la soumets. Je voudrais bien que vous en fussiez content et surtout qu'elle vous persuadât de la justesse de l'idée fondamentale. Si cela n'était pas et si

1. *Éléments, III, Logique*, chapitre VII, p. 169.

2. Alors qu'il rédige la *Logique*, il écrit à Maine de Biran : « Vous ne pouvez pas savoir vous-même combien je vous dois et combien vous influez sur l'objet de mon travail actuel, la base de toute certitude ». Lettre du 16 thermidor an 12 (3 août 1804), dans *Œuvres* de Maine de Biran, *Correspondance philosophique*, *op. cit.*, p. 400.

3. Paris, Guillemonet, 1805.

> vous étiez assez bon pour y faire ou notes, ou corrections, ou mieux encore, pour l'honorer d'une discussion, je vous en aurais une obligation essentielle et vivement sentie [1].

Tracy formule ainsi quatre questions qui, pour certaines d'entre elles, ont été déjà traitées :

- Les causes de nos erreurs se réduisent-elles bien à la cause première qui a été identifiée ?
- Notre jugement procède-t-il de façon identique en matière contingente ou en matière nécessaire ?
- Une logique qui s'en tient aux « formes du raisonnement » est-elle aussi inutile qu'il l'a prétendu ? Et est-il exact que le syllogisme n'a jamais que la force et la capacité de conviction d'un sorite [2] ?
- Ne peut-on, dans la lignée de l'ultime ouvrage de Condillac, *La langue des calculs*, assimiler raisonnement et calcul ?

À chacune d'entre elles, il apporte une réponse détaillée, mais, ainsi qu'il le dit lui-même,

> ce chapitre ne renferme aucune idée qui ne soit dans les précédents [3].

En toute hypothèse, il ne fait pas de doute que la *Logique* a été élaborée dans un climat de débat : en témoigne le soin que prend Destutt de Tracy à contester sur certains points, de façon explicite, Degérando (p. 147-151), ou de façon implicite, Maine de Biran (p. 140) ou Laromiguière (p. 184).

Comment bien raisonner ?

Il ne faut jamais oublier que pour Destutt de Tracy la philosophie a une visée essentiellement pratique. Il n'établit pas la *science logique* pour elle-même mais pour permettre, par la connaissance de nos facultés intellectuelles, de bien raisonner et de progresser dans la vérité. Et s'il veut que l'homme progresse dans la vérité, c'est pour qu'il soit en mesure d'accroître son bonheur. À ce titre, l'*art logique*, qui regroupe les règles à appliquer au raisonnement, doit également être développé, même s'il ne peut exister qu'en conséquence de la *science* du même nom.

1. Lettre du 8 frimaire an 13 (29 novembre 1804), citée plus haut.

2. Un sorite consiste en un enchaînement de propositions liées entre elles de façon que l'attribut du sujet de la première devient le sujet de la deuxième, l'attribut de la deuxième le sujet de la troisième, et ainsi de suite, jusqu'à la dernière proposition ou conclusion qui a pour sujet celui de la première proposition et pour attribut l'attribut de l'avant-dernière.

3. *Éléments*, *III*, *Logique*, chapitre VIII, p. 191.

La chose est d'autant plus nécessaire qu'aux chapitres V et VI il a été démontré que plus nos idées sont composées, se multiplient et se complexifient, plus l'incertitude de nos souvenirs va croissant et par conséquent plus le risque d'erreur est élevé, dès lors que l'on ne s'attache pas à bien connaître les idées dont on juge. Or, toute l'histoire de notre intelligence témoigne précisément de la complexification sans cesse accrue de nos idées et donc d'une plus forte propension nous perdre en route[1]. À cela s'ajoute le fait que, dans la lignée du principal ouvrage de Cabanis (*Rapports du physique et du moral de l'homme*, publié en 1802 et dont Tracy rédige un *Extrait raisonné servant de table analytique* adjoint en 1805 à la seconde édition), nos dispositions (sentiments de bien-être ou de malaise, de vigueur ou d'abattement, etc.) influent directement sur nos jugements, de même que les différences des tempéraments, des sexes, des âges et des états de santé ou de maladie. D'où l'intérêt que représente le fait

> d'être d'un naturel peu mobile et peu susceptible de passer rapidement d'une disposition à une autre[2].

D'où l'intérêt aussi de se tenir, autant que possible, à l'écart des passions et de cultiver sa raison, qui consiste en cette capacité à

> séparer exactement de l'idée dont on juge les impressions qui y sont étrangères[3].

Bien raisonner, bien exercer son jugement, c'est en effet commencer par bien connaître les idées dont on traite ou les signes qui y sont associés, c'est en faire de bonnes définitions qui permettront de sentir ou de déduire[4] les éléments qui y sont incluent, ou, si cela s'avère nécessaire, de revenir sur nos pas et de procéder à une nouvelle description plus complète et plus détaillée. Autrement dit, nous devons

> nous assurer, autant que possible, de la vraie valeur, c'est-à-dire de la véritable compréhension et extension des idées dont nous jugeons, et de la justesse de leur expression ; et quand nous doutons de l'une ou de l'autre, il faut faire une description exacte de tous les éléments de l'idée dont il s'agit,

1. Tracy note que « Condillac a très bien observé que les premières recherches de chaque homme, et par suite celles de l'espèce prise en masse, sont toujours conformes à la marche de la nature et par conséquent dans une bonne direction. Ce n'est qu'en avançant, et lorsqu'il commence à généraliser ses idées, que l'homme commence à s'égarer. Il perd alors de vue l'empreinte de ses premiers pas ». (*Ibid.*, discours préliminaire, p. 59-60).

2. *Éléments, III, Logique*, chapitre VI, p. 164.

3. *Ibid.*

4. « Nous ne faisons [...] jamais que sentir ou déduire » (*Ibid.*, chapitre VIII, p. 182).

> ou du moins de tous ceux qui importent au jugement que nous voulons porter[1].

Les règles constitutives de l'art logique ne sont toutefois évoquées que de façon assez allusive dans les chapitres de la *Logique* : c'est sans doute la raison pour laquelle Tracy a souhaité y consacrer l'essentiel du « Supplément » qui présente

> sommairement, mais méthodiquement, la série des *maximes pratiques* qui résultent de [sa] manière de considérer nos moyens de connaître[2].

LE PROGRAMME DE TRAVAIL DE L'IDÉOLOGIE

En mettant un point final à sa *Logique* « sans trouver, écrit-il à Maine de Biran, ni embarras ni accroc »[3], Destutt de Tracy achève ce qu'il tient pour la « philosophie première » ou, comme il le dit, pour « la première des sciences dans l'ordre de leur mutuelle dépendance »[4]. Dès lors que l'homme est tout entier dans sa sensibilité (c'est-à-dire dans les idées qu'il sent), rien ne peut en effet être dit sur rien que l'on n'ait au préalable éclairci ce que sont nos idées sous le triple aspect de leur formation, de leur expression et de leurs combinaisons ou déductions. Avec les trois premiers volumes des *Éléments*, il a ainsi rédigé, selon ses formules, un *traité de l'intelligence humaine, considérée uniquement sous le rapport de la formation de ses idées et de ses connaissances*, ou un *traité de l'entendement*, ou encore une *histoire de nos moyens de connaître*. Fort d'être parvenu à

> la conclusion d'un ouvrage qui est le résultat du travail de toute [sa] vie et qui [lui] semble absolument neuf pour le fond des choses[5],

il est désormais en mesure de concevoir le programme de la tâche qui reste à accomplir[6].

1. *Éléments*, *III*, *Logique*, chapitre IX, p. 206.
2. *Ibid.*, supplément, p. 366. Nous soulignons.
3. Lettre du 30 vendémiaire an 13 (22 octobre 1804) dans *Œuvres* de Maine de Biran, *Correspondance philosophique*, *op. cit.*, p. 410.
4. *Éléments*, *III*, *Logique*, chapitre IX, p. 207.
5. *Ibid.*, chapitre VI, p. 166.
6. On peut se reporter sur ce sujet à ce que nous avons écrit dans notre introduction générale aux *Éléments d'idéologie*, dans *Œuvres complètes*, *III*, notamment aux p. 22-26.

Or, s'il a bien commencé par le commencement en traitant de l'homme dans sa capacité à juger et à connaître, le socle qu'il a bâti doit être complété dans deux directions :

- Tout d'abord, l'homme ne saurait être réduit à ses seuls moyens de connaître ; il est aussi un être *voulant* et *agissant*. À ce titre, l'examen de notre faculté de vouloir doit être approfondi pour déterminer, de façon beaucoup plus détaillée que ce qui a pu en être dit au chapitre V de l'*Idéologie proprement dite*, sa nature, les motifs qui la guident et ses effets, c'est-à-dire nos actions et leurs résultats.
- Par ailleurs, au-delà de l'investigation de nos moyens de connaître, il convient de se pencher sur la façon dont ses moyens peuvent être mis en œuvre pour connaître effectivement les objets (les corps) qui affectent notre sensibilité, autrement dit le monde qui nous entoure.

Il s'agit donc, d'une part, d'élaborer désormais un *traité de la volonté et de ses effets*, qui fera des *Éléments d'idéologie* un *traité complet de nos facultés intellectuelles*, d'autre part, un volume présentant les fondements de chacune des sciences positives, qui fera des *Éléments* un *traité complet de la génération de nos connaissances.* Ces deux ouvrages devront former respectivement les deuxième et troisième sections des *Éléments*.

Le Traité de la volonté et de ses effets

Ce traité est le plus urgent à rédiger pour deux raisons : d'abord, parce que la volonté est, comme nous le savons, l'une des quatre facultés élémentaires constitutives de notre faculté de sentir ou de penser et qu'il convient, avant de passer à autre chose, de mener à son terme la connaissance que nous pouvons avoir de nos facultés ; ensuite, parce que les sciences morales et politiques sont dramatiquement peu avancées, comme l'histoire de la décennie révolutionnaire puis celle du Consulat et de l'Empire en portent le témoignage.

Ce traité devra être initialement constitué de deux sciences :

> Pour connaître réellement notre faculté de vouloir et ses résultats, nous devons étudier séparément, d'un côté, *nos désirs en eux-mêmes*, leurs propriétés, leurs conséquences, et de l'autre, *les effets directs ou éloignés des actions qui s'ensuivent* et qui, toutes, ont pour but de satisfaire quelques-uns de ces désirs [1].

1. *Éléments*, *III*, *Logique*, chapitre IX, p. 211. Nous soulignons.

Ces deux sciences, Destutt de Tracy les appellent, faute de trouver de meilleures dénominations, la morale et l'économie, mais on ne peut comprendre véritablement de quoi il s'agit qu'à deux conditions. La première, c'est de les inscrire dans le dispositif, alors en construction, des sciences idéologiques, présenté de façon schématique dans le tableau suivant :

Fondement physio-logique	**Faculté ...**	... exercée en conséquence de	... ayant pour propriété de nous rendre	... constituant la source de	... nous conférant des	**Science ...**	... ayant pour objet
action du système nerveux sur lui-même	**de vouloir**	nos impressions, jugements, etc.	heureux ou malheureux	nos besoins	droits	**morale**	nos sentiments
réaction du système nerveux sur le système musculaire	**de se mouvoir**	nos volontés	capable d'influence ou de puissance	nos moyens	devoirs	**économie**	nos actions et leurs résultats

La seconde, c'est de donner à ces deux sciences un contenu sensiblement différent de celui qu'on leur donne habituellement. La morale consistera ainsi dans

> l'examen de celles de nos perceptions qui renferment un désir, de la manière dont elles se produisent en nous, de leur conformité ou de leur opposition avec les vraies conditions de notre être, de la solidité ou de la futilité de leurs motifs, et des avantages ou des inconvénients de leurs conséquences [1].

Quant à l'économie, elle consistera dans

> l'examen circonstancié des effets et des conséquences de nos actions, considérées comme moyens de pourvoir à nos besoins de tous genres, depuis les plus matériels jusqu'aux plus intellectuels [2].

Contrairement à l'idée que l'on peut s'en faire spontanément, il conviendra de traiter de l'économie (ainsi redéfinie) avant la morale (ainsi redéfinie), c'est-à-dire de traiter des actions et de leurs résultats avant d'évoquer les motifs qui déterminent ces actions. On retrouve là une constante de l'Idéologie qui est une « science des effets » : on ne peut bien

1. *Éléments, III, Logique*, chapitre IX, p. 211.
2. *Ibid.*, p. 212.

juger de la qualité d'une cause que par la qualité de ses effets et le meilleur moyen

> d'apprécier [nos] désirs [ou nos volontés] est de connaître les conséquences et les résultats des actions auxquelles ils nous conduisent. Ainsi il suit de là qu'il faut examiner nos moyens avant nos besoins[1].

Par ailleurs, ces deux sciences, nouvelles à beaucoup d'égards, appellent nécessairement la constitution d'une troisième, propre à diriger nos sentiments et nos actions et à nous permettre d'accomplir notre nature, c'est-à-dire de parvenir au bonheur. Cette science, nouvelle elle aussi, n'a pas de nom et Tracy la désigne, là encore à défaut d'en avoir trouvé un meilleur, sous le terme de *législation*. Science du gouvernement des hommes faits mais aussi science de l'éducation des enfants, elle contient les principes

> de la conduite et de la direction de tous les âges, et sous tous les rapports[2].

Ainsi conçues, ces trois sciences que sont l'économie, la morale et la législation refonderont l'ensemble des sciences morales et politiques.

L'application de nos moyens de connaître aux êtres qui ne sont pas nous

À la différence des sciences morales et politiques, les sciences physiques et naturelles ou celles, plus abstraites, de l'étendue (géométrie) et de la quantité (calcul) connaissent une marche beaucoup plus assurée. En revanche, si elles ont fait la preuve de leur capacité à enchaîner des jugements exacts, elles n'ont pas su remonter à leurs premiers principes et rattacher de façon explicite les vérités qu'elles ont mises au jour à l'origine de nos connaissances. Aussi la troisième section des *Éléments* n'a-t-elle pas pour fonction de constituer des traités de physique (la physique étant entendue ici au sens le plus large, c'est-à-dire couvrant l'ensemble des corps animés ou inanimés), de géométrie, d'arithmétique ou d'algèbre, mais de présenter « l'amont » ou « le préambule et les préliminaires »[3] de chacune de ces sciences. Il s'agit d'établir ce que nous appellerions aujourd'hui l'épistémologie de ces disciplines, en montrant comment leurs idées *princeps* sont issues de nos premières perceptions, quelles sont leurs propriétés principales, quelles sont les méthodes qui leur sont propres,

1. *Éléments, III, Logique*, chapitre IX, p. 213.
2. *Ibid.*, p. 212.
3. *Ibid.*, p. 215.

quelles sont les caractéristiques des langues particulières qui leur sont adaptées ou les relations que chacune entretient avec les disciplines connexes.

Le programme et son enjeu

L'adjonction de ces deux nouvelles sections à la première (ainsi que d'un appendice décrivant les « fausses sciences » que la connaissance de nos facultés intellectuelles a définitivement ruinées) constituerait ainsi des *Éléments d'idéologie* complets, soit l'ensemble de la « philosophie première » ou le *traité complet de l'origine de toutes nos connaissances*[1], le tout formant le « tronc de l'arbre encyclopédique de nos connaissances »[2]. L'enjeu est de taille, puisque, tout bien considéré, c'est l'économie générale de chacune des sciences qui est en passe d'être bouleversée ou au moins réévaluée.

D'ores et déjà, nous avons vu que la *grammaire vraiment générale*[3] des Idéologues n'avait plus rien de commun avec les grammaires traditionnelles qui s'en tenaient à l'énonciation de règles et à la classification méthodique des différents types de mots ou de formes du discours. C'est au contraire parce qu'elle a su élucider l'opération à l'œuvre dans le jugement que l'Idéologie a pu fonder une véritable science des signes.

Pour la même raison, la *logique* des Idéologues a pu mettre au jour la cause de toute vérité et la cause de toute erreur et rompre par là même avec une logique attachée essentiellement aux formes du raisonnement.

Avec le prochain *Traité de la volonté et de ses effets*, ce sont les sciences morales et politiques qui seront profondément transformées. L'*économie*, dans sa nouvelle acception, ne saurait se limiter à la connaissance des causes de la formation des richesses, même si la jeune économie politique a déjà dégagé des « vérités précieuses »[4]. De même, la *morale* ne saurait consister en un catalogue de règles de conduite assises sur des principes incertains. Quant à la législation, elle ne saurait être ni un recueil de normes juridiques qui ne font qu'entériner ce qui existe et consacrer l'ordre établi sans s'interroger sur ce qui devrait être, ni un art de gouverner qui a réduit la police à « l'espionnage le plus méprisable » et la politique à « un système de ruses [...] fausses et [...] usées »[5].

1. *Éléments, III, Logique*, chapitre IX, p. 244.
2. *Ibid.*, p. 242.
3. *Éléments, II, Grammaire*, chapitre IV, p. 154.
4. *Éléments, III, Logique*, chapitre IX, p. 195.
5. *Ibid.*, p. 196.

On sait qu'au moment où il rédige la *Logique*, Destutt de Tracy n'a pas « l'espérance de pouvoir jamais donner au public » la deuxième ni la troisième section qu'il laisse

> à des hommes plus capables de les remplir et qui auront eu le bonheur de n'être pas obligés, comme [lui], de consumer tous leurs efforts à débrouiller la première partie dont [il s'est] occupé[1].

On sait aussi qu'il fait le contraire et que, la *Logique* achevée, il entreprend presque aussitôt les travaux préparatoires à la rédaction du *Traité de la volonté et de ses effets.*

LA RÉCEPTION PAR LES CONTEMPORAINS

Couronnement de la première section des *Éléments d'idéologie*, la *Logique* est évidemment bien reçue par les membres de la mouvance idéologiste qui, comme Tracy l'écrit au même moment à Maine de Biran, pensent que

> ce n'est que de notre temps que commence à luire l'aurore de la vraie science[2].

C'est un membre de la « famille » idéologiste, François Thurot, ancien habitué du salon de Mme Helvétius, auteur d'une édition critique remarquée de l'*Hermès* de James Harris et futur suppléant de Laromiguière dans la chaire de philosophie de la faculté des lettres, qui rend compte de l'ouvrage dans deux livraisons de la *Revue philosophique, littéraire et politique*. Il souligne que la *Logique* constitue

> le corollaire de ce qui a été enseigné dans les deux volumes précédents, et [que] c'est par cette raison-là même que le sujet est traité d'une manière entièrement neuve, et à certains égards plus lumineuse et plus approfondie qu'il ne l'avait encore été[3].

Il ajoute :

> Il faut être d'un esprit supérieur, et ce qui vaut mieux encore, d'une raison supérieure, pour pouvoir démêler avec autant de netteté en quoi consiste cette raison même, et c'est assurément une très bonne philosophie que celle

1. *Éléments, III, Logique*, chapitre IX, p. 209.

2. Lettre du 3 thermidor an 13 (22 juillet 1805), dans *Œuvres* de Maine de Biran, *Correspondance philosophique*, *op. cit.*, p. 430.

3. *Revue philosophique, littéraire et politique*, 10 fructidor an 13 (28 août 1805), p. 390.

> qui conduit à de pareils résultats et à une théorie si frappante d'évidence, qu'il faut être de mauvaise foi pour y refuser son assentiment [1].

Jeune protégé de Destutt de Tracy, Joseph Rey [2], alors âgé de 26 ans, écrit à son ami Henri Beyle :

> Je ne doute point des dispositions qui ont guidé votre lecture de la *Logique*. Lorsqu'elle aura germé quelques semaines dans vos têtes, je vous engage à la relire et surtout à bien méditer le dernier chap[itre]. Que d'importantes vérités ne doivent-elles pas en découler ! Sans doute cet aperçu ne vous a pas échappé. Combien elle est simple, mais imposante, cette esquisse du tableau de nos connaissances ! Et ce supplément au dernier chap[itre], intitulé *Des fausses sciences*, comme il découle naturellement des vérités précédemment établies ; avec combien peu d'efforts ces fantômes de science ne sont-ils pas dissipés ! Tandis que nos pères du XVIIIe siècle ont eu tant de peine à ébranler le vieil édifice, combien nous sommes heureux d'arriver dans un temps où il s'écroule de lui-même ! Oui, mes bons amis, la science de l'homme établie, toutes celles qui tendent à son bonheur, toutes les sciences politiques et morales le sont aussi, et nous élançant un peu hors du triste présent, nous pouvons recréer notre imagination des plus douces idées [3].

Quant à Stendhal lui-même, il fait grand cas de l'ouvrage, évoqué à de multiples reprises dans son *Journal*. Le 21 frimaire an 14 (12 décembre 1805), il écrit :

> Nous [lui-même et Mante] lisons beaucoup la *Logique* de Tracy depuis le 14 brumaire 14. Je la recommence aujourd'hui 21 frimaire. [...] Je suis de l'avis de Tracy : *nosce te ipsum*, connais-toi toi-même, est une source de bonheur. [...] Les règles que Tracy prescrit à la suite de sa science de nos moyens de connaître sont si simples que je puis fort bien tâcher de les mettre en pratique. Elles consistent à bien se retracer le souvenir de la chose sur laquelle on veut raisonner, et ensuite à prendre garde que le sujet contienne toujours l'attribut qu'on lui donne.
>
> Toutes nos erreurs viennent de nos souvenirs. C'est donc un immense avantage que d'avoir une bonne mémoire.

1. *Ibid.*, 20 fructidor an 13 (7 septembre 1805).

2. Sur Joseph Rey (1779-1855), voir notre introduction à Destutt de Tracy, *Lettres à Joseph Rey, 1804-1814*, *op. cit.*

3. Lettre de Joseph Rey à Stendhal du 1er nivôse an 14 (22 décembre 1805), dans Stendhal, *Correspondance générale*, éd. par V. Del Litto, tome I (1800-1809), Paris, Honoré Champion, 1997, p. 405-406. « Mes bons amis » désigne à la fois Stendhal et Mante.

Le 24 décembre :

> Je relis la *Logique* de Tracy, j'ai commencé cet auteur le 31 décembre 1804. Il m'aura été de la plus grande utilité.

Le 15 avril 1806 :

> [Tracy] a eu la plus grande et la plus salutaire influence sur moi depuis un an. La *L[ogique]* surtout, achetée le 15 brumaire 14.

Puis le 26 janvier 1808 :

> Ce matin, à dix heures, en me levant, j'ai lu la page 175 de la *Logique* de Tracy [1].

Mais le lecteur le plus attentif, qui sera aussi le plus critique, est sans conteste Maine de Biran. Les années 1804 et 1805, années d'écriture et de publication de la *Logique*, voient en effet celui que Cabanis et Destutt de Tracy considèrent comme le plus grand espoir de la nouvelle philosophie basculer progressivement d'un questionnement encore interne à l'Idéologie à la dissidence. C'est à cette époque qu'il se trouve

> amené à reconnaître (par *hypothèse* vraiment *explicative*) l'existence d'une force *hyper-organique*, d'une substance permanente que nous appelons *âme* quand elle n'a pas le sentiment d'elle-même dans ses actes, et *moi* ou personne individuelle quand elle a ce sentiment, dans l'effort constant qu'elle exerce pendant la veille [2].

Ces divergences, qui ne cesseront de s'approfondir, se manifestent notamment dans la correspondance qu'échangent les deux philosophes et vont jusqu'à conduire Tracy à marquer sa différence, dans un paragraphe du chapitre v de la *Logique* [3], avec les positions du plus prometteur des jeunes Idéologistes, sans toutefois nommer celui-ci. La critique biranienne se poursuit au travers des lettres de la fin de l'année 1807 et du début de l'année 1808 : Biran décèle en particulier une contradiction dans le fait de dire que

> l'acte de juger consiste à voir explicitement dans une idée une autre idée qui y était renfermée implicitement avant que vous l'y vissiez

1. La page 175 de la première édition est celle qui développe la métaphore des « tuyaux de lunettes », destinée à représenter le mécanisme du raisonnement.

2. Lettre de Maine de Biran à André-Marie Ampère du 29 vendémiaire an 14 (21 octobre 1805), dans *Œuvres* de Maine de Biran, XIII-1, *Correspondance philosophique, Maine de Biran-Ampère*, éditée par André Robinet et Nelly Bruyère, Paris, Vrin, 1993, p. 9. C'est Maine de Biran qui souligne.

3. *Éléments, III, Logique*, chapitre v, p. 140.

alors que l'auteur énonce par ailleurs le principe selon lequel

> une idée inconnue à celui qui pense n'existe pas réellement, puisque les idées n'existent que dans la pensée [1].

Ce à quoi Tracy répond :

> Quand je dis qu'une idée en renferme implicitement une autre, je ne dis autre chose si ce n'est que cette idée est telle qu'on a raison d'en juger cette autre, et qu'on ne le sait que quand on l'a vu, ce qui est apprendre quelque chose et ajouter quelque chose à cette idée *sujet* qui par là acquiert un degré d'élaboration de plus [2].

Pour autant, Maine de Biran ne cessera d'étudier les écrits de Destutt de Tracy et construira pour une part sa pensée en se démarquant de celle de son aîné. Son *agenda* s'en fait l'écho : ainsi peut-on lire à la date du 3 mai 1815 :

> J'ai travaillé dans la matinée sur la philosophie de M. de Tracy, au sujet des notions d'*être*, de substance et de réalité. Je saisis plus fortement qu'autrefois la distinction entre les phénomènes ou les sensations et les réalités qui en sont causes [3].

Entre 1813 et 1815 notamment, Biran procède à une relecture « serrée » des œuvres de Tracy et en particulier de la *Logique*, discutant et souvent contestant chaque argument ou chaque formulation. Il y consacre à cette époque de multiples écrits : *Note sur la* Logique *de Destutt de Tracy*, *Remarques sur la* Logique *de M. de Tracy*, *Examen de l'opinion de M. de Tracy que le principe commun de toutes nos erreurs est dans l'imperfection de nos souvenirs*, ainsi que des *Marginalia* sur les *Éléments d'idéologie*, 3è partie, *Logique* [4].

Au-delà du petit monde des Idéologues, la *Gazette nationale ou Moniteur universel*, journal toujours soucieux d'un jugement équilibré, consacre à la *Logique* deux articles [5] d'une tonalité largement positive. Il reste que l'ouvrage semble avoir rencontré auprès du public un écho moins

1. Lettre du 22 décembre 1807, dans *Œuvres* de Maine de Biran, *Correspondance philosophique*, *op. cit.*, p. 542-543.

2. Lettre du 23 janvier 1808, *ibid.*, p. 554.

3. Maine de Biran, *Journal, III, Agendas, carnets et notes*, édition intégrale publiée par H. Gouhier, Neuchatel, La Baconnière, 1957.

4. Ces textes sont publiés dans les *Œuvres* de Maine de Biran, XI-3, *Commentaires et Marginalia : dix-neuvième siècle*, édités par Joël Ganault, Paris, Vrin, 1990.

5. Dans les livraisons du 28 messidor an 13 (17 juillet 1805), p. 1240, et du 10 fructidor an 13 (28 août 1805), p. 1409-1410.

vif que les deux premiers volumes. Comme le remarque le rédacteur de l'un des articles du *Moniteur*, il n'est pas impossible que les lecteurs aient été déçus de ne pas trouver dans ce livre ce à quoi ils étaient habitués sous le titre de « logique », à savoir un traité des règles formelles de l'art du raisonnement. Peut-être l'ont-ils aussi jugé trop volumineux et trop difficile. À moins qu'il ne faille déjà y voir l'expression du début du déclin d'un courant philosophique victime à la fois de la vindicte du pouvoir politique et de la montée d'une sensibilité spiritualiste et romantique.

NOTE SUR LA PRÉSENTE ÉDITION

Destutt de Tracy a publié trois éditions de la *Logique* :
- la première en juillet 1805, chez Courcier (VIII-671 p.);
- la deuxième en 1818, chez Courcier (VIII-586 p.)[1];
- la troisième en 1825, chez Lévi, en deux volumes (X-472 et 399 p.), dans le cadre d'une édition complète des *Éléments d'idéologie* (1824-1826) en cinq volumes, comprenant en outre les *Principes logiques* (dont l'édition originale date de 1817) et l'ensemble des textes sur l'instruction publique.

Le texte de la présente édition est en règle générale celui de la dernière édition parue du vivant de l'auteur. Dans les quelques cas où celui d'une édition antérieure a été retenu, l'explication en est donnée dans une note appelée par un astérisque. Figurent également en notes appelées par un astérisque les variantes des éditions antérieures.

L'orthographe a été modernisée : *momens* est écrit *moments, quarré* est écrit *carré*, *stile* est écrit style, ennuy est écrit *ennui*, etc.

Au bas de chaque page, les notes sont présentées dans l'ordre suivant :
- les notes de Destutt de Tracy, appelées alphabétiquement;
- les notes de variantes, appelées par un astérisque;
- les notes de l'éditeur, appelées numériquement.

1. Cette deuxième édition est généralement méconnue : elle n'est pas mentionnée dans les bibliographies relatives à Destutt de Tracy, y compris dans celle – par ailleurs très complète – d'Emmet Kennedy à la fin de son ouvrage *A Philosoph in the Age of Revolution, Destutt de Tracy and the Origins of « Ideology »*, Philadelphia, The American Philosophical Society, 1978; nous avons nous-même omis de la mentionner dans le tableau des différentes éditions constituant les *Éléments d'idéologie*, tableau figurant à la p. 35 de l'introduction au volume III des *Œuvres complètes*. Cette édition, absente des collections de la Bibliothèque nationale de France, est consultable dans quelques bibliothèques, notamment la bibliothèque de l'Institut ou la bibliothèque de la Sorbonne.

ÉLÉMENTS D'IDÉOLOGIE

TROISIÈME PARTIE

LOGIQUE

Auteuil, le premier floréal an 13[1]

AU SÉNATEUR CABANIS

MON EXCELLENT AMI,

Cette maxime si célèbre dans l'antiquité, qu'on avait crue digne d'être gravée sur le frontispice du temple d'Apollon, *nosce te ipsum* (connais-toi toi-même)[2], me paraît en effet le plus admirable précepte que l'on ait jamais pu donner aux hommes. Il est également propre à diriger nos études et notre conduite, nos actions et nos méditations. Il renferme tout, il s'étend à tout, et on le trouve toujours également sage, quelque application que l'on essaie d'en faire.

Mais pour se conformer à cette belle maxime, le premier pas à faire, sans doute, est d'acquérir la connaissance de nos moyens de connaître eux-mêmes. C'est en cela, suivant moi, que consiste la science logique; et c'est ce qui m'autorise à la regarder comme la véritable philosophie première ou science première. D'un autre côté, elle est une seule et même chose avec la science de nos perceptions, l'idéologie; car il nous est impossible de parvenir à la connaissance exacte de nos moyens de connaître, autrement que par l'observation attentive de leurs effets, et de la manière dont nous formons, nous exprimons et nous combinons nos idées: ainsi ces trois sciences, philosophie première, idéologie et logique, sont une seule et même chose.

Le volume que je vous présente en ce moment ne renferme donc pas toute la logique; il n'est qu'une suite des deux premiers que j'ai publiés : il ne forme avec eux qu'un seul traité, dont il est le complément. C'est pour cela que je me suis refusé jusqu'à présent le plaisir de vous dédier les deux premières parties. J'ai attendu que l'ouvrage fût complet pour vous l'offrir[3].

1. 21 avril 1805.

2. *Nosce te ipsum* est également le titre du mémoire écrit par Destutt de Tracy en 1806 dans le cadre du concours ouvert en 1805 par l'académie de Berlin sur la question : « Y a-t-il des aperceptions internes immédiates ? ».

3. Ce paragraphe est à rapprocher du passage de la préface de l'édition de 1801 des *Éléments d'idéologie* dans lequel l'auteur indique qu'il lui faut attendre d'être sûr de sa théorie pour être en mesure de dédier son travail « à un véritable ami à qui je suis

À qui cet hommage pouvait-il être plus légitimement dû qu'à vous qui, sous le titre modeste de *Rapports du physique et du moral de l'homme*, nous avez réellement donné toute son histoire, autant du moins que le permet l'état actuel de nos connaissances? Vous l'avez tracée de la manière à la fois la plus vaste et la plus sage, la plus éloquente et la plus exacte ; et tous ceux qui voudront jamais se conformer au précepte sublime de l'oracle de Delphes, vous devront une éternelle reconnaissance.

Pour moi, mon ami, j'ai le bonheur de vous avoir des obligations particulières. Indépendamment de celles qui sont étrangères à la science, et dont je ne parle pas ici, quoique j'aime à me les rappeler sans cesse, je me vante que votre ouvrage m'a été utile avant même qu'il fût achevé, que vos conversations me l'ont été encore davantage, et que c'est à vous que j'ai dû jusqu'au courage d'entreprendre les recherches auxquelles je me suis livré, et jusqu'à l'espérance qu'elles pourraient avoir quelque utilité.

Aussi le succès que j'ambitionne le plus, c'est que mon ouvrage puisse être regardé comme une conséquence du vôtre, et que vous-même n'y voyiez qu'un corollaire des principes que vous avez exposés[1]. Un pareil résultat serait extrêmement avantageux non seulement pour moi, mais pour la science elle-même, qui dès lors se trouverait replacée sur ses véritables bases : car si je mérite cet éloge, l'intention de Locke est remplie ; sa grande idée est réalisée ; et suivant son désir, l'histoire détaillée de notre intelligence est enfin une portion et une dépendance de la physique humaine[2].

Mais, mon ami, il est une chose que je désire encore bien davantage ; c'est que vous me conserviez les sentiments qui font le charme de ma vie.

Je vous salue au nom de l'amitié et de la vérité.

DESTUTT-TRACY[3]

particulièrement redevable de ce qu'il y a de bon dans ce que j'ai écrit ». Voir les *Éléments, I, Idéologie proprement dite*, p. 81.

1. Par là, Destutt de Tracy confirme que l'idéologie rationnelle est seconde par rapport à l'idéologie physiologique.

2. Destutt de Tracy reprend ici une idée déjà évoquée dans la préface de l'édition de 1801 des *Éléments* : « Locke est, je crois, le premier des hommes qui ait tenté d'observer et de décrire l'intelligence humaine, comme l'on observe et l'on décrit une propriété d'un minéral ou d'un végétal, ou une circonstance remarquable de la vie d'un animal : aussi a-t-il fait de cette étude une partie de la physique » (*Éléments, I, Idéologie proprement dite*, p. 76). Voir la division des sciences présentée par Locke au livre IV, chapitre 21 de l'*Essai sur l'entendement humain*.

3. En 1805, l'usage de la particule n'est pas encore revenu.

Hominum intellectui non plumae addendae
sed potiùs plumbum et pondera[a]
BACON

DISCOURS PRÉLIMINAIRE

Suivant l'opinion commune, la logique est l'art de raisonner. Telle que je la conçois, elle n'est pas cela : elle est, ce me semble, ou doit être une science purement spéculative, consistant uniquement dans l'examen de la formation de nos idées, du mode de leur expression, de leur combinaison et de leur déduction ; et de cet examen résulte ou résultera la connaissance des caractères de la vérité et de la certitude, et des causes de l'incertitude et de l'erreur.

Quand cette science sera faite et bien faite, et quand elle possédera des vérités incontestables, alors on pourra, avec assurance, en déduire les principes de l'art de raisonner, c'est-à-dire de l'art de conduire son esprit dans la recherche de la vérité, qui comprend également l'art d'étudier et celui d'enseigner, ou, en d'autres termes, celui d'acquérir des connaissances vraies et celui de les communiquer clairement et exactement, soit par des leçons parlées ou écrites, soit dans la simple conversation.

Jusque-là, toutes les règles que l'on pourra prescrire au raisonnement seront, suivant moi, téméraires et hasardées. Ce seront de véritables recettes empiriques qui, n'étant fondées sur aucune théorie certaine et complète, n'auront tout au plus pour appui que quelques observations plus ou moins imparfaites et sans liaison suffisante entre elles. Telles sont, à mon avis, toutes celles qu'on nous a données jusqu'à présent. Je ne prétends point pour cela ni les accuser toutes sans distinction de manquer de justesse, ni encore moins méconnaître le mérite des hommes qui ont écrit sur ces matières. Je me borne à une vérité qu'on ne saurait nier, c'est qu'*un art dépend toujours d'une science*. Or, tous les logiciens jusqu'à

a. En effet, les hommes ont toujours été trop vite dans leurs recherches ; bornons-nous à bien observer nos facultés intellectuelles : nous ne sommes point encore en état de faire des systèmes complets de philosophie rationnelle et morale.

présent, sans en excepter ceux que l'on regarde avec raison comme des hommes supérieurs, ont confondu l'art avec la science. Ils se sont même plus occupés de nous donner les règles de l'un que de poser les principes de l'autre. Ils se sont donc trop pressés d'arriver à un résultat; ils ont interverti l'ordre des idées. C'est donc la science que nous avons à créer pour procéder avec méthode; ensuite on en tirera facilement des conséquences utiles pour la pratique.

Cette manière de considérer la logique et d'en distinguer la partie scientifique et la partie technique, bien que conforme à celle dont j'ai traité la grammaire, et aux principes que j'ai posés dans cette partie de mon ouvrage, pourra paraître, au premier coup d'œil, pédantesque et minutieuse, ou trop ambitieuse et trop abstraite, c'est-à-dire trop éloignée de tout résultat positif et pratique ; mais je prie le lecteur de ne pas s'arrêter à cette première impression et de prendre garde que c'est là le seul moyen de voir si les règles que l'on prescrit à nos raisonnements depuis tant d'années sont fondées sur des faits bien observés et de reconnaître pourquoi elles ont été si peu utiles. Je lui demande avec instance de se rappeler que l'art de raisonner, bien qu'assurément cultivé avec excès dans les écoles, n'a cependant pas fait un pas depuis Aristote jusqu'à Bacon. Il reposait donc sur des bases fausses; car, comme le dit le même Bacon, toute étude bien commencée doit être féconde; et si, depuis Bacon, cet art a reçu des améliorations importantes, c'est qu'au lieu de se borner à l'apprendre et à le pratiquer, on a commencé à y réfléchir; on a étudié la science qui lui sert de guide et de flambeau; et elle s'est enrichie de plusieurs vérités précieuses. Un coup d'œil jeté sur les travaux de nos prédécesseurs mettra, je crois, ces assertions hors de doute. Il fera plus, il montrera que tous ont reconnu, au moins confusément, la nécessité de cette distinction entre l'art et la science; que, s'ils ne se sont pas assez arrêtés à celle-ci, c'est qu'elle n'était pas encore assez avancée de leur temps; qu'ils ont eu d'autant plus de succès qu'ils y ont plus insisté; et que la cause unique de tous leurs écarts est d'avoir tracé les règles de l'art avant d'avoir complètement démêlé les vérités de la science sur laquelle il est fondé. Or, quelles sciences humaines peuvent être solides tant que la logique est erronée?

Assurément Aristote n'a pas négligé entièrement la partie scientifique de la logique. Il n'a pas entrepris de prescrire les règles de la déduction de nos idées avant d'avoir parlé des idées elles-mêmes et du mode de leur expression. Une telle marche serait trop déraisonnable pour avoir été celle d'un homme aussi judicieux. Tout le monde sait, ou pourrait aisément savoir, que la logique d'Aristote est composée de six ouvrages distincts : des *Catégories*, où il s'agit des idées elles-mêmes; du livre *De Interpretatione*, où il est question de l'expression de ces idées, du discours, de la proposition, et même des éléments fondamentaux de la proposition, le nom et le verbe; des *Premières analytiques*, où l'on traite des propriétés et des règles générales du syllogisme; et ensuite des *Secondes analytiques*, des *Topiques*, et des *Elenchi sophistici*, où l'on explique l'usage du syllogisme dans la démonstration, dans la discussion, et dans la réfutation des sophistes.

Si ceux qui s'élèvent avec tant de véhémence contre la manière moderne de traiter la logique, qui trouvent si ridicule qu'on ait imaginé de la déduire de l'idéologie et de la grammaire, et d'en faire une seule et même chose avec la grammaire générale et philosophique, et qui, dans cette opinion bizarre, se croient forts de l'autorité d'Aristote qu'ils nous opposent si ridiculement; si, dis-je, ces critiques avaient pris garde à cette distribution des écrits du grand homme qui devait être leur maître, et qui n'est que leur idole, ils auraient vu que ce qu'ils proscrivent est justement ce qu'il approuve, ce qu'il a essayé de faire, ce qu'il désire qui soit fait. Au reste, il termine son travail en disant que ce n'est qu'une ébauche, une première tentative que rien n'a précédée, pour laquelle on doit avoir de l'indulgence, mais que l'on doit perfectionner, comme l'on a fait pour l'art oratoire, qui s'est amélioré par des progrès successifs; seulement il fait beaucoup valoir, et avec raison, le mérite qu'il a eu à faire ce premier essai, et il ne craint pas de dire qu'il est beaucoup plus grand que celui que l'on aura à y ajouter et à le continuer.

En tout, c'est un très grand malheur que des ouvrages anciens, dont on parle sans cesse, ne soient dans le vrai presque jamais lus. On finit par s'en faire une idée tout à fait fausse. C'est à peu près comme dans le cours de la Révolution française; j'ai vu souvent, par respect pour la mémoire de certains hommes, embrasser avec violence des opinions qu'ils détestaient, outrager et affliger leurs mânes, en croyant les respecter et leur complaire. Sans sortir de notre sujet, je suis convaincu que si la logique d'Aristote était traduite en bon français, et suffisamment éclaircie pour être à la portée de tout le monde, il n'y aurait pas un homme qui ne pensât et ne vît clairement que cette première tentative, bien que très estimable, a été complètement malheureuse; qu'elle a été contre son but, parce qu'on s'est trop pressé d'arriver à un résultat; qu'elle a besoin d'être reprise par sa base; que son auteur en conviendrait et le souhaiterait; et que les idéologistes français, bien loin d'être des novateurs effrénés, des déserteurs de l'École d'Aristote, de tenter contre son intention des choses que ce grand maître a décidé être inutiles ou impossibles, sont ses continuateurs, ses disciples, et je pourrais dire ses exécuteurs testamentaires.

En effet, il est constant qu'il a voulu traiter des idées, de leur expression et de leur déduction, et qu'il a senti qu'il n'y avait pas une autre manière de donner une base solide à tous nos raisonnements et à toutes nos connaissances; mais il a manqué absolument les deux premières parties. C'est ce dont nous allons nous convaincre facilement.

Dans ses *Catégories*, il n'a point expliqué la formation de nos idées; il n'a point déterminé de quelle manière une idée composée se résout dans ses éléments, ou plusieurs idées simples se réunissent pour former une idée composée; ni comment du rapprochement de plusieurs idées simples ou composées, mais individuelles, il en naît d'autres qui sont des idées de classes ou d'espèces, soit de substances, soit de modes, soit d'êtres réels, soit d'êtres intellectuels. Il les a prises toutes telles qu'elles sont, sans se mettre en peine de démêler leurs éléments et l'action de nos facultés intellectuelles sur ces éléments. Il n'a pas proprement analysé, décomposé nos idées; il s'est borné à les répartir en diverses classes, sous le rapport de leur objet, ce qui ne sert à rien, et non sous le rapport de leur composition, ce qui eût été vraiment utile. Ses dix catégories sont : la *substance*, la *quantité*, la *qualité*, la *relation*, le *lieu*, le *temps*, la *situation*, *avoir*, *agir*, et *pâtir* : c'est-à-dire, comme le remarquent très bien Messieurs de Port-Royal, *qu'il a voulu réduire à dix classes tous les objets de nos pensées, en comprenant toutes les substances sous la première, et tous les accidents sous les neuf autres*; et l'on peut ajouter qu'ensuite il a multiplié à l'infini les observations, les distinctions, les divisions, relatives à toutes les circonstances que l'on peut remarquer dans les idées comprises dans chacune de ces classes, et qui ne font absolument rien ni au fond de l'idée, ni au mode de sa formation. Mais à quoi tout cela sert-il ? Cela nous apprend-il comment ces idées nous viennent? Comment nos facultés intellectuelles agissent dans leur formation? En quoi consiste leur justesse ou leur inexactitude, leur clarté ou leur obscurité? S'ensuit-il que notre intelligence opère différemment dans nos raisonnements quand il s'agit d'une idée de *qualité* ou de *quantité*, que lorsqu'il est question d'une idée de *relation* ou de *situation?* Assurément non. Cela n'est donc utile absolument à rien. Je pense même, avec les philosophes que je viens de citer, que cela nuit beaucoup par deux raisons.

> La première, *disent-ils*, c'est qu'on regarde ces catégories comme une chose établie sur la raison et sur la vérité, au lieu que c'est une chose tout arbitraire, et qui n'a de fondement que l'imagination d'un homme qui n'a eu aucune autorité de prescrire une loi aux autres, qui ont autant de droit que lui d'arranger d'une autre sorte les objets de leurs pensées, chacun selon sa manière de philosopher. Et en effet, il y en a qui ont compris en ce distique tout ce que l'on considère selon une nouvelle philosophie, en toutes les choses du monde :
> *Mens, mensura, quies, motus, positura, figura :*
> *Sunt cum materiâ cunctarum exordia rerum.*

> C'est-à-dire, que ces gens-là se persuadent que l'on peut rendre raison de toute la nature, en n'y considérant que ces choses ou modes. 1. *Mens*, l'esprit ou la substance qui pense. 2. *Materia*, le corps ou la substance étendue. 3. *Mensura*, la grandeur ou la petitesse de chaque partie de la matière. 4. *Positura*, leur situation à l'égard les unes des autres. 5. *Figura*, leur figure. 6. *Motus*, leur mouvement. 7. *Quies*, leur repos ou moindre mouvement.
> La seconde raison qui rend l'étude des catégories dangereuse, est qu'elle accoutume les hommes à se payer de mots, à s'imaginer qu'ils savent toutes choses, lorsqu'ils n'en connaissent que des noms arbitraires qui n'en forment dans l'esprit aucune idée claire et distincte.[1]

Je trouve ces réflexions d'une justesse et d'une sagacité admirables; ainsi cette première partie qui a rapport aux idées elles-mêmes, et qui est tirée tout entière des ouvrages métaphysiques du même auteur, n'est pas suffisamment approfondie et a absolument besoin d'être refaite d'une tout autre manière.

Vient ensuite la seconde partie, le livre *De Interpretatione* qui traite de l'expression des idées, de leur traduction dans le langage. Dans cet ouvrage très peu étendu, on voit que l'auteur a cherché à expliquer l'artifice du discours; mais il est bien loin d'avoir vu tout son sujet, et d'avoir rendu un compte satisfaisant de la génération des signes de nos idées et de leur influence sur nos raisonnements. Il établit que le discours est composé de signes d'idées isolées, ou de signes d'idées réunies par une affirmation ou une négation, et que ce n'est que dans ses dernières qu'il y a vérité ou fausseté.

Il définit le nom, un son vocal qui a une signification, laquelle lui est donnée à volonté, qui ne marque point le temps, et dont les parties, prises séparément, n'ont aucune signification. On voit combien peu cette définition apprend ce que c'est que la chose définie. Il prononce qu'aucun des cris des animaux n'est un nom, parce qu'ils ont une signification naturelle et non pas volontaire. Je ne crois pas que ce soit là la vraie raison; mais bien plutôt, comme je l'ai dit dans ma *Grammaire*, parce que ces cris sont des interjections, de véritables propositions tout entières, dans lesquelles le nom, le sujet, n'est pas séparé du verbe, de l'attribut. Mais Aristote n'est pas allé jusque-là.

Il dit que le verbe est un son vocal qui marque le temps, dont les parties, prises séparément, n'ont aucune signification, et qui est toujours le signe de choses qui sont dites d'une autre chose. Il n'a pas vu que ces choses qui sont

1. Citation extraite de *La Logique ou L'Art de penser*, par Antoine Arnauld et Pierre Nicole, Paris 1662, première partie, chapitre III.

dites d'une autre par le verbe, c'est toujours que cette chose ou le sujet existe de telle ou telle manière, ou seulement existe; et que c'est pour cela que le verbe marque le temps, parce que quand on dit qu'une chose *est*, *existe*, il faut bien dire si c'est actuellement, ou dans le passé, ou dans l'avenir; et ce n'est même qu'alors qu'on peut le dire.

Il ne veut point que le nom uni à la négation soit un nom. Il appelle cela un nom infini, parce que cela exprime également l'être et le non-être. Par la même raison, il appelle verbe infini, le verbe joint à la négation.

Il ne veut pas que les cas obliques des noms soient des noms. Qu'aurait-il dit dans une langue où ces cas ne sont marqués que par des mots étrangers aux noms, par des prépositions? Sa raison est que ces cas obliques joints à un verbe n'expriment avec lui ni une vérité, ni une fausseté; c'est-à-dire, en français, qu'ils ne peuvent pas en être le sujet. Mais est-ce là une raison pour qu'ils ne soient pas des noms?

De même, il ne regarde comme verbe que le présent de l'indicatif; il veut que les passés et les futurs soient des cas du verbe; et il ne parle d'aucun autre mode que de l'indicatif.

Voilà tout ce qu'il dit des éléments du discours; car il a jugé à propos de définir le discours un assemblage de sons vocaux, qui a une signification convenue et dont chaque partie prise séparément a une signification à elle toute seule; et comme dans cette manière de philosopher, on érige en principe une définition arbitraire, il suit de celle-ci que les prépositions, par exemple, qui ne font aucun sens toutes seules, ne sont point des parties du discours. Aussi n'en parle-t-il seulement pas, non plus que d'aucun des éléments de la proposition, autres que le nom et le verbe.

Il ne s'occupe pas davantage de la décomposition du discours en propositions; et sans chercher, comme nous avons fait, si toutes les espèces de propositions ne peuvent pas se réduire à une, et être ramenées à la seule proposition énonciative, il ne parle que de celle-là, et il écarte toutes les autres, en disant qu'elles sont plus du ressort de la rhétorique et de la poétique que de la logique.

Ensuite, il s'épuise dans les dix derniers chapitres de ce livre, *De Interpretatione*, à examiner tous les cas, toutes les circonstances, et toutes les conséquences de la proposition énonciative; et comme il n'a pas vu que les propositions négatives ne le sont dans le vrai que par la forme et sont au fond affirmatives comme les autres, cette distinction subsistant, multiplie à l'infini les divisions et les subdivisions, et accumule les difficultés.

C'est à cela que se borne toute la théorie de la logique d'Aristote. Après des préliminaires aussi insuffisants, il se hâte de passer à la pratique et de nous prescrire les règles de l'art de raisonner. Il a remarqué que certaines propositions énonciatives sont évidentes, c'est-à-dire que leur vérité ou leur fausseté est manifeste, tandis que d'autres sont douteuses, c'est-à-dire que l'esprit est incertain s'il doit accorder ou refuser son assentiment au jugement qu'elles expriment; et il a vu que cette incertitude vient de ce que l'on ne sent pas bien le rapport qui existe entre le sujet et l'attribut, qu'il appelle les deux termes de la proposition. Il a cru qu'il n'y avait rien à dire sur les propositions évidentes; et que toute la science humaine repose sur la résolution des propositions douteuses, puisque pour découvrir, ou démontrer, ou réfuter une chose quelconque, il ne s'agit jamais que de trouver la solution d'un principe mis en question; puis il s'est figuré que cette solution consiste toujours et uniquement à prendre un terme moyen et à le joindre successivement aux deux termes de la proposition en question, ce qui forme deux autres propositions qui sont évidentes et qui composent un syllogisme avec lequel il croit qu'on ne peut errer. Ainsi, par exemple, je suis incertain si l'homme est un animal; je prends pour terme moyen entre homme et animal un être qui a des mouvements volontaires; et je dis, *un être qui a des mouvements volontaires est un animal; l'homme a des mouvements volontaires*; d'où je conclus avec assurance que *l'homme est un animal*.

Je dis qu'Aristote s'est figuré que la vérification de la proposition mise en question consistait toujours à placer un seul terme moyen entre son sujet et son attribut. Ce n'est pas qu'il ne reconnaisse qu'il faut souvent plusieurs termes moyens; mais alors chacun d'eux est l'occasion d'un syllogisme, car un syllogisme ne peut jamais avoir qu'un seul terme moyen : et suivant lui, c'est le syllogisme qui opère la conviction. La multiplicité des termes moyens produit seulement une série de syllogismes, ou un raisonnement qui se réduit en une série de syllogismes dont les premiers ne sont que la préparation du dernier.

Exemple : Si dans le cas que j'ai cité, je ne vois pas encore de rapport manifeste entre un être qui a des mouvements volontaires et un animal, je puis prendre un autre terme moyen tel que *un être qui se meut sans cause extérieure*; et alors je dois dire d'abord :

> Un animal est un être qui se meut sans cause extérieure.
> Un être qui se meut sans cause extérieure a des mouvements volontaires.
> *Donc* un être qui a des mouvements volontaires est un animal.

Et ensuite je puis prendre pour majeure cette proposition prouvée et dire :

> Un être qui a des mouvements volontaires est un animal.
> L'homme est un être qui a des mouvements volontaires.
> *Donc* l'homme est un animal.

En partant de ces deux idées qu'il ne s'agit jamais dans ce monde que de trouver un terme moyen entre le sujet et l'attribut d'une proposition énonciative, et que c'est par la forme syllogistique qu'on y parvient, il se donne une peine infinie pour prévoir tous les cas et tous les modes de ces propositions et de ces arguments, et pour déterminer le genre et l'étendue des conclusions qu'on peut légitimement tirer de chacun d'eux; car il s'en faut bien qu'elles soient toujours les mêmes.

Tout cela aurait été beaucoup simplifié si, comme nous l'avons fait dans la *Grammaire*, il avait vu dans les propositions négatives la véritable affirmation qu'elles renferment; et si, dans toute proposition, prenant le sujet et l'attribut en masse, il n'avait considéré chacun d'eux, comme ils le sont en effet, que comme une seule idée qui est la résultante de tous les mots dont ils sont composés et des effets de leur réunion. Mais, d'une part, il admet des propositions négatives; et de l'autre, ce n'est pas l'idée totale du sujet et de l'attribut qu'il prend pour les vrais termes de la proposition, mais seulement l'idée principale renfermée dans chacun d'eux. Ainsi, dans ces phrases : *Un homme vertueux peut cependant être malheureux par sa faute, tout homme vertueux est récompensé au moins par son cœur*, les termes à comparer immédiatement ne sont pas pour lui dans l'une, *un homme vertueux*, et *peut cependant être malheureux par sa faute*; et dans l'autre, *tout homme vertueux*, et *est récompensé au moins par son cœur*. Mais ce sont seulement dans la première, *homme* et *malheureux*, et dans la seconde, *homme* et *récompensé*. De là il arrive qu'il est obligé de reconnaître et de distinguer des propositions universelles, particulières, indéfinies, singulières, simples ou composées, complexes ou incomplexes, modifiées ou pures, nécessaires ou contingentes, etc.; et cela multiplie à l'infini les divisions et les subdivisions, les modes et les figures d'argumentation, et les règles particulières à chacun de ces cas, tandis que si, avant de lui donner des lois, on avait mieux connu la nature de l'opération intellectuelle unique qui constitue tous nos raisonnements, on aurait trouvé, comme j'espère le faire voir, qu'un seul procédé, toujours le même, nous donne toutes les vérités que nous pouvons extraire par voie de déduction de celles que nous connaissons auparavant, lesquelles elles-mêmes consistent toujours ou en faits, c'est-à-dire en impressions reçues, ou en résultats déjà tirés de faits antérieurs par voie de déduction. Car nous ne faisons jamais que *sentir* et *déduire*, ce qui est encore *sentir*.

Au reste Aristote, embarqué dans une entreprise aussi difficile, je dirais même aussi impossible, que celle de prescrire des règles à une faculté intellectuelle encore trop peu observée et trop peu connue, déploie une force de tête prodigieuse et une sagacité vraiment admirable dans le développement de toutes les circonstances qu'il a cru devoir y remarquer, et dans l'observation des différences de chacune d'elles. Quand on songe que de mauvaises habitudes pratiques étaient déjà prises avant lui, et que c'est la première fois qu'on a essayé de faire un corps de doctrine complet de l'art de raisonner, on sent qu'il était impossible que l'esprit humain fît plus à une première tentative; et l'on s'afflige même qu'il y ait employé une si prodigieuse capacité; car plus on est avancé dans une fausse route, plus on a de peine à en revenir pour reprendre le bon chemin. C'est ce qui fait que la doctrine d'Aristote a empêché le genre humain de faire un seul pas pendant plus de dix-huit cents ans.

Je ne le suivrai pas dans les détails de son traité du syllogisme. J'avouerai même naïvement que je ne me flatte pas d'avoir toujours saisi avec précision toute la finesse de ses observations et toutes les liaisons de ses principes. Ses disciples les plus zélés et ses commentateurs les plus infatigables conviennent qu'il est impossible d'y parvenir complètement. Ils font plus, ils le prouvent par la différence fréquente des manières dont ils l'expliquent: et lui-même dit qu'on ne saurait comprendre ses écrits, si l'on n'a pas entendu ses leçons[a]. Mais je crois en avoir assez vu et

a. Il ne sera peut-être pas sans intérêt de voir à cette occasion les deux lettres qu'Aulu-Gelle nous a conservées; les voici :

Alexandre à Aristote, bonne santé.

Vous avez mal fait de publier la partie verbale de vos leçons. En quoi différerons-nous des autres, si les instructions particulières que vous nous avez données deviennent un patrimoine public ? Je fais bien plus de cas de la distinction qu'établit entre moi et les autres hommes la connaissance des principes les plus parfaits qui aient été fournis par l'expérience, que de celle qui tient seulement à mon pouvoir. Portez-vous bien.

Aristote au roi Alexandre

Vous m'avez écrit sur la partie verbale de mes leçons : vous pensez qu'il eût mieux valu la tenir secrète; mais sachez qu'elle est publiée sans l'être réellement. Pour l'entendre, il faut avoir assisté à nos leçons. *Portez-vous bien.*

Je ne prétends pas dire, au reste, qu'il soit ici question particulièrement des principes de la logique. Je suis même très porté à croire qu'il s'agit surtout de ces sublimes conceptions métaphysiques dont on faisait tant de cas alors. Au demeurant, comme elles sont les bases des principes logiques, il ne se peut pas que la logique aussi n'ait pas beaucoup souffert de ce système de réticence; mais qu'on me permette une réflexion d'un autre genre, qui n'est pas non plus étrangère à la logique, puisqu'il s'agit de l'état de la raison humaine.

J'ai souvent, et je pense n'être pas le seul, vu et entendu citer cette anecdote avec beaucoup d'éloges (v. Bacon, t. IV, p. 42), et comme très honorable aux deux personnages, en montrant le grand prix que l'un attachait aux belles connaissances et la haute estime que l'on faisait du grand savoir de l'autre. Cependant, je l'avoue, je vois là surtout une preuve de la vanité effrénée et puérile du monarque, et de la complaisance servile et lâche du professeur, et une marque certaine que tous les deux étaient complètement étrangers à la noble impulsion de cette philanthropie philosophique et vraiment respectable qui ne prise et ne recherche les lumières que pour les répandre et les faire servir au bonheur des hommes. Quels temps que ceux où l'on ne détestait pas de pareils sentiments d'un égoïsme ridicule et bas ! Et ces temps sont ceux que nous appelons les grands siècles de lumière des nations anciennes et modernes, et ils sont encore tout près de nous ! Heureusement néanmoins, quiconque aujourd'hui voudrait se faire admirer, ferait bien, je pense, de renfermer soigneusement au-dedans de lui

assez dit pour être en droit de conclure que, s'il a beaucoup fait en donnant un moyen quelconque de se démêler des arguties des sophistes de son temps, en combattant l'opinion funeste qu'il n'y a rien de vrai, ni de faux, ni de certain (opinion qui n'est pas moins absurde que pernicieuse, puisqu'il y a toujours de certain pour chacun de nous, ce qu'il sent d'abord, et ensuite ce qu'il en déduit, si de nouvelles sensations confirment ce qu'il a conjecturé), et en renversant la mauvaise logique de Platon, qui veut que nos idées soient le modèle des choses, au lieu de voir dans les choses et les impressions qu'elles nous font les sources de nos idées; que si, dis-je, Aristote a rendu de grands services et a ébauché la science qui n'existait pas avant lui, cependant il ne l'a pas assez avancée et s'est trop hâté de tracer les règles de l'art.

Relativement à l'art, si l'on ne veut pas prendre la peine d'étudier Aristote lui-même, chose très pénible, on peut prendre une connaissance fort étendue de ses principes dans le quatrième chapitre de la logique de Hobbes, et dans la troisième partie de celle de Messieurs de Port-Royal. C'est ce que je connais de mieux sur cette matière. J'admire surtout le jugement qu'en portent les auteurs de ces deux ouvrages. Voici comment s'en expliquent ceux du dernier.

> Cette partie, *disent-ils*, que nous avons maintenant à traiter, qui comprend les règles du raisonnement [a], est estimée la plus importante de la logique, et c'est presque l'unique qu'on y traite avec quelque soin (*ces mots sont remarquables*); mais il y a sujet de douter si elle est aussi utile qu'on se l'imagine. La plupart des erreurs des hommes, comme nous avons dit ailleurs, viennent plus de ce qu'ils raisonnent sur de faux principes (*entendez sur des idées dont ils ne se sont pas rendu compte*), que de ce qu'ils raisonnent mal suivant leurs principes. Il arrive rarement qu'on se

de semblables intentions, surtout si elles avaient pour principe le désir de dominer les hommes en les abrutissant. Je doute que leur manifestation attirât beaucoup d'applaudissements; et cela me persuade que le monde n'est pas si démoralisé que le disent certains hommes, qui le prouvent pourtant de toute manière, autant qu'il est en eux.

a. Les deux premières parties traitent des *idées* et du *jugement*, et la quatrième de la *méthode*. Cette division est encore fondée sur la métaphysique d'Aristote, que les mêmes auteurs ont pareillement prises pour base sans examen préalable au commencement de leur *Grammaire générale*, ainsi que nous l'avons observé en son lieu. Voyez ma *Grammaire*, introduction, p. 40-41.

Cette métaphysique enseigne qu'il y a trois opérations de notre esprit, *concevoir*, *juger* et *raisonner*.

Dans cette manière de voir, la quatrième partie, *la méthode*, est une espèce d'addition au fond du sujet, et de conséquence de ce qui a été dit auparavant : c'est suivant moi celle qui renferme le plus de choses réellement utiles; mais elle n'est pas appuyée sur des notions préliminaires capables de la rendre complètement bonne.

> laisse tromper par des raisonnements qui ne soient faux que parce que la conséquence en est mal tirée; et ceux qui ne seraient pas capables d'en reconnaître la fausseté PAR LA SEULE LUMIÈRE DE LA RAISON, ne le seraient pas ordinairement (*on peut dire jamais*) d'entendre les règles que l'on en donne, et encore moins de les appliquer [1].

Et ailleurs, au commencement du chapitre des syllogismes complexes, ils ajoutent :

> Il faut avouer que, S'IL Y EN A À QUI LA LOGIQUE SERT, il y en a beaucoup à qui elle nuit ; et il faut reconnaître en même temps qu'il n'y en a point à qui elle nuise davantage qu'à ceux qui s'en piquent le plus et qui affectent avec plus de vanité de paraître bons logiciens ; car cette affectation même étant la marque d'un esprit bas et peu solide, il arrive que, s'attachant plus à l'écorce des règles qu'au bon sens qui en est l'âme, ils se portent facilement à rejeter comme mauvais des raisonnements qui sont très bons, parce qu'ils n'ont pas assez de lumières pour les ajuster aux règles, qui ne servent qu'à les tromper, à cause qu'ils ne les comprennent qu'imparfaitement.
> Pour éviter ce défaut qui ressent beaucoup cet air de pédanterie, si indigne d'un honnête homme, nous devons plutôt examiner la solidité d'un raisonnement par la lumière naturelle que par les formes; et un des moyens d'y réussir quand nous y trouvons quelques difficultés, c'est d'en faire d'autres semblables sur différentes matières, et lorsqu'il nous paraît clairement qu'il conclut bien à ne considérer que le bon sens, si nous trouvons en même temps qu'il contienne quelque chose qui ne nous semble pas conforme aux règles, nous devons plutôt croire que c'est faute de le bien démêler, que non pas qu'il y soit contraire en effet [2].

Hobbes dit à peu près les mêmes choses en plusieurs endroits.

Il suit de tout cela, à mon avis, 1. que ces fameuses règles manquent par la base puisqu'elles ne nous apprennent rien sur la partie la plus importante des raisonnements, les principes ; 2. qu'elles sont plus difficiles à comprendre que les difficultés qu'elles sont destinées à éclaircir ; 3. qu'en résultat elles ne sont absolument bonnes à rien, puisque, dans tous les cas embarrassants, ce que nous pouvons faire de mieux, est de ne pas nous en servir, et de nous décider même contre ce qu'elles paraissent prescrire.

Je crois que ces savants judicieux ont parfaitement raison; et je n'en regrette que davantage qu'il n'y ait pas une traduction française de la logique d'Aristote qui soit généralement répandue et fréquemment consultée.

1. Citation extraite de *La Logique ou L'Art de penser*, par Antoine Arnauld et Pierre Nicole, troisième partie, *Du raisonnement*.

2. Citation extraite de *La Logique ou L'Art de penser*, par Antoine Arnauld et Pierre Nicole, troisième partie, chapitre IX.

Pour qu'elle fût bonne et bien intelligible, il faudrait que le traducteur commençât par faire la langue; et pour cela, qu'il donnât un vocabulaire des termes techniques employés dans l'ouvrage, en expliquant soigneusement la signification de chacun d'eux. Si ce travail était bien fait, il en résulterait tout de suite la preuve d'une foule de vérités importantes. D'abord on verrait clairement que faire une science ou un art, c'est-à-dire en exposer nettement les principes, ce n'est autre chose qu'en expliquer bien les termes[a]; et ensuite l'on reconnaîtrait avec la même évidence, que

a. C'est dans ce sens qu'il faut entendre cette maxime généralement reçue aujourd'hui, et avec raison, *que toute science se réduit à une langue bien faite et que faire une science, ce n'est autre chose qu'en bien faire la langue*. Depuis que cet adage est souvent répété, bien des gens se sont mépris sur sa véritable signification. Ils ont cru que pour changer la face d'une science et lui faire faire de grands progrès, il ne s'agissait que de renouveler sa nomenclature et de lui en donner une plus méthodique. Cependant ce n'est point du tout cela dont il s'agit.

Faire la langue d'une science, c'est en éclaircir les points obscurs, de manière que les mots dont on se sert en en parlant n'expriment plus que des idées nettes et exactes, c'est-à-dire conformes aux faits ; et la langue de cette science est *bien faite* et *fixée* quand elle a été parlée et écrite par des hommes qui n'en ont employé les termes que dans ce sens vrai et précis.

Qu'ensuite la composition de ces mots soit telle que leur dérivation retrace fidèlement la génération des idées qu'ils représentent, c'est un avantage sans doute. C'est utile pour se rappeler et pour expliquer les vérités connues ; mais ce n'est pas là ce qui les dévoile. Ce n'est donc pas là ce qui *crée* la science, ni par conséquent ce qui *fait* la langue, dans le sens dont il s'agit.

Ainsi par exemple, quand nos savants chimistes français ont découvert la théorie de la combustion, ils ont reconnu que le *phlogistique*, le principe de la combustibilité, n'est point cet être que l'on croyait exister dans les combustibles, dont on n'avait qu'une idée fausse et vague, que l'on imaginait sortir des métaux et entrer dans la pierre à chaux par l'effet de la combustion, et que l'on était obligé de supposer tantôt léger, tantôt pesant. Ils ont vu que le vrai *phlogistique*, la vraie cause des phénomènes de la combustion, est au contraire un être qui n'est pas dans les combustibles, pour lequel ils ont beaucoup d'affinité, qui, en s'unissant avec eux, laisse dégager de la lumière et de la chaleur, et produit tous les autres phénomènes de la combustion, qui augmente toujours le poids des corps auxquels il se combine, qui les rend incombustibles, qui est la base du gaz vital, etc., etc. Enfin ils ont fixé le sens des mots *phlogistique*, *combustion* et *combustible* ; et quand même ils auraient laissé subsister le premier de ces trois mots comme les deux autres, quand ils n'auraient pas créé celui d'*oxygène* et ses dérivés, cela aurait peut-être été d'un usage moins avantageux ; mais ils n'en auraient pas moins rectifié la science et fait réellement la langue en déterminant sa signification.

On voit donc que, philosophiquement parlant, une langue est bien faite à proportion que les idées adaptées aux mots dont elle se sert sont plus justes et plus approfondies : c'est ce qui me fait penser que le français, fût-il encore plus irrégulier qu'il ne l'est, n'en serait pas moins, dans ce sens, la langue la mieux faite qui ait jamais existé. Aussi est-ce, je crois, celle qui offre le plus de ressources pour exprimer des idées fines et exactes dans tous les genres.

Refaites la langue de certaines hypothèses philosophiques, ou ce qui est la même chose, traduisez-les en français : elles croulent. Aussi remarquez qu'elles sont toujours très obscures dans les langues dont se servent les hommes qui les admirent. Les idées et les mots y sont donc mal déterminés. En français elles deviennent tout de suite claires autant qu'elles en sont

les obscurités de la logique d'Aristote, qui ne viennent pas de sa manière d'écrire, viennent de ce qu'il n'a pas complètement démêlé les idées fondamentales : ce qui fait que les moyens artificiels qu'il donne pour guider le raisonnement sont illusoires, ou qu'ils sont plus difficiles à employer que le moyen naturel d'examiner directement les idées comparées, et, comme le disent Messieurs de Port-Royal, en se servant de *la seule lumière de la raison*. C'est là sans doute un ouvrage important qui nous manque.

Cependant il existe dans notre langue une vieille traduction de la logique d'Aristote qui, sans remplir complètement son objet, serait très utile si elle était plus connue[a]. Il est vrai qu'il faut une patience infatigable pour la lire; mais comme elle est déjà très propre à rendre manifestes les causes de l'imperfection et de l'insuffisance de ce célèbre *Organum*, elle est curieuse et elle mérite que nous nous y arrêtions un peu.

L'auteur n'a pas suivi la marche que je viens d'indiquer. Peut-être n'en a-t-il pas senti la très grande utilité; et je le crois. Peut-être cette entreprise était-elle au-dessus de ses forces; et je le crois encore. Peut-être enfin l'a-t-il jugée tout à fait inexécutable; et il est possible que cela soit vrai, précisément parce que faire un pareil vocabulaire, c'est faire la science tout entière, et qu'on ne fait point ainsi un traité bien suivi par articles détachés les uns des autres. Quoi qu'il en soit, le sieur de Fresnes a pris un autre parti. Grand admirateur de l'*Organum*, qu'il appelle un livre divin et dans lequel il croit voir la source de toute vérité et de toute certitude, il connaissait assez mal la marche de notre intelligence; mais il connaissait très bien la doctrine d'Aristote : et voulant faire comprendre celle-ci à ses lecteurs, il a fait entrer dans le texte toutes les explications qu'il a crues nécessaires au développement des idées. Il en est résulté qu'il a fait un volume *in-folio* de sept cent cinquante pages d'un petit ouvrage qui n'a guère que deux cents pages du même format. Encore s'est-il permis des retranchements dans quelques endroits; et a-t-il pris de telles libertés dans les autres, qu'il a fait des transpositions fréquentes, et que souvent on est incertain si on lit un commentaire ou une traduction; et on ne sait pas précisément où est dans le texte l'équivalent de ce qu'on lit. Au reste, c'est là un mal inévitable, et la faute en est à l'auteur original.

susceptibles ; c'est-à-dire que l'on voit clairement que l'on n'y entend rien, et pourquoi on n'y doit rien entendre. C'est que les idées en sont confuses et que les mots qui les expriment n'ont aucune signification précise. La science et la langue sont à faire.

a. C'est celle de Philippe Canaye, sieur de Fresnes, conseiller du roi en son grand conseil, par Jean de Tournes, imprimeur du roi, 1589, 1 vol. *in-folio*.

L'épitre dédicatoire à Henri III est de 1589. Cette traduction ne fut achevée d'imprimer qu'à cette époque, quoique le privilège soit du 21 janvier 1574. Elle est très rare, et pourtant je ne crois pas que nous en ayons d'autre en français.

Je ne prétends pas pour cela soutenir que toutes les additions de ce traducteur soient également nécessaires, mais je dis que l'extrême brièveté du texte n'est due qu'à ce que la plupart des choses n'y sont qu'indiquées ou rendues par des expressions qui sont tout à fait hors des conventions ordinaires de toutes les langues, et qui forment un véritable *argot* (qu'on me passe ce terme trivial, qui rend parfaitement mon idée[1]). Or ce langage fût-il, ce qui n'est pas, fondé sur des idées bien déterminées et formé d'après des analogies irréprochables, il ne saurait être aussi familier à chacun de nous que la langue commune dont il emprunte les mots en en détournant le sens. Il faut donc, en le lisant, faire continuellement un effort d'attention et de mémoire pour ne pas perdre de vue ces conventions bizarres et se rappeler les longues séries d'idées que représentent ces expressions singulières et trop abrégées. Ce sont des espèces de pronoms inusités, et trop éloignés de la phrase qu'ils remplacent.

En effet, la brièveté dans le discours n'est un avantage que jusqu'à un certain point et sous certaines conditions. Si quelqu'un s'avisait de prendre une cinquantaine des résultats principaux d'une science quelconque, de désigner chacun d'eux par une lettre de différents alphabets, et de les employer souvent sous cette forme, dans un long raisonnement sur quelque partie de cette même science, certainement il aurait beaucoup de peine à s'entendre; on n'en aurait pas moins à le comprendre; et il n'aurait épargné le temps de ses lecteurs et le sien qu'en apparence.

Dans les raisonnements appelés *calculs*, cela peut se faire; et c'est en cela que consiste la langue algébrique, qui représente souvent une formule compliquée, c'est-à-dire une très longue phrase, par un seul caractère, et qui opère dessus avec facilité. La raison en est qu'il ne s'y agit jamais que d'idées de quantité, c'est-à-dire d'idées d'une seule espèce, dont les éléments sont très distincts et qu'on ne considère que sous le rapport de leur augmentation ou de leur diminution, c'est-à-dire encore sous le seul rapport de leur quantité. Dans ce cas unique, on peut se fier à sa méthode qui, pour le coup, mérite bien le nom d'organe, *organum*. Pourvu qu'on observe les règles de la syntaxe de cette langue, on peut opérer avec sécurité sur ses signes, sans s'embarrasser de ce qu'ils signifient. On est certain que quand on sera arrivé à la conclusion, elle sera juste; et en outre, que l'on substituera avec facilité la chose signifiée au signe qui la représente; et que par conséquent on comprendra parfaitement le résultat. À la

1. En revendiquant l'emploi du terme *argot*, qui dans son sens originel fait référence au langage employé par les malfaiteurs dans le but de ne pas être compris des honnêtes gens, Destutt de Tracy assimile le langage de l'École aristotélicienne à celui d'une secte qui ne peut être comprise que par elle-même.

vérité, on n'a d'autre garant de la certitude de ce résultat que la sûreté antérieurement démontrée des procédés que l'on a employés; mais cela suffit : ainsi, on n'a pas eu besoin de savoir ce qu'on faisait, ni de s'entendre soi-même, pendant tout le temps que l'on a raisonné, ou comme l'on dit, calculé; et il y a eu beaucoup d'avantage à abréger.

Dans tous les autres raisonnements, il n'en est pas de même. Il y est toujours question d'idées composées d'éléments de toutes espèces, et combinées sous toutes sortes de rapports. Il ne suffit pas de faire subir à leurs signes certaines transformations, au moyen de quelques opérations purement mécaniques dont l'effet est connu d'avance; il ne faut pas perdre un moment de vues les idées elles-mêmes. Il faut suivre pas à pas, et phrase à phrase, la série entière de leur déduction. Il faut avoir la conscience actuelle de la justesse de tous les jugements successifs que l'on en porte, à mesure qu'on les porte. Il faut enfin entendre toujours et continuellement ce que l'on en dit pendant tout le temps que l'on en parle. Il faut, comme l'a dit très énergiquement M. Maine-Biran que nous avons déjà cité[a], *porter perpétuellement le double fardeau du signe et de l'idée*[1]. La brièveté du signe n'est donc utile qu'autant que l'idée n'est pas trop éloignée ou trop compliquée, que leur liaison est très familière et que l'idée vient avec facilité se replacer elle-même tout entière sous le signe qui la représente. Nos substantifs, et nos verbes ou adjectifs, qui ont le sens le plus étendu, sont les expressions les plus abrégées dont nous puissions nous servir sans inconvénient; encore sont-ils déjà bien sujets à des erreurs causées par le rappel imparfait de l'idée. Voilà pourquoi il nous est agréable que la formation du mot retrace la formation de l'idée; et pourquoi néanmoins la substitution de la description de l'idée à son nom nous est souvent utile. Voilà enfin pourquoi nous ne pouvons pas pousser ces sortes de raisonnements aussi loin et aussi rapidement que ceux de l'algèbre. Ils ne donnent pas lieu à l'emploi de moyens purement mécaniques auxquels

a. Voyez la *Grammaire*, chapitre VI, p. 215; et l'*Idéologie [proprement dite]*, chapitre XVI, p. 244, et chapitre XVII, p. 255.

1. Maine de Biran, *Influence de l'habitude sur la faculté de penser*, Paris, Henrichs, an 11 (décembre 1802), p. 371 (p. 278 du volume II des *Œuvres* de Maine de Biran éditées sous la direction de François Azouvi, *Mémoires sur l'influence de l'habitude*, éd. par Gilbert Romeyer-Dherbey, Paris, Vrin, 1987). Dans le rapport qu'il présente devant l'Institut en proposant de couronner l'ouvrage, Destutt de Tracy indique : « dans toutes les autres déductions [déductions autres que le calcul ou les combinaisons des idées de quantité] où il entre toujours des idées de tous genres, rien ne peut nous dispenser du soin de ramener continuellement le signe à la vertu représentative, de peur que la véritable représentation ne nous échappe; [...] nous devons toujours comme il [Maine de Biran] l'a dit, porter en même temps le double fardeau du signe et de l'idée, de peur que la liaison ne se rompe » (*ibid.*, p. 351).

nous puissions nous abandonner entièrement. Ne pas s'apercevoir de cette différence, c'est méconnaître la nature de la difficulté. Nous avons déjà vu une partie de tout cela dans une note fort étendue que j'ai insérée dans la seconde édition du premier volume de cet ouvrage (Voyez *Idéologie proprement dite*, chapitre X, p. 180, et surtout chapitre XVI, p. 243), et nous le verrons encore mieux dans la suite[a].

Lors donc qu'en traitant les sujets dont il s'agit ici, un auteur ne veut pas se contenter de la brièveté du langage ordinaire et qu'il prétend exprimer le résultat d'une longue explication par un seul mot dont il se sert ensuite comme si c'était le nom propre de ce résultat, il devient extrêmement concis; mais ce n'est qu'en devenant excessivement obscur. Or c'est ce que fait continuellement Aristote. Je n'en citerai qu'un exemple tiré du premier livre des *Analytiques postérieures*, chapitre IV.

Après avoir établi que les premiers principes sont connus par eux-mêmes et ne peuvent être démontrés, et que la science ne consiste que dans ce qui peut être démontré, il s'apprête à traiter de la démonstration : et pour nous apprendre de quelles propositions peut résulter la démonstration, et de quelle nature doivent être ces propositions *(de quibus et qualibus propositionibus demonstrationes constent)*, il croit nécessaire de nous dire ce qu'il appelle *de omni*, *per se*, et *universale*, en français *de tout*, *par soi*, et *universel*[b]; et il le fait très brièvement. Le traducteur s'émerveille que dans *ces trois petits mots* il ait su renfermer le germe de toutes les règles de la démonstration: et il ne s'aperçoit pas que lui, traducteur, pour nous faire entendre à peu près ce que signifient ces trois petits mots et leur définition, il est obligé d'employer un grand nombre de pages, et même de faire des transpositions considérables à l'ordre qu'a suivi l'auteur. Je n'entrepren-

a. Nous pouvons dire dès ce moment que la différence qui existe entre les raisonnements et les signes algébriques, et tous les autres raisonnements et les autres signes, résulte tout entière de l'observation suivante. Dans les calculs, il suffit de savoir de a, ou de x, ou de s, ou de tel autre caractère, que ce sont des quantités, pour savoir qu'on en peut faire et dire tout ce qu'on en dit et fait en algèbre. Voilà pourquoi il n'est pas nécessaire de connaître davantage la signification des signes dont on se sert dans ces sortes de raisonnements.

Il en est de même dans tous les autres raisonnements, proportion gardée suivant les occasions. Par exemple, il suffit que je sache de l'*homme* que c'est un *animal*, pour pouvoir en dire tout ce qui convient à un animal, et de même dans tous les autres cas; mais nulle part il n'est besoin de connaître aussi peu de circonstances de l'idée dont on raisonne que dans les calculs; c'est là leur grand avantage. Cependant il ne serait pas exact de dire (pour me servir de l'expression citée), que l'on n'y porte pas *le double fardeau du signe et de l'idée*. Il faut dire seulement que le fardeau de l'idée y est très léger, puisqu'il suffit d'en savoir qu'elle est une idée de quantité : et cela a des conséquences immenses que nous verrons toujours mieux à mesure que nous avancerons. Ce n'est pas notre objet direct actuellement.

b. Observez que le mot *universale*, universel, n'a pas exactement là sa valeur ordinaire.

drai pas de reproduire ici cette explication : je serais obligé de refaire un autre volume. On ne peut la connaître qu'en la voyant dans l'auteur, ou dans le traducteur. Mais cette explication fût-elle complètement satisfaisante, toutes les fois qu'on nous parle d'une chose qui est dite *de tout*, ou *par soi*, de ses propriétés, de ses conséquences, de l'usage qu'on en peut faire dans une proposition, de ce qu'on en peut conclure, et que l'on fait des raisonnements très compliqués sur tout cela, pour comprendre ce qu'on nous en dit, il faut avoir très présente la doctrine qui explique ce que c'est qu'être dit *de tout*, ou *par soi*; et cela est si difficile que, sous peine d'être inintelligible, on est obligé de nous en rappeler continuellement au moins la partie qui a trait au sujet que l'on traite.

Il en est de même quand Aristote en parlant de la catégorie de la *qualité*, juge à propos d'appeler *quale*, *le tel*, tout ce qui a une qualité, et en parlant de la catégorie de la *relation*, de nommer *relata*, *relatifs*, tous les êtres qui ont une relation quelconque. Comme il n'y a rien dans nos têtes à quoi nous ne puissions trouver une *qualité* et une *relation*, et que par conséquent nous ne puissions nommer *le tel* ou *relatif*, assurément quand il dit que *le tel* a telles propriétés, ou que l'on remarque telle circonstance dans les *relatifs*, il est nécessaire, pour l'entendre, que nous ayons incessamment présent à l'esprit sous quel aspect il envisage les objets, ou plutôt les idées que nous en avons, quand il leur donne ces noms énigmatiques de *le tel* ou *relatif*. C'est ce qui fait que toute traduction d'Aristote est nécessairement un commentaire et une paraphrase; et c'est ce qui me fait désirer que l'on prenne la peine d'en faire et de les lire : car certainement on ne resterait pas longtemps en doute sur les vices du fonds des idées et de la manière de les présenter.

Cette nécessité pourtant de remonter perpétuellement aux explications antérieures n'est pas moins grande dans l'original que dans la copie. Car ces locutions exagérément sommaires et de convention insolite ne sont ni plus significatives, ni plus expressives, et ne peignent pas mieux leur valeur dans le grec ou dans le latin que dans le français. Elles nous y paraissent seulement moins ridicules, parce que nous y sommes plus habitués et qu'elles se sont attiré une sorte de respect superstitieux, en latin surtout, pendant le long espace de temps qu'elles ont été usitées dans cette dernière langue et durant lequel on était persuadé qu'elles étaient très belles; que ceux qui s'en servaient les entendaient; que si on n'en comprenait pas le sens et le mérite, c'est que l'on n'était pas assez habile; et qu'on ne pouvait expier ce tort que par une humble et profonde admiration. C'est ce qui rend encore très désirable que tout cela soit traduit et lu. Aujourd'hui cela n'a besoin que d'être connu pour être apprécié.

Cette mauvaise manière de procéder est la source des épouvantables galimatias de tout ce que nous appelons *les scolastiques*, ou *gens de l'École*, École qui n'est autre que celle d'Aristote, du moins quant à la logique; et des profondes obscurités des écrivains sectateurs de certains systèmes philosophiques qui sont à la mode dans quelques pays, et qui au fond ne sont que la philosophie d'Aristote, ou du moins n'ont de base que sa manière de raisonner.

Elle est si obscure cette manière, et en même temps si conséquente, qu'il est extrêmement difficile de démêler les causes de son obscurité, et encore plus de les mettre au jour. En écrivant ceci après mûres réflexions, je crains, malgré mes efforts, de n'avoir réussi que très imparfaitement sur ce dernier point, et je sens qu'il me sera beaucoup moins difficile d'expliquer les vrais principes de la science que de faire sentir pourquoi et comment l'on s'est égaré. La raison en est simple. Pour exposer la vérité, je présenterai le tableau de la nature; pour montrer les causes des erreurs d'un homme, il faudrait que je fisse avec la même étendue l'histoire des pensées de cet homme, et les faits ne sont pas de même sous mes yeux.

Cette longue digression sur la difficulté et l'utilité des traductions en langue vulgaire de la logique d'Aristote ne m'a point fait sortir de mon sujet; mais elle m'a éloigné de mon objet principal. J'y reviens donc, et je répète : qu'indépendamment des vices de sa méthode et de son style, la logique qui nous occupe a le défaut capital de ne nous expliquer ni l'action de nos facultés intellectuelles, ni la formation de nos idées, ni la génération de leurs signes, ni les effets et les usages de ces signes : en conséquence elle est obligée de se borner à nous dire que les premiers principes sont connus par eux-mêmes et ne peuvent être démontrés, sans nous dire quel est leur nombre, leur étendue, leurs limites, et d'où vient leur certitude ; et elle se réduit à nous donner quelques procédés techniques pour démontrer l'affirmative ou la négative des propositions regardées comme douteuses. Or ces procédés sont tous fondés sur une base fausse, comme je l'ai indiqué ailleurs[a] et comme j'espère le démontrer par la suite; et Messieurs de Port-Royal, sans aller jusque-là, ont déclaré que ces procédés sont moins utiles et moins commodes à employer que les simples lumières du bon sens naturel et dénué de tout guide. Donc cette logique est radicalement mauvaise comme art. Donc, quand elle serait bonne comme art, elle n'est point ce qu'elle devrait être, la science de la vérité et de la certitude. Donc, tant qu'on a cru que c'était là toute la science du raisonnement, on n'a pu

a. Dans l'*Idéologie proprement dite*, chapitre *du Jugement*, p. 109 ; et dans la *Grammaire*, chapitre premier et chapitre troisième, § 4. Je demande que provisoirement on veuille bien relire ces passages.

faire aucun usage raisonnable de son intelligence qu'en mettant en oubli cette prétendue science; donc encore, pendant tout ce temps, on n'a pu apporter aucune amélioration dans la manière d'employer nos facultés intellectuelles. Donc enfin, cette logique tant vantée est bien loin de mériter le nom fastueux d'*organum*, organe ou machine intellectuelle, comme si c'était par elle que nous pensions, comme nous saisissons avec la main ou marchons avec les pieds. On aurait dû bien plutôt l'appeler les *entraves* ou le *bandeau* de notre intelligence. Un bon esprit n'a jamais été formé par elle, mais toujours malgré elle; et cela a été si bien senti depuis longtemps, quoique confusément, que cette mauvaise manière de traiter la logique avait fini par décréditer la science elle-même et la faire regarder comme inutile et même comme nuisible. Il est seulement remarquable que ceux qui soutiennent le plus l'inutilité de cette science sont ceux qui professent le plus de respect pour l'ancienne manière de la traiter; ce qui est encore une preuve des profondes habitudes de déraison que cette manière a implantées dans leurs cerveaux.

Bacon a donc eu bien raison de dire que nous avions besoin d'un *Novum Organum*, et que non seulement nous avions besoin de créer cet organe tout nouveau, mais encore qu'il fallait nous en servir tout de suite pour refaire en entier l'esprit humain, pour recommencer toutes les sciences, et pour soumettre à un nouvel examen la totalité des connaissances que nous avions acquises ou cru acquérir sous la direction et sous l'empire de l'ancien soi-disant *organum*. C'est là sans doute un projet tout autrement important que celui de composer une machine à syllogismes, propre tout au plus pour l'argumentation. C'est réellement une idée admirable et sublime; et le moment où elle a été conçue et mise au jour est une époque décisive et singulièrement remarquable dans l'histoire des hommes On peut même dire qu'elle est absolument unique : car le même événement ne peut pas se reproduire deux fois pendant toute la durée de l'espèce humaine. Il ne peut pas arriver deux fois, dans tout le cours des siècles, qu'un homme voie et dise le premier à ses semblables, avec raison et avec succès :

> Jusqu'au moment où je vous parle, tous les efforts de l'esprit humain ont été infructueux et ses succès illusoires. Nous ne savons absolument rien avec certitude. La cause en est que jusqu'à présent tous nos instituteurs et nos maîtres, sans exception, sont toujours partis de principes généraux que nous avons tous pris pour vrais sans examen, mais qu'eux-mêmes avouent unanimement ne savoir pas démontrer, et qu'ils soutiennent ne pouvoir pas l'être. Par conséquent, d'après eux-mêmes, tout ce qui repose sur ces principes généraux n'a aucun fondement solide, et tout ce que nous pourrions jamais y ajouter manquerait aussi essentiellement par sa base. Cela est évident, et la raison en est simple; la voici :

Toutes nos connaissances ne consistent et ne peuvent consister que dans la connaissance de ce qui est, de la nature, de l'ordre des choses; par conséquent leurs premiers éléments doivent être puisés dans la nature elle-même. Mais la nature ne nous présente point de principes généraux : elle ne nous offre que des faits, des impressions que nous recevons, et dont ensuite nous tirons des conséquences. Ces prétendus principes premiers, maximes, axiomes, etc., etc., de quelque nom qu'on les décore, sont donc déjà des produits de l'art humain, des créations de notre intelligence. Il faut donc avant tout remonter à leurs éléments; nous rendre compte de leur formation; en un mot, examiner comment nous les avons composés, pour nous assurer de leur justesse, de leur vérité et de leur certitude. Or il n'y a que l'ignorance vaniteuse de nos prédécesseurs qui puisse soutenir qu'il nous est impossible de savoir ce que nous avons fait nous-mêmes. Il est vrai que, pour y réussir, il ne faut pas se servir de la prétendue machine intellectuelle qu'ils nous ont transmise avec tant de complaisance, qu'ils nous ont vantée avec tant d'exagération, et que pourtant ils déclarent insuffisante pour produire cet effet. Mais il est très aisé de la remplacer avec avantage, et vous allez voir comment.

Moi je vous révèle, et chacun de vous peut s'en assurer pour peu qu'il y pense, que vous ne faites jamais autre chose dans ce monde que de voir des faits et en tirer des conséquences, recevoir des impressions et y remarquer des circonstances; en un mot, que *sentir* et *déduire*, ce qui est encore *sentir*. Voilà donc vos seuls moyens d'instruction, les sources uniques de toutes les vérités que vous pouvez jamais acquérir. Recueillez donc des faits, variez-les, multipliez-les, examinez ce qu'ils renferment; et n'admettez jamais pour vrai que ce que vous en aurez vu sortir. Comme cela, vous aurez des connaissances solidement fondées, complètement certaines, et telles que vous pourrez toujours les accroître indéfiniment avec sécurité. *L'observation* et *l'expérience* pour amasser des matériaux, la *déduction*[a], pour les élaborer : voilà les seules bonnes machines *intellectuelles*. Laissez toutes les autres aux pédants et aux charlatans, qu'elles ne conduiront jamais à aucun vrai savoir.

Cependant je ne me contente pas de vous avoir fait connaître ces précieux instruments : je veux tout de suite vous montrer leurs effets et vous faire jouir de leur utilité. Je vais dès ce moment entamer la grande et entière rénovation qui doit nécessairement suivre de la vérité que je viens de vous apprendre et que vous auriez trouvée au dedans de vous si vous vous étiez bien observés. Mes successeurs continueront cette vaste entreprise; elle ne sera jamais abandonnée. Elle ne sera néanmoins achevée que par la postérité la plus reculée, et peut-être même ne le sera-t-elle jamais complète-

a. Bacon, au lieu de *déduction*, se sert du mot *induction*. Nous verrons ailleurs la différence qu'il y a entre ces deux termes, et pourquoi je préfère celui-ci.

ment; mais toujours et progressivement le nombre des vérités certaines s'accroîtra, et celui des erreurs ira en diminuant.

Aujourd'hui, puisque notre prétendu savoir actuel n'est qu'un amas informe d'opinions téméraires et un mélange confus de vrai et de faux que rien ne pouvait vous aider à démêler, je vais, avec les moyens que je vous ai donnés, soumettre à un nouvel examen toutes les sciences humaines, et avant toute autre, celle de l'entendement humain, parce qu'elle fait partie de la masse totale, qu'elle est celle où l'on s'est le plus égaré, et qu'elle doit servir d'introduction à toutes les autres, puisqu'il faut connaître nos facultés intellectuelles pour être sûr de s'en bien servir. Je vais essayer de faire une distribution méthodique de toutes ces sciences, présenter le tableau du peu de vérités constantes qu'elles possèdent, donner des vues pour leur amélioration future, et indiquer les travaux propres à y contribuer. Ce sera à vous à partir de ces données et à suivre la route tracée. Mais surtout songez bien plutôt à marcher sûrement que rapidement; et n'oubliez jamais la plus sage de mes maximes: *hominum intellectui non plumae addendae, sed potiùs plumbum et pondera*. Ce n'est pas des ailes qu'il faut donner à l'intelligence humaine, mais plutôt des semelles de plomb: toutes nos erreurs ne viennent que de notre précipitation à porter des jugements.

Tout ce que je viens de vous dire, ce n'est pas la puérile envie de me faire admirer, ni la ridicule ambition de devenir chef de secte, qui me l'ont inspiré, mais uniquement le désir d'accroître les lumières et le bonheur de l'espèce humaine. Je me suis même efforcé de me rendre très intelligible pour que mes erreurs, si j'en commets, soient plus faciles à réfuter et moins durables: et je vous exhorte expressément à secouer sans scrupule le joug de toute autorité en fait de science, à commencer par la mienne.

Telles sont les grandes vues du chancelier Bacon et l'immense projet qu'il a osé concevoir, on n'en saurait douter; car il n'y a presque pas un mot dans tout ce que je viens d'énoncer qui ne se trouve dans quelqu'un de ses écrits: et l'on peut même dire que tout le discours que je lui ai attribué n'est guère qu'un extrait de la magnifique préface qu'il a mise à la tête de son immortel ouvrage de l'*Instauratio Magna*; à cela près cependant que je le fais s'exprimer sur quelques principes idéologiques et logiques avec plus de précision qu'il ne l'a fait, et comme s'il était entré fort avant dans la route qu'il n'a fait qu'indiquer. Il fallait qu'un tel homme s'élevât parmi nous pour que le genre humain sortît de la mauvaise route dans laquelle il était engagé, non pas depuis son origine, comme on le dit souvent mal à propos, mais depuis qu'il avait commencé à systématiser maladroitement ses connaissances. Car Condillac a très bien observé que les premières recherches de chaque homme, et par suite celles de l'espèce prise en masse, sont toujours conformes à la marche de la nature et par conséquent dans une bonne direction. Ce n'est qu'en avançant, et lorsqu'il commence à généraliser ses idées, que l'homme commence à s'égarer. Il perd alors de vue l'empreinte de ses premiers pas. Il fallait qu'un véritable miracle de notre intelligence eût lieu pour le ramener sur cette trace originelle et pour ainsi dire native et pour que nos connaissances vinssent se replacer sur leur base primitive et fondamentale, et pussent recommencer à faire des progrès réels et sûrs, comme aux premiers jours de notre existence. Il fallait, en un mot, faire exactement ce qu'on fait à la chasse à courre, quand on s'aperçoit que les chiens ont abandonné l'animal qu'ils poursuivaient pour courir après un autre. On arrête, on abandonne tout. On retourne sur ses pas jusqu'à l'endroit où l'on était sûr d'être dans la bonne voie, jusqu'au point de départ s'il le faut : et l'on recommence sa poursuite avec sécurité et succès.

Quand on songe combien il était difficile qu'une pareille idée se trouvât dans une tête humaine avec toute l'audace, toute l'activité, toutes les lumières, et tous les talents nécessaires pour la faire prévaloir, on n'est pas surpris que ce phénomène ait été plus de dix-huit cents ans (à ne compter que depuis Aristote) sans nous apparaître. On est bien plus étonné qu'il ait jamais pu avoir lieu. Mais l'étonnement redouble quand on voit que ce hardi projet a été conçu par Bacon dès ses plus jeunes années, qu'il a senti tout ce qu'il a d'immense et même de gigantesque, qu'il n'en a pas été effrayé, qu'il a osé en rédiger et en publier le programme et la première ébauche avant d'avoir atteint l'âge de dix-huit ans, et qu'il a constamment travaillé toute sa vie, sinon à le mettre à fin, du moins à l'avancer. Cependant tout cela est prouvé, et par le témoignage de son éditeur Guillaume Rawley, et par une lettre que lui-même écrivit dans ses dernières années au P. Fulgence, moine vénitien. Il y a plus : c'est que ces circonstances si extraordinaires étaient autant de conditions absolument nécessaires au succès. Pour qu'une entreprise pareille n'avortât pas complètement et ne fût pas étouffée dans son germe, il fallait qu'elle reçût un commencement de développement des mains même de son auteur ; et la durée de la vie d'un homme est si disproportionnée avec celle d'un tel travail, qu'il ne pouvait ni le commencer trop tôt, ni le continuer trop longtemps. Que de grandes pensées nous avons vu périr sans fruit pour n'avoir pas été préservées quelques années de plus des atteintes continuellement renouvelées de ceux qui auraient voulu les empêcher de naître et qui ne sont parvenus à les anéantir qu'en abrégeant la vie de leurs défenseurs[a] ! Heureusement celle du grand Bacon n'a pas eu ce triste sort; et d'elle renaîtra toujours tout ce qu'il y a de vérités sur la terre.

a. Beaucoup de belles idées de Condorcet ne seraient point avortées si on ne l'avait pas forcé de boire la ciguë.

Il est donc très intéressant pour l'histoire de l'esprit humain en général, et en particulier pour la science qui nous occupe, de bien voir comment Bacon a tracé le plan de cette *Grande Rénovation* et jusqu'à quel point il l'a exécuté.

Dans sa préface, il nous apprend lui-même que son ouvrage sera composé de six parties qu'il appelle,

1. Division des sciences.
2. Nouvel Organe, ou Indices sur l'interprétation de la nature.
3. Phénomènes de l'univers, ou Histoire naturelle et expérimentale devant servir de base à la philosophie.
4. Echelle de l'entendement.
5. Avant-coureurs, ou Connaissances anticipées de la philosophie seconde.
6. Philosophie seconde, ou Science active.

Ces titres, dont quelques-uns ont besoin de commentaire pour être compris, nous avertissent dès le début que nous trouverons dans Bacon beaucoup de traces de cette mauvaise manière de philosopher que lui-même voulait corriger. Au reste, il prend soin de nous expliquer très bien son projet, et voici à peu près l'idée qu'il nous en donne.

Il annonce que la première partie, intitulée *Division des sciences*, doit contenir une nouvelle distribution générale des sciences, laquelle comprendra non seulement les sciences déjà connues, mais même celles qui manquent encore; et que relativement à ces dernières, il ne se bornera pas à une simple indication, mais qu'il donnera des vues et des moyens pour remplir les vides, et qu'il fera part des travaux auxquels il s'est déjà livré pour y parvenir.

La seconde partie, intitulée *Novum Organum* ou Indices sur l'interprétation de la nature, est destinée à montrer à l'intelligence humaine la marche à tenir pour accroître ses connaissances et à lui enseigner une manière sûre d'arriver à la vérité. Comme l'objet de ce *Novum Organum* est précisément le sujet de notre ouvrage et que le but que l'auteur s'est proposé est justement celui que nous nous efforçons d'atteindre, il faut en connaître le plan un peu en détail. Je vais donc laisser parler Bacon lui-même. D'ailleurs ce morceau aura pour ceux qui n'ont pas lu les ouvrages de ce grand homme, le mérite de leur faire connaître la tournure de son esprit, l'état de ses connaissances, l'ensemble de ses principes, et même de leur donner une idée, quoique bien imparfaite, de ce style animé, brillant et pittoresque, que l'on ne voit à ce degré dans les écrits d'aucun autre philosophe. Si cette citation paraît longue, j'espère du moins qu'on ne la trouvera pas sans intérêt.

Étant arrivés aux limites des arts anciens, *dit-il*[a], nous aiderons l'entendement humain à aller au-delà; ainsi dans la seconde partie nous traiterons de cette méthode qui consiste à se servir de sa raison d'une manière plus utile et plus parfaite, et à employer les véritables ressources de notre intelligence, afin de parvenir par ce moyen (autant toutefois que le permet la condition des faibles mortels) à accroître les forces de l'entendement, à étendre ses facultés, et à le rendre capable de surmonter les difficultés, et de dissiper les obscurités qu'il rencontre dans l'étude de la nature. L'art que nous annonçons, et auquel nous donnons ordinairement le nom d'*interprétation de la nature*, est une espèce de *logique*, quoiqu'il y ait une différence immense et presque totale entre celle-ci et l'ancienne. La seule chose en quoi elles se ressemblent, c'est que la logique vulgaire fait également profession de préparer et de fournir à l'entendement des secours et des appuis; mais du reste elles diffèrent absolument, et surtout dans trois points principaux, savoir: le but qu'elles se proposent, l'ordre des démonstrations, et la manière de commencer les recherches.

En effet le but que nous nous proposons, est de trouver non des arguments, mais des arts; non des choses conformes aux principes, mais des principes eux-mêmes; non des raisons probables, mais des indications et des lumières sûres pour diriger nos actions. Les intentions et les vues étant différentes, les effets ne sauraient être les mêmes. Aussi *là*, c'est l'adversaire qui est dompté et enchaîné par la dispute; *ici*, c'est la nature elle-même qui est subjuguée par les procédés que l'on découvre.

Or, dans les deux cas, la nature et l'ordre même des démonstrations sont appropriés à l'objet que l'on a en vue. Dans la logique vulgaire, on est presque uniquement occupé du *syllogisme*; quant à l'*induction*, à peine les dialecticiens paraissent-ils y avoir réellement pensé; ils n'en font qu'une mention légère et transitoire, et ils se hâtent d'arriver aux formules qui servent dans la dispute. Nous, au contraire, nous rejetons toute démonstration par le syllogisme, parce qu'il procède d'une manière confuse et que la nature lui échappe en effet, quoique personne ne puisse douter que quand deux choses conviennent à un moyen terme, elles conviennent aussi entre elles (ce qui est d'une certitude en quelque sorte mathématique): néanmoins il y a là-dessous une supercherie cachée; car le syllogisme est composé de propositions, les propositions de mots, et les mots sont les signes et les étiquettes des idées; d'où il suit que si les idées elles-mêmes, qui sont comme l'âme des mots et la base de tout l'édifice, sont extraites des choses au hasard et mal à propos; si elles sont vagues, mal déterminées, imparfaitement circonscrites; si enfin elles pèchent de mille manières, tout croule nécessairement. Nous rejetons donc le syllogisme, et cela non seulement lorsqu'il s'agit des principes, à la recherche desquels les dialecticiens eux-mêmes ne l'emploient pas; mais encore à l'égard de ces

a. Voyez tome IV, p. 8, édition de Londres, 1778, en 5 volumes, *in-4°*.

propositions moyennes que certainement il produit et enfante de manière ou d'autre, mais qui sont tout à fait stériles en résultats, ne fournissent aucunes lumières utiles pour agir et sont absolument incompétentes pour la partie active des sciences. Ainsi donc, quoique nous laissions au syllogisme et à ses fameuses démonstrations si vantées, tout leur empire sur les arts populaires et seulement probables, car nous ne touchons pas à cette partie, cependant dans tout ce qui regarde la nature des choses, nous nous servirons toujours de l'*induction*, depuis les propositions les plus particulières jusqu'aux plus étendues : car nous croyons que l'induction est réellement la forme de démonstration qui préserve le sens de toute erreur, qui presse la nature de révéler ses secrets, qui conduit nécessairement à des résultats pratiques et qui se confond pour ainsi dire avec eux.

L'ordre des démonstrations est donc complètement interverti. Car suivant la manière ordinaire, du sens et des faits particuliers, on saute tout d'un coup aux principes les plus généraux, comme à des pôles fixes autour desquels on fait rouler toutes les disputes : et de ces principes on fait dériver tous les autres à l'aide des moyens, des propositions intermédiaires. Certes, cette méthode est très expéditive, mais elle est précipitée et tout à fait inhabile à pénétrer dans la nature des choses, quoique très propre et très bien adaptée à l'art de la dispute. Mais suivant nous, il faut faire naître les axiomes lentement et graduellement, de manière que l'on n'arrive qu'en dernier lieu aux principes les plus généraux. Alors seulement ces principes généraux ne seront plus des notions vagues, mais des idées bien déterminées et telles que la nature elle-même nous les montre comme vraies et comme profondément inhérentes à l'essence même des choses.

Toutefois, c'est à la forme même de l'induction et au jugement qui en résulte que nous devons faire les plus grands changements. Car cette induction dont parlent les dialecticiens, qui procède par voie de simple énumération, est quelque chose de puérile ; elle ne conclut que précairement ; elle est exposée à être renversée par le premier exemple contradictoire ; elle ne considère que les choses les plus connues ; enfin elle est sans résultat certain.

Mais nous, pour les sciences réelles, nous avons besoin d'une forme d'induction telle qu'elle analyse l'expérience, qu'elle la décompose, et qu'elle arrive à une conclusion nécessaire à l'aide des *exclusions* et des *réjections* convenables. Si donc cette façon de conclure prodiguée par les dialecticiens, a exigé tant de travaux et exercé de si grands génies, combien ne doit pas demander de recherches celle que nous indiquons et qui se tire non du creux de nos cerveaux mais des entrailles même de la nature.

Cependant ce n'est pas encore là tout ; car nous posons les fondements des sciences sur une base plus ferme ; nous l'allons chercher à une plus grande profondeur ; et nous reprenons le commencement de nos recherches de bien plus loin que les hommes ne l'ont jamais fait, soumettant à l'examen les choses mêmes que la logique vulgaire reçoit comme sur la foi d'autrui. En effet, les dialecticiens empruntent, pour ainsi dire, les principes de chaque science à la science même ; de plus, ils ont un respect superstitieux pour les premières notions de l'esprit ; enfin, ils prennent une confiance entière dans les informations immédiates du sens, s'il est bien disposé. Mais nous, nous avons statué que la vraie logique devait prendre dans le domaine de chaque science une plus grande autorité que les principes de cette science elle-même, et forcer ces principes à fournir les raisons sur lesquelles ils se fondent, jusqu'à ce qu'ils soient pleinement reconnus pour constants. Quant aux premières notions de notre intelligence, il n'y en n'a pas une de celles qu'elle s'est formées, livrée à elle-même, qui ne nous soit suspecte et que nous tenions pour avouée en manière quelconque, qu'après qu'elle aura subi un nouveau jugement, et suivant ce qui en aura été prononcé. Enfin, les informations du sens lui-même, nous les scrutons encore par tous moyens : car les sens trompent certainement. Il est vrai qu'ils indiquent leurs erreurs, mais les erreurs se présentent d'elles-mêmes, et il faut souvent chercher fort loin les moyens de les reconnaître.

Or nos sens commettent deux espèces de fautes ; ou ils nous manquent au besoin, ou ils nous induisent à erreur. Car premièrement, il y a beaucoup de choses qui échappent à nos sens, même bien disposés et débarrassés de tout obstacle, soit par la petitesse des corps, soit par la ténuité de leurs parties, soit par la distance, soit par la lenteur ou même la rapidité du mouvement, soit parce que l'objet nous est trop familier, ou par toute autre raison. Secondement, même lorsque nos sens ont été affectés par les objets, leur manière de les saisir n'est pas toujours très sûre. Car les informations et les témoignages des sens sont toujours relatifs à l'homme et non pas relatifs à l'univers : c'est pourquoi ce serait se tromper étrangement de croire que nos sens sont la mesure des choses.

Pour obvier à ces inconvénients, nous avons, en ministres fidèles et zélés, cherché et rassemblé de tous côtés des secours pour nos sens, afin de les aider quand ils défaillent et de les rectifier quand ils s'égarent : et c'est bien moins par le moyen des instruments que par celui des expériences que nous y réussissons ; car la finesse des expériences va bien plus loin que celle des sens, même aidés des meilleurs instruments (j'entends de ces expériences combinées avec art et habilement appropriées au but qu'on se propose). Ainsi nous ne donnons pas beaucoup à la perception propre et immédiate des sens ; mais nous amenons la chose au point que le sens ne juge que de l'expérience et que c'est l'expérience qui juge de la chose même. De cette manière, non seulement nous rendons, comme nos prédécesseurs, cet hommage aux sens, de déclarer que dans les choses naturelles, il faut tout tenir d'eux sous peine de se repaître de chimères ; mais encore, tandis que les autres se bornent à leur égard à cette stérile profession de foi, nous croyons les honorer et les servir réellement par nos actions, et nous montrer de dignes ministres de leur culte et des interprètes éclairés de leurs oracles. Tels sont les moyens que nous préparons pour porter la lumière dans l'étude de la nature et pour la répandre. Sans doute ils seraient suffisants si l'intelligence humaine n'était point faussée et ressemblait parfaitement à une table rase ; mais comme les esprits des hommes ont été si merveilleusement travaillés, qu'ils ne présentent plus aucune surface plane et polie propre à bien recevoir les rayons lumineux, il s'ensuit qu'il faut encore chercher un remède à ce malheur.

Les fantômes, les notions fausses (*idola*) dont l'esprit humain est préoccupé, sont ou *adventices* ou *innées*. Celles qui sont *adventices*, ce sont les systèmes et les sectes des philosophes, ou les mauvaises méthodes de démonstration qui les ont fait entrer dans les esprits ; mais celles qui sont *innées* sont inhérentes à la nature même de notre entendement, qui est convaincu d'être bien plus enclin à l'erreur encore que nos sens. Car quelque satisfaction que les hommes aient d'eux-mêmes, et quoiqu'ils soient perpétuellement en admiration et presque en adoration devant leur intelligence, il n'en est pas moins très certain qu'elle est comme un miroir inégal, qui par sa figure et ses irrégularités change la direction des rayons ; et que, lorsqu'elle a reçu des impressions par l'entremise des sens, en formant et travaillant ses notions, elle mêle et confond souvent, sans beaucoup de bonne foi, sa propre nature avec la nature des choses.

Des deux premières causes de nos notions fausses, on peut, quoique avec peine, s'en garantir ; mais la dernière est tout à fait impossible à détruire complètement. Il ne reste donc qu'à la bien signaler, pour que cette force décevante de notre esprit soit notée et reconnue, de manière qu'après la destruction des anciennes erreurs, elle n'en fasse pas renaître continuellement de nouvelles et que nous ne soyons pas réduits à ne faire qu'en changer au lieu de nous en délivrer ; mais qu'au contraire il soit constamment et irrévocablement convenu que notre esprit ne peut juger sainement de rien que par l'induction et sa forme légitime.

Ainsi donc notre doctrine de la rectification de notre intelligence, pour la rendre propre à saisir la vérité, consiste dans trois examens critiques, celui des philosophies, celui des démonstrations, et celui de la nature même de nos facultés intellectuelles. Quand nous aurons rempli ces trois objets, et quand enfin on verra clairement ce que comporte la nature de notre esprit, nous croirons avoir en quelque sorte conclu, sous les auspices de la bonté divine, le mariage de l'esprit humain avec l'univers. Qu'il nous soit permis d'en faire l'épithalame et de former le vœu que de cette alliance il naisse une race d'inventions et de ressources de toute espèce, capable de vaincre et de détruire, au moins en partie, les misères et les souffrances attachées à l'humanité.

Telle est l'idée que Bacon lui-même nous donne de la seconde partie de son ouvrage. Il est aisé, en admirant sa pénétration et son génie, de sentir déjà que cette vue si perçante était pourtant offusquée encore par bien des nuages, et qu'elle voyait plus nettement le but à atteindre que le chemin pour y arriver. Mais nous ne nous arrêterons pas actuellement à ces considérations ; elles viendront plus à propos quand nous nous occuperons de la manière dont ce vaste plan est exécuté.

La troisième partie est nommée *Phénomènes de l'univers* ou Histoire naturelle et expérimentale devant servir de base à la philosophie. Elle devrait peut-être porter plutôt le titre d'*Histoire des observations et des expériences*. Car elle doit, suivant notre auteur, contenir l'histoire de tous les êtres, et même l'histoire particulière de leurs propriétés, et être tirée surtout des expériences et des procédés des arts, parce qu'il pense que la nature dévoile mieux ses secrets quand elle est travaillée et tourmentée par la main de l'homme que lorsqu'elle est livrée à elle-même.

Après avoir rassemblé cette masse de faits, il semblerait qu'il n'y ait plus qu'à élever sur cette base l'édifice de la philosophie seconde ou science active, comme l'appelle Bacon. Il paraît même que cette philosophie est inséparable de l'histoire de la nature et que toute saine philosophie ne peut que consister que dans cette histoire bien faite. Mais Bacon, à tort ou à raison, a conçu celle-ci absolument distincte de celle-là : et il veut donner ici des modèles circonstanciés de la manière dont l'esprit doit aller de l'une à l'autre. Il veut faire voir en détail par quels degrés notre intelligence doit, suivant lui, monter des faits aux principes les plus généraux, et redescendre de ceux-ci aux principes particuliers qui guident dans la pratique. C'est ce qui lui a fait donner à cette quatrième partie le nom d'*Échelle de l'entendement* : et elle n'est, comme on le voit et comme il le dit lui-même, qu'une application spéciale et développée de la seconde partie.

Ce n'est pas tout : avant d'arriver à sa *Philosophie seconde* ou Science active, Bacon nous promet encore ce qu'il appelle les *Avant-coureurs* de cette philosophie qui composeront la cinquième partie de la *Grande Rénovation*. Ces *Avant-coureurs* ne doivent être autre chose que les vérités qu'il a découvertes ou recueillies par les moyens ordinaires, et qu'il tient pour certaines, mais dont il déclare en même temps ne vouloir pas répondre parce qu'elles n'ont pas été soumises à l'épreuve de sa méthode. Ces *Avant-coureurs* sont une espèce de provisoire destiné à nous faire attendre plus patiemment les résultats de cette précieuse *Philosophie seconde*, féconde et active.

Enfin viendra cette sixième et dernière partie pour laquelle toutes les autres sont faites. L'auteur se félicite d'en avoir jeté les fondements; mais élever l'édifice sera la gloire des grands hommes des siècles à venir. Il en charge la postérité; et il annonce qu'il en résultera, pour le bonheur et la puissance de l'espèce humaine, des effets tels que, dans l'état présent des choses et des esprits, on ne peut pas même les prévoir ni les apprécier.

Assurément il est impossible de n'être pas pénétré de respect pour le génie qui a produit une conception aussi vaste et aussi utile aux hommes. Mais pour juger jusqu'à quel point ce projet admirable était mûri et éclairci dans la tête de son auteur, et ce qui reste à faire pour le réaliser, il faut voir comment et jusqu'à quel point il en a commencé l'exécution.

Or, ici la scène va changer, je le sens. On a pu me trouver jusqu'à présent un admirateur enthousiaste : bientôt peut-être je vais paraître un contempteur téméraire. En effet, je ne le nie pas : je trouve qu'avec un esprit prodigieux, une science immense et un talent admirable, Bacon cependant ne nous a transmis qu'un très petit nombre de vérités constantes et pures, et telles, en un mot, que celles qu'il veut que l'on recueille. Au reste, c'est dire en d'autres termes qu'il était un très grand homme et que le siècle où il vivait n'était pas un grand siècle : je crois ces deux assertions également vraies ; on va voir si j'ai tort.

La première partie de la *Grande Rénovation* consiste dans l'ouvrage intitulé *De la dignité et de l'accroissement des sciences*. Dire que ce traité est rempli de vues sublimes et de préceptes excellents, ce n'est rien dire que ce qu'apprend le nom seul de son auteur. Mais la vérité oblige d'ajouter que des neuf livres qui le composent, le premier est uniquement consacré à prouver que les sciences sont utiles. Heureusement cela est aujourd'hui hors de doute, et l'on ne peut que plaindre Bacon d'avoir été obligé, pour le démontrer, d'employer tant d'érudition, tant de citations, et souvent des raisons si peu satisfaisantes. Mais si ce premier livre est inutile, les huit autres ont, suivant moi, un défaut bien plus grave : c'est de renfermer une distribution des sciences mal fondée dans son principe, et dont les nombreuses subdivisions ne peuvent qu'égarer[a]. Voilà donc que la

a. La distribution générale des connaissances humaines en histoire, poésie, et philosophie, comme dérivant de trois facultés de notre intelligence, la mémoire, l'imagination, et la raison, est radicalement mauvaise.

Premièrement, parce que l'imagination et la raison ne sont pas réellement des facultés élémentaires de notre esprit, mais seulement des manières de s'en servir : ces mots expriment des résultats et non pas des éléments.

En second lieu, parce qu'il n'y a pas une branche de nos connaissances, il n'y a pas même un seul de nos jugements auquel toutes nos facultés intellectuelles n'aient coopéré. Il n'y a donc rien que l'on puisse attribuer exclusivement à la sensibilité, à la mémoire, au jugement, ou à la volonté. Ce n'est pas de cette manière que l'on peut faire une distribution des sciences humaines qui y porte quelque lumière.

Le seul moyen de les classer méthodiquement est de les ranger suivant l'ordre dans lequel elles naissent les unes des autres, et suivant lequel elles se secourent et s'enchaînent mutuellement. D'après ce principe, la première de nos connaissances est incontestablement celle de la formation de nos idées, et par suite celle de leur expression et de leur déduction ; et après elle, doivent venir successivement toutes les autres, à proportion qu'elles tiennent plus ou moins immédiatement à celle-là : car assurément tout ce que nous savons n'est qu'une application de la science qui nous montre ce que nous pouvons connaître, et comment nous pouvons le connaître. Si Bacon s'était aperçu de ces vérités, il aurait senti que c'est la science des idées qui forme réellement le tronc de l'arbre, et non pas cette prétendue *philosophie*

première partie de la *Grande Rénovation* est loin de remplir son but. Passons à la seconde.

La seconde partie de la *Grande Rénovation*, c'est le *Novum Organum* ou vrais indices sur l'interprétation de la nature. Il est partagé en deux livres rédigés en aphorismes.

Dans le premier, on prouve 1. que l'ancienne logique est tout à fait inutile pour la recherche de la vérité, puisque d'une part le syllogisme n'est pas propre à constater la justesse des principes généraux dont il se borne à

première dont il parle dans le chapitre premier du livre III et qu'il veut composer des axiomes communs à toutes les sciences et de la connaissance des propriétés les plus générales de tous les êtres, de façon qu'on ne peut pas même se faire une idée nette de ce qu'elle peut être. (C'est à peu près l'ontologie des scolastiques).

J'ai autrefois exposé mes vues relativement à l'arbre encyclopédique de nos connaissances dans un petit écrit qui traitait des systèmes de bibliographie, et qui a été inséré, je ne sais comment, dans les *Moniteur* des 8 et 9 brumaire an 6. Quoique très succinct et très imparfait, on peut peut-être le consulter avec fruit. Mais il ne restera rien à désirer sur ce sujet quand M. Daunou aura bien voulu publier le précieux ouvrage qu'il a composé sur les bibliothèques et dont il a lu beaucoup de fragments très étendus et très intéressants à la seconde classe de l'Institut national dans le temps qu'elle s'occupait des sciences idéologiques, morales et politiques. Je crois devoir le dénoncer au public pour l'intérêt de la science. Il serait bien à désirer qu'au moins l'Institut actuel ne condamnât pas à l'obscurité les excellents mémoires donnés antérieurement sur cet important objet [1].

Quant aux nombreuses subdivisions que Bacon fait succéder à sa première distribution des sciences, si l'on veut s'assurer que la plupart sont mal vues, sont fondées sur une connaissance imparfaite de la marche de notre intelligence, qu'elles ne sont point conformes à la nature des choses, que souvent même elles sont impossibles à réaliser, il suffira de jeter un coup d'œil sur le sommaire raisonné de l'*Instauratio magna* que j'ai cru devoir placer à la fin de ce volume. J'ai pensé que rien n'était plus propre à faire voir en un moment en quel état l'auteur avait mis lui-même cette *Grande rénovation*, dont il avait conçu l'idée ; et je crois que l'on m'approuvera de ne m'en être pas tenu strictement aux tables des chapitres de l'ouvrage, et encore moins à celles de la traduction ; et d'avoir substitué quelques explications aux termes inusités dont, par cette raison, le son n'apprend à personne leur signification.

Je demande avec instance que l'on veuille bien ne pas se dispenser de lire ce sommaire raisonné. Je suis persuadé que l'on ne regrettera pas de s'être donné cette peine, quand même l'on connaîtrait déjà les ouvrages de Bacon.

1. Destutt de Tracy, « Sur un système méthodique de bibliographie », dans *La Gazette nationale ou le Moniteur universel*, 8 et 9 brumaire an 6 (29 et 30 octobre 1797), p. 151-152 et 155-156 ; repris dans *Mémoire sur la faculté de penser ; De la métaphysique de Kant et autres textes*, Paris, Fayard, 1992, p. 15-30. De son côté, P.C.F. Daunou a lu devant la classe des sciences morales et politiques le 22 brumaire an 9 (13 novembre 1800) un mémoire sur la classification des livres. A. Taillandier, dans *Documents biographiques sur P.C.F. Daunou*, Paris, Didot, 1847, indique que ce dernier a composé en 1799 et dans les années suivantes un ouvrage resté inédit, intitulé *Cours de bibliographie, ou Essai sur l'histoire, la connaissance et le choix des livres*. Voir aussi C. Jolly, « Les Idéologues et les bibliothèques », dans *Le livre et l'historien, études offertes en l'honneur du professeur Henri-Jean Martin*, Genève, Droz, 1997, p. 679-689.

tirer des conséquences, et que de l'autre l'on a toujours extrait ces principes généraux de quelques faits particuliers avec trop de précipitation et sans examen suffisant; 2. que par ces moyens on n'a que des notions incertaines ou fausses, et non de vraies connaissances; 3. qu'il faut refaire ces notions et tout recommencer en examinant avec soin les choses elles-mêmes. Ensuite on nous montre les diverses sources de nos erreurs, les causes et les preuves du peu de progrès des sciences, et enfin tout ce que nous devons espérer de l'usage de la nouvelle méthode dont on nous donne une idée sommaire.

Le second livre, qui est vraiment l'essentiel, devrait contenir l'exposition complète et détaillée de cette méthode inestimable : or voici ce que nous y trouvons.

On établit d'abord que le but de la science est d'augmenter la puissance de l'homme; que cette puissance consiste à pouvoir donner aux êtres de nouvelles qualités ou manières d'être; et que pour y parvenir il faut connaître les *formes*, les causes formelles ou essentielles de ces qualités ou manières d'être (*naturae*), c'est-à-dire les causes qui déterminent leur *essence*, et qui font qu'elles sont ce qu'elles sont.

Voilà le but qu'on nous propose d'atteindre; voyons la marche à suivre pour y arriver.

C'est de bien extraire de l'expérience ou des faits, les axiomes; puis des axiomes, déduire de nouvelles expériences ou de nouveaux faits.

Le premier objet est le seul qui soit traité. Voici le moyen qu'on nous donne.

On nous conseille d'examiner, l'une après l'autre, toutes les propriétés générales des corps, le chaud, le froid, le sec, l'humide, le dense, le rare, etc., etc., de dresser pour chacune de ces qualités une première table de tous les exemples ou de tous les cas où cette qualité se trouve, ensuite une autre table de tous les exemples ou de tous les cas où cette même qualité ne se trouve pas dans les êtres ressemblant d'ailleurs aux premiers, et enfin une troisième table de tous les cas où cette qualité varie en plus ou en moins dans les mêmes êtres.

L'usage de ces tables est de procéder par voie d'exclusion et de rejeter comme ne pouvant être la *forme* de la qualité en question, 1. toutes les qualités qui ne se trouvent pas dans tous les exemples où elle se trouve; 2. toutes celles qui se trouvent dans quelques-uns de ceux où elle ne se trouve pas; 3. toutes celles qui varient en plus quand elle varie en moins, et *vice versa*, et de ne conserver que celle ou celles qui lui sont toujours unies et qui suivent constamment les mêmes altérations qu'elle : et l'on prétend que c'est là l'unique et infaillible moyen de connaître la nature.

On nous donne un exemple de cette manière de procéder dans la recherche de la cause formelle de la qualité du *chaud*; et toutes formalités observées, Bacon arrive à cet étrange résultat : « La forme ou l'essence de la chaleur est d'être un mouvement expansif, comprimé en partie, faisant effort, ayant lieu dans les parties moyennes des corps, ayant quelque tendance de bas en haut, point lent, mais vif, et un peu impétueux ».

Après ce premier essai pour ainsi dire provisoire, on nous annonce qu'on va nous donner des conseils détaillés pour faire la même opération avec plus de rectitude et de précision. Ces conseils doivent porter sur neuf points principaux, dont le premier est le choix des faits les plus intéressants à faire entrer dans les tables.

L'auteur traite ensuite longuement de ce premier article. Il distingue jusqu'à vingt-sept ordres de faits d'après leurs degrés d'importance et donne des idées sur les moyens de se les procurer quand ils ne se présentent pas d'eux-mêmes et sur les conséquences qu'on en peut tirer : ensuite il dit qu'il reste à parler des huit autres objets. Mais c'est ce qu'il n'a pas fait : et le fameux *Organum* finit là.

Il est aisé de voir que l'ouvrage est incomplet, même suivant les idées de l'auteur, qu'il renferme une bien mauvaise manière de procéder dans la recherche des lois de la nature, qu'il ne montre point les caractères de la vérité et de la certitude, ce que devrait faire une logique vraiment bonne ; et qu'il n'y a de réellement utile dans tout cela que ce principe, *qu'il faut tout tirer de l'observation et de l'expérience, et commencer par s'assurer de la vérité des principes généraux.*

Voilà pourtant à quoi se réduit toute la seconde partie de la *Grande Rénovation*, c'est-à-dire la partie logique, celle qui devait nous enseigner le chemin de la vérité, et qui réellement nous a mis sur la voie de la découvrir en nous ramenant à l'étude des faits, mais qui dans le vrai ne nous a rien appris du tout sur les propriétés de nos facultés intellectuelles, ni sur leurs opérations, et nous indique même une très mauvaise manière de procéder dans nos recherches.

La troisième partie destinée à nous fournir la matière de ces recherches, les faits, et à nous montrer la manière de les recueillir et de les classer, est composée premièrement de huit morceaux préparatoires, dans lesquels on explique comment doit être composée une histoire *de la nature ou des phénomènes de l'univers*, pour nous conduire à la philosophie seconde, active, féconde, car on lui donne tous ces noms, en un mot, à la connaissance des causes et à des vérités générales qui soient certaines ; secondement, d'un essai de cette histoire intitulée *Sylva sylvarum* ou Répertoire des répertoires.

J'ai encore ici les mêmes choses à dire. Sans doute on ne peut trop admirer les idées fines et ingénieuses de l'auteur; mais si l'on trouve dans cet ouvrage les vrais éléments de nos connaissances et la moindre apparence d'une bonne méthode de travail, je suis étrangement dans l'erreur. Voyez encore le sommaire placé à la fin de ce volume.

Venons à la quatrième partie, c'est la plus importante à examiner, parce que c'est celle qui nous met à même de juger de la seconde, et par conséquent de toute la *Grande Rénovation*. Elle exige une petite discussion pour voir nettement de quoi elle se compose et quels sont les ouvrages que l'on doit regarder comme devant réellement y être compris.

Il faut d'abord se rappeler que Bacon, dans son plan général et partout ailleurs, nous dit que cette quatrième partie est destinée à montrer comment l'esprit humain peut s'élever sûrement, depuis les faits jusqu'aux vérités les plus générales (aux axiomes), et redescendre des axiomes aux vérités particulières. C'est pourquoi il l'appelle l'*Échelle de l'entendement*; et il annonce qu'elle sera composée de traités sur différents sujets qui serviront de modèle de la manière dont on doit employer les faits recueillis dans la troisième partie, conformément à la méthode prescrite dans la seconde, pour arriver sûrement aux résultats qui doivent composer la sixième; en un mot, que cette quatrième partie n'est que l'application de la seconde et l'introduction à la sixième.

En conséquence, elle commence par un morceau intitulé *Échelle de l'entendement* ou *Fil du labyrinthe*, dans lequel il répète absolument les mêmes choses; jusque-là, tout va bien.

Mais après cette espèce d'introduction, on trouve dans l'édition de Londres de 1778, les titres de quatorze ouvrages, dont les huit derniers ne présentent aucune trace de cette attention scrupuleuse à suivre la méthode prescrite et qui, par conséquent, ne tiennent point à l'ensemble et doivent être regardés comme des morceaux détachés, de même que tous ceux qui sont rangés parmi ce que l'on appelle les opuscules du même auteur.

On doit être d'autant plus étonné de trouver ceux-ci à la place où on les a mis, que dans la vie de l'auteur en anglais, les éditeurs eux-mêmes, en parlant de cette quatrième partie, ne font mention que des six premiers de ces quatorze ouvrages. Il y a plus; ils nous ont donné un titre général de cette quatrième partie, dans lequel Bacon annonce qu'il va donner, de mois en mois, les morceaux qui la composent, et ce titre général ne renferme que les titres particuliers de ces six premiers traités. Il est vrai qu'ils l'ont placé à la suite de la préface de la troisième partie; comme si c'était le titre de cette partie : et là il ne présente absolument aucun sens; au lieu que s'ils l'avaient mis où il doit être, après le préambule de celle-ci (le *Scala intellectus*), il aurait manifesté le tort qu'ils ont eu d'y admettre des choses qui ne sont point comprises dans l'annonce de l'auteur.

Par toutes ces raisons, je crois hors de doute que la quatrième partie de la *Rénovation* n'est composée que du *Scala intellectus* ou *Filum labyrinthi* qui en est le préambule et des six traités intitulés *Histoire des vents*, *Histoire de la vie et de la mort*, *Histoire de la densité et de la rareté*, *Histoire de la pesanteur et de la légèreté*, *Histoire de la sympathie et de l'antipathie des êtres*, et *Histoire du soufre, du mercure et du sel*. J'ajouterai pour dernière preuve, et elle me paraît péremptoire, que des trois dernières de ces six histoires nous n'en avons que l'introduction, parce que la mort a arrêté Bacon dans l'exécution de ses projets. Or il est impossible qu'il ait fait huit autres ouvrages pour remplir le même objet, puisqu'il n'a pas même eu le temps d'achever ceux-ci qu'il voulait donner les premiers.

J'ai un peu insisté sur ce point parce que j'avoue qu'il m'a longtemps embarrassé et que ce n'est qu'après l'avoir éclairci que j'ai commencé à bien comprendre Bacon. D'ailleurs, puisque nous nous occupons de logique, je n'ai pas cru devoir négliger l'occasion d'établir un des principes les plus essentiels de la pratique de cet art; c'est qu'on ne saurait faire trop d'attention à tout ce qui manifeste l'ensemble et la disposition des parties d'un ouvrage. Les éditeurs, commentateurs, traducteurs ne prennent jamais de soin à cet égard. Il est plus aisé de faire une note savante sur un passage particulier que de bien montrer la marche et le fil des idées d'un auteur; mais l'un est bien plus utile que l'autre et influe bien plus puissamment sur l'impression qui reste dans l'esprit des lecteurs.

Actuellement il nous est aisé de juger ce que nous devons penser de cette quatrième partie et de la méthode qu'elle nous fait voir, pour ainsi dire, en action. Quel que soit le mérite de l'*Histoire des vents*, de celle *de la vie et de la mort*, et de celle *de la densité et de la rareté*, personne ne peut disconvenir qu'elles fourmillent d'erreurs, d'abus de mots et d'idées mal déterminées. La méthode recommandée n'est donc pas suffisante pour garantir de ces dangers; elle n'est donc pas une vraie logique.

De plus, le seul choix des sujets manifeste un autre vice déjà décelé par le catalogue des histoires à faire, qui se trouve à la fin des préliminaires de la troisième partie. Ce n'est point ainsi en prenant d'abord des sujets trop compliqués et mal déterminés, ou en faisant un sujet unique de mille choses qui n'ont entre elles presque aucun rapport connu, ou moins encore en prétendant faire directement l'histoire complète d'une propriété commune à tous les êtres; ce n'est point, dis-je, ainsi que l'on parviendra jamais à connaître la nature et à tirer des faits des résultats vrais. Ce sont encore là des fautes résultantes de l'abus des idées générales et des classifications arbitraires.

On a pu être conduit à la dernière par l'exemple trompeur des mathématiques. On se sera persuadé que l'on pouvait créer une science sur chaque propriété générale comme sur l'étendue et la quantité; mais il faut bien remarquer que dans l'algèbre et la géométrie, il ne s'agit que de considérations abstraites sur la quantité et l'étendue, et sur les propriétés de ces propriétés elles-mêmes, et point du tout de savoir si elles sont dans les êtres, jusqu'à quel degré elles y sont, pourquoi elles y sont, et comment on pourrait les y mettre ou les en ôter. Or c'est là uniquement ce que nous voulons savoir relativement aux autres propriétés de la matière. Elles ne peuvent même pas donner lieu à d'autres recherches. Car l'effet général dans lequel chacune d'elles consiste est connu; et dès qu'il ne s'agit que de le mesurer ou de l'employer, on rentre dans des considérations tirées de la quantité ou de l'étendue. C'est donc là assimiler des choses très différentes : et c'est encore une grande faute de logique.

Enfin, ce qui prouve le plus contre la prétendue nouvelle machine intellectuelle (*Novum Organum*) et contre la méthode qu'elle renferme, c'est que même dans ces traités destinés à en montrer l'emploi, l'auteur s'est affranchi de presque toutes les formalités qu'elle prescrit. Il n'y est seulement pas question ni de ces tables successives, ni de ces procédés d'élimination tant recommandés, et qui sont réellement d'un usage impraticable. Tout l'artifice se réduit à peu près à présenter les questions, à dire ce que l'on sait sur chacune, et à en tirer des résultats. On peut même ajouter que ces ouvrages sont d'autant meilleurs qu'ils sont plus débarrassés de ces formes illusoires et gênantes : du moins est-il certain que la recherche sur la chaleur donnée pour modèle dans l'*Organum*, et où toutes les formalités requises sont rigoureusement remplies, ne conduit qu'à un résultat que j'oserai dire puéril, et que le traité du son, qui est le plus dégagé de tout cet appareil, est le plus substantiel de tous. Telles sont les conclusions que je me permets de tirer de la quatrième partie de la *Grande Rénovation*[a].

a. Ajoutons que cette recherche sur la chaleur ainsi que les autres du même genre, déjà embarrassée bien plus qu'aidée par la méthode prescrite, ne consiste cependant qu'à s'élever des observations aux principes généraux, et non à redescendre ensuite de ces principes à de nouvelles expériences, ce qui serait pourtant nécessaire pour la compléter suivant les idées de l'auteur, exposées dans l'aphorisme 10 du second livre de l'*Organum*; qu'en conséquence elle n'est assujettie qu'aux formalités relatives à la première opération, et que s'il y en avait de pareilles de prescrites pour la seconde, elles deviendraient tout à fait inexécutables : c'est, je pense, la vraie question qui a empêché l'auteur de jamais finir son *Novum Organum*. Voyez le sommaire raisonné.

De la cinquième, nous n'en avons que la préface.

Quant à la sixième, il n'en existe absolument rien : et si j'ose dire mon sentiment tout entier, je suis fermement persuadé que, quand même Bacon n'aurait pas été enlevé au milieu de ses travaux, nous n'aurions jamais rien vu de cette dernière partie ; ou plutôt que lui-même aurait reconnu que cette connaissance des essences et des causes formelles dans laquelle il fait consister cette philosophie seconde, est une chose impossible, et que la collection des vérités tant générales que particulières, relatives à chaque sujet, n'est pas une chose séparable de l'histoire bien faite de ce même sujet et est identique avec elle.

Voilà une bien longue dissertation sur Bacon ; mais je n'en fait point d'excuses à mes lecteurs : car Bacon est encore un de ces auteurs beaucoup plus cités que lus, et beaucoup plus lus qu'entendus. Il n'est point aussi obscur qu'Aristote ; il n'est point aussi difficile, je dirais presque aussi impossible à traduire. Il n'a pas autant besoin de commentaires ; cependant à l'égard des détails du style et de l'emploi vicieux de certaines expressions, il mérite une partie des reproches que nous avons faits à celui-ci ; et quant à l'ensemble des idées, les doutes qui s'élèvent sur la place que doivent occuper quelques-uns de ses ouvrages, et sur la manière dont ils se lient avec les autres, suffisent seuls pour prouver que leur enchaînement n'est pas aisé à saisir. Néanmoins si je l'ai bien fait connaître, on voit déjà l'effet qu'ont dû produire ses travaux, le point où ils ont porté la science qui nous occupe, et la direction qu'ils ont dû lui donner et qu'effectivement elle a prise depuis lui. L'histoire de Bacon est donc réellement l'histoire de l'esprit humain. Tel est l'ascendant des hommes supérieurs.

En effet, revenons un moment à Aristote : ce philosophe, avant d'entreprendre de créer l'art logique et de prescrire des règles à la pratique du raisonnement, n'ayant pas assez approfondi la science logique ou la théorie de nos idées, s'est laissé séduire par une opinion très spécieuse, mais très fausse. Parce qu'il a vu que les idées générales comprennent les idées particulières dans leur extension, il a cru qu'elles sont le principe de toutes nos connaissances, la source de toute vérité et de toute certitude, et le point dont nous devions toujours partir dans tous les cas. Cette erreur fondamentale se trouve en toute occasion dans tout ce qu'il a écrit et elle est la base de tout son système. S'agit-il de l'origine de tout ce que nous savons ? Il la place dans les axiomes, c'est-à-dire dans les propositions les plus générales possibles ; il dit qu'elles sont certaines par elles-mêmes, que leur vérité ne se prouve pas, qu'il ne s'agit que d'en tirer des conséquences légitimes. Est-il question d'arriver à ces conséquences par son fameux syllogisme ? Parmi les propositions qui le composent, c'est la plus générale qui en est la base ; c'est celle-là qu'on appelle la majeure ; c'est sur celle-là qu'il repose : et dans chaque proposition, c'est l'attribut, c'est le terme le plus général qui est appelé le *grand terme*, qui est censé comprendre l'autre.

Cependant tout cela est faux et est précisément l'inverse de la marche de la raison humaine. Reprenons cette série d'idées en sens contraire. Nous l'avons déjà fait voir; dans tout jugement, dans toute proposition, il n'y a, sous le rapport de l'extension, ni grand ni petit terme. Car, dès que deux idées sont comparées, par cela même, l'idée la plus générale, celle qui est susceptible de la plus grande extension (l'attribut) est restreinte à l'extension que comporte la plus particulière, la moins étendue (le sujet). Dans cette phrase, *l'homme est un animal*, le terme *animal* est restreint à signifier un *animal de l'espèce de l'homme*. Il est borné à l'étendue spécifique du mot *homme*. Cela signifie l'homme est un animal de l'espèce de l'homme, et non pas de l'espèce du chien, du chat, du loup, du tigre, etc., etc. Ainsi, sous ce rapport, celui de l'extension, les deux termes ne sont pas plus grands l'un que l'autre. Ils sont toujours et nécessairement égaux.

Sous celui de la compréhension au contraire, c'est toujours l'idée plus particulière qui renferme l'idée plus générale. C'est elle qui contient le plus grand nombre d'idées composantes; et qui compte parmi ses éléments, ceux que l'on a laissés dans l'idée plus générale quand on l'a formée, en en retranchant beaucoup d'autres. Ainsi, par exemple, dans l'idée de *Jacques*, indépendamment de toutes les idées (de toutes les circonstances) qui lui sont propres et particulières, on trouve toutes celles qui sont communes à tous les hommes et qui composent l'idée d'*homme*; et dans l'idée d'*homme*, indépendamment de toutes les idées qui conviennent à tous les hommes et ne conviennent qu'à eux, on trouve celles qui conviennent également à tous les autres animaux. C'est là ce qui fait qu'on peut *juger* et *dire* que *Jacques* est un *homme*, et qu'un *homme* est un *animal*.

Il en est de même dans la hiérarchie des propositions. C'est toujours par les plus particulières qu'il faut commencer; c'est en elles qu'est la source de la vérité des autres. Ce n'est pas parce que *tous les hommes sont des êtres parlants*, que *Jacques est un être parlant*; ou parce que *tous les êtres parlants, tous les hommes, sont des animaux*, que *un tel être parlant, un tel homme, est un animal.* C'est tout le contraire. *Jacques est un être parlant* parce qu'on le voit, on l'entend parler; en un mot parce qu'il est prouvé par le fait que l'idée d'être un être parlant est une des idées qui lui conviennent, qui composent l'idée totale de son individu : et *cet être parlant est un animal*, parce que dans l'idée d'être un être parlant est comprise l'idée d'être un être animé, un animal.

Aristote avait donc pris tout à fait le contrepied de la série de nos idées et cela a entraîné de fâcheuses conséquences. La première, c'est que toute la logique a manqué par la base. Car quand on croit qu'aucune proposition ne se peut prouver que par une proposition plus générale, il s'ensuit que les plus générales de toutes sont nécessairement dénuées de preuves. C'est aussi ce que l'on a soutenu. On a dit que les axiomes étaient impossibles à prouver, qu'ils étaient évidents par eux-mêmes, qu'il ne fallait pas en disputer, et que l'art logique consistait uniquement à en tirer des conséquences légitimes. Mais d'abord on a été très embarrassé de déterminer le nombre de ces axiomes et de décider si telle ou telle proposition devait ou ne devait pas être regardée comme un axiome. Puis, quand même il n'y eût pas eu de dissentiment sur ce point, et quand on eût été unanimement d'accord de ce qui était réellement *axiome*, il n'en serait pas moins résulté que ces principes premiers étant avoués n'être ni démontrés ni démontrables, tout ce qui en dérive reste sans fondement, toutes nos connaissances sans appui; et on ne sait plus où trouver ni vérité ni certitude dans tout ce que nous connaissons; on n'a point de défense contre les sceptiques; on ne peut contre eux qu'en appeler d'une manière vague à ce que l'on nomme la raison, le bon sens, le sens commun, mots indéterminés sur lesquels on dispute sans fin et sans résultat. Ainsi, avec cette supposition, il ne peut pas même exister de science logique.

Il y a plus; l'art logique, dans cette hypothèse, n'est pas moins anéanti que la science. Car d'abord toute la partie de l'art qui consiste à trouver les premières vérités est nulle, puisqu'il est convenu que ces vérités sont inexplicables et ne peuvent être connues que par une espèce d'instinct; et quant à l'autre partie de l'art, dans laquelle on le fait consister tout entier et qui se borne uniquement à tirer des conséquences des principes avoués, elle viciée dans sa racine. Car dès qu'on croit qu'il faut toujours partir d'un principe général, la marche de l'esprit est méconnue et on ne peut plus assigner la vraie cause de la justesse d'une conséquence, ni indiquer les vrais moyens de s'en assurer. On peut bien en imaginer de fantastiques, tels que ceux qui composent tout le système syllogistique et les arranger avec tant d'artifice que leurs résultats concourent avec la vérité comme s'ils en étaient la cause; de même qu'avant Copernic l'on combinait et multipliait les épicycles, de manière que leurs révolutions cadrassent avec les mouvements apparents, comme si les astres les avaient réellement parcourus. Mais on n'en est que plus éloigné de connaître le mouvement réel et de voir que l'opération intellectuelle qui s'exécute ne consiste réellement qu'à sentir dans une vérité ce qu'elle renferme et que toute vérité de déduction n'est vraie que parce qu'elle est contenue implicitement dans un premier fait où il ne s'agit que de la remarquer.

Aristote, engagé dans cette fameuse route, a donc nécessairement ignoré la science logique et n'a pu créer qu'un art absolument inutile et essentiellement défectueux : mais en même temps, tel qu'il l'a conçu, cet art, il l'a rendu très complet, très conséquent, très subtil, très riche en détails, et par suite très imposant et très difficile à attaquer.

Bacon est venu, il a proclamé que c'est précisément la vérité des principes généraux qu'il faut examiner, qu'elle doit et qu'elle peut se prouver, que c'est sur les faits particuliers qu'elle est fondée, que ce sont eux qui doivent nous faire voir si elle est réelle ou illusoire. Par là, il a fait sentir la nécessité de recommencer toutes les sciences d'après cette idée, de s'attacher à l'étude des faits : et il a donné une méthode générale, bonne ou mauvaise, pour recueillir ces faits et pour s'élever progressivement des observations particulières aux principes les plus généraux.

Mais malheureusement il ne connaissait pas assez la série de nos opérations intellectuelles, il ne voyait pas assez nettement comment nous recevons nos idées simples et primitives, comment nous en formons des idées composées soit individuelles et concrètes, soit générales et abstraites; en un mot, il ne savait pas assez ce que j'appelle la science logique pour entrer avec succès dans les détails de l'art logique qu'il voulait créer et de celui dont il sentait les vices et surtout les mauvais effets. Il n'était pas en état de faire voir en quoi consiste la démonstration et que, quand elle a lieu dans un raisonnement, ce n'est pas par la vertu du syllogisme. Aussi n'a-t-il jamais attaqué l'art syllogistique en lui-même. Il n'a jamais osé dire qu'il fût faux dans son principe. Il a soutenu victorieusement qu'il était impuissant pour nous faire acquérir des connaissances solides et nous faire arriver sûrement aux vérités générales; mais il n'a jamais nié qu'il fût utile pour tirer des conséquences légitimes de ces vérités générales.

Par les mêmes causes, la méthode qu'il nous a donnée pour parvenir à ces vérités consiste presque uniquement dans des formalités vaines, illusoires et on peut dire impraticables, au point que lui-même ne l'a jamais complétée et ne l'a jamais suivie; et quand il l'aurait rendue moins imparfaite, elle n'aurait point encore exclu l'art syllogistique; elle aurait été une seconde branche de l'art logique, remplissant sans doute un but plus important que la première, mais ne la remplaçant pas et ne l'anéantissant pas.

Qu'est-il arrivé? Précisément ce qui devait résulter de ces données. D'une part, tous les esprits se sont tournés vers l'étude des faits et la recherche des connaissances réelles, mais sans s'astreindre scrupuleusement à la marche défectueuse tracée par Bacon; et de l'autre part, l'on a négligé la dialectique comme ne menant pas au but désiré, mais sans cesser de regarder la marche syllogistique comme le type de toute démonstration rigoureuse, sans cesser de croire que tout raisonnement n'est bon qu'autant qu'il peut se réduire en une série de syllogismes réguliers, et que c'est à cette circonstance, que je me permets d'appeler *purement accessoire*, qu'est due sa force et sa justesse. La logique s'est donc trouvée avoir commencé la réforme de toutes les autres sciences sans s'être encore réformée elle-même autrement qu'en négligeant des discussions oiseuses.

En effet, cela seul a suffi pour changer la face des sciences, tant est grande l'influence d'une seule idée capitale. Toutes les branches de nos connaissances sont sorties de la stagnation et ont fait des progrès réels, rapides, et sûrs : et l'on peut dire que chacun de ceux qui ont cultivé avec succès quelqu'une de leurs nombreuses divisions a réellement travaillé à la grande rénovation que Bacon n'avait fait qu'indiquer et esquisser.

Ils n'ont pas même eu besoin d'avoir connaissance des conseils qu'il avait donnés ; car c'était la direction naturelle de tous les esprits supérieurs de cette époque. Depuis environ un siècle, le précieux secours de l'imprimerie, en multipliant prodigieusement la communication des idées, avait rendu facile de s'instruire de ce qui avait été dit et pensé auparavant : et ce temps avait suffi pour faire sentir le vide de tout ce qu'on enseignait et pour dégoûter de la fastidieuse occupation de ne faire que discuter les opinions des autres. On était donc porté, pour ainsi dire forcément, vers l'étude de la nature et des faits et vers l'examen de ce que les docteurs appelaient si mal à propos des principes. Aussi peu après Bacon, et sans avoir eu connaissance de ses ouvrages, notre grand Descartes écrivait absolument les mêmes choses que lui, avec moins d'appareil et d'ostentation, mais beaucoup plus clairement. Car je ne crois pas qu'il y ait, au moins sous le rapport de la logique, une seule chose utile dans la *Grande Rénovation* qui ne se trouve dans les quarante premières pages de l'admirable *Discours de la méthode*, où Descartes n'a l'air que de décrire ce qui s'est passé dans sa tête et de rendre compte de la marche qu'il a suivie. J'oserai même ajouter qu'il me paraît avoir deux grands mérites de plus que la philosophe anglais ; l'un d'avoir su réduire tout ce qui constitue la bonne méthode à ses quatre fameux principes qui effectivement la renferment tout entière[a] et de ne

a. Il ne peut pas paraître inutile de rappeler ici ces quatre principes ; les voici :

« 1°. De ne recevoir jamais aucune chose pour vraie, que je ne la connaisse évidemment être telle ; c'est-à-dire d'éviter soigneusement la précipitation et la prévention, et de ne comprendre rien de plus en mes jugements que ce qui se présenterait si clairement et si distinctement à mon esprit que je n'eusse aucune occasion de le mettre en doute.

2°. De diviser chacune des difficultés que j'examinerais en autant de parcelles qu'il se pourrait et qu'il serait requis pour le mieux résoudre.

3°. De conduire par ordre mes pensées, en commençant par les objets les plus simples et les plus aisés à connaître, pour monter peu à peu comme par degrés jusqu'à la connaissance

l'avoir embrouillée par aucun accessoire inutile ou nuisible; l'autre d'avoir vu et dit ce que n'a point aperçu Bacon, que le premier objet de notre examen devait être ces facultés intellectuelles par lesquelles seules nous connaissons tout le reste, et que la première chose dont nous sommes certains est notre propre existence, de laquelle nous sommes assurés parce que nous sentons*, par notre sensibilité, ou comme il dit, parce que nous pensons. *Je pense*, donc *je suis*, est le mot le plus profond qui ait jamais été dit et le seul vrai début de toute saine philosophie. Il devait ajouter : *et je pense parce que je sens.* (Voyez Thurot, *Décade* du 10 fructidor an 13 ; il a bien mieux dit que moi).** [1] Si, tout de suite après, Descartes s'est égaré, c'est que, comme Bacon, il manquait d'observations suffisantes. Sans doute il s'est trop pressé de risquer des assertions et il a substitué quelques erreurs nouvelles aux anciennes. Mais ce premier pas dans la bonne route est immense, et on n'avait jamais commencé ainsi l'examen de nos connaissances. Dans le même temps Galilée mettait en pratique les principes que d'autres établissaient en théorie; ses disciples ont imité son exemple; et le mouvement est devenu général.

La science logique y a participé comme les autres; elle est partie du point où l'avait laissée Bacon; c'est-à-dire que ceux qui l'ont cultivée ont commencé à étudier les faits et à chercher ce qui se passe en nous quand nous pensons, mais sans révoquer encore en doute les principes de l'art syllogistique que Descartes lui-même n'avait pas mis en question et, qui pis est, sans sentir toute l'importance de la manière dont ce grand homme commence la rénovation de ses idées et sans s'apercevoir que, quand on veut arriver à des idées certaines quelconques, la première question à éclaircir est effectivement celle de l'existence de quoi que ce soit. Une conception si profonde était alors trop en avant des vues des autres hommes

des plus composés : et en supposant même de l'ordre entre ceux qui ne se précèdent point naturellement les uns les autres.

4°. De faire partout des dénombrements si entiers et des revues si générales que je fusse assuré de ne rien omettre. »

Il n'y a rien, à mon avis, d'aussi précis, d'aussi profond et d'aussi juste dans toute la *Grande Rénovation*.

* *Variante des éditions de 1805 et 1818* : « par ce que nous sentons ».

** Le passage « Il devait ajouter.... mieux dit que moi) » constitue une adjonction propre à l'édition de 1825.

1. Dans son compte rendu de la *Logique* publié dans le numéro du 10 fructidor an 13 (28 août 1805) de *La Revue philosophique, littéraire et politique* (nouveau titre de *La Décade philosophique*), Thurot écrit, p. 396 : « Au célèbre axiome de Descartes, *je pense donc je suis*, il fallait ajouter : *et je pense parce que je sens* ; mais c'était à Locke qu'il était réservé de faire ce dernier pas si important ».

pour qu'ils en fussent frappés. Ils se sont bornés à suivre l'impulsion donnée par Bacon. Ils ont examiné beaucoup de choses qu'Aristote avait négligées; ils ont creusé celles qu'il n'avait fait qu'effleurer; mais ils ont conservé provisoirement les principes techniques qu'il avait posés prématurément. Bacon est devenu l'âme de leurs recherches; et Aristote est demeuré encore le législateur de la science qui existait à peine et de l'art qu'il avait fondé sur une base fausse, mais qu'il avait créé très complet.

Cet état de la science et des esprits se voit clairement dans la logique de Hobbes : elle est très curieuse sous ce rapport. Ce philosophe éminemment remarquable par la précision et l'enchaînement de ses idées, et complètement imbu de celles de Bacon, a fait des *Éléments de philosophie* partagés en trois sections, qu'il intitule *De Corpore*, *De Homine* et *De Cive*; c'est-à-dire du corps en général, de l'homme comme individu animé, et de l'homme comme membre de la société. Mais il a bien senti qu'avant tout cela il fallait un traité de logique, c'est-à-dire de la manière de traiter de tous ces sujets, et des moyens que nous avons de les connaître. C'est pourquoi il en a fait la première partie de sa première section; et c'est déjà beaucoup de l'avoir placé là; c'est ce que n'avait pas fait Bacon. Mais il en résulte que la logique se trouve faire partie de la section *De Corpore* (du corps en général) et non de la section *De Homine* (de l'homme comme individu animé) à laquelle elle appartient certainement davantage; ce qui prouve que toute philosophie doit commencer par l'homme et ses facultés*.

Dans cet ouvrage, on reconnaît à chaque ligne l'élève de Bacon, riche de ses propres idées, travaillant sur celles d'Aristote. Par son titre seul, *Computatio sive Logica*, il avertit que calculer et raisonner sont une même chose. C'est là une idée importante et vraie qui le conduit à s'occuper, dès son premier chapitre, de la formation de nos idées; et s'il ne remonte pas jusqu'à leurs premiers éléments, nos simples sensations, et ne descend pas jusqu'à la génération des plus compliquées, les idées générales, du moins il rend compte de la formation de nos idées composées individuelles. À la vérité, il quitte trop vite cet intéressant sujet; mais il l'a toujours plus avancé qu'Aristote qui, dans ses *Catégories*, ne traite que du classement des idées et non de leur formation, et que Bacon qui ne parle ni de l'un ni de l'autre.

Bientôt il passe à l'examen des signes de nos idées. Il distingue très bien leur utilité comme *notes*, c'est-à-dire pour penser, de leur utilité comme *signes*, c'est-à-dire pour s'exprimer; et tout ce qu'il dit pour expliquer la

* Le passage « Mais il en résulte … l'homme et ses facultés » constitue une adjonction propre à l'édition de 1825.

vraie valeur des *mots* commence à répandre beaucoup de lumière sur la génération et la composition des idées qu'ils représentent. Car telle est la marche de l'esprit humain quand il avance. C'est le désir de se rendre compte des raisonnements qui l'a conduit à se rendre compte des mots; et le besoin de se rendre compte des mots qui l'a mené à se rendre compte des idées; et c'est alors seulement qu'on est arrivé à la source de la lumière. À la vérité on arrive en même temps, comme Hobbes, à un grand mépris pour l'ancienne métaphysique qui n'a jamais pris cette route.

Ensuite il parle de la proposition. On trouve dans ce chapitre la plupart des inutiles distinctions d'Aristote sur les différentes espèces de propositions; et qui pis est, on y trouve aussi sa principale erreur, savoir que c'est l'attribut qui comprend le sujet, c'est-à-dire l'idée générale qui *comprend* l'idée particulière, d'où il suit que ce sont les propositions générales qui comprennent les propositions particulières, qu'elles sont les vrais principes, et que les principes ne se prouvent pas. Mais aussi on y trouve encore beaucoup de vues très saines et très utiles sur les idées abstraites et sur les propriétés différentes du signe et de l'idée.

Ces deux chapitres des mots et de la proposition répondent au livre *De Interpretatione* d'Aristote et lui sont très supérieurs, ainsi qu'aux faibles notions que Bacon nous a données sur la grammaire; car il n'en dit qu'un mot dans sa classification des sciences et il n'en parle pas du tout dans son *Novum Organum*.

Dans le quatrième chapitre, Hobbes expose très bien les règles de l'art syllogistique. Il fait plus; il cherche à expliquer en quoi consiste l'opération de l'esprit dans le syllogisme, ce qui est un grand pas vers la découverte du vice radical de ce procédé. Il ne le trouve pas ce vice; mais il sent qu'il existe et il conclut que l'on n'apprend à bien raisonner que par la pratique et l'habitude des bons raisonnements, et surtout des démonstrations mathématiques.

Le cinquième chapitre est destiné à indiquer les causes et les sources de nos erreurs; et le sixième traite de la méthode. On trouve dans ce dernier, paragraphe sept, cette assertion remarquable: *Que les principes de la politique dérivent de la connaissance des mouvements de l'âme; et la connaissance des mouvements de l'âme, de la science des sensations et des idées*. Pour cette seule phrase, Hobbes devrait être regardé comme le fondateur de l'idéologie et le rénovateur des sciences morales[a].

a. On a beaucoup reproché à Hobbes, comme à Bacon au reste, d'avoir été sincèrement partisan du pouvoir arbitraire. Il est possible que cela soit, mais il n'en est pas moins vrai qu'il lui a beaucoup nui. Ce n'est pas aujourd'hui qu'il est besoin de s'étendre longuement pour prouver que quiconque contribue à assurer la marche de la raison humaine, sape par leur base

Si néanmoins cette fin de sa logique paraît en général moins lucide que le commencement, c'est que le tout est fondé sur une connaissance encore imparfaite de nos opérations intellectuelles; et que tant qu'on n'est pas arrivé à la vérité sur ce premier point, plus on avance, plus on se trouve embarrassé. Mais l'ouvrage en masse mérite d'être regardé comme un produit précieux des méditations de Bacon et de Descartes sur le système d'Aristote, et comme le germe des progrès ultérieurs de la science, parce qu'il éclaircit déjà l'histoire des signes et remonte même jusqu'à celle des idées, et que s'il ne présente pas la solution de toutes les questions, du moins il fournit l'indication de presque toutes celles qui sont nécessaires à éclaircir et qui ont été examinées depuis. Il a fallu une prodigieuse sagacité pour apercevoir si tôt tant de vérités dont on était encore loin. C'est ce qui fait que même actuellement on relit tous les jours cette logique avec fruit et qu'elle suggère toujours des idées précieuses[a].

On en peut dire à peu près autant de Messieurs de Port-Royal. Ils ont peut-être moins de perspicacité que Hobbes, et sûrement moins d'exactitude et moins de réserve. Par cette dernière circonstance, ils sont, ce me semble, exactement à Descartes ce que Hobbes est à Bacon. Ils sont les continuateurs de l'un comme il est celui de l'autre : d'où il arrive que s'ils ont plus hasardé que Hobbes, ils ont aussi plus avancé que lui. Dans leur *Logique* et leur *Grammaire générale*, que l'on ne doit point séparer et qu'il faut toujours lire ensemble, ils ont commencé une théorie des idées et ils ont étendu celle des signes. Ils ont fait naître Locke. Le besoin de réfuter leur hypothèse des idées innées lui a mis la plume à la main; et il s'est trouvé forcé, en profitant de leurs lumières, d'examiner à fond la composition de toutes nos idées et de commencer à distinguer les procédés et les effets de nos diverses facultés intellectuelles.

C'était effectivement là ce que l'état de la science, à l'époque où il a paru, rendait à la fois *nécessaire* et *possible*. Aussi son immortel ouvrage sur l'entendement humain n'est-il point proprement un traité de logique;

tous les genres d'oppression, et que même il les attaque de la seule manière qui soit solidement utile. C'est une vérité constante et point dangereuse à divulguer, car elle est encore plus connue des oppresseurs que des opprimés.

a. Cela m'a déterminé à en donner la traduction littérale que j'ai placée à la fin de ce volume, comme pièce justificative.

Je ne crois pas que cette logique ait jamais été traduite en français : ainsi on sera bien aise de la trouver ici. D'ailleurs, cela me dispense de m'y arrêter plus longtemps dans cette histoire sommaire des progrès de la science; et cela fait aussi que je n'ai pas besoin d'entrer dans plus de détails sur les principes et les formes du syllogisme qui y sont parfaitement développés. Elle sera très utile à consulter sous ce rapport, quand je parlerai de la cause de la justesse de tout jugement et de tout raisonnement.

Je ne me suis permis d'y faire que très peu de notes. Mon ouvrage en sera le commentaire.

ou plutôt c'est un traité de science logique, et même le *premier qui ait jamais été fait*; mais il n'y est pas du tout question de l'art. Il n'est composé que de quatre livres; le premier traite uniquement de l'origine de nos idées, le second de leur formation, le troisième de leur expression, et le quatrième de notre connaissance, de sa nature, de son étendue, de sa réalité, c'est-à-dire des caractères de la certitude et de la vérité, et de ce qu'elles sont pour des êtres doués des moyens de connaître que nous avons en partage.

Quoique cet admirable essai soit le fondement de la science, et justement parce qu'il en est le fondement, il n'est pas nécessaire d'en parler avec plus de détails, vu qu'il est très connu[a]. Une seule observation se présente qui n'est pas à négliger, c'est que dès que l'on commence à examiner avec succès l'esprit de l'homme, on est tout près de voir la vraie liaison des différentes branches de ses connaissances. Aussi Locke termine-t-il son ouvrage par indiquer sommairement une nouvelle distribution des sciences qui est infiniment meilleure que toutes celles qui l'ont précédée. Sans doute elle n'est pas encore complètement satisfaisante : mais c'est que l'analyse qu'il a faite de l'esprit humain est loin d'être encore parfaite. Il a fait beaucoup, il a laissé beaucoup à faire à ses successeurs.

Condillac l'a senti. Il a vu qu'il restait bien des choses à éclaircir et que l'esprit humain n'avait point encore été assez observé pour qu'il fût possible de bien diriger ses recherches et de bien classer ses connaissances; qu'il convenait de l'examiner plus en détail, de déterminer avec plus de précision ses limites et ses moyens, de distinguer soigneusement ses diverses opérations, de remarquer avec scrupule les causes, les effets et la nature de chacune d'elles, de suivre avec exactitude leur enchaînement et leurs résultats depuis la plus simple perception jusqu'à la connaissance la plus compliquée, de noter à chaque pas l'influence des signes sur les idées elles-mêmes, et enfin de se mettre en état de faire une histoire exacte et complète de la série de ces phénomènes, sans quoi on en parlerait toujours superficiellement et au hasard.

C'est ce qu'il a commencé à exécuter dans son premier ouvrage, l'*Essai sur l'origine des connaissances humaines* : et on ne peut nier que dès lors il n'ait fait un traité de l'esprit humain plus complet qu'aucun de ses prédécesseurs. Cependant il avait encore glissé trop légèrement sur les premiers pas de notre intelligence; il n'avait pas encore analysé assez

a. Il a été assez bien traduit, parce qu'il est bien plus aisé à traduire que Bacon, lequel est lui-même bien moins difficile qu'Aristote. Un ouvrage scientifique est toujours d'autant plus facile à traduire que les idées en sont mieux débrouillées et plus approfondies. Voilà pourquoi on n'a pas de peine à traduire les bons ouvrages des philosophes français. Il n'en est pas de même de beaucoup d'autres.

rigoureusement ses premiers actes, qui sont la base de tout l'édifice. Quelques années après, il l'a reconnu lui-même; et c'est ce qui lui a fait faire son *Traité des sensations* et celui *des animaux* qui en est un appendice nécessaire pour étendre ces observations à toute la classe des êtres animés, autant toutefois qu'elles conviennent à chacune des espèces qui la composent.

Là, il a bien creusé jusqu'au fond de son sujet; il en a sondé toute la profondeur; il est arrivé jusqu'aux dernières racines de l'arbre, jusqu'aux extrêmes et premiers éléments de toutes nos pensées. Cette heureuse idée de supposer un homme doué successivement de chacun de ses sens et privé de tous les autres, lui a fait voir et démontrer que dans ce que l'on croyait, et ce que bien des gens croient encore une idée simple, une perception unique, il y a beaucoup de parties distinctes; et que beaucoup d'opérations intellectuelles différentes ont été nécessaires pour assembler ces parties.

Jusqu'à lui, les philosophes, en petit nombre, qui entreprennent de rendre compte de la formation de nos idées, commencent leurs explications par dire: *Un homme, un arbre, une maison, un objet quelconque se présente à moi, il fait une impression sur mes sens, j'en suis affecté d'une certaine manière, j'ai la perception, l'idée de cet objet.* Ils ne vont pas plus loin, ou s'ils ajoutent quelques réflexions à cet exposé, ils y insistent peu; et ils sont persuadés d'être remontés jusqu'à la source de toutes nos pensées. Effectivement, il n'y a rien là que de vrai; mais cet homme, cet arbre, cette maison, cet objet quelconque, ce n'est pas une affection seule et unique qu'il produit en nous; c'est une multitude d'impressions différentes, dont les unes agissent sur un de nos sens, les autres sur un autre, qui sont tantôt réunies, tantôt séparées, dont plusieurs varient par différentes circonstances, tandis que d'autres restent toujours les mêmes: et c'est du rapprochement de toutes ces impressions et des combinaisons que nous en faisons par des jugements plus ou moins rapides que se forme pour nous la *perception* ou l'*idée* individuelle de cet objet et la valeur du nom encore propre et particulier que nous lui donnons; et suivant que cette idée ou perception sera plus ou moins détaillée, plus ou moins complète, plus ou moins conforme à la réalité des choses, les jugements postérieurs que nous porterons de l'idée, du nom et de l'objet seront très différents. Voilà ce que Condillac le premier a démêlé et expliqué par son analyse des sensations. En quoi il a rendu à l'esprit humain un service immense et encore trop peu senti.

Par là, il s'est trouvé transporté aux vraies sources de la science logique et conduit à examiner toutes les questions fondamentales et premières sur la solution desquelles elle repose; savoir, quelles sont nos différentes facultés intellectuelles? comment elles forment toutes nos idées composées? en quoi consiste pour elles (c'est-à-dire pour nous) la réalité de notre existence et de celle des autres êtres? comment elles se lient aux autres facultés résultantes de notre organisation? comment les unes et les autres dépendent de notre faculté de vouloir? comment toutes sont modifiées par la fréquente répétition de leurs actes? comment elles se perfectionnent dans l'individu et dans l'espèce? enfin quels secours leur fournit et quels changements y apporte l'usage des signes?[1]

Tels sont, suivant moi, les vrais titres de gloire de Condillac. Mais les avantages de sa méthode, qu'il a su rendre très manifestes et très usuels, ont frappé plus promptement les esprits; c'est là ce dont ordinairement on lui sait le plus de gré. Cependant cette méthode tant vantée, et avec tant de raison, n'est réellement que celle de Bacon et de Descartes; et au fond elle se réduit à ceci: *examiner avec soin le sujet qu'on veut connaître avant d'en porter un jugement*; et *savoir avec précision ce qu'on en veut dire, avant d'en parler.* D'ailleurs depuis que l'on s'était défait de la manie de croire que toute la science humaine repose sur l'art syllogistique, assez d'autres avant Condillac, partant de ces deux excellents préceptes généraux, avaient donné aux hommes des conseils empiriques fort utiles pour les diriger dans leurs recherches; c'est ce qui compose la partie appelée *Méthode* dans toutes les logiques modernes: mais personne n'avait réellement commencé la vraie théorie de l'esprit humain; or c'est ce qu'a fait la discussion des questions majeures dont nous venons de parler.

Je ne prétends point décider si Condillac les a toutes résolues: cela serait bien surprenant puisqu'il est le premier qui ait posé avec quelque précision la plupart d'entre elles, ou même qui se soit aperçu de leur existence. Mais les lumières qu'il a tirées de leur seul examen lui ont suffi pour répandre un grand nombre de vérités importantes dans les notions préliminaires de son *Cours d'études* et dans ses *Arts de parler, d'écrire, de raisonner* et *de penser*[a] et pour s'en servir à traiter avec une grande supériorité les matières particulières qui ont été les objets de ses

a. C'est à tort que, dans la dernière édition de ses *Œuvres*, on a mis l'*Art de penser* le second. Il est manifeste, par le tableau des études de son élève, qu'il est le quatrième et celui qu'il explique le dernier.

Mais ce n'en est pas moins cette édition (celle de l'an 6, de l'Imprimerie de Houel, en 23 volumes *in-8°*) qu'il faut uniquement consulter si l'on veut connaître Condillac: car, sans compter *La Langue des calculs* et d'autres additions ou variantes importantes, c'est là seulement que l'on trouve la dernière version du *Traité des sensations*, qui est la base de toute la théorie des idées.

1. On reconnaît ici, énumérés dans l'ordre, tous les points traités dans l'*Idéologie proprement dite*. On voit par là que, pour Destutt de Tracy, Condillac a posé les bonnes questions auxquelles il n'a pas toutefois donné les bonnes réponses.

recherches, telles que l'histoire, surtout celle des sciences, l'économie politique et l'éducation.

Comme c'est uniquement la science logique que je considère dans les ouvrages que j'examine ici, je ne mets point au premier rang parmi ceux de Condillac, sa *Logique*. Ce n'est pas qu'elle ne soit un véritable *traité de cette science*, et même, suivant moi, le meilleur que nous ayons. Mais Condillac n'a composé cette *Logique* que pour guider les professeurs des écoles de Pologne dans leurs leçons : et il n'en a fait qu'un résumé des principes établis dans ses autres ouvrages auxquels il renvoie continuellement pour y chercher les développements et les preuves. C'est donc dans le *Traité des sensations* et *des animaux*, dans les quatre premiers volumes du *Cours d'études*, dans toutes les parties scientifiques de son *Histoire*, et aussi, si l'on veut, dans sa *Langue des calculs* que se trouve toute la doctrine idéologique et logique de Condillac qu'il n'a malheureusement pas rassemblée dans un seul ouvrage, ni réunie en un seul système d'idées bien enchaînées.

Nous avons vu les causes de la supériorité de cette doctrine sur tout ce qui avait été dit auparavant. Ne voulant parler d'aucun auteur vivant, je la regarderai comme le dernier état de la science. C'est un grand pas de fait depuis Locke, et le seul réel ; car tous ceux qui ont écrit sur la logique, entre ces deux époques, se sont à peu près bornés à choisir parmi les idées reçues avant eux, sans y rien ajouter, et à donner des règles de pratique[a].

Il en est un pourtant qu'il est utile de ne pas passer sous silence : c'est le P. Buffier[1]. Une longue habitude de l'enseignement lui avait fait acquérir

a. Malgré la science immense et les talents admirables de Leibniz, je n'en parlerai point ; et ce n'est pas par oubli, mais parce que je ne vois pas que le science de l'entendement lui soit redevable du moindre progrès. Je pense au contraire qu'il n'a fait que ressusciter et rajeunir les anciennes erreurs et l'ancienne mauvaise méthode de vouloir tout expliquer *a priori* et de se contenter d'idées mal déterminées : et je suis convaincu que si beaucoup de savants de sa nation se trouvent engagés dans les dédales de la philosophie la plus téméraire et la plus ténébreuse, c'est par le désir estimable, quoique peu réfléchi, de ne pas abandonner les errements de leur illustre compatriote.

Le motif contraire a déterminé quelques écrivains français à adopter ces obscurs systèmes.

Je ne parlerai pas non plus de Malebranche. Personne n'admire plus que moi son génie et son éloquence : mais je ne m'arroge point le droit de marquer les rangs entre les grands hommes. Je ne cherche qu'à noter les progrès de la science, et je ne crois pas que Malebranche lui en ait fait faire de décisifs, gloire dont pourtant il était bien digne.

On en peut dire à peu près autant de Charles Bonnet. *[Phrase ajoutée à l'édition de 1825]*

1. Le P. Claude Buffier (1661-1737), dont Destutt de Tracy vante par ailleurs les mérites en tant que grammairien, a développé une philosophie du « sens commun » qui a pu le faire considérer comme un précurseur de la philosophie écossaise du *common sense*.

une grande clarté dans le style, et sinon le talent de beaucoup approfondir un sujet, du moins celui d'exposer très nettement les idées qu'il s'en était faites. Ces qualités l'avaient conduit à concevoir beaucoup de dégoût pour les obscurités et les subtilités de la philosophie de l'École. De plus, il était jésuite et comme tel, très porté à combattre les idées de Descartes, que Messieurs de Port-Royal, Malebranche, Pascal avaient adoptées. Ainsi il se trouvait amené suivre de préférence les principes de Locke, en usant toutefois de beaucoup de ménagement pour ne pas laisser suspecter son orthodoxie. Tout cela se manifeste à chaque page de ses écrits.

Dans ces dispositions, il a fait une *Grammaire française*, suivie d'un *Traité d'éloquence et de poésie*, une *Métaphysique*, une *Logique*, un *Traité de la société civile*, ou plutôt de la manière de s'y conduire, et un *Traité des preuves de la vérité de la religion catholique*. Il a joint à tout cela des éclaircissements, des applications et des dissertations peu intéressantes et un petit discours fort médiocre sur la méthode; et il a cru que le tout ensemble était un *Cours de sciences sur des principes nouveaux et simples, propre à former le langage, l'esprit et le cœur*. C'est le titre qu'il a donné à la réunion de tous ces écrits, imprimés dans un gros volume *in-folio* à Paris, en 1732.

On sent bien que ce ne peut pas encore être là un bon traité de philosophie rationnelle et morale. Pour le prouver, en ne considérant que la partie rationnelle qui doit être la base de l'autre, je me bornerai aux observations suivantes :

1. Sa *Grammaire* n'est qu'une grammaire particulière de la langue française et non pas une théorie générale de l'expression de nos idées. Il paraît même n'avoir pas soupçonné l'importante influence des signes sur la formation de ces idées. Il a cru devoir donner des préceptes de langage avant de commencer à parler de la pensée; mais il n'a pas imaginé que ces préceptes fissent partie d'un traité de la pensée.

2. Sa *Métaphysique* n'est pas, comme on serait porté à le croire, et comme elle devrait l'être, une analyse de la formation de nos idées. Elle n'est réellement et uniquement, comme son second titre l'indique, que l'énoncé et l'apologie des maximes qu'il croit que l'on doit regarder comme vérités premières et fondamentales. Il a restreint la *Logique* qui la suit à n'être que la science des vérités de conséquence, c'est-à-dire de ces vérités que l'on tire, par voie de déduction, de principes antérieurement établis. Il s'agissait donc auparavant de trouver et de déterminer ces principes premiers. C'est ce que Buffier fait, à sa manière, dans cette *Métaphysique*.

Descartes avait remarqué que le principe primitif de toutes nos connaissances est la conscience de notre propre existence produite par le sentiment de nos perceptions les plus simples, de nos sensations tant internes qu'externes. Il avait dit : *Je pense, donc j'existe* : il aurait dû dire plus exactement : *Je sens, donc j'existe* : il aurait même pu dire simplement : j'ai froid, j'ai chaud, j'ai faim, j'ai soif, etc., donc j'existe ; et cela eût été encore plus correct : et ensuite il aurait fallu qu'il montrât, sans interruptions ni lacunes, comment de ce premier acte intellectuel se forment successivement toutes nos idées quelconques.

Mais Descartes, comme nous l'avons déjà remarqué, s'est livré à sa précipitation, a sauté une foule d'intermédiaires ; et après le début le plus heureux, s'est égaré dès le second pas, faute d'avoir senti lui-même tout le mérite du premier.

Ce qu'il n'avait pas fait, le P. Buffier revenant sur ses traces, et déjà éclairé par Locke, aurait dû l'exécuter, puisque, suivant le vœu de Bacon, il entreprenait de découvrir le fondement des principes et de faire un traité des vérités premières. Mais il n'était pas disposé à goûter les idées de Descartes ; il ne s'aperçut pas de l'importance de son premier principe ; et d'ailleurs il n'avait pas la tête assez forte pour l'approfondir et en déduire l'analyse scrupuleuse de nos opérations intellectuelles et de leurs résultats. Il crut que si l'on entreprenait d'expliquer toutes nos connaissances, et de les prouver toutes, on les rendrait toutes problématiques ; et nommément qu'on ne pourrait jamais prouver ni l'existence des corps, ni celle d'une intelligence suprême. Il prit le parti de définir les premières vérités, en disant que *ce sont des propositions si claires qu'elles ne peuvent être prouvées ni combattues par des propositions qui le soient davantage*, et de s'en rapporter sur leur certitude à ce qu'il appelle le *bon sens, le sens commun*, au *consentement unanime de tous les hommes jouissant de leur raison*, et à d'autres caractères aussi vagues et aussi peu démêlés.

Partant de ces données, il a présenté un aperçu des principales de ces vérités premières ; et c'est à quoi se réduit sa *Métaphysique*. Ensuite il a montré dans sa *Logique* comment nous en tirons toutes les *vérités de conséquence*. C'est en cela, suivant moi, qu'il a le mieux réussi ; mais une chose, à mon avis, digne de remarque, c'est qu'il a refait à deux fois cette *Métaphysique* et cette *Logique*, d'abord pour donner une idée préliminaire du sujet et le mettre à la portée de tout le monde, et ensuite pour le traiter avec plus de science et de profondeur. Or il se trouve que ce sont les deux versions soi-disant superficielles qui sont les meilleures ; ce qui vient, je crois, de ce qu'étant très occupé de se rendre clair, il s'est un peu mieux entendu lui-même. Ajoutons pourtant que ni une fois ni l'autre, il n'est arrivé à une véritable clarté ; et qu'il a laissé à Condillac la gloire de découvrir la source de toute lumière dans une meilleure analyse de la pensée, sans pouvoir s'en attribuer la moindre part.

Néanmoins, je regrette beaucoup que Condillac, dans ses profondes et sagaces méditations sur l'intelligence humaine, n'ait pas fait plus d'attention aux idées du P. Buffier. Il y aurait rencontré deux ou trois aperçus peut-être mal démêlés, mais qui lui auraient été très utiles ; et ce sont eux qui sont cause que j'ai fait mention ici de cet auteur : il aurait trouvé dans sa *Grammaire* que le *nom*, ou ce qui en tient lieu, est toujours le *sujet* de la proposition ; que *le verbe en est l'attribut* ; et que les autres éléments de la proposition (ou comme on dit, les autres parties d'oraison) ne sont que des modificatifs de ceux-là, ce qui jette un grand jour sur l'acte de juger. Il aurait vu dans la *Logique* que c'est le sujet d'une proposition qui en contient l'attribut ; que l'idée attribuée n'est jamais qu'une circonstance de l'idée à laquelle on l'attribue ; et qu'une série de propositions n'est légitime et ne mène à une conclusion vraie, qu'autant que tous les attributs renferment successivement l'attribut qui les suit, et que, par conséquent, le dernier attribut, celui de la dernière proposition, est renfermé dans le sujet de la première. Il est vrai qu'il aurait trouvé cette vérité exprimée d'une manière vacillante et embrouillée, par l'obstination avec laquelle l'auteur se refuse à distinguer, comme Messieurs de Port-Royal, la compréhension et l'extension de chaque idée. Mais son bon esprit aurait achevé de dégager les inconnues, et ces observations lui auraient fait voir la *proposition* sous un autre aspect : surtout elles l'auraient empêché de se préoccuper de cette idée d'*identité* qui jette tant de louche sur toutes ses explications, et qu'il est obligé de finir par appeler lui-même une *identité partielle*, c'est-à-dire une *fausse identité*. Du moins est-il certain que, pour ma part, je suis fort fâché de ne connaître que depuis très peu de temps ces opinions du P. Buffier[a] ; si je les avais vues plus tôt énoncées quelque part, elles m'auraient épargné beaucoup de peines et d'hésitations.

Quoi qu'il en soit, aujourd'hui instruits par tous les efforts heureux ou malheureux de nos devanciers, et éclairés par les admirables analyses de Condillac, nous sommes conduits à voir avec évidence que *sentir* est

a. C'est par ces opinions qu'il a mérité, suivant moi, que Voltaire, cet homme si éminemment sagace dans ses jugements de tous les genres, ait dit dans son *Catalogue des écrivains du siècle de Louis XIV* : « Il y a dans ses traités de métaphysique des morceaux que Locke n'aurait pas désavoués, et c'est le seul jésuite qui ait mis une philosophie raisonnable dans ses ouvrages. »

J'aurais dû faire un article pour Voltaire dans l'histoire de la science. Car il est au moins fort douteux que Locke eût porté Condillac au point où il s'est élevé si Voltaire n'eût existé entre eux deux.

Voyez toutes ses discussions avec le roi de Prusse, sa métaphysique, ses *Lettres philosophiques* et ses réfutations de Leibniz et de Wolf, et surtout *Le philosophe ignorant*. *[Les deux derniers paragraphes ont été ajoutés à l'édition de 1825]*.

notre existence tout entière et que *juger* n'est encore que démêler une circonstance dans une perception antérieure, c'est-à-dire sentir distinctement une partie de ce qu'on avait senti d'abord confusément. Nous avons pu en conséquence exposer nettement le mécanisme de la formation successive de toutes nos idées, et celui de leur traduction dans le langage; et par suite nous pouvons et nous devons expliquer sans ambiguïté en quoi consiste la certitude ou l'incertitude de tous nos jugements, et la vérité ou la fausseté de toutes nos propositions. C'est ce que nous allons tâcher de faire: si nous n'y réussissons pas, ce sera purement et uniquement notre faute; car la vérité est à découvert, il ne reste qu'à la saisir. Le but de ces préliminaires était de montrer par quels chemins nous sommes arrivés à cet heureux état de la science.

CHAPITRE PREMIER

INTRODUCTION

Si je n'ai pas manqué complètement le but que je me proposais dans le discours préliminaire qu'on vient de lire, on doit avoir reconnu la justesse et l'importance de la distinction que j'ai établie entre la science et l'art logique. Ce coup d'œil rapide, jeté sur les ouvrages de quelques hommes, doit avoir montré suffisamment, 1. qu'Aristote, sans avoir fait presque aucunes recherches sur les principes de la science, s'est occupé uniquement de tracer les règles de l'art; qu'ils les a combinées avec infiniment d'esprit et de finesse, mais qu'il les a fondées sur une base fausse; et qu'en conséquence il a tellement embarrassé et fourvoyé l'esprit humain, que celui-ci a été dix-huit cents ans, non seulement sans faire aucun progrès et sans acquérir aucune connaissance réelle, mais encore faisant des pas rétrogrades, même dans les pays où on n'a pas cessé de le cultiver; 2. que Bacon, bien qu'il ait vu et dit qu'il fallait refaire toutes les sciences, n'a cependant rien fait précisément pour créer ou renouveler la science logique, et que manquant lui-même à son admirable maxime que j'ai prise pour épigraphe, il s'est trop hâté de donner des préceptes de l'art et n'a pas eu dans ce genre un succès digne de ses talents; 3. que néanmoins la puissante impulsion qu'il a donnée, en portant tous les esprits vers l'étude des faits, nous a fait acquérir depuis lui de vraies lumières sur plusieurs points de la science logique, lumières suffisantes pour faire sentir une grande partie des vices de l'art ancien, mais non pour le réformer entièrement; 4. qu'il faut aujourd'hui achever et compléter la science logique, et que c'est le seul moyen de rendre la marche de l'esprit humain sûre et rapide dans tous les genres de recherches, ce qui est l'objet et la perfection de l'art.

Maintenant qu'est-ce donc que cette *science logique*? Il faut en convenir, c'est uniquement la *métaphysique*. Comment, me dira-t-on? Est-ce que de tous les temps on n'a pas étudié la métaphysique? Et toutes les nations n'ont-elles pas eu des métaphysiciens? Ce serait peut-être le cas de répondre à peu près comme Hobbes, au sujet des philosophes de la Grèce[a]; sans doute il y a eu de tout temps et partout des hommes qui s'appelaient ainsi. La preuve en est qu'on s'est souvent moqué d'eux et qu'on a fini, sinon par les chasser de leur pays, comme les philosophes dont parle Hobbes, du moins de les exclure du nombre des vrais savants; mais il ne s'ensuit pas qu'il ait existé nulle part une vraie métaphysique. Il y a eu et il y a encore un certain fantôme imposant en apparence, et ressemblant en quelque sorte à la métaphysique, quoiqu'il ne soit composé que de supercheries et de vilénies. Les hommes peu avisés l'ont pris pour une vraie science et ont regardé ceux qui l'enseignaient comme des professeurs de sagesse, quoiqu'ils fussent tous d'avis différents, etc., etc. Mais sans me permettre les sarcasmes du philosophe anglais, je dirai que l'ancienne métaphysique ne ressemble pas plus à celle dont je parle que l'astrologie ne ressemble à l'astronomie, et l'alchimie à la chimie; que celle-ci, ou la science logique, ne consiste que dans l'étude de nos opérations intellectuelles et de leurs effets, et que, pour me servir encore d'une expression de Hobbes, elle est l'exorcisme le plus propre à dissiper et à anéantir cette *empusa*, cette vieille chimère métaphysique[1], non pas en la combattant directement, mais en y portant la lumière.

La vraie métaphysique ou la théorie de la logique n'est donc autre chose que la science de la formation de nos idées, de leur expression, de leur combinaison et de leur déduction; en un mot, ne consiste que dans l'étude de nos *moyens de connaître*. Les philosophes anciens ne se sont pas doutés de cette vérité; ceux du moyen âge n'étaient pas capables de la découvrir. Élèves ignorants des Grecs, ils ont cru sur leur parole que, comme métaphysiciens, ils devaient expliquer l'origine du monde, la nature de la cause première, l'essence des corps, celle des esprits, enfin toutes les choses

a. Voyez l'épitre dédicatoire de ses *Éléments de philosophie* au commencement de sa logique, à la fin de ce volume.

1. Dans la mythologie grecque, *Empusa* est une créature fantastique issue des Enfers et capable de changer de forme à volonté. *Empusa* est un personnage de la comédie d'Aristophane, *Les Grenouilles*, d'où l'évocation plus loin dans le texte de l'*empusa* d'Aristophane. Aux XVIe et XVIIe siècles, ce nom est donné à des conceptions philosophiques purement imaginaires.

qu'évidemment nous ne pouvons pas savoir[a]; et que, comme logiciens, ils ne devaient s'appliquer qu'à l'escrime propre à désarmer ceux qu'ils ne pouvaient convaincre. Peu contents encore et avec raison de l'efficacité de cet art qui embarrasse, mais n'éclaire ni ne persuade ceux qui doutent, ils ont intéressé la religion chrétienne au maintien de leurs décisions et l'ont fait intervenir dans toutes les discussions philosophiques. Semblables aux gouvernements qui, quand ils renoncent à se concilier la faveur publique, tournent toute leur attention vers leurs citadelles et leur artillerie, c'est réellement l'empire de la force qu'ils ont transporté dans le domaine propre de la persuasion. Ils ont été subtils et cauteleux parce qu'ils ne pouvaient pas être lumineux. Ils ont été violents et tyranniques parce qu'ils n'étaient pas eux-mêmes pleinement satisfaits de leurs moyens de défense : car, comme l'a très bien remarqué Saint-Lambert, jamais on ne commence à s'échauffer dans la dispute que quand on commence à être embarrassé de trouver ce que l'on doit répondre. C'est, je crois, au sentiment contraire plus encore qu'à leurs principes, qu'est dû le calme et la tolérance qui caractérisent les philosophes modernes. Ils se sentent sûrs des suffrages des

a. Plus je réfléchis sur la métaphysique des philosophes grecs, plus je me persuade qu'ils ne sauraient en être les inventeurs. Ces spéculations abstruses et dénuées de fondement n'ont pas pu se coordonner et devenir un système chez une nation vive, libre et communicative, où chaque penseur est pressé de faire part de ses idées et recueille à mesure toutes les objections. Le ridicule eût, à chaque pas, fait justice de l'absurdité et même de la seule témérité. Elles doivent donc être nées, et avoir pris de la consistance dans des têtes de rêveurs solitaires et respectés, et par conséquent être originaires de pays où l'étude et la culture des sciences était le partage exclusif d'une caste privilégiée, séparée de la société et dominante. Elles doivent venir de l'Asie et de l'Égypte et n'avoir acquis quelque crédit parmi les Grecs qu'à la faveur de la considération qu'on a toujours partout pour les systèmes qui viennent de loin. La métaphysique indigène de la Grèce est évidemment pour moi la théologie de ses poètes ; l'autre a dû nécessairement y être importée. C'est aussi, ce me semble, ce que prouve tous les jours davantage l'étude des antiquités orientales, à mesure qu'elle est mieux cultivée.

Pour les mêmes raisons, entre les nations modernes, c'est chez les Français que cette métaphysique, qui a besoin, pour se soutenir, de l'obscurité et de l'autorité, a dû être rejetée d'abord. Avec de l'esprit et de la liberté, quand on n'a que de l'imagination, on doit se livrer à la mythologie des poètes. Quand on commence à avoir de vraies connaissances, on doit en venir à la saine métaphysique, c'est-à-dire à l'étude de soi-même et de ses moyens de connaître.

Dans tous les genres, les hommes qui sont à l'abri de la contradiction sont rarement préservés de l'erreur, parce qu'ils ne sont pas avertis du moment où ils s'égarent. Telle est la loi de la nature.

hommes impartiaux qui assistent aux débats: cela les tranquillise et ils attendent du temps le triomphe de la raison[a].

Aussi quoique le respect universel pour les arrêts des métaphysiciens des temps de barbarie ait été poussé jusqu'à la stupidité, il n'a pas suffi encore pour les rassurer. Toutes les fois qu'il s'est élevé des doutes sur une de leurs opinions, ils ont constamment fait ce que font tous les jours les gens grossiers, quand ils viennent de vous dire une chose inintelligible et que vous leur en demandez l'explication. Ils sentent confusément que vous ne l'avez réellement pas comprise ni eux non plus; ils veulent se persuader que vous ne l'avez pas entendue ou pas écoutée. Ils la répètent avec impatience dans les mêmes termes ou dans des termes équivalents, en criant à tue-tête, en disant que cela est clair et en faisant des imprécations contre ceux qui n'en conviennent pas. Tout a ainsi retenti pendant dix-huit cents ans des cris de l'École et, s'il est permis de se servir de cette expression, tous les esprits en ont été assourdis.

La raison ne parle ni si haut, ni si vite. Pour que sa voix douce et lente pût se faire entendre, il fallait d'abord que le silence se fît. C'est ce qu'ont opéré nos grands hommes du commencement du dix-septième siècle. Bacon et Descartes, en proclamant que la dialectique n'est bonne à rien, ont réduit les scolastiques à se taire ou du moins à n'être plus écoutés. S'ils ne les ont pas réfutés directement, ils les ont discrédités. En montrant que la vraie science consiste dans la connaissance des faits et non dans celle des arguments, ils ont tourné l'attention d'un autre côté; et bientôt l'étude des faits a produit des vérités nouvelles qui ont dissipé d'anciennes erreurs; et la vue des succès obtenus par ce chemin nouvellement ouvert a dégoûté de l'ancienne route. Seulement il est resté dans les esprits la prévention que la métaphysique ne se rencontre que sur cette voie d'égarement[b], et que par conséquent il n'y a point de métaphysique réelle, ni d'autre art logique que de s'accoutumer à bien raisonner, sans chercher ni pourquoi ni comment.

a. Vous êtes étonné, disait un sage indien, qu'un prêtre de Wishnou ne puisse pas rester chez lui et qu'un philosophe ne puisse pas en sortir; qu'en général l'un recherche l'agitation et l'intrigue et que l'autre chérisse la paix et la retraite. C'est que pour qu'un homme soit tranquille et calme, il faut qu'il obéisse à sa conviction; et pour qu'il le soit constamment, il faut que cette conviction soit de nature à n'être pas troublée par des retours de doutes désolants et d'incertitudes invincibles.

On ne connaît pas assez le bonheur de n'obéir qu'à sa conscience, après l'avoir suffisamment éclairée. Il n'y a ni bien-être ni repos pour quiconque a un besoin pressant de s'appuyer sur l'opinion d'autrui pour soutenir la sienne.

b. Cela est vrai de la métaphysique ancienne, mais cela ne l'est pas de la science de l'entendement (l'idéologie) qui n'était pas encore connue.

Cependant la recherche assidue des faits de tous les genres a fini par donner des connaissances réelles sur les phénomènes de l'entendement humain, comme sur les autres phénomènes de la nature, et par apprendre même quelques-uns de leurs rapports avec tous ceux de la matière morte et animée. Les observations se sont étendues et multipliées au point de se confirmer réciproquement et de s'enchaîner de manière à former déjà un corps de doctrine suivi et satisfaisant pour quiconque veut de bonne foi se donner la peine de s'en instruire. On peut même dire qu'aucune autre partie de l'histoire de la nature ne nous est connue avec autant de détail, et que si dans celle-là il reste encore tant de chose que nous désirions pénétrer, c'est d'abord parce qu'elle est d'une importance à nulle autre pareille, et ensuite parce qu'il est dans la nature de l'esprit humain que plus il approfondit un sujet, plus il y trouve de questions à résoudre dont il ne se doutait pas; et plus il y rencontre de découvertes à faire dont il ne soupçonnait pas même la possibilité ni l'utilité. Il n'y a qu'à voir à quelle multitude de spéculations a donné lieu la seule idée de nombre et quels effets inespérés il en est résulté.

La science de l'entendement, la théorie de la logique, a d'abord été cultivée en silence par un petit nombre de penseurs, désireux seulement de n'être pas tourmentés. Elle s'est ensuite répandue peu à peu parmi les bons esprits; et quoiqu'elle ne fût encore ni complète ni parfaite, elle a fait obscurément beaucoup de bien en écartant provisoirement un grand nombre d'erreurs, en améliorant les traités pratiques de grammaire, de logique et de morale, et les livres didactiques de toute espèce, en simplifiant et rectifiant les méthodes et les procédés de tout genre, le tout sans être remarquée parce qu'elle n'était spécialement exigée pour aucun état de la société, quoiqu'elle soit utile à tous. Mais quand on l'a vue paraître avec éclat dans les rangs de l'Institut national, et dans les chaires des écoles publiques, quand on s'est aperçu que les questions dont elle s'occupe étaient l'objet de concours nombreux, quand enfin on a reconnu qu'elle était le sujet des méditations de beaucoup plus de personnes qu'on ne le croyait, la tourbe ignorante s'est persuadé au premier instant que c'était cette vieille chimère métaphysique, cette *empusa* d'Aristophane, comme l'appellent Bacon et Hobbes, que l'on voulait ressusciter. Il n'a pas manqué de gens qui, par différents motifs, ont fomenté et accrédité cette erreur, et l'on s'est élevé de toutes parts contre un pareil projet. Puis quand il a été clair que c'était une science nouvelle dont il s'agissait, on a sans hésiter pris parti contre elle pour cette ancienne métaphysique tant décriée; on a recommencé à admirer celle-ci chez les Anciens et chez les étrangers; et l'on a attaqué la nouvelle, c'est-à-dire l'idéologie, sinon avec les formes, du moins avec les clameurs de l'École, parce qu'il a paru à beaucoup de personnes plus profitable et plus aisé de la proscrire que de l'apprendre. Inconnue d'abord, méconnue ensuite, puis persécutée, tel a été le sort de la science logique. Tout cela ne prouve point qu'il ne faille pas l'approfondir et la compléter. Voyons donc ce qui reste à faire pour y réussir.

Dans les deux volumes précédents, j'ai exposé comment je conçois l'action de nos facultés intellectuelles, la formation de nos idées, l'origine et les effets de leurs signes. Il me reste actuellement à expliquer en quoi consistent la combinaison et la déduction de ces mêmes idées et comment se forment toutes nos connaissances. C'est cette dernière partie de la science qui mérite plus spécialement le nom de logique; mais on voit qu'elle est absolument illusoire si elle ne suit pas rigoureusement des deux autres. Avant d'entrer dans cette nouvelle carrière, je crois devoir revenir encore une fois sur ce que j'ai dit relativement au jugement, que j'ai toujours représenté comme un acte de notre esprit par lequel nous voyons qu'une idée en renferme une autre, en ajoutant que tous nos raisonnements ne sont jamais que des séries de jugements successifs, par lesquels nous voyons que cette seconde idée en renferme une troisième, celle-là une quatrième, et ainsi de suite jusqu'à la dernière; en sorte que la première renferme cette dernière, ou que le raisonnement est faux.

Nous avons vu dans le discours préliminaire que jusqu'à Condillac, on n'avait point analysé avec soin l'acte intellectuel appelé *jugement*. D'après un examen superficiel de nos idées, on s'était persuadé que ce sont les idées générales qui renferment les idées particulières et que ce sont les propositions générales qui sont la source de la vérité des propositions particulières. En conséquence, pour s'assurer si une proposition douteuse est vraie, on pensait qu'il n'y a qu'à joindre son *attribut* à un *moyen terme* pour en former une proposition générale, que l'on appelait *majeure*, et ensuite joindre ce même moyen terme au *sujet* de la proposition mise en question, dans une autre proposition appelée *mineure*, et que si cettemajeure et cette mineure sont vraies, la proposition dont il s'agit l'est nécessairement; et on croyait que c'est là tout l'artifice de nos raisonnements et la source unique de leur justesse.

Sans doute ce procédé est bon pour déduire une conséquence d'une proposition générale; mais premièrement il ne sert à rien pour s'assurer de la vérité de cette proposition générale; ainsi l'art est incomplet : et avant de s'occuper de la justesse de nos raisonnements, il aurait fallu établir en quoi consiste la justesse de nos jugements; il aurait fallu analyser l'acte de juger. D'ailleurs il n'est pas vrai que ce soient les idées générales qui renferment les idées particulières, ni que ce soient les propositions générales qui soient la cause et la source de la vérité des propositions particulières. Nous avons expliqué comment ces opinions sont fausses et contraires aux faits, et pourquoi en les adoptant on ne peut se faire aucune idée nette des opérations de notre intelligence, ni assigner aucun vrai principe de certitude à nos connaissances, qui pourtant en ont un.

Condillac en avait jugé de même et avait pris un autre parti. Il a remarqué que, partant de cette supposition que ce sont les idées générales qui renferment les idées particulières, les dialecticiens, pour être conséquents, auraient dû toujours dire que c'est l'attribut de la conclusion qu'en effet ils appellent le *grand terme*, qui renferme son sujet qu'ils appellent le *petit terme*; et que cependant le plus souvent ils donnent pour cause de la justesse du syllogisme cette maxime que *le grand terme et le petit terme sont égaux au moyen et que deux choses égales à une troisième sont égales entre elles*, ou comme s'exprime Hobbes, que *les trois termes sont les noms d'une même chose*[a]. Condillac a cru qu'en cela les logiciens avaient été entraînés par la force de la vérité : et cela l'a conduit à penser et à dire que tous nos jugements sont des espèces d'*équations* algébriques et nos raisonnements des suites d'*équations*; et que les deux idées comparées dans une équation et dans un jugement justes sont *identiques*. À la vérité, il s'est senti obligé d'avouer que cette identité n'est que *partielle*, mais il n'en a pas moins été jusqu'à soutenir qu'on peut dire avec vérité que le *connu* et l'*inconnu* sont une seule et même chose.

Je dois le déclarer avec franchise: je crois encore tout cela faux. Cette manière de s'exprimer ne peint point la véritable opération de notre esprit dans l'acte de juger; elle est inexacte et elle conduit nécessairement à une conclusion révoltante, parce qu'elle est fondée sur un véritable renversement d'idées que voici.

La faculté de juger ne dérive point de la faculté de faire des équations; mais au contraire nous n'avons le pouvoir de faire des équations que parce que nous avons la faculté de juger, c'est-à-dire de percevoir le rapport de deux perceptions. On ne peut donc pas dire qu'un jugement est une espèce d'équation; mais on peut et on doit dire au contraire qu'une équation est une espèce particulière de jugement, qui consiste toujours à sentir, à percevoir que dans l'idée que l'on a d'une quantité est comprise l'idée que cette quantité est égale à une autre quantité exprimée différemment. C'est un jugement dont l'attribut est toujours l'idée *être égal*[b].

a. Voir sa *Logique*, chapitre IV, § 8.

b. Je demande instamment que l'on se rappelle que dans la *Grammaire* j'ai fait voir que le *verbe* est toujours *le véritable attribut* de la proposition, et que tout ce que l'on appelle ordinairement *l'attribut* n'en est que le complément.

Si on ne se pénètre pas de cette vérité, je crois impossible de se faire jamais une idée juste de l'acte intellectuel appelé *jugement*. On voit que c'est ce qui a manqué aux auteurs et fauteurs de la doctrine syllogistique. Voyez les chapitres I et II de ma *Grammaire*.

En prenant la chose de ce sens, qui est le vrai, on voit pourquoi l'on peut appeler cette sorte de jugement, des équations; et pourquoi l'on peut dire que leurs deux termes sont égaux: c'est qu'il ne s'agit jamais que de considérer des idées de quantités, et de prononcer qu'une de ces quantités est égale à une autre. Car quand je dis que x est égal à a^2, est égal au carré de 12, est égal à 12 multiplié par lui-même, est égal à 144, je ne considère jamais dans x que la quantité qu'il représente, et je n'en dis jamais autre chose, si ce n'est que cette quantité est égale à une autre. Mais c'est là un cas particulier de nos jugements : et ce qui est vrai de l'espèce n'est pas vrai du genre. Cela est si certain que, sans sortir des idées de quantité, quand je dis seulement que x est double de b, on ne peut appeler ce jugement une équation, quoiqu'il en redevienne une si je dis que x est égal à $2b$. À plus forte raison, quand je dis que cet arbre est beau, est sain, est vigoureux, assurément c'est forcer le sens de tous les mots, dénaturer toutes les expressions, et soutenir une chose réellement fausse, que de prétendre que je fais là une équation et que je dis que l'idée de cet arbre est égale à l'idée de beauté, de santé, de vigueur; ou que l'idée particulière que j'ai de cet arbre est égale à l'idée générale que j'ai d'un être beau, sain, ou vigoureux. Dans ces jugements, je vois et je dis seulement que dans l'idée particulière et individuelle que j'ai de cet arbre, sont comprises les idées générales d'être beau, d'être sain, d'être vigoureux; et qu'elles y sont comprises avec restriction de leur extension, c'est-à-dire de la manière particulière dont elles conviennent à cet arbre, et non pas dont elles conviennent à un homme, à un cheval, ou seulement à un arbre d'une autre espèce.

En outre, quand on accorderait que nos jugements peuvent être appelés des équations, il ne s'ensuivrait pas encore que leurs deux termes sont *identiques*. Cela est rigoureusement faux, même des équations proprement dites. x n'est point identique avec a^2, avec le carré de 12, avec 12 multiplié par lui-même, avec 144. Il est égal à tout cela; mais il en diffère par l'expression, par la génération de l'idée, par ses propriétés, par les usages qu'on en peut faire. Encore moins peut-on dire que cet arbre que je juge successivement beau, sain, vigoureux, est successivement identique avec un être beau, un être sain, un être vigoureux. Si cela était, un être beau serait aussi identique avec un être vigoureux, ce qui n'est pas vrai. On peut à toute force soutenir si l'on veut, quoique cela ne serve qu'à égarer, que l'idée de cet arbre est égale *sous un certain rapport* à l'idée d'un être sain, etc. Mais ce n'est point là être identique. Deux êtres ou deux idées ne sont *identiques* que quand ils sont complètement égaux et semblables sous tous les rapports. Il n'y a d'équations et de jugements dont les deux termes puissent être dits identiques que ceux-ci, x est x, ou cet arbre est cet arbre, et tous les autres pareils. C'est pour cela qu'ils n'apprennent rien; et qu'ils ne sont bons à rien, ni en mathématiques, ni en physique, ni en morale, ni dans aucun cas quel qu'il soit[a].

Aussi nous dit-on que l'identité dont il s'agit n'est que *partielle*. Mais que signifie cette expression? Identité veut dire similitude parfaite et complète. L'épithète partielle jointe à identité veut dire qu'elle n'a lieu que partiellement, qu'elle n'est pas entière. Ainsi *une identité partielle* signifie une *similitude complète qui n'est pas complète*, c'est-à-dire une identité qui n'est pas une identité, qui n'est qu'une similitude. C'est un véritable *non sens*; car deux êtres ou deux idées ne sont pas identiques pour avoir quelque similitude, quelque ressemblance sous certains rapports, mais pour être véritablement pareils en tout.

Si cette vérité avait besoin de preuves, rien ne l'appuierait mieux que cette étrange assertion que le *connu* et l'*inconnu* sont une seule et même chose; car elle suit rigoureusement la doctrine que je combats; et certainement il n'existe pas de proposition plus manifestement fausse. Quoi! L'on peut prétendre qu'une idée connue et une idée inconnue sont une même chose pour l'être qui pense. Mais si cela est, faire une découverte, c'est donc ne rien faire; trouver un rapport entre deux êtres, c'est donc ne rien apprendre; porter, sentir un jugement, c'est donc ne rien sentir, ne rien percevoir. Il y a plus; les idées n'existent que dans la pensée; une idée inconnue à celui qui pense n'existe réellement pas. Ainsi, dire que le connu et l'inconnu sont une même chose, c'est dire qu'une chose qui existe et une chose qui n'existe pas sont une même chose. Il est vrai que dans ce langage on doit dire que l'*être* et le *néant* sont identiques, à cela près de la négation qui détruit l'existence de l'*être*. Mais en vérité cela révolte.

Non, j'en demande pardon à Condillac que je révère, rien de tout cela n'est soutenable. Il a été conduit à ce faux système par l'envie de ne pas révoquer en doute la mauvaise raison fondamentale que l'on donnait de la solidité des arguments syllogistiques, dont en effet les résultats sont toujours vrais, *quand toutefois on prend d'ailleurs toutes les précautions nécessaires*; et il y a encore été poussé par une autre erreur généralement

a. On peut même dire avec raison que, même dans ces jugements, les deux termes ne sont point encore vraiment identiques. Car dans cette proposition *x* est *x*, le premier terme est *x* et le second est *être x*. Or l'idée *être x* n'est point la même chose que l'idée *x*. Elle n'en est qu'une partie. *x* a encore bien d'autres propriétés que celle d'être *x*; on en peut dire bien d'autres choses; il peut être le sujet de bien d'autres propositions. Celle-ci est puérile et insignifiante, non pas parce qu'elle répète exactement deux fois la même chose, mais parce qu'il est trop manifeste que dans l'idée de *x* est comprise l'idée d'*être x*, et que cela ne vaut pas la peine d'être dit. On voit donc que quand on analyse bien l'acte de juger, on trouve qu'il n'y a absolument aucun jugement dont les deux termes soient rigoureusement *identiques*.

répandue avant lui, et que lui-même a signalée et fortement ébranlée, mais qu'il est bon de rappeler ici.

Parce que les vérités de la science des nombres et celle de l'étendue sont d'une certitude complète, on croyait, et les gens peu instruits croient encore, que c'est aux sciences mathématiques à guider la logique et à nous apprendre à raisonner. Cependant c'est tout le contraire. On peut bien chercher dans l'algèbre et dans la géométrie des exemples de bons raisonnements, parce que, par toutes les raisons que nous avons dites souvent, c'est dans ces matières qu'il est le plus aisé de faire des applications heureuses des principes logiques. Mais il ne faut pas vouloir tirer de ces sciences les principes eux-mêmes, car ils n'y sont pas. On ne peut les trouver, ces principes, que dans l'observation de nos facultés intellectuelles. Ainsi, c'est au contraire la théorie de la logique, fondée sur l'observation de ces facultés, qui doit nous montrer les causes des succès et des erreurs des raisonnements mathématiques, comme de tous les autres : et ce sont, comme dit Bacon, ces sciences elles-mêmes qu'il faut faire comparaître devant le tribunal de la critique logique, pour y rendre compte des motifs de leurs procédés et de leurs décisions, et pour qu'il y soit prononcé sur leur fausseté ou leur justesse.

Nos jugements ne sont donc pas des équations. Les deux termes d'un jugement ne peuvent donc en aucune manière être dits équivalents l'un à l'autre. Cela n'est pas vrai, même de ceux de nos jugements que nous appelons des *équations*. Nous leur donnons ce nom parce que leur attribut est toujours *être égal*, quoique d'ailleurs l'attribut et le sujet diffèrent l'un de l'autre par toutes leurs autres propriétés*. Enfin aucun de nos raisonnements, pas même ceux des mathématiques, ne doit être regardé comme une succession d'égalités ou d'équations, à prendre ce mot dans toute sa rigueur, ni comme une série de termes identiques.

Au reste, cette théorie de Condillac est déjà très supérieure à celle qui l'a précédée. Elle évite l'inconséquence qu'il y avait à appeler l'un des deux termes d'une proposition le *grand terme* et l'autre le *petit*, et à dire ensuite que ces deux termes sont égaux à un troisième et égaux entre eux. Elle a de plus l'avantage immense de rendre raison de la justesse du jugement en même temps que de celle du raisonnement. Les partisans de la doctrine syllogistique ne se sont point élevés jusque-là. Ils ne sont point remontés jusqu'à la théorie du jugement : aussi sont-ils réduits à dire que les propositions évidentes le sont par elles-mêmes, que ce sont les plus

* *Variante des éditions de 1805 et 1818* : Nous leur donnons ce nom parce que leurs deux termes sont égaux en quantité, mais d'ailleurs ils diffèrent l'un de l'autre par toutes leurs autres propriétés.

générales qui sont dans ce cas, et qu'il ne s'agit jamais que d'en déduire des conséquences légitimes. On voit donc que Condillac a fait un grand pas et on doit lui en savoir beaucoup de gré; mais je suis convaincu qu'il s'est arrêté à la moitié du chemin, en faisant les deux termes de la proposition égaux entre eux, et que le vrai est de dire que c'est l'ancien petit terme qui est réellement le grand; que dans tous nos jugements quelconques, l'extension des deux idées comparées étant la même, parce qu'elle est toujours égale à celle du sujet, l'opération intellectuelle consiste à sentir que le sujet comprend l'attribut; et que nos raisonnements sont des séries de jugements successifs par lesquels on voit que ce premier attribut en comprend un second, le second un troisième, et ainsi de suite, en sorte que le premier sujet renferme le dernier attribut.

À cette occasion, je dois remarquer que telle est la marche constante de notre esprit. Il commence presque toujours par les opinions les plus erronées; et ce n'est que par des réformes successives qu'il se rapproche petit à petit de la vérité. Cela doit être, car il y a mille manières de se tromper, contre une de rencontrer la vérité; et on ne juge bien des objets qu'à mesure qu'on en connaît tous les détails et qu'on les a observés sous toutes leurs faces, ce qui est l'ouvrage du temps.

Dussé-je paraître m'écarter de mon sujet, je ne puis me refuser à donner ici beaucoup d'exemples de ce fait. On ne saurait les trouver déplacés au commencement d'un traité de logique, puisque rien n'est plus capable de nous apprendre à nous défier de tous nos premiers aperçus et de nous montrer que *la cause prochaine et pratique de toutes nos erreurs est notre précipitation à juger*, malheur d'autant plus grand qu'il est fréquemment inévitable et que pourtant un seul jugement faux en fait naître beaucoup d'autres, qui souvent subsistent bien longtemps encore après que le premier est rectifié. Il n'y a point de science qui ne fournisse un grand nombre de preuves de ce fait; on en trouvera de différentes espèces dans la note ci-jointe.

En astronomie. Nous jugeons d'abord que le soleil se meut autour de nous. Puis nous reconnaissons que c'est nous qui nous mouvons autour de lui; et enfin nous découvrons que peut-être il se meut autour d'un autre centre dont nous n'avions pas d'idée. Il paraît de deux pieds de diamètre; on l'a jugé bientôt plus grand; et à mesure qu'on l'a mieux connu, on a toujours ajouté à sa grandeur. Nous jugeons la terre en repos; elle a un mouvement rapide. Elle paraît plate; elle est ronde. On croit d'abord que les bornes de l'horizon sensible sont ses limites; on la juge ensuite immense et le centre de l'univers; et enfin on voit qu'elle n'est qu'un point dans un coin de l'espace. La lune nous paraît plus grande que les étoiles; elle est incomparablement plus petite. Nous la jugeons tantôt plus grande, tantôt plus petite; elle est toujours la même. Nous commençons par croire le ciel une voute solide, un firmament auquel les astres sont attachés; nous apprenons que c'est un espace immense très peu rempli de matière. Tout cela nous paraît d'abord tout près de nous, et presque sur nos têtes; et petit à petit nous arrivons à reconnaître, autant au-dessous qu'au-dessus de nous, des distances qui effraient et surpassent même notre imagination, etc., etc.

En physique. Le rivage nous paraît marcher, tandis que c'est nous et notre bateau qui marchons. (Ce qui prouve, soit dit en passant, que si les mouvements qu'opère notre individu ne nous causaient aucune sensation, nous ne nous en serions jamais aperçu, ou nous les aurions attribués à d'autres êtres que nous, si nous étions parvenus à en reconnaître, ce que je ne crois pas.) Nous jugeons l'air pesant quand nous sommes accablés; c'est alors qu'il est léger. Nous jugeons d'abord les caves plus chaudes en hiver qu'en été; ensuite nous les croyons de la même température toute l'année; et enfin nous voyons par le thermomètre qu'elles varient comme l'atmosphère, mais moins, ce qui suffit pour changer la proportion. Notre premier jugement est que l'impulsion est la seule cause du mouvement; nous voyons ensuite qu'il n'y aurait jamais d'impulsion sans quelque attraction antérieure : car d'où partirait-elle ? Nous jugeons que la matière est naturellement inerte; nous la croyons ensuite indifférente au mouvement et au repos; puis nous voyons que la tendance au mouvement lui est essentielle et constamment unie; qu'il n'y a jamais de repos absolu, et jamais même de repos relatif que quand la tendance au mouvement est contenue; et que si cela n'était pas ainsi, il n'y aurait jamais de mouvement nulle part, etc.

En chimie. Quand les corps cessent d'être combustibles, nous jugeons qu'ils ont perdu leur principe inflammable, le phlogistique : il se trouve qu'ils n'ont rien perdu, qu'ils ont acquis l'oxygène dont ils étaient avides. Nous jugeons que la flamme et la chaleur sortent du bois qui brûle : elles sortent principalement de l'air qui s'y combine. Nous jugeons la chaux vive plus composée que le carbonate de chaux, elle est plus simple; les chaux métalliques plus simples que les métaux, elles sont plus composées, etc.

En mathématiques. Même dans les spéculations sur les quantités où les idées sont absolument abstraites, et sans relations à aucun être particulier, et où par conséquent elles peuvent et doivent ne contenir rien que ce qu'on y a mis à volonté, quand il paraît un nouveau sujet de méditation, les premiers jugements que nous en portons sont ordinairement faux. On invente la théorie du calcul des fluxions et des limites; on croit d'abord ne pouvoir la fonder que sur l'idée de l'infini. Un génie vient ensuite qui montre que bien que juste, elle pose sur une base ruineuse et qu'elle n'est réellement élémentée que quand on la considère comme la continuation du calcul des quantités finies, etc.

En économie politique. Quand on commence à y porter ses regards, on croit d'abord que c'est une hydre de combinaisons des plus compliquées. On en est étonné comme on l'est au premier aspect de la multitude des étoiles de la voute céleste. Ensuite il se trouve que la science de la richesse des nations n'est pas autre chose que la bonne et simple économie d'un particulier; qu'il ne s'agit que de faire le plus possible du travail le plus utile et le plus demandé, et de ne pas consommer plus que ce qu'on peut se procurer par ce travail ; que si une nation (comme un individu) ne fait rien, elle ne pourra subvenir à ses besoins et se détruira par indigence ; que si elle ne fait que du travail le plus commun, le moins bien combiné et le moins apprécié, elle vivra misérablement et sa multiplication sera bornée à proportion de ses moyens d'existence ; que si elle fait beaucoup de travail précieux et bien dirigé, elle jouira, prospérera et s'accroîtra ; et que si même, dans ce cas, elle consomme beaucoup en superfluités et dépense encore beaucoup en agents et en serviteurs (entendez gouvernants, administrateurs, juges, défenseurs, privilégiés entretenus chèrement, etc.), elle retombera dans la détresse et la malaisance. On commence par se persuader qu'il y a des propriétaires et des non-propriétaires qui ont des intérêts bien différents. On voit ensuite que tout le monde est propriétaire ; qu'il n'y a d'autres propriétés que les facultés physiques et intellectuelles de chacun, que le travail qui en est l'emploi et que les résultats de ce travail et l'accumulation de ses produits ; et que même pour l'homme qui n'est propriétaire que de ses bras, sans intelligence ni avance, cette propriété est encore augmentée pour lui par l'état de société, quelque détestable qu'il soit, puisqu'elle fournit plus amplement et plus sûrement à la satisfaction de ses besoins que dans l'état d'anarchie et de guerre avec ses semblables, et même que dans l'état d'isolement, que d'ailleurs on ne peut pas se procurer à volonté. On croit d'abord que c'est l'argent donné qui fait le plus de bien ; c'est l'argent prêté. En général, le premier sert à consommer, et le second à produire. On croit que c'est le prodigue qui fait vivre le plus d'hommes ; il se trouve que c'est l'économe. On croit que l'invention d'une machine va diminuer la population ; il se trouve qu'elle l'augmente. On croit qu'il est bien avantageux à une nation de faire de tout chez elle ; on voit ensuite que c'est comme si un cultivateur voulait faire venir toutes sortes de productions dans un champ qui n'est propre qu'à une, ou comme un manufacturier qui voudrait faire tous ses outils et toutes ses matières premières lui-même pour ne pas les acheter. On croit que ce sont les règlements qui favorisent et dirigent bien l'industrie ; on découvre qu'ils la gênent, l'étouffent, ou la rendent moins fructueuse, etc., etc.

En morale. La première idée qui se présente est que l'intérêt et le devoir sont deux choses opposées ; on reconnaît ensuite que ce sont une seule et même chose, et que c'est pour son intérêt propre qu'on doit bien se conduire avec les autres. On croit qu'il faut supposer en nous un sens particulier pour expliquer la naissance de certains sentiments qu'on appelle *moraux* par excellence : mieux examinés, on voit qu'ils naissent naturellement de nos idées, comme nos idées de nos sensations. On se figure d'abord la morale, pour ainsi dire, comme un code de lois qui condamne chacun dans ses différends avec ses semblables ; on découvre après que c'est un recueil de conseils qui conduisent chaque individu à faire le meilleur usage de ses facultés de tout genre et à être heureux. On s'imagine la fortifier beaucoup en l'appuyant sur l'idée d'une vie à venir ; on voit ensuite que, comme toutes les autres sciences, elle fait d'autant plus de progrès en théorie et en pratique qu'on la sépare plus soigneusement de la théologie, etc.

En idéologie. Nous commençons par croire que la première chose à faire est de chercher à découvrir la nature du principe pensant ; nous reconnaissons ensuite que cela est indifférent, et qu'il ne s'agit que d'en étudier les effets. Nous jugeons que pour connaître la pensée, il faut connaître son créateur ; il se trouve qu'il faut examiner la créature. Nous commençons par fonder l'idéologie sur la théologie ; elle ne réussit qu'en la fondant sur la physiologie. Nous jugeons qu'un être corporel ne peut penser ; il se trouve qu'un être totalement incorporel ne pourrait penser, du moins à notre manière, la seule que nous connaissions ; car il ne pourrait être assuré que de sa propre existence, et non d'aucune autre. Nous jugeons que nos sens nous trompent et que c'est notre jugement qui les rectifie ; il se trouve que notre sentiment en lui-même est infaillible, qu'il ne peut pas ne pas être vrai, ne pas être ce qu'il est, et que l'erreur est toujours dans un des jugements que nous en portons. Nous croyons d'abord que quand nos jugements sont faux, c'est par la forme que nous leur donnons ; puis nous découvrons que c'est toujours par la matière, c'est-à-dire par la composition des idées comparées. Nous commençons par nous persuader qu'il faut qu'un langage tout fait nous ait été donné immédiatement par la divinité ; nous croyons ensuite que les signes de nos idées sont notre ouvrage et le fruit d'une profonde réflexion ; et enfin il se trouve que les premiers signes sont une conséquence aussi *nécessaire* de notre organisation que les premières idées. Nous croyons qu'il a fallu beaucoup penser avant d'imaginer de créer des signes : le vrai est qu'on ne peut presque pas penser avant d'avoir des signes. Nous croyons que les défauts de nos idées viennent de leurs signes ; ce sont les défauts des signes qui viennent de ceux des idées. Descendant dans les détails, nous jugeons au premier aperçu que l'idée générale renferme l'idée particulière, c'est l'idée particulière qui comprend l'idée générale ; que c'est la proposition générale qui est la cause de la vérité de la proposition particulière, c'est le contraire. Enfin, nous croyons d'abord que c'est l'attribut d'un jugement qui mérite le nom de grand terme ; nous jugeons ensuite que les deux termes sont égaux ; et définitivement nous voyons que c'est le sujet qui renferme l'attribut et que c'est l'attribut qui est le petit terme, etc.

Je m'arrête ici et ne multiplierai pas davantage ces citations d'illusions anciennes, corrigées par des découvertes postérieures. Il n'en fallait pas tant pour prouver que l'esprit humain commence le plus souvent par se tromper et se réforme successivement. Je crains même que plusieurs des exemples que j'ai choisis ne soient peu propres à remplir cet objet, vu que bien des gens regarderont les opinions que je préfère plutôt comme des erreurs que comme des vérités nouvelles. Mais je suis persuadé que cela vient uniquement de ce que les unes sont encore trop nouvelles et que les autres n'ont pas été développées et prouvées comme elles peuvent l'être. J'en suis si convaincu que je ne désespère pas d'en mettre le plus grand nombre hors de doute avant qu'il soit peu ; et en attendant, j'ai voulu les énoncer, parce que je me crois certain que quelque jour on me saura gré d'avoir soutenu ces prétendus paradoxes. C'est ce qui me fait espérer grâce pour cette digression, malgré sa longueur. Au reste, on peut la passer.

Quelque opinion que l'on ait sur plusieurs des exemples cités dans cette note, je me flatte que l'on conviendra avec moi, et c'est ce qui m'importe actuellement, que dans un jugement c'est le sujet qui comprend l'attribut, et que dans une série de jugements, les différents attributs comprennent successivement celui qui les suit.

Voulant peindre cet effet d'une manière qui tombe sous les sens, j'ai dit quelque part[a] que cela ressemble à ces boîtes dans lesquelles, en les ouvrant, on en trouve une autre plus petite, dans celle-là une troisième, dans la troisième une quatrième, et ainsi successivement jusqu'à la dernière. Cette image est exacte; mais je crois qu'il serait encore plus juste de comparer la succession de nos jugements qui constitue un raisonnement à ces tuyaux de lunettes qui sont renfermés les uns dans les autres, et que l'on en tire successivement; en sorte que toutes les fois que l'on en fait sortir un de dedans celui qui le recouvrait, il en devient une continuation, et le tuyau s'allonge d'autant. Car à chaque fois qu'on porte un nouveau jugement d'une idée, c'est-à-dire à chaque fois que l'on voit qu'elle renferme une autre idée qu'on n'y avait pas encore remarquée, celle-ci devient un nouvel élément qui est ajouté à ceux qui composaient déjà la première et qui en augmente le nombre.

On doit donc, suivant moi, se représenter chacune des idées qui sont dans nos têtes comme un petit groupe d'idées élémentaires réunies ensemble par des premiers jugements, duquel, au moyen de tous les jugements postérieurs que nous en portons, il sort continuellement dans tous les sens des irradiations pareilles à ces tuyaux qui s'allongent. Ce petit groupe, quoique gardant toujours le même nom, celui qui en est le signe et le représente, change donc perpétuellement de figure et de volume, d'autant plus que souvent une nouvelle addition en détruit beaucoup d'autres plus anciennes; et cela fait varier continuellement ses rapports avec les autres groupes qui le touchent par différents points et qui, de leur côté, éprouvent des altérations semblables. Cela peint très bien, à mon avis, ce qui se passe dans notre esprit tant que nous vivons, et la cause pour laquelle divers individus, et le même dans différents temps, portent des jugements différents des idées exprimées par les mêmes signes; et cela complète ce que j'avais à dire sur la formation de nos idées et sur le jeu de nos facultés intellectuelles.

Tout ceci étant bien entendu, il est temps d'entrer en matière. Nous voulons nous rendre compte de la combinaison et de la déduction de nos idées, trouver la base et le fondement de toutes nos connaissances, et découvrir les caractères et les causes de la vérité et de l'erreur. La première

a. *Mémoire sur la faculté de penser*, t. I de l'Institut, p. 384. Ce mémoire peut être utile à relire.

chose à faire est donc de chercher s'il y a dans ce monde *vérité* et *erreur*, et ce que c'est que la *certitude*. Car jusqu'à présent nous avons étudié les phénomènes de notre intelligence, nous avons raisonné sur ces phénomènes le mieux que nous avons pu; mais nous n'avons pas encore dit en quoi consiste la cause première de toute certitude. Nous avons fait comme les hommes sont obligés de faire toujours. Ils commencent par agir, par se servir de leurs facultés; et c'est par l'usage même qu'ils en font qu'ils apprennent à connaître leur efficacité. Nous avons donc eu raison d'employer nos facultés intellectuelles à s'observer et à se connaître elles-mêmes : mais actuellement que par la suite de cette analyse nous sommes arrivés à tâcher de déterminer la nature, l'étendue et les limites de leur puissance, il est manifeste qu'il faut expliquer *pourquoi et comment nous sommes sûrs de quelque chose*. Cela est si indispensable que l'on ne conçoit pas qu'on ait pu faire tant de traités de logique sans commencer par là. Pour moi, quand je songe que depuis des siècles les philosophes condamnent dédaigneusement leurs adversaires, les théologiens font brûler les leurs, les logiciens prescrivent à tous la manière dont ils doivent raisonner, et tout cela avant d'avoir établi, je ne dis pas d'une manière victorieuse mais seulement d'une manière supportable, s'il y a quelque chose de certain dans ce monde, je suis d'un étonnement dont je ne puis revenir. C'est donc là évidemment ce que nous avons à faire; voyons si nous pourrons y parvenir.

CHAPITRE II

SOMMES-NOUS CAPABLES D'UNE CERTITUDE ABSOLUE ? ET QUELLE EST LA BASE FONDAMENTALE DE LA CERTITUDE DONT NOUS SOMMES CAPABLES ?

Nous venons de voir que les anciens logiciens s'étaient mépris sur la cause de la justesse de nos raisonnements et n'avaient pas été jusqu'à rechercher celle de la justesse de nos jugements.

Condillac, pénétrant plus avant dans son sujet, est remonté jusqu'à l'examen de nos jugements; et il a trouvé que la cause de leur justesse était en même temps celle de la bonté de nos raisonnements. C'était déjà beaucoup faire que de donner une explication de la première de ces deux opérations intellectuelles, d'y rattacher la seconde, et de les faire dépendre toutes deux d'un principe commun. Mais nous avons vu que ce principe (l'identité des idées comparées) n'est pas encore parfaitement exact; et nous avons reconnu qu'un raisonnement n'est qu'une série de jugements successifs dans laquelle l'attribut du premier jugement devient le sujet du second, et ainsi de suite; qu'un jugement consiste toujours à percevoir qu'une idée en renferme une autre; et que par conséquent un jugement est juste quand son sujet renferme son attribut et un raisonnement l'est également quand le premier sujet renferme le dernier attribut. Nous sommes donc arrivés à avoir une connaissance précise et exacte de la nature du raisonnement, et même de celle du jugement.

Mais ce n'est point encore être parvenus jusqu'à la cause première de toute certitude. Car actuellement que nous savons que tout jugement consiste à percevoir qu'une idée en renferme une autre, il reste à découvrir si cela est réellement quand nous le croyons, et comment nous pouvons en être sûrs. Or, de même que nous n'avons pu trouver la cause de l'exactitude d'un raisonnement que dans les jugements qui le composent, nous ne saurions découvrir la cause de la justesse d'un jugement que dans les idées qu'il a pour objet. L'examen de nos idées est donc un nouveau travail qui nous reste à faire.

On dit bien avec raison qu'il n'y a ni vérité ni fausseté, et par conséquent ni certitude ni incertitude dans une perception isolée quelconque, et que la certitude est une propriété, une qualité, qui n'appartient et ne convient qu'à un jugement ou à une série de jugements, et qui leur appartient quand ils sont fondés sur des motifs solides et incontestables. Cela est vrai; mais ces perceptions isolées qui deviennent l'objet et la matière de nos jugements ne sont point ordinairement des impressions simples. Toutes ou presque toutes sont composées de nombreux éléments que nous avons réunis par différentes opérations intellectuelles, lesquelles sont toutes fondées sur des jugements que nous avons portés. Ces jugements étant susceptibles d'être vrais ou faux, ces idées sont susceptibles aussi d'être bien ou mal faites; et tous les jugements postérieurs que nous en portons ne peuvent être que des conséquences de ceux en vertu desquels nous avons composé ces idées, et ne sauraient avoir qu'une certitude conditionnelle et de déduction. Il faut donc remonter jusqu'aux premiers éléments de ces idées, jusqu'à nos perceptions simples; il faut reconnaître si elles ont quelque chose de certain, et ce qu'elles ont de certain. Il faut arriver jusqu'à un premier fait dont nous puissions prononcer avec assu-rance que nous en sommes sûrs; en sorte que ce premier fait soit la cause et la base de toute certitude, et que ce premier jugement (nous en sommes sûrs) soit la source et le fondement de tous les autres: car il n'y a qu'un premier jugement qui puisse être absolu; tous les autres ne sont jamais que conditionnels et relatifs à celui-là. Aussi longtemps donc que ce premier fait et ce premier jugement ne sont point trouvés, la science n'est point élémentée, elle n'a point de commencement; elle n'est que l'art de tirer des conséquences d'un principe inconnu ou méconnu.

Au contraire, quand ce principe sera établi avec la netteté et l'exactitude convenables, il faudra et on pourra montrer comment toutes nos idées en dérivent, comment tout ce qu'elles ont de certitude en dépend, comment toutes celles qui sont justes ne le sont que parce qu'elles sont liées et enchaînées à ce premier principe de toute certitude par une série de jugements tous vrais : il faudra enfin, et on pourra faire voir clairement que tous les jugements subséquents que nous portons ne sont qu'une suite d'un premier jugement certain et que toutes nos connaissances ne sont qu'un long raisonnement non interrompu qui a une base solide. Alors cette grande idée de Condillac, que toutes les vérités sont une et qu'elles sont toutes renfermées dans une première, sera réalisée; et il sera manifeste qu'elle ne l'est que parce que les attributs de tous nos jugements possibles, quand ils sont vrais, ne sont que des arrière-attributs d'un premier jugement certain.

Il fallait donc trouver auparavant la véritable essence de tout raisonnement et de tout jugement.

Actuellement, venons à ce premier fait dont nous pouvons prononcer avec assurance que nous en sommes certains. Il m'est fourni par la première et la plus remarquable des propriétés dont nous sommes doués, par celle qui constitue notre existence, qui la comprend tout entière et au-delà de laquelle il nous est impossible de remonter, par notre *sensibilité*, par cette faculté que nous avons de recevoir des impressions et d'en être affectés, d'avoir des sensations, des idées, des sentiments, en un mot, des perceptions de tout genre, et d'en avoir la conscience. En partant de là, tout va se développer sans effort.

Nous pouvons bien, en nous servant de notre sensibilité, en rechercher les causes. Quoiqu'il soit vraisemblable que nous ne les découvrirons jamais, cette enquête peut être utile pour nous procurer une idée plus juste et plus nette de cette faculté elle-même et de la manière dont elle agit et se manifeste. Mais nous devons surtout en étudier les effets et les conséquences ; car elle est la source de tout ce que nous pouvons jamais *éprouver* ou *savoir*.

Si nous ne sentions rien, nous pourrions bien exister pour d'autres êtres animés qui recevraient de nous des impressions, mais nous n'en saurions rien puisque rien ne nous affecterait ; nous n'existerions pas pour nous-mêmes. Telle est la condition des êtres inanimés, en supposant toutefois qu'il y en a de tels et que les corps qui ne nous manifestent pas leur sensibilité n'en ont réellement pas.

On voit par ce début, et on a pu voir dans les volumes précédents, que je réunis et confonds dans la faculté générale de sentir ce que l'on a coutume de distinguer en *affections* et *connaissances*, et ce que l'on appelle souvent, en termes métaphoriques et peu exacts, l'*esprit* et le *cœur*. Effectivement, je crois que cette division n'est pas fondée, que notre faculté de *connaître* vient et dépend de celle d'*être affecté*, et lui donne naissance à son tour, qu'elles sont intimement liées et inséparables et que toutes deux sont parties intégrantes et indivisibles de celle de *sentir*, laquelle il faut d'abord considérer dans son ensemble.

Sentir est donc tout pour nous. C'est pour nous la même chose qu'*exister* ; car notre existence consiste à la sentir, et nos perceptions ne sont jamais que des manières d'*être* ou d'*exister*. Quelque chose que l'on sente, on ne sent jamais que *soi être d'une manière ou d'une autre*. Aussi, dès que l'on sent quelque chose, on est existant ; et quand on ne sent rien, l'existence est nulle, ou du moins n'est rien pour l'individu lui-même.

On distingue ordinairement, parmi ces manières d'*exister* ou de *sentir*, celles que l'on appelle *actives* et celles que l'on nomme *passives*, c'est-à-dire celles que nous devons à des mouvements que nous faisons et celles que nous recevons de mouvements opérés dans des êtres autres que nous; mais moi, je ne vois là qu'une circonstance relative aux organes par lesquels nous viennent ces impressions et qui ne fait rien au sentiment que nous en avons.

On sépare, suivant moi avec plus de raison, dans nos manières d'être que l'on nomme actives, celles qui sont volontaires de celles qui sont involontaires, c'est-à-dire celles qui sont l'effet de mouvements que nous avons voulus, de celles qui résultent de mouvements forcés. Effectivement les premières ont des conséquences importantes que n'ont point les secondes et que n'ont point non plus celles qui nous viennent sans mouvement aucun de notre part. Mais ces conséquences tiennent au sentiment de volonté qui précède le mouvement qui nous procure ces impressions; et tout cela ne fait rien à ce que j'ai à dire en ce moment de l'ensemble de ces manières d'être et de la conscience que nous en avons, que je considère seulement d'une manière générale, comme étant tout pour nous et notre existence tout entière.

Sentir est aussi la même chose que penser. Quand on donne à ces deux mots la signification la plus étendue qu'ils puissent recevoir, ils sont nécessairement et exactement synonymes; car tous deux, ils comprennent généralement toutes nos perceptions quelconques.

Puisque *sentir* est tout pour nous et constitue notre existence, notre sentiment est le premier fait dont nous sommes certains; et le premier jugement que nous pouvons porter avec assurance est celui *que nous sommes sûrs de ce que nous sentons*.

Descartes a donc eu bien raison de dire, *je pense, donc j'existe*. Il aurait pu dire *penser* et *exister* sont pour moi une seule et même chose; et je suis assuré d'exister et de penser par cela seul qu'actuellement j'y pense. Il n'y avait qu'un génie aussi profond et aussi lumineux qui pût s'apercevoir le premier que c'est de ce fait originaire que dérive pour nous toute *certitude*, et non de ces prétendus axiomes tant révérés qui, fussent-ils vrais, auraient toujours besoin que l'on montrât *pourquoi* et *comment* ils sont vrais, et quelle est la cause de l'assentiment que nous leur accordons. Par cette sublime conception, il a replacé toute la science humaine sur sa véritable base primitive et fondamentale. C'est là le germe de la vraie et totale rénovation désirée par Bacon. Bacon a dit: tout consiste en faits, ils naissent tous les uns des autres, il faut étudier les faits; et Descartes a trouvé le premier fait d'où dérivent tous les autres. Il est vrai que Descartes, après avoir si bien attaché le fil qui devait le conduire, l'a rompu tout de suite. Essayons de le renouer et de le suivre sans interruption depuis notre première perception jusqu'à la dernière; car c'est là la science logique, ou elle n'est rien.

En effet, d'une extrémité de l'univers à l'autre, la matière qui est animée, soit par l'effet de son organisation, soit par des esprits de différents ordres, (ces deux suppositions sont indifférentes pour tout ce que j'en ai dit et pour tout ce que j'en dirai jamais); cette matière, dis-je, prend une infinité de formes différentes, mais elle compose toujours des individus qui tous manifestent le phénomène du sentiment. Or dans cette multitude si variée, il ne nous est pas possible de concevoir un seul être sentant qui ne soit pas certain de ce qu'il sent, et pour qui tout ce qu'il sent ne soit pas réel et indubitable (en tant qu'il le sent), depuis la sensation la plus machinale et la plus simple jusqu'à la perception la plus intellectuelle et la plus compliquée, s'il est capable de s'y élever.

Dans notre espèce en particulier, le sceptique le plus déterminé est sûr de sentir ce qu'il sent; il est certain au moins qu'il doute, qu'il *est*, qu'il *existe* doutant, ou si vous voulez, qu'il *existe* se paraissant à lui-même doutant. La subtilité ne peut aller plus loin; et cependant c'est là être sûr de son existence, puisque notre existence ne consiste qu'à sentir. Voilà donc un point inaccessible à toute incertitude. Nous sommes sûrs de notre existence et de chacun de ses différents modes (nos perceptions) pris séparément et isolément.

À la vérité, le sceptique dont nous parlons doute de l'existence réelle et positive d'êtres autres que lui, et même de celle de son corps; ou en d'autres termes, il doute si son existence consiste dans autre chose que sa vertu sentante, laquelle seule il connaît certainement, et si les variations qu'elle éprouve (ses différentes perceptions) sont l'effet de causes existantes dans cette vertu sentante elle-même ou dans d'autres êtres à qui l'on doive accorder une existence positive, distincte et séparée d'elle; mais ce n'est là qu'une question secondaire que nous avons déjà traitée et sur laquelle nous reviendrons quand il en sera temps. Ce sceptique, enfin, ne doute pas de sa propre existence, laquelle consiste à sentir[a].

a. Il est à remarquer que d'un consentement unanime, dans toutes les langues, on donne également les épithètes d'audacieux et de téméraire à l'homme qui affirme douter de ce dont tous les autres se croient sûrs, et à celui qui affirme être certain de ce qui paraît problématique au plus grand nombre. C'est qu'effectivement, dans les deux cas, c'est réagir avec vigueur et danger contre le sentiment général et peut-être contre son sentiment intime. Elles existent donc ces opinions générales et ces opinions intimes. Elles n'ont pas pu se former sans causes. Elles résultent des situations dans lesquelles presque tous les hommes se sont trouvés, des impressions qu'ils ont reçues, des conséquences qu'ils en ont tirées, des habitudes qui en sont résultées; et il est très vraisemblable que le plus souvent elles sont fondées. Cependant on ne saurait les regarder comme infaillibles, car elles ne sont pas des sensations directes, primitives

Il est donc constant et avéré que des êtres organisés comme nous peuvent prononcer avec assurance qu'il est une chose dont ils sont complètement certains. Il existe pour nous une certitude entière et inébranlable; et cette certitude est celle de notre existence et de tous les modes de cette existence, nos *perceptions*. L'édifice de nos connaissances a donc une base solide; ses imperfections sont celles de la construction qui s'élève sur cette base. Il faut que cela soit ainsi pour qu'il y ait parmi nous ce que l'on appelle *vérité* et *erreur*. Car si nous étions de nature à n'être sûrs de rien, il n'y aurait pas de vérité, et par suite pas d'erreur; et si nous étions sûrs de tout, il n'y aurait encore jamais d'erreur.

Cette détermination précise de la première base de toutes nos connaissances et du premier principe de toute certitude fait naître bien des réflexions et donne le besoin d'agiter et d'éclaircir bien des questions.

On voit d'abord que puisque la première et la seule chose dont nous soyons sûrs originairement, c'est notre *sentiment*, nous ne pouvons jamais rien connaître que par ce sentiment et relativement à lui; qu'ainsi nous ne nous connaissons nous-mêmes que par les impressions que nous éprouvons, comme nous n'existons que par elles; que de même nous ne connaissons les autres êtres que par les impressions qu'ils nous causent, comme ils n'existent pour nous que par ces impressions; que par conséquent toutes nos connaissances ne sont toujours que celles de nos manières d'être et des lois qui les régissent, qu'elles sont toujours relatives à nos moyens de sentir, qu'elles ne sauraient jamais être absolues et indépendantes de ces moyens, et que tous ceux qui se proposent de pénétrer la nature intime, l'essence même des êtres, abstraction faite de ce qu'ils nous paraissent, veulent une chose tout à fait impossible et absolument étrangère à notre existence et à notre nature, puisque nous ne pouvons pas même savoir si les êtres ont une seule qualité autre que celles qui nous apparaissent.

On voit ensuite que toutes nos impressions, nos affections, nos perceptions enfin, pour se servir du terme le plus général, non seulement sont choses très réelles, mais même qu'elles sont pour nous les seules

et indécomposables. Ainsi, il faut toujours pour les justifier, en revenir à les analyser et à voir comment elles se sont formées, et sur quoi elles sont fondées ; on ne peut en juger sainement et certainement que quand cette opération est exécutée, et c'est pourtant à quoi il faut parvenir. L'opinion de la *réalité* des êtres autres que nous, a besoin de cet examen comme les autres, et plus qu'aucune autre; car elle a par-dessus tout besoin d'être comprise. Le plus souvent, même les philosophes qui en disputent, ne savent ce qu'ils entendent par là. S'ils l'entendaient bien, ils n'en disputeraient pas longtemps et s'épargneraient beaucoup de rêveries sur le mouvement, l'espace et la durée, et sur bien d'autres objets, lesquelles rêveries ne sont que des conséquences de cette première idée mal débrouillée, la réalité des êtres autres que notre vertu sentante.

choses réelles et vraiment existantes; et que l'existence réelle que nous accordons à tout ce que nous appelons des *êtres*, à commencer par nous-mêmes en tant qu'individus, n'est que d'un ordre secondaire et subordonné à celle-là.

Tout cela est vrai, mais il en résulte premièrement, que nous ne savons plus que penser de cette seconde espèce d'existence, la seule qui nous ait paru jusqu'à présent manifeste et indubitable, et que nous ne voyons pas nettement l'idée que nous devons nous en faire. Secondement, puisqu'il n'y a rien de réel et de véritablement existant pour nous dans ce monde que nos perceptions, et puisque toutes nos perceptions sont très certaines, il semble que ne pouvant jamais nous tromper sur ce que nous sentons, et ce que nous sentons étant tout pour nous, nous sommes complètement inaccessibles à toute erreur et véritablement infaillibles dans toute la rigueur de ce mot. Cependant, nous voyons bien évidemment qu'il n'en est rien et que la vérité n'est que trop sujette à nous échapper. Ainsi, nous ne savons plus que croire; et pour être arrivés jusqu'au premier principe de toute certitude, nous sommes plongés dans une incertitude plus générale et plus complète que jamais. Ne nous effrayons point de cette obscurité; et essayons de nous en tirer et de débrouiller ce chaos, mais en marchant toujours pas à pas comme des gens engagés dans un labyrinthe dont ils veulent reconnaître tous les détours sans s'y perdre. Ne nous occupons donc point encore de concilier la réalité de nos perceptions avec celle des êtres que nous sommes habitués à regarder comme plus spécialement réels; et sans sortir du monde intellectuel, comme nous avons trouvé la cause de toute certitude, cherchons celle de toute erreur. Ensuite nous verrons comment ces deux causes agissent et se combinent dans la formation de nos idées, et comment ces idées sont justes ou fausses suivant qu'elles ont entre elles des relations vraies ou inexactes; puis nous reconnaîtrons facilement quelle est l'espèce d'existence que nous pouvons attribuer avec certitude aux êtres qui nous occasionnent toutes ces idées, et comment ces idées sont encore justes ou fausses, suivant qu'elles sont conformes ou non à l'existence propre des êtres qui les causent; ce qui n'arrive que parce qu'elles ont été bien régulièrement liées au premier principe de toute certitude, ou parce que la cause de toute erreur a influé sur leur génération.

CHAPITRE III

QUELLE EST LA CAUSE PREMIÈRE DE TOUTE ERREUR ?

Il est bien constant que nous ne connaissons jamais que nos perceptions, et que nous ne voyons jamais rien dans ce monde que nos propres idées ; ainsi toutes ces perceptions ou idées sont très réelles pour nous; et de plus, nous en sommes complètement sûrs quand nous les sentons, et par cela seul que nous les sentons. C'est là la base de toute certitude; et il semble d'abord qu'elle est telle que nous devrions être inaccessibles à toute erreur : cependant très peu de ces perceptions ou idées sont des impressions simples et directes; presque toutes sont composées les unes des autres; or l'on voit au premier coup d'œil que leur formation et leur génération successive est très susceptible d'être imparfaite; et comme toutes nos connaissances ne consistent que dans les combinaisons que nous faisons de nos premières perceptions et dans les rapports que nous découvrons entre elles, il est facile de s'apercevoir qu'il n'en faut pas davantage pour que la vérité nous échappe très souvent. Mais cette manière générale de reconnaître la cause de nos erreurs est insuffisante et incomplète.

Lorsque nous avons commencé à parler de nos idées, dans l'intention d'en expliquer la formation et la génération, nous les avons partagées en plusieurs classes afin de les mieux distinguer. Il faut actuellement suivre encore la même marche et considérer séparément ces différentes espèces d'idées, pour voir nettement en quoi chacune d'elles est susceptible d'erreur. Cet examen n'a, suivant moi, jamais été fait d'une manière satisfaisante; et pourtant c'est la seule voie par laquelle nous puissions arriver à reconnaître avec précision dans quels moments et par quelles raisons la certitude commence à nous manquer. Ne craignons donc pas d'entrer dans quelques détails, et servons-nous à cet effet de la classification de nos idées que nous avons déjà adoptée dans les *Éléments d'idéologie proprement dite*.

[Si je l'emploie cette classification, ce n'est pas que je la croie parfaite; mais c'est d'abord parce que toutes les autres que je connais me paraissent encore moins bonnes, et ensuite parce que je suis persuadé que nous n'aurons jamais dans aucun genre une classification absolument irréprochable, attendu que les classes ne sont que dans nos têtes et non pas dans la nature : au surplus, l'utilité de toutes les nomenclatures est d'éviter d'une part la confusion des objets, et de l'autre leur trop grande dispersion; elles sont bonnes dès qu'elles sont capables d'aider notre esprit dans ses recherches et qu'elles ne lui font pas prendre de fausses notions. Telle qu'est celle-ci, je crois que l'on a trouvé et que l'on trouvera encore qu'elle réunit ces deux qualités. Servons-nous en donc pour examiner les propriétés particulières à chacune de nos espèces d'idées.] *

Nous avons distingué dans nos perceptions les idées simples, c'est-à-dire celles dont la perception n'exige qu'une seule opération intellectuelle, et les idées composées, c'est-à-dire celles pour la formation desquelles plusieurs opérations intellectuelles successives sont nécessaires.

Nos idées simples sont nos pures *sensations*; nous ne faisons absolument que les sentir. Nos idées composées sont d'abord toutes nos *idées des êtres, de leurs qualités, de leurs modes et des différentes classes et espèces des uns et des autres*; nous formons toutes ces idées en réunissant, séparant et combinant les idées simples que ces différents êtres nous causent. Ensuite, nos autres idées composées sont celles qui ont un caractère particulier et que, par cette raison, nous appelons *souvenirs, jugements et désirs*. Ces cinq espèces de *perceptions* renferment toutes celles dont nous sommes susceptibles. Examinons-les les unes après les autres.

1. *Les sensations.* Nos sensations sont externes ou internes. Elles ont pour cause les impressions des corps sur nos organes extérieurs, ou l'action et la réaction de nos organes internes les uns sur les autres, ou des mouvements opérés dans le sein même du système nerveux ou du centre cérébral lui seul[a]. Mais dans tous les cas, elles sont l'effet d'un acte unique de notre sensibilité. Quoiqu'elles puissent être le résultat de beaucoup de

a. Voyez l'excellent ouvrage intitulé *Rapports du physique et du moral de l'homme*, par M. Cabanis, 2 vol. *in 8°*, Paris, an 10.

Il est le premier qui ait bien nettement distingué les différents effets de notre sensibilité et développé toutes leurs circonstances et leurs conséquences. Il a réellement fait toute l'histoire de l'homme physique et moral, ou plutôt physiologique et idéologique. Si, comme je l'espère, on trouve ma *Logique* un peu plus approfondie que les autres, son ouvrage en est la cause. Quoique ce livre ne soit pas une logique, il est plus aisé d'en faire une excellente depuis qu'il a paru, qu'il ne l'était auparavant d'en faire une très médiocre.

* *Ce paragraphe, présent dans les éditions de 1805 et de 1818, n'est pas repris dans celle de 1825.*

mouvements combinés, elles sont des idées ou perceptions simples, des modes simples de notre vertu sentante[a].

Dans nos sensations internes, il faut comprendre toutes les impressions ou manières d'être que l'on appelle communément *sentiments* ou affections de l'âme, telles que les sentiments de contentement ou de tristesse, de confiance ou de découragement, de force ou de faiblesse, d'activité ou de langueur, de calme ou d'agitation, etc., etc. Car ce sont là de simples actes de notre sensibilité, comme le sentiment de la faim, de la soif, ou d'une douleur de colique. Il faudrait y comprendre de même toutes nos passions, si ce n'était que nos passions proprement dites renferment toutes un désir vague ou déterminé qui doit les faire ranger dans la classe des *désirs* dont nous parlerons bientôt.

Nos sensations sont donc toutes des idées ou des perceptions simples : aussi ne donnent-elles lieu à aucune espèce d'incertitude. Il n'y a place ni au doute ni à l'erreur dans les idées simples; et c'est une chose bien importante à remarquer. Lorsque je perçois une sensation, quand ce serait sans cause connue, sans cause apparente, ou même dans une circonstance où un autre individu ne la percevrait pas, ou en percevrait une différente, il n'en est pas moins certain que j'éprouve cette sensation, qu'elle est très réelle en moi et pour moi, et qu'elle est telle que je l'éprouve.

Mais prenons-y bien garde, nos sensations ne sont ainsi des idées absolument simples et complètement certaines sous tous les rapports, qu'autant qu'elles sont totalement dépouillées de tout accessoire. Dès que nous joignons seulement à l'impression qu'elles nous font, le jugement qu'elle nous vient de tel objet, de telle cause, ou par tel organe, l'idée que nous en avons est composée de cette impression et de ce jugement; et elle rentre dans la classe des idées composées dont nous allons parler. Or c'est le cas où nous sommes tous, depuis que nous avons appris à reconnaître qu'il existe d'autres êtres que notre vertu sentante, quel que soit le moment où nous l'ayons appris et la manière dont nous l'ayons découvert.

a. Il y a beaucoup d'auteurs qui ne veulent pas que nos pures sensations soient des idées. Ils croient que le mot *idée* emporte nécessairement la signification d'*image*. Mais premièrement, il faudrait donc alors refuser le nom d'idées à nos jugements et à nos désirs, car ce ne sont pas là des images ; et il ne faudrait le donner à nos souvenirs que suivant l'espèce d'idées dont ils sont le souvenir. Secondement, on devrait du moins ne reconnaître absolument aucune idée simple; car il est bien certain que toutes celles auxquelles on donne ce nom dans ce système sont formées de plusieurs opérations intellectuelles différentes, et par conséquent ne peuvent être appelées *simples*.

Au reste, je ne prétends point discuter ici les diverses classifications usitées. Ce serait discuter autant de systèmes d'analyse de la pensée. Il me suffit que la mienne, bien expliquée, offre un sens clair et précis. Ce sera une preuve qu'elle présente les phénomènes sous leur véritable aspect.

2. *Les idées des êtres, de leurs qualités et de leurs modes, soit individuelles et particulières, soit généralisées ou abstraites.* Dans les premiers moments de notre existence, nous ne sentons point directement et instantanément l'idée d'un homme, d'un arbre, d'une maison, comme nous sentons une simple impression de chaud ou de froid, de douleur ou de plaisir, de son ou de couleur. Nous sentons seulement les diverses impressions qui nous viennent de ces corps; et nous composons petit à petit les idées de ces objets, en réunissant successivement les unes aux autres toutes les sensations que nous en recevons, à mesure que nous jugeons qu'ils en sont les causes. Nous formons de même les idées de leurs qualités, en joignant à l'impression qu'elles nous font le jugement qu'elle nous vient de ces objets. Ensuite nous généralisons ces idées des êtres, de leurs qualités et de leurs modes, et nous en faisons des idées de classes, de genres et d'espèces, en en portant différents jugements qui motivent diverses abstractions et de nouvelles réunions, lesquelles sont autant de modifications postérieures dont chacune crée une idée réellement différente de la précédente. Tout cela a été expliqué dans le chapitre VI de l'*Idéologie [proprement dite]* qui traite de la formation des idées composées, et dans plusieurs autres endroits, nommément à l'occasion des signes.

Toutes ces idées, une fois qu'elles sont composées, sont des perceptions uniques, comme le moindre de leurs éléments; et elles sont aussi certaines, aussi réelles, en tant qu'elles sont senties, que nos idées les plus simples. Il est aussi indubitable qu'elles existent en nous telles qu'elles sont, quand nous les percevons, qu'une simple impression de piqûre ou de brûlure, de bien-être ou de malaise, quand nous l'éprouvons.

La seule chose qui soit incertaine est de savoir si ces idées sont bien conformes aux êtres dont nous les croyons les images; si les éléments dont nous les avons composées appartiennent réellement à ces êtres comme nous le pensons; si, dans les différentes combinaisons que nous avons faites de ces idées pour en former de nouvelles, nous n'y avons réellement fait que les additions ou soustractions que nous croyons; et si nous n'y avons pas mis, ou n'en n'avons pas ôté quelques éléments sans nous en apercevoir, en sorte qu'elles n'aient pas avec les idées dont elles dérivent et avec celles qui en dérivent, ni ces idées avec elles, les rapports réciproques que nous leur supposons.

Il y a donc lieu au doute et à l'erreur, non dans l'acte de percevoir les idées composées de cette espèce (tout ce que nous sentons est toujours réel et certain), mais seulement dans les jugements que nous portons de ces idées et dans ceux sur lesquels se fonde leur composition. Nous examinerons bientôt la cause de ce fait : pour le moment, contentons-nous de l'avoir établi.

3. *Les souvenirs.* Nos souvenirs, de quelque nature qu'ils soient, sont des impressions actuelles que nous éprouvons par l'effet d'impressions passées dont la cause n'est plus présente. Ils sont donc des idées composées puisqu'ils nécessitent deux opérations intellectuelles distinctes, celle de percevoir la première impression et celle d'en percevoir la reproduction par un second mouvement interne souvent fort différent du premier. Cependant, il n'est pas indispensablement lié à leur existence que nous les reconnaissions pour la renaissance d'une impression passée ; et quand nous ne les reconnaissons pas pour tels, ils sont pour nous comme une impression nouvelle, et il faut les ranger dans celle des classes de nos autres perceptions à laquelle ils appartiennent par la nature de l'idée perçue.

Mais même lorsque nous les reconnaissons pour souvenirs, ils sont certains et réels en tant que perceptions actuelles. La seule chose en quoi ils peuvent nous tromper, c'est dans l'opinion que nous avons qu'ils sont la représentation fidèle d'une impression antérieure. C'est là un jugement que nous y joignons : et ce jugement peut être faux en plusieurs manières, suivant l'espèce du souvenir auquel il se joint.

Les souvenirs des idées composées de la classe de celles dont nous venons de parler sont de tous les plus susceptibles d'être exacts. Ces idées renaissent par une opération intellectuelle presque la même que celle par laquelle elles ont été perçues. Cependant il peut arriver, et il n'arrive que trop souvent, que dans leur renaissance ces idées acquièrent quelques éléments nouveaux, ou perdent quelques-uns de ceux qu'elles avaient, sans que nous nous en apercevions ; et c'est là déjà une cause d'erreurs.

Elle se retrouve de même, cette cause d'erreurs, dans les souvenirs de nos jugements ; car les deux idées comparées dans ces jugements peuvent fort bien ne pas renaître exactement les mêmes qu'elles étaient ; et, par conséquent, le souvenir du jugement est imparfait. Mais il y a plus ici. L'acte intellectuel par lequel on se ressouvient d'un jugement porté antérieurement n'est point de même nature que celui par lequel on porte ce jugement. Quand je dis, *de ce que les hommes sont presque tous plus ou moins méchants, il ne s'ensuit pas qu'il soit nécessairement dans leur nature d'être tels*, je ne porte pas actuellement ce jugement, *les hommes sont presque tous plus ou moins méchants* : je ne fais que me le rappeler. Je ne suis point dans la même situation d'esprit où j'étais quand je l'ai porté : je ne fais pas la même opération intellectuelle. Non seulement je n'ai pas toutes les mêmes perceptions que j'avais alors ; mais je n'en suis point affecté de la même manière : j'aurais grand tort de croire ces deux positions identiques.

C'est encore bien pis s'il s'agit du souvenir d'une pure sensation. Presque toutes nos sensations sont une douleur ou un plaisir plus ou moins vif; et assurément le souvenir d'une douleur est bien différent de la douleur elle-même. Car si la douleur elle-même renaît, elle n'est plus un souvenir, elle est une douleur actuelle et présente, semblable seulement à une douleur précédente.

À proprement parler, nous ne pouvons pas avoir de souvenir réel d'une simple et pure sensation : aussi ne pouvons-nous pas la faire connaître véritablement à un autre qui ne l'a pas éprouvée. L'idée que nous en conservons et que nous en pouvons transmettre est du genre des idées composées de modes et de qualités; ce n'est qu'une espèce d'image; et comme il est assez vraisemblable que cette idée ou cette image ne persiste en nous et n'est transmissible que parce qu'elle est attachée à la sensation d'un signe, cela rend vraisemblable aussi l'opinion de ceux qui pensent que sans signes quelconques nous n'aurions absolument point de mémoire; et que tout l'édifice de nos idées repose sur l'artifice qui consiste à avoir fait d'une sensation possible à rappeler à volonté, l'image bien qu'imparfaite d'une sensation que nous ne pouvons pas faire renaître réellement. Quoiqu'il en soit, l'on voit combien le souvenir d'une sensation est nécessairement imparfait.

Celui d'un désir l'est encore plus. Car il y a la même différence entre éprouver un désir et s'en ressouvenir qu'entre percevoir une sensation et se la rappeler; et en outre dans le désir il y a tous les jugements au moins implicites que l'on porte sur son objet, sa cause et ses effets, dont le souvenir est sujet à tous les défauts que nous avons remarqués dans les souvenirs des jugements.

Nous ne devons donc pas être étonnés de la différence qui existe dans nos raisonnements, quand nous sommes actuellement animés par une passion ou émus par une sensation et quand nous y réfléchissons tranquillement. Dans les deux cas, nous n'opérons réellement pas sur les mêmes perceptions.

Cette analyse approfondie de nos souvenirs nous montre pourquoi on a cru devoir faire deux choses essentiellement différentes de *sentir* et de *penser*, de ce qu'on appelle l'*esprit* et le *cœur*, des impressions que l'on nomme *affectives* et *perceptives*. C'est l'effet d'un examen superficiel. Il n'y a entre ces deux classes de perceptions d'autre différence que celle d'un degré plus ou moins grand d'énergie et de vivacité; mais c'est toujours sentir. Quand nous percevons l'idée d'un être ou un jugement, nous le sentons comme quand nous percevons une sensation ou un désir. Seulement de ces perceptions, les unes nous font peine ou plaisir directement et par elles-mêmes, et les autres seulement par leurs conséquences ou leurs circonstances.

Mais ce qu'il faut bien observer après avoir analysé nos souvenirs, c'est que dès que nous avons existé quelque temps, presque toutes nos idées sont des souvenirs, et que nous les employons presque toujours dans nos raisonnements, comme si elles étaient des souvenirs fidèles, ce qui est très rarement vrai, et sans tenir compte de l'imperfection inévitable et nécessaire de plusieurs espèces de ces souvenirs, ce qui est une grande faute encore, en sorte que nous croyons souvent nous occuper de la même idée que nous avons eue auparavant, tandis qu'il n'en est rien.

Toutefois, c'est toujours par les jugements que nous joignons à nos souvenirs qu'ils nous induisent à erreur; et il est vrai de dire qu'en eux-mêmes, et comme idée actuelle et isolée, ils sont certains et réels comme toutes nos perceptions.

4. *Les jugements.* Nos jugements consistent dans la perception du rapport de deux idées, ou plus exactement à percevoir que de deux idées l'une contient l'autre. Ce sont donc encore des idées composées; car ils supposent au moins deux opérations intellectuelles, celle de percevoir les deux idées qui sont l'objet du jugement, et celle de percevoir que la seconde de ces deux idées est un des éléments qui composent la première. Quand nous le jugeons, par cela seul que nous le jugeons, cela est au moins dans notre esprit, si cela n'est pas de même dans la réalité. Ainsi, à parler exactement, il est vrai de dire qu'aucun de nos jugements pris isolément n'est ni ne peut être faux : car le sentiment que nous avons du rapport perçu est aussi réel et aussi indubitable que le serait celui d'une sensation ou d'un désir. Mais nous reviendrons à examiner en quoi consiste la justesse ou la fausseté de nos jugements quand nous aurons achevé de voir qu'aucune de nos autres perceptions n'est en elle-même susceptible d'incertitude ni d'erreur; que quand elle en est entachée, c'est toujours à raison des jugements qui s'y mêlent; et que, par conséquent, c'est de nos jugements seuls que viennent toutes les aberrations de nos raisonnements et toutes les différences qui n'existent que trop souvent entre nos opinions et la réalité des choses. Passons aux désirs.

5. *Les désirs.* Nos désirs, nos volitions, enfin tous les actes plus ou moins énergiques de notre volonté, quelques noms qu'on veuille leur donner, sont encore des idées composées : car elles supposent la perception d'une manière d'être quelconque, le jugement au moins implicite que cette manière d'être est bonne à rechercher ou à éviter, et le sentiment qui suit de ce jugement. Quand nous éprouvons un désir, il n'y a nul doute qu'il est réel et tel que nous l'éprouvons. La seule chose sur quoi nous puissions nous tromper, c'est dans les jugements que nous portons sur ses motifs, sur son objet et sur ses effets. Ainsi ce genre de perceptions encore est en lui-

même inaccessible à l'erreur. Il n'y a que dans les jugements qui s'y joignent qu'elle peut avoir lieu.

Nous avons vu précédemment combien les actes de notre volonté, et surtout ceux que nous nommons *passions*, se rapprochent des pures sensations internes que nous nommons *sentiments*; et surtout que les uns et les autres ont cette propriété commune très remarquable qu'ils ne peuvent pas nous être véritablement rappelés par la mémoire, qu'ils ne sauraient en aucune manière être pour nous le sujet de souvenirs réellement exacts. Peut-être y a-t-il quelques-unes de ces affections dont on sera en doute si l'on doit les classer parmi les sentiments ou parmi les passions, les ranger dans le domaine de la simple sensibilité ou dans celui de la volonté : mais alors le parti qu'on prendra sur des impressions si voisines les unes des autres sera indifférent; et quel qu'il soit, il n'en résultera aucun inconvénient pour les conséquences qu'on en pourra tirer dans des analyses subséquentes. Ainsi nous avons fini la revue complète de nos différentes espèces de perceptions ou idées.

Cet examen circonstancié nous montre plusieurs choses importantes : 1. que nos pures sensations ou idées simples sont absolument et complètement réelles, certaines et inaccessibles à toute erreur, parce qu'elles consistent uniquement dans ce sentiment infaillible que nous en avons; mais qu'elles ne jouissent pleinement de ce privilège qu'autant qu'elles sont parfaitement exemptes du mélange de tout jugement, ce qui n'est déjà plus possible dès que nous avons appris seulement à les rapporter aux êtres qui nous les causent.

2. Que toutes nos idées composées, c'est-à-dire toutes les idées que nous avons dans l'état et le degré de connaissances auquel nous sommes tous parvenus, sont en elles-mêmes et par elles-mêmes tout aussi certaines et aussi réelles, eu égard à ce même sentiment de la conscience que nous en avons, mais qu'elles sont toutes accessibles à l'erreur par les jugements qui s'y mêlent, ou en vertu desquels elles sont composées; et qu'en particulier nos souvenirs sont presque toujours erronés sous le rapport du jugement par lequel nous les regardons comme l'image fidèle de l'idée qu'ils représentent, et le sont plus ou moins, et de diverses manières, suivant la nature de cette idée.

3. Que bien que toutes nos idées ne soient fautives et erronées que par les jugements qui s'y mêlent, au point que les idées simples dans lesquelles il n'entre aucun jugement sont absolument inaccessibles à l'erreur, pourtant il est vrai de dire que nos jugements, nos perceptions de rapports, sont en elles-mêmes et par elles-mêmes, comme toutes nos autres perceptions, réelles, certaines et inaccessibles à l'erreur, du moins en ce

sens qu'elles sont véritablement et nécessairement telles que nous les percevons, par cela seul que nous les percevons.

Tels sont les résultats de ce chapitre. J'ose croire que ce sont autant de vérités incontestables et qui, jointes à celles établies dans le chapitre précédent, vont nous dévoiler le fort et le faible de toutes nos connaissances. Ce dernier article cependant paraît au premier coup d'œil renfermer deux assertions contradictoires. Il paraît absurde de dire que nos idées ne sont sujettes à erreur que par les jugements qui s'y mêlent; et que pourtant nos jugements sont en eux-mêmes aussi inaccessibles à l'erreur que toutes nos autres perceptions. Mais cette contradiction apparente s'évanouit dès que l'on fait attention à nos observations sur l'imperfection de nos souvenirs. En effet, dès que nous portons un jugement sur une idée, dès que nous percevons un rapport entre cette idée et une autre, ce rapport y est *actuellement* par cela seul que nous l'y voyons; cette perception existe *actuellement* par cela seul que nous l'avons, que nous la percevons. Ce jugement en lui-même est donc nécessairement et invinciblement juste, pris isolément. Mais cette idée qui nous donne cette perception de rapport, cette idée dont nous jugeons, nous la connaissions déjà, ne fût-ce que depuis un instant, puisque nous en jugeons. Elle est donc *actuellement* un souvenir. Elle peut donc être un souvenir imparfait. Il se peut donc qu'elle n'ait jamais renfermé l'élément que nous y voyons *actuellement*, que non seulement cet élément ne soit pas implicitement compris dans ceux qui la composaient jusqu'alors, mais même qu'il y répugne et qu'il leur soit contradictoire, et que, par conséquent, cette idée soit devenue *actuellement* pour nous une autre idée, sans que nous nous en apercevions. Alors notre tort n'est pas précisément d'y voir l'élément que nous y admettons à cette heure, mais de croire qu'après cette mutation, elle est encore la même idée que celle que nous avons eue précédemment. Ainsi, s'il est vrai de dire que nos souvenirs ne sont sujets à erreur que par le jugement par lequel nous les jugeons des représentations exactes d'idées antérieures, il est encore plus vrai de dire que nos jugements eux-mêmes ne sont faux que quand nous avons tort de croire que l'idée dont nous jugeons *actuellement*, et dans laquelle nous voyons un nouvel élément, est la même que celle que nous connaissions d'avance, qui ne renfermait cet élément ni implicitement ni explicitement, et à laquelle il ne peut convenir. Il est donc vrai, par conséquent, que nos jugements ne sont jamais faux que par l'imperfection de nos souvenirs.

Ainsi, après avoir reconnu d'abord que toutes les inexactitudes de nos idées viennent de nos jugements, il se trouve en définitif qu'elles viennent de nos souvenirs, et que nos jugements seraient nécessairement justes si nos souvenirs étaient exacts. En effet, puisque toutes nos connaissances consistent uniquement dans les rapports que nous voyons entre nos différentes perceptions, il est très naturel que de même que la cause de leur certitude se trouve dans la certitude de nos perceptions *actuelles*, de même la cause de leurs erreurs consiste dans l'imperfection des relations de ces perceptions actuelles avec les perceptions *antérieures*. Tout cela se conçoit, mais exige une plus ample explication. C'est ce dont nous allons nous occuper.

CHAPITRE IV

CONTINUATION DU PRÉCÉDENT. LA CAUSE PREMIÈRE DE TOUTE ERREUR EST, EN DÉFINITIF, L'IMPERFECTION DE NOS SOUVENIRS [a]

Nous avons déjà beaucoup parlé de nos jugements, et à différentes reprises. La matière semble épuisée, et peut-être le lecteur en est-il fatigué. Cependant, puisque nos jugements sont des perceptions de rapports, et puisque toutes nos connaissances ne consistent que dans les rapports que nous découvrons entre nos perceptions, il s'ensuit que toutes nos connaissances ne sont que des jugements portés; et qu'ainsi on ne saurait trop examiner une opération intellectuelle si importante : il faut donc absolument creuser ce sujet jusqu'à ce qu'il n'y reste plus rien du tout d'incertain ni d'obscur.

J'ai à prouver qu'aucun de nos jugements pris en lui-même et isolément n'est ni ne peut être faux, qu'ainsi, à toute rigueur, l'on peut dire dans un certain sens que nous ne nous trompons jamais quelque chose que nous affirmions. Cette assertion est si bizarre, et il est si singulier que ce soit là un préliminaire nécessaire pour apprendre à porter des jugements vrais, que pour le prouver il faut reprendre les choses de plus haut.

Nous avons dit dans la *Grammaire*, chapitres Ier et II, que nous n'exprimons jamais dans le discours que des idées isolées ou des idées réunies en propositions, parce que nous ne faisons jamais dans notre pensée que deux choses, *sentir* et *juger*. Cela est vrai; car quelque compliquée que soit une idée, dès qu'elle est formée, si elle se présente seule à notre esprit,

a. C'est-à-dire que nos jugements ne sont jamais faux en eux-mêmes, mais uniquement parce que nous croyons les porter d'une idée que nous avons déjà eue, et que réellement nous les portons d'une idée nouvelle, qui par conséquent est un souvenir imparfait d'une idée précédente. *[Note ajoutée à l'édition de 1825]*

elle est pour nous une perception unique, comme l'idée la plus simple : nous la sentons, et voilà tout. Mais nous avons dit aussi que *juger* c'est encore *sentir* : c'est sentir le rapport de deux idées, ou plus exactement sentir que de deux idées actuellement présentes à notre pensée, l'une renferme l'autre. Cela est encore vrai : et cela doit commencer déjà à nous faire penser que cet acte de juger doit participer à l'infaillibilité de celui de sentir dont il n'est qu'un cas particulier, et que nous ne pouvons pas plus nous tromper en sentant qu'une idée est renfermée dans une autre qu'en sentant chacune de ces idées séparément. Cela est vrai aussi. Lorsque deux idées sont présentes à notre esprit, et que nous jugeons que l'une des deux renferme l'autre, ou, en d'autres termes, que celle appelée l'*attribut* est un des éléments qui composent celle appelée le *sujet*, il est indubitable que cela est; et j'ajoute qu'il est impossible que cela ne soit pas. On va en convenir.

En effet, juger qu'une idée est un des éléments qui en composent une autre, c'est la voir, c'est la sentir dans cette autre. Or comme nos idées n'existent que dans notre esprit, comme elles ne sont que ce que nous sentons, elles sont toujours et nécessairement telles que nous les sentons; et par conséquent une idée en renferme réellement une autre *au moment où nous le jugeons*, par cela seul que nous le jugeons.

C'est pour cela que l'on a raison de dire que quand deux hommes ont bien exactement les deux mêmes idées, ils en portent toujours et nécessairement le même jugement; car si le premier juge que l'une de ces idées renferme l'autre, tandis que le second juge qu'elle ne la renferme pas, c'est qu'il y a réellement cet élément de plus dans l'idée qui est le sujet du jugement du premier et que par conséquent il n'a pas exactement la même idée que le second.

C'est pour cela aussi qu'il est vrai que quand deux hommes s'entendent parfaitement, ils sont toujours de même avis; et que quand ils disputent, c'est que croyant s'entendre, ils ne se comprennent réellement pas complètement. Car quand ils sont parvenus à s'expliquer réciproquement l'idée qu'ils croient la même, de manière à ce qu'elle renferme exactement pour tous deux les mêmes éléments, ils en portent toujours et nécessairement les mêmes jugements.

C'est pour cela encore qu'il est vrai de dire qu'à parler avec une exactitude rigoureuse, il n'y a personne qui juge *mal*[a], de même qu'il n'y a personne qui *sente mal*. On peut même ajouter qu'*il n'est pas possible de mal juger*, de même qu'il n'est pas possible de mal sentir. Car soit que l'on

a. On voit dans le second exercice de logique du P. Buffier, qu'il a entrevu cette vérité; mais il ne l'a pas complètement démêlée, ce qui fait qu'il n'en a pas senti les conséquences.

donne son assentiment à l'affirmative ou à la négative, la cause en est toujours dans l'idée que l'on a réellement actuellement présente : ainsi dans les deux cas, on a toujours également raison. Si un autre homme se décide en sens inverse, c'est que son idée actuelle a effectivement un élément de plus ou un élément de moins. Sous le même signe, il a véritablement une autre idée, en conséquence de laquelle il doit nier tandis que le premier affirme, ou affirmer tandis qu'il nie; mais tous deux ont également raison, du moins relativement à leur idée actuelle, et à ne considérer que le jugement actuel. Il s'agit seulement de savoir quel est celui des deux dont l'idée est conforme à l'objet dont il la croit la représentation, et est bien pareille à l'idée qu'il a eue maintes fois quand il a employé le même signe et cru avoir la même perception. Celui-là seul a raison en réalité, parce que seul il porte un jugement conséquent à tous les jugements justes qu'il a déjà portés. Mais cela même prouve qu'aucun de nos jugements ne saurait être faux en lui-même et pris isolément; et que quand ils pèchent, c'est toujours par leurs relations avec des jugements antérieurs. Cette conclusion est incontestable; cependant il faut encore l'éclaircir par quelques exemples, avant d'en tirer les conséquences qui doivent nous montrer la cause première et originaire de toute erreur.

J'ai l'idée de l'*or* et celle de *n'être jamais liquide* : je prononce que l'*or n'est jamais liquide*. Il est manifeste que dans mon idée actuelle de l'*or*, il entre comme élément l'idée d'être infusible et insoluble, et par conséquent celle de *n'être jamais à l'état liquide*. Cela posé, j'ai rigoureusement raison de juger et de dire: l'idée de l'or (entendez toujours telle que je l'ai actuellement, car je ne peux jamais parler ni juger d'autre chose) *renferme l'idée de n'être jamais liquide*. Reste seulement à savoir si cette idée de l'*or* est la représentation fidèle de l'être dont je la crois l'image, et si moi-même je ne viens pas de parler de dissolution d'or ou d'alliages d'or avec d'autres métaux, ce qui prouve que j'ai employé cette idée d'*or* en y admettant comme éléments les idées d'être *fusible et soluble* que j'en exclus maintenant. Quoi qu'il en soit, tout homme à ma place ayant bien exactement l'idée de l'*or* que j'ai actuellement, en porterait certainement le même jugement; et tout homme qui en portera le même jugement, ce sera nécessairement parce qu'il aura une idée *actuelle* de l'or dans laquelle entrera l'idée de n'être jamais à l'état liquide.

De même un homme prononce que la *logique est tout à fait étrangère à l'idéologie et à la grammaire générale et n'a pas besoin de leurs lumières*. Il est clair que dans l'idée qu'il a *actuellement* de la logique, il y fait entrer comme élément celle de *ne consister que dans la connaissance de certains arguments et de certaines règles*[a]. Dans ce cas, il a raison. Seulement il faut savoir s'il n'a pas dit dans un autre moment que la logique est la science sur laquelle est fondé l'art de bien conduire son esprit, et s'il n'est pas dans la nature de notre esprit de ne savoir les véritables règles de la combinaison de ses idées que quand il connaît le mode de la formation et de l'expression de ces mêmes idées. Si cela est, il a tort; mais il n'a tort que parce que son jugement n'est pas conséquent à d'autres jugements antérieurs : car comme actuel et isolé, il est irréprochable. À la place de cet homme, je porterais le même jugement que lui; et à la mienne, je ne puis que lui dire : la logique dont vous avez l'idée actuellement n'est pas celle dont je parle dans cet ouvrage, ni celle dont vous parliez tout à l'heure, ni celle qui peut réellement guider notre esprit.

De même, un autre homme a l'idée d'une action injuste qui doit le conduire à un but qu'il désire : il juge qu'il doit la faire. Il est évident qu'il ne fait pas actuellement entrer dans la composition de l'idée de cette action, l'idée *d'avoir plus d'inconvénients encore que d'avantages*. Dans cette hypothèse, il a manifestement raison. Mais il a tort dans la réalité, parce qu'il est dans la nature humaine que toute action injuste soit encore plus nuisible que profitable à celui qui la commet; et sûrement le même homme a, mille fois lui-même, porté des jugements sur l'idée d'injustice en y faisant entrer implicitement ou explicitement l'idée d'être incompatible avec le bonheur de celui qui s'y livre.

On n'exigera pas sans doute que je donne actuellement à ce principe moral les développements qui seraient nécessaires à sa démonstration. D'abord ce n'est pas ici le lieu; et d'ailleurs il ne sera guère contesté que par ceux qui veulent faire de la vertu un être si supérieur à ce monde-ci qu'il y devient étranger et si dénué de toute vue d'intérêts personnels que personne ne s'en occupe. Ces exagérations le plus souvent peu sincères sont très nuisibles : on ne saurait trop le redire[b].

a. Il a réellement la même idée sous le nom de *logique* que j'ai quand je dis : *la logique qu'on nous a enseignée pendant tant de temps n'est bonne à rien*; et s'il dit, lui, *qu'elle est la science sur laquelle est fondé l'art de bien conduire son esprit*, c'est que dans l'idée de *la science sur laquelle est fondé l'art de bien conduire son esprit*, il ne fait pas entrer comme élément l'idée de *devoir renfermer la connaissance de la formation et de l'expression de nos idées*.

b. Le dix-huitième siècle a commencé en France par le règne de l'hypocrisie : cela est constant. Il a fini, dit-on, par celui de la dépravation. Si ce second point est aussi vrai, on doit avoir bien de l'inquiétude pour la fin du dix-neuvième : elle doit être abominable. Heureusement l'influence des hypocrites tient plus qu'on ne pense à l'existence de cette vieille métaphysique qui tombe en ruines.

Je désire que l'on me passe cette réflexion à cause de son importance; mais je demande surtout que l'on en fasse une autre plus directement relative à notre sujet. C'est que l'ancienne logique était toujours obligée de prendre pour exemples des propositions regardées comme incontestables et souvent simples jusqu'à la niaiserie, au lieu que la nouvelle peut employer les plus compliquées et même les plus problématiques. La raison en est que cette ancienne logique prétendait nous mener à la vérité par la puissance des formes du raisonnement. Il fallait donc remplir toujours ces formes de propositions indubitables; car si elles étaient demeurées sujettes à discussion malgré l'exacte observance des règles, l'insuffisance de ce moyen serait devenue manifeste. Au contraire, la nouvelle logique pénétrant plus avant dans le fond du sujet et ne s'occupant que de la matière du raisonnement, de nos idées, elle se sert avec succès des propositions les plus épineuses pour montrer d'où peut naître leur vérité ou leur fausseté. C'est ce qui fait que la première de ces deux sciences ne nous guide que quand nous n'avons nul besoin de secours, comme l'ont remarqué Messieurs de Port-Royal, tandis que l'autre nous éclaire dans les cas les plus difficiles et les plus embarrassants.

Aussi, quelque opinion que l'on ait sur les propositions énoncées dans les exemples que je viens de donner, on peut également y voir la preuve de la vérité que je voulais manifester; c'est que si ces propositions sont fausses, ce n'est pas par elles-mêmes ou prises isolément, mais par leur manque de liaison avec des jugements antérieurs vrais, et parce que les idées employées dans les jugements antérieurs, et reproduites dans ceux-ci, n'y sont plus exactement les mêmes, quoiqu'on les croie telles.

Je puis donc actuellement, sans craindre de paraître affirmer deux choses contradictoires, répéter ce que j'ai déjà dit à la fin du chapitre précédent: « que bien que toutes nos idées ne soient fautives et erronées que par les jugement qui s'y mêlent, au point que nos idées simples dans lesquelles il n'entre aucun jugement sont absolument inaccessibles à l'erreur; cependant nos perceptions de rapports sont en elles-mêmes et par elles-mêmes, comme toutes nos autres perceptions, réelles, certaines et inaccessibles à l'erreur, et véritablement et nécessairement telles que nous les percevons, par cela seul que nous les percevons »; et j'en puis conclure avec assurance comme je l'ai avancé en même temps: « que la fausseté de nos jugements ne tient pas à leur nature, mais à celle de nos souvenirs, dont nous avons déjà vu les nombreuses et fréquentes imperfections; et qu'ainsi après avoir reconnu d'abord que les inexactitudes de nos idées viennent de nos jugements, nous sommes obligés d'avouer ensuite qu'en définitif elles viennent de nos souvenirs, et que nos jugements seraient nécessairement justes si nos souvenirs étaient exacts ».

On est très disposé à adopter cette conclusion quand on se rappelle que nous ne voyons jamais dans ce monde que nos propres perceptions et que toutes nos connaissances ne consistent que dans les rapports que nous découvrons entre elles; car alors il paraît fort naturel que de se rappeler imparfaitement les perceptions que l'on a eues suffise pour apercevoir entre elles de faux rapports, et qu'il n'en faille pas davantage pour que nos jugements subséquents ne soient pas des conséquences exactes de ce premier jugement : *je suis sûr de ce que je sens*. Mais quand ensuite on fait réflexion que nous sommes entourés d'êtres auxquels nous accordons une existence réelle et indépendante de la nôtre, et que le sujet et le but de toutes nos recherches c'est toujours les modes et les propriétés de ces êtres, on a de la peine à concevoir comment nos idées peuvent être tout pour nous et comment la seule imperfection du rappel de ces idées peut être la source de tous nos égarements; et on est tenté de croire que nous nous sommes mépris non seulement sur la cause de toute erreur, mais même sur celle de toute certitude, ou du moins de supposer, comme l'ont fait beaucoup de métaphysiciens, qu'il y a une grande différence entre ce qu'ils appellent *idées de substances* et *idées archétypes* (c'est-à-dire celles qui ont un modèle hors de nous et celles qui n'existent que dans notre entendement), que nous n'opérons pas sur les unes comme sur les autres, et que les causes de leur vérité et de leur fausseté ne sont pas les mêmes. Cependant ce n'est là qu'une illusion causée par deux dénominations impropres.

Premièrement, nous n'avons point d'*idées de substances*. Nous avons des idées d'êtres qui agissent sur notre vertu sentante; mais nous ne connaissons ces êtres que par les impressions qu'ils nous font : ils ne consistent pour nous que dans ces impressions. Nous ne leur connaissons point de substance et nous ne sommes point en droit de leur en supposer une, quelque sens que l'on veuille donner à ce mot auquel on n'en a jamais assigné un bien net. Seulement nous savons que ces êtres sont autre chose que notre vertu sentante, puisqu'ils résistent à sa volonté; et qu'ils en sont indépendants, puisque dans les temps mêmes où ils ne peuvent agir sur nous, ils peuvent produire et produisent en effet sur nos semblables des impressions pareilles à celles qu'ils nous ont faites. C'est en cela, et en cela uniquement, que consiste l'existence propre et réelle que nous leur reconnaissons, et à laquelle les idées que nous en avons doivent être conformes pour être justes.

Secondement, nous n'avons point non plus d'idées *archétypes*, si l'on entend par ce mot qu'elles soient l'original et le modèle d'un être quelconque, ou seulement qu'elles puissent et doivent être faites sans égard et sans relation à aucun être existant. Toutes celles auxquelles on donne ce nom à l'aventure sont, comme nous l'avons vu, ou des idées d'êtres réels généralisées par des abstractions, ou celles de leurs modes ou de leurs propriétés, formées puis généralisées par le même moyen, ou des idées composées sur celles-là, et en conséquence de celles-là. Toutes doivent donc être relatives à l'existence de ces êtres et y puiser leurs premiers éléments.

Or, comme le prouvent les exemples que nous avons tirés des idées *or* et *logique*, il est également vrai pour les idées de ces deux espèces, que quand nous en portons un jugement, c'est-à-dire quand nous y voyons renfermée une seconde idée, elle y est réellement actuellement par cela seul que nous l'y voyons; mais que pour que nous ayons raison d'y voir cette seconde idée, c'est-à-dire pour que la première soit réellement en ce moment telle qu'elle était quand nous l'avons employée dans d'autres combinaisons, il faut que cette seconde s'y trouvât déjà alors, ou du moins fût implicitement comprise dans quelques-unes de celles qui s'y trouvaient. Autrement le nouveau jugement est inconséquent et incohérent avec les jugements qui l'ont précédé : et c'est là ce qui dans tous les cas le constitue faux.

La seule différence qu'il y ait, non pas entre les idées de substances et les idées archétypes, puisqu'il n'en existe aucunes qui méritent ces noms, mais entre les idées directes des êtres et celles qui en sont abstraites, c'est que le modèle des premières étant toujours là, l'expérience peut à tout moment montrer si la nouvelle idée qu'on y reconnaît y est explicitement, ou implicitement, ou point du tout, au lieu que celles du second genre ne dérivant de ces modèles que par des déductions souvent longues et compliquées, il faut refaire péniblement et périlleusement toutes ces déductions pour acquérir la même certitude. D'où il arrive qu'il est beaucoup plus aisé de ne pas s'égarer en jugeant des idées des êtres qu'en jugeant des idées abstraites.

Du reste, dans les deux cas, c'est se faire une idée juste de nos jugements que de les regarder comme étant, ainsi que toutes nos autres perceptions, nécessairement certains pris isolément, mais pouvant seulement être faux par les relations de leurs sujets avec des perceptions antérieures; et de conclure que tous leurs défauts viennent de l'imperfection de nos souvenirs, c'est-à-dire de ce que nous croyons que leur sujet est une idée que nous avons déjà eue, tandis qu'il est réellement devenu une idée nouvelle par le nouvel élément que nous y voyons actuellement*.

* *Variante des éditions de 1805 et 1818* : et de conclure que tous leurs défauts viennent de l'imperfection de nos souvenirs, puisque leurs sujets sont toujours des souvenirs. Car on ne peut porter un jugement que d'une idée déjà faite, conçue et existante dans l'esprit. Quand on en juge, on la modifie ; mais on ne la crée pas.

Il est donc, ce me semble, bien prouvé théoriquement, non seulement que le rappel imparfait de ce que nous avons senti est une grande cause d'erreur, mais même que nos erreurs ne peuvent pas avoir d'autre cause; comme notre certitude ne peut pas en avoir d'autre que la certitude de tout ce que nous sentons actuellement.

Tel est en effet, je me permettrai de l'affirmer dès ce moment, le tableau fidèle de notre intelligence, et je dirai plus, celui de l'intelligence plus ou moins parfaite de tous les êtres sentants que nous pouvons concevoir. Ils ne sauraient différer quant à l'étendue des connaissances que par le nombre et la perfection de leurs moyens de sentir, à la tête desquels il faut mettre le centre sensitif lui-même*; et quant à la sûreté de ces mêmes connaissances, que par leur aptitude plus ou moins grande à être sûrs que leur perception actuelle est exactement la même que la perception passée, dont ils la croient la représentation exacte.

Cependant, pour mieux nous assurer encore de ce grand fait, nous allons suivre historiquement la série de la génération de nos idées et de nos diverses manières d'en être affectés; et si nous trouvons que cette seule observation suffit à rendre compte de tous les phénomènes des différents degrés de nos connaissances et des différents modes de notre existence, nous ne pourrons plus douter qu'elle est puisée dans la nature et qu'elle mérite toute notre confiance.

* *Le passage* « à la tête desquels il faut mettre le centre sensitif lui-même » *constitue une adjonction propre à l'édition de 1825.*

CHAPITRE V

DÉVELOPPEMENT DES EFFETS DE LA CAUSE PREMIÈRE DE TOUTE CERTITUDE, ET DE LA CAUSE PREMIÈRE DE TOUTE ERREUR

L'examen attentif des facultés qui composent l'intelligence de tous les êtres sensibles, et spécialement la nôtre, nous y a fait découvrir deux propriétés bien remarquables, la certitude de nos perceptions actuelles et l'incertitude de leurs liaisons avec nos perceptions passées. Il est aisé de juger qu'elles doivent produire toutes nos connaissances et toutes nos illusions, toute la puissance et toute la faiblesse de notre esprit. Mais cet aperçu général ne suffit pas : il faut voir en détail comment ces deux causes opposées agissent, se mêlent et se combinent, non plus dans chacune de nos opérations intellectuelles prise séparément, mais dans l'enchaînement de nos pensées et de nos affections, dans les différents degrés de nos connaissances et dans les différents états de nos individus. Il faut retrouver dans l'histoire de chacun de nous l'application de cette théorie et la preuve de sa justesse.

Rien ne serait plus facile si nous avions un souvenir distinct de nos premières perceptions, des premiers actes de notre intelligence et des premières combinaisons que nous en avons faites. Mais aucun de nous ne se rappelle comment il a commencé à sentir, à se ressouvenir, à juger et à vouloir ; comment il a formé ses premières idées, ni comment il a acquis la conviction de son existence et de celle des autres êtres. Nous trouvons toutes ces connaissances, ces idées et ces opérations comme infuses en nous et sans origine précise. Cela doit être, car elles n'en ont effectivement pas. Tout en nous dans ce genre se fait petit à petit, par nuances insensibles, et sans différence assignable d'un instant à l'autre. La cause en est non seulement dans la nature de notre organisation, mais encore dans le mode de son action. Nous naissons avec des organes imparfaits, que la seule durée de la vie développe de moments en moments, sans que nous en sentions les progrès. En même temps qu'ils acquièrent de la consistance, la fréquente répétition de leurs actes les amène graduellement de l'état de maladresse et d'engourdissement le plus absolu à la souplesse et à la prestesse la plus merveilleuse, en sorte que, dans ces premiers instants si curieux à observer, notre mémoire et notre jugement sont presque sans activité, et que nous ne pouvons pas dire quand ils commencent à prendre quelque énergie. Ce n'est pas tout encore : comme si tant de voiles ne suffisaient pas pour nous cacher à nos propres yeux, la marche de notre esprit est telle qu'il commence toujours par les masses, que dans une première impression il a toujours vu tout un sujet, qu'il ne peut plus qu'en démêler les détails, et reconnaître explicitement ce qu'il avait d'abord senti implicitement. À proprement parler, dès que nous avons éprouvé le phénomène du sentiment, dès qu'il a ému notre être et commencé notre existence, rien de nouveau ne peut plus se présenter à nous. Nous avons tout vu et tout connu. Ce trouble vague renferme tout pour nous. Nous ne pouvons plus qu'en éprouver les circonstances, les modifications, les variétés, les conséquences; et tout cela se fait tumultuairement, fortuitement, de mille manières différentes à la fois, et surtout imperceptiblement; en sorte que nous devenons autres de moments en moments sans en avoir la conscience distincte, et sans pouvoir à plus forte raison en avoir le souvenir. Nous nous éclairons comme nous croissons et dépérissons, sans nous en apercevoir actuellement; comme la lumière du jour se produit à nos yeux tous les matins sans que nous puissions en distinguer les degrés depuis la nuit la plus obscure jusqu'à la plus brillante clarté; comme l'aiguille de notre montre chemine sous nos yeux sans que nous puissions le voir. C'est dans tous les genres que les changements qui s'opèrent d'une manière égale, graduelle et continue, échappent à nos regards et ne se manifestent que par leurs résultats. C'est en cela que consiste toute la difficulté de la science de l'intelligence humaine; et c'est pour cela qu'on en a toujours fait le roman au lieu d'en faire l'histoire. Il est même impossible d'en faire précisément l'histoire; car on ne saurait décrire des événements qu'on n'a pas pu observer. Tout ce qui est en notre pouvoir, c'est d'en examiner les résultats, de les constater, de les analyser, de les décomposer et de juger comment ils ont pu être produits. Nous n'avons pas d'autre manière d'être certains que les mouvements des astres sont l'effet d'une impulsion une fois donnée et d'une attraction constante qui s'exerce en raison des masses et en raison inverse du carré des distances; et cependant nous avons raison de nous en tenir pour assurés, puisque du moins il est indubitable que si ces forces étaient telles, les mouvements seraient comme nous les voyons, et que par conséquent elles sont capables de les produire. De même si nous trouvons que la certitude de nos perceptions actuelles et l'incertitude de leur liaison avec nos perceptions passées sont capables de produire tous les phénomènes observables dans notre intelligence, nous serons dispensés de leur chercher d'autres causes et nous serons en droit de conclure que celles-là sont les véritables[a].

Essayons donc de faire sommairement l'histoire hypothétique des effets de ces deux causes données, en nous servant des observations que nous avons déjà faites sur la nature de nos souvenirs, sur celle de nos sensations, et surtout de nos sensations internes, sur le nombre et les fonctions de nos différentes facultés intellectuelles, et sur la manière dont nous formons nos idées composées. Osons tracer l'esquisse d'un nouveau traité des sensations destiné uniquement à montrer l'action de ces deux causes opposées. En conséquence, n'entreprenons pas, comme Condillac l'a fait dans son ouvrage inestimable malgré ses défauts, de séparer nos divers moyens de sentir et de découvrir à quelles opérations intellectuelles chacun d'eux agissant isolément peut donner naissance : réunissons au contraire toutes les facultés que nous avons reconnues en nous et voyons quels effets en doivent résulter, en admettant la certitude de toutes les perceptions actuelles qu'elles nous procurent et l'incertitude de la liaison de ces perceptions actuelles avec celles qui les ont précédées.

Je me suppose donc commençant ma carrière, doué de tous les moyens de connaître que je possède actuellement : et même, afin de n'être pas obligé de tenir compte des différences provenant des âges, dont nous nous occuperons dans un autre moment, j'imagine mes organes aussi formés et aussi développés qu'ils le deviennent par le temps et par l'exercice.

Dans cet état, il n'y a pas de raison pour que la première sensation que j'éprouve soit plutôt celle-ci que celle-là ; ainsi je puis imaginer à volonté celle que je veux. Je donnerai la préférence à celle qui naît du mouvement de mon corps, à cause des conséquences auxquelles elle me conduira. Je suppose donc que je commence ma vie par m'agiter en divers sens.

a. On dit souvent que la nature opère par les moyens les plus simples et que la meilleure preuve que nous ayons d'avoir deviné ses moyens, c'est quand nous avons trouvé une cause fort simple aux effets que nous voyons. Cela ne veut dire autre chose, si ce n'est que quand nous ne connaissons que la cause prochaine des phénomènes, nous leur voyons à chacun une cause particulière, et par conséquent nous leur croyons une multitude de causes différentes. Mais comme tous se tiennent, à mesure que nous découvrons leur enchaînement, nous trouvons des causes plus générales, desquelles dépendent les autres ; et si nous connaissions complètement toute cette chaîne, nous arriverions à une cause première, unique source de toutes les autres. Ainsi, plus nous en approchons, moins les causes auxquelles nous pouvons remonter sont nombreuses ; plus chacune est étendue, plus nous sommes assurés d'avoir pénétré dans le fond du sujet.

J'éprouve l'*impression* qui résulte de l'action de mes muscles et du mouvement de mes membres. Cette impression est bien certainement une pure *sensation*, une idée absolument simple; car je ne puis y en joindre aucune autre, puisque je n'en ai point encore perçue. Aussi ne puis-je m'y tromper. Je ne la connais pas proprement; je la sens purement et simplement; je n'en porte aucun jugement. Elle est certaine; le premier des deux principes que nous avons posés agit seul; il n'y a lieu là à aucune erreur.

Je cesse de m'agiter, cette sensation cesse. Dans cet état de repos, cette sensation qui n'existe plus, dont les causes sont suspendues, affecte de nouveau ma sensibilité; j'y repense, je me la rappelle, comme on dit; c'est-à-dire, en termes plus exacts, *j'en sens le souvenir*. Comment cela se fait-il? Je n'en sais rien; mais il est de fait que c'est un don dont nous sommes doués; et c'est ce don que je nomme *mémoire*.

Le souvenir dont il s'agit est aussi fidèle qu'il puisse être; il est aussi ressemblant à la sensation que cela soit possible; il n'est certainement altéré par le mélange d'aucune autre idée, puisque je n'en ai encore eu aucune. Cependant ce souvenir n'est pas la sensation elle-même; ce n'est pas la même opération intellectuelle; ce n'est pas exactement le même acte de ma sensibilité. Le mouvement quelconque qui s'exécute en moi n'est pas précisément le même. Dans le cas présent, les muscles moteurs, les membres qui avaient agi dans la production de la sensation, ne sont pour rien dans celle du souvenir. S'il s'agissait d'une autre sensation, il y aurait une autre différence, mais il y en aurait toujours une; car l'acte du souvenir doit se passer tout entier dans le centre cérébral ou tout au plus dans quelque partie du système nerveux. Il est donc manifestement différent de celui de la plupart de nos sensations : et quant à celles de ces sensations que l'on peut supposer prendre elles-mêmes naissance dans le sein même de l'organe pensant, il faut encore nécessairement qu'elles diffèrent du souvenir; car quand elles se reproduisent exactement et complètement telles qu'elles étaient, ce n'est plus un souvenir, c'est une sensation qui se renouvelle; et sans pouvoir l'expliquer, nous en sentons certainement bien la différence[a]. Ce premier souvenir est donc une chose essentiellement différente de la sensation qui l'a causé. Il est humainement et physiquement, c'est-à-dire suivant les lois de la physique humaine, rigoureusement

a. Voilà pourquoi, lorsque nous avons le souvenir d'une sensation, ou d'un désir, nous le reconnaissons toujours pour un souvenir, nous ne le prenons jamais pour la sensation ou le désir eux-mêmes ; au lieu que quand nous avons le souvenir d'une idée d'être, de mode, ou de qualité, nous ne le reconnaissons pas toujours pour un souvenir, nous ne nous rappelons pas toujours que nous avons déjà perçu cette idée. (Voyez l'*Idéologie proprement dite*, chapitre III).

impossible qu'il soit la même chose qu'elle. Il la représente si l'on veut, mais il ne la reproduit pas.

Néanmoins, ce premier souvenir est en lui-même une perception actuelle et simple, et comme telle absolument certaine; mais si j'y joins le jugement qu'il est la représentation d'une impression antérieure, jugement qui seul le constitue un souvenir, il devient à l'instant une perception composée, et en même temps sujette à erreur par sa relation avec une perception précédente.

On m'arrêtera dès ce premier pas et on me dira: vous avez établi d'abord que l'incertitude de toutes nos perceptions vient des jugements qu'elles renferment; ensuite que les défauts de tous nos jugements tiennent à l'inexactitude des souvenirs qu'ils ont pour objet; et maintenant vous donnez pour cause de l'imperfection d'un premier souvenir le jugement même qui le constitue un souvenir. Il y a là un cercle vicieux si vous ne montrez pas comment ce premier jugement peut être faux et qu'il l'est par le fait de la perception même appelée *souvenir*. L'objection est juste, elle mérite d'être résolue. En voici l'explication.

La première de toutes mes perceptions, que j'ai supposé être celle d'un mouvement opéré dans mes membres, est sans contredit une impression simple. Le souvenir qui m'en revient, quand elle est passée, est manifestement en lui-même et d'abord une impression simple aussi. Bientôt je juge que cette impression simple est le souvenir d'une première; c'est-à-dire qu'à ce moment j'y vois renfermée l'idée d'être un souvenir. Elle y est cette idée, puisque je l'y vois, et par cela seul que je l'y vois. Mais elle est donc changée, cette impression simple; elle n'est plus simple puisqu'elle renferme une autre idée. Aussi n'est-ce pas d'elle précisément que je juge, mais de l'idée que j'en ai au moment où je porte mon jugement. Je puis donc et je dois considérer le sujet de ce jugement comme le souvenir de mon premier souvenir. Il était bien dans la nature du premier d'être le souvenir de ma sensation de mouvement, quoique je ne m'en fusse pas encore aperçu; ainsi le second y est bien conforme; et mon jugement est fondé. Si je porte un autre jugement de ce premier souvenir, si je dis qu'il est la représentation de ma sensation de mouvement, j'en ai un autre souvenir. Cependant il est encore exact et ce second jugement est encore juste. Mais si je dis qu'il est la reproduction complète de ma sensation, c'est une troisième manière de m'en souvenir. Celle-là est inexacte, comme nous l'avons vu ci-dessus, chapitre III; et ce troisième jugement est faux, quoiqu'au moment où je le porte ce soit bien là l'idée actuelle que j'ai du souvenir de ma sensation de mouvement.

C'est ainsi que j'explique ce que j'ai dit de nos souvenirs et de nos jugements en général; et que je rends raison de l'action des deux causes opposées que j'ai observées, et de leur combinaison dès les premiers jugements qui touchent immédiatement à nos perceptions simples. Ce seul point est délicat et épineux ; car dès qu'il s'agit d'idées composées, il n'y a plus de difficultés. S'il est question, par exemple, de l'idée de l'*or*, il est manifeste que quand je juge pour la première fois que l'*or est fusible*, je connaissais déjà l'idée de l'*or*. C'est un souvenir que j'ai actuellement de cette idée. Ce souvenir renferme bien réellement en ce moment un élément que cette idée n'a jamais eu dans ma tête. Je n'ai pas tort de le juger. Mais néanmoins mon souvenir n'est juste que si cet élément nouveau est renfermé implicitement dans quelques-uns de ceux qui étaient déjà dans cette idée. Au contraire, mon souvenir est inexact et mon jugement faux, si ce nouvel élément est incompatible avec eux et exclu par eux.

Ainsi, il est vrai de dire généralement, et sans exception, que toute perception actuelle est certaine, que toute perception de rapport (tout jugement) prise isolément et en elle-même est dans le même cas, mais que le sujet de tout jugement, toute idée dont on juge, doit être regardée comme le souvenir d'une idée antérieure, que ce souvenir a toujours de plus que son modèle l'idée exprimée par l'attribut du jugement, mais qu'il est exact et le jugement juste, si cet attribut est renfermé dans les éléments de l'idée antérieure, et qu'il est inexact et le jugement faux, si ce même attribut est incompatible avec ces éléments ; qu'ainsi le vice de tout jugement vient toujours du vice d'un souvenir et consiste toujours dans sa relation avec des idées antérieures[a].

Tout ceci ne doit paraître ni trop subtil ni minutieux. En fait d'analyse, il n'y a de trop subtil que ce qui est faux, et de minutieux que ce qui est inutile. Or, les éclaircissements que je viens de donner ne méritent ni l'un ni l'autre de ces reproches, si, comme j'ose le croire, ils font bien voir qu'un principe général très important est applicable à tous les cas possibles.

Au reste, nos souvenirs sont sujets à être défectueux en mille manières, comme nous l'avons déjà dit, et comme nous l'observerons par la suite ; et à commencer par celui dont il s'agit ici, le premier de tous, il est impossible qu'il soit la reproduction complète de ma sensation de mouvement. Cependant je suis obligé de l'employer comme tel dans mes combinaisons

a. Observez qu'un jugement peut être erroné, précisément parce qu'il est conséquent à une idée mal faite ; mais alors dans notre style exact, il ne peut être appelé *faux*. Ce n'est pas ce jugement qui est répréhensible ; ce sont ceux en vertu desquels l'idée dont il juge a été composée. C'est là qu'est la solution de continuité avec des jugements antérieurs vrais. Aussi d'une idée mal composée, renfermant des éléments contradictoires, comme sont souvent celles qu'on n'a pas bien analysées, on peut porter légitimement des jugements qui se contredisent ; ce qui prouve que le moyen d'arriver à la vérité se trouve dans l'examen de nos idées uniquement, et non dans l'étude des formes de nos jugements et de nos raisonnements.

ultérieures, car je ne puis pas, à prendre ce mot suivant l'exactitude la plus rigoureuse, conserver une autre *idée* de cette sensation ; ainsi me voilà, dès mon second pas, dans le chemin de l'erreur si je n'ai pas grand soin de tenir compte de l'imperfection inhérente à la nature de ce souvenir. Continuons.

Bientôt dans cette *idée* de ma première sensation, qui en est une image aussi fidèle que possible, je découvre qu'elle renferme l'idée *d'être bonne à éprouver*. Nous avons ici de nombreuses observations à faire, qui vont encore nous arrêter.

D'abord, je dois remarquer que, dans la position où je me suppose, venant de percevoir ma première sensation et le souvenir de cette sensation, je suis bien loin de pouvoir définir cette nouvelle idée *être bonne à éprouver*, et même de pouvoir la nommer. Mais je la sens, et je sens qu'elle est comprise dans la précédente, qu'elle en fait partie ; c'est ce que l'on exprime en deux mots, en disant que *je juge cette sensation agréable*. Cette locution est bonne, mais elle méritait explication.

Ensuite, il ne faut point me demander comment et pourquoi il arrive que dans une première idée j'en découvre une autre. Certes je n'en sais rien, pas plus que je ne sais comment et pourquoi j'ai une idée quelconque. Mon étude n'est point de deviner les causes des premiers faits, mais de constater ces faits, de les démêler et d'en observer les conséquences. Ce qu'il y a de certain, c'est que nous faisons l'opération dont il s'agit, que c'est un don dont nous sommes doués, et que c'est ce don que nous appelons faculté de *juger*. Par conséquent, je puis concevoir que j'exerce cette faculté sur ma première sensation, ou plutôt sur l'idée que j'en ai.

Je n'ai donc pas besoin, pour que cela soit possible, de reconnaître en moi, outre cette faculté de juger, une autre faculté appelée *méditation* ou *attention*, ou une autre appelée *comparaison*, ou une troisième nommée *réflexion*, ou telle autre qu'on voudra imaginer[1]. Comme tout cela est nul et de nul effet s'il n'en résulte pas un jugement, et que s'il en résulte un jugement, c'est ce jugement seul qui est pour moi une nouvelle perception, un nouvel accroissement aux produits antérieurs de ma sensibilité, je ne dois pas considérer autre chose dans le phénomène dont il s'agit. Ce qui m'importe est de bien reconnaître en quoi il consiste, ce qu'il est ; et je n'ai que faire de chercher comment il se produit. D'ailleurs, c'est ici une enquête très infructueuse. Nous n'en savons pas mieux ce que c'est que juger, quand nous y avons distingué tous ces préliminaires. C'est donc vouloir continuer à décomposer, lors même qu'on est arrivé aux derniers termes ; et les opérations de l'esprit humain sont déjà assez compliquées

1. Destutt de Tracy reprend ici la critique de la doctrine condillacienne de l'entendement qu'il a développée dans le chapitre XI de l'*Idéologie proprement dite*.

sans y ajouter des rouages superflus qui ne font que masquer les pièces essentielles de la machine.

À plus forte raison, je ne dois pas, pour m'expliquer comment je porte des jugements, pour m'assurer que j'en porte, et pour donner à leur justesse une base solide, admettre en moi un sens intime, un sens particulier distinct de toutes mes autres facultés et de tous les emplois que je puis faire de mes organes, ni un sentiment vague de *conscience*, séparé de toutes mes affections positives et abstrait de toutes mes manières d'être spéciales et réelles. Cette supposition a bien plus d'inconvénients encore que celles que nous venons de rejeter. Celles-là ne sont que des subdivisions inutiles d'un fait vrai : mais celle-ci est purement gratuite d'abord, et par conséquent absolument inadmissible en bonne philosophie[a], et d'ailleurs elle n'explique rien. Elle impose au contraire la nécessité de l'expliquer elle-même. Or nous ne connaissons ce que nous appelons notre *moi* que par les impressions que nous éprouvons ; il n'existe pour nous (ou nous n'existons) que dans ces impressions, comme nous ne connaissons les autres êtres que par les impressions qu'ils nous causent, et ils ne consistent pour nous que dans la réunion de ces impressions. Comment donc concevoir et expliquer un sentiment de conscience en général, existant sans se rapporter à rien en particulier, et ne consistant dans la conscience d'aucune impression spéciale ? C'est évidemment là une abstraction personnifiée comme les formes substantielles, les formes plastiques, en un mot, comme tout ce qu'il y a de plus creux et de plus vide de sens[1]. Ces *non-sens* sont trop

a. Dès que l'on commence l'étude d'un sujet, quel qu'il soit, par une supposition quelconque, tout est perdu ; on peut y renoncer. On est assuré de ne plus jamais voir purement ce qui est. C'est une vérité fondamentale reconnue actuellement dans toutes les sciences positives, excepté dans ce qu'il plaît encore à quelques personnes d'appeler la *philosophie*, qui n'est pas apparemment pour elles l'étude de ce qui est.

C'est cette vérité qui a fait dire au grand Newton : *O physique ! Garde-toi de la métaphysique*. Combien cet admirable conseil n'est-il pas plus nécessaire encore à cette partie de la physique qui a pour objet la connaissance de notre intelligence, l'*idéologie*.

Il s'en faut tellement que l'idéologie soit la métaphysique, qu'elle n'a pas de plus grand ennemi.

1. Après avoir critiqué Condillac, Tracy s'oppose sans le nommer à Maine de Biran et reprend ici des arguments qu'il a développés dans sa correspondance avec lui durant l'année 1804. À ce dernier qui lui faisait valoir qu'il y a « un sentiment de mon être qui reste le même pendant que les impressions qui me viennent du dehors ou qui naissent spontanément dans mon organisation, varient sans cesse », Tracy répond : « Je vous avoue que j'en doute ; et il me semble que le sentiment que j'ai de mon *être* n'est autre chose que le sentiment de mes *manières d'être* successives. [...] Il me paraît que sentir une *manière d'être*, c'est sentir son *être*, et qu'il ne consiste pas dans autre chose. [...] Je ne vois pas l'utilité d'un mode fondamental et invariable pour y rapporter les autres comme à une échelle commune ; je ne

fréquents dans les philosophes. Souvent on ne les démêle pas; et on ne les distingue pas des choses bien vues. Cela fait qu'on les admire ou qu'on méprise la philosophie. En effet, dans ce cas, il n'y a pas de milieu entre ces deux partis.

Enfin, je dois expliquer encore que, quand je dis de la première sensation que j'éprouve, ou plutôt de l'idée que j'en ai, que *je la juge agréable*, je ne prétends pas dire que je vois déjà cette idée comme une idée de mode, bien distincte, bien séparée et de l'être qu'elle affecte et de celui qui la cause; et que je vois qu'une autre idée (celle d'être agréable) abstraite, générale, tirée de plusieurs êtres, leur convenant à tous, convient aussi à cette première idée. Je veux encore moins dire que j'ai une idée précise et détaillée de mon *moi*; que je le connais comme un être, et comme un être réel que j'étendrai ensuite à tous les êtres ou partie d'êtres qui sentent avec lui et obéissent à ses déterminations, et que je distinguerai de tous les autres êtres réels qui agissent sur lui et en sont indépendants; que je vois que cet être est modifié et qu'il est modifié d'une manière telle que l'idée générale d'être affecté agréablement lui convient en ce moment. Certainement je ne saurai tout cela qu'après beaucoup de perceptions successives, et après avoir constaté graduellement les résultats de ces perceptions par des signes, pour qu'ils deviennent de nouvelles perceptions durables dont je puisse faire de nouvelles combinaisons. Je n'ai voulu qu'exposer le fait; c'est que *j'ai été affecté*, et que j'ai vu, dans cette *affection*, qu'elle *est* ce que nous nommons *agréable*. Je n'ai pu l'exposer, ce fait, qu'avec les mots que nous avons, car si nous ne les avions pas, je ne pourrais que le sentir et non pas le dire. Dès que je puis le dire, il est donc inévitable que je le dise avec des développements qu'il n'avait pas dans mon esprit dans le temps où il est supposé être arrivé. Mais c'est une circonstance dont tout lecteur doit tenir compte, quand celui qui lui parle l'en fait souvenir. Ainsi, personne ne peut me nier qu'après avoir eu une sensation et le souvenir de cette sensation, il ne soit en nous de faire ce que nous appelons *juger ou sentir que cette sensation est agréable*.

Je demande, non pas qu'on me pardonne, mais qu'on m'applaudisse de tant insister sur ces premiers pas, les plus difficiles de tous. C'est absolument nécessaire quand on aspire à faire, pour guider la raison, une logique qui n'en soit pas dépourvue elle-même. Il est bien aisé de bâtir des systèmes entiers de philosophie en se dispensant de ces premières recherches et les remplaçant par des suppositions. Mais ensuite on tombe

conçois même pas trop ce qu'il peut être; je le répète, je crois que notre *moi*, notre *être* ne consiste que dans nos *manières d'être* ». Lettre du 16 thermidor an 12 (3 août 1804), dans *Œuvres* de Maine de Biran, *Correspondance philosophique*, *op. cit.*, p. 402-403.

dans milles absurdités pour n'avoir pas pris d'abord la peine suffisante ; et on est réduit à employer une foule de mots qui n'ont point de signification précise, ou même qui n'en ont point du tout, parce que les premières idées ne sont pas analysées et déterminées. C'est là vraiment être superficiel, eût-on feuilleté cent mille volumes de métaphysique; et c'est la faute dans laquelle tombent beaucoup d'hommes qui nous taxent très ridiculement de légèreté, nous autres idéologistes, qui au lieu de dogmatiser prématurément sur mille sujets divers et de courir rapidement aux conséquences les plus éloignées des premiers faits, consacrons notre vie tout entière à étudier notre intelligence, et la croyons bien employée si nous parvenons enfin à établir un petit nombre de principes capables de donner une base solide aux connaissances humaines, ce qui est proprement cette philosophie première, dont on a tant parlé et qu'on n'a point connue. O Bacon! que vous aviez raison ! *Non plumae addendae hominum intellectui, sed potiùs plumbum et pondera.* Mais qu'il est singulier que ce soient ceux qui font ou adoptent à tout moment un nouveau système complet de philosophie qui accusent d'être superficiels et légers ceux qui se bornent obstinément à chercher la base de tout système. Au reste, cela n'est pas plus merveilleux que bien d'autres choses que l'on voit et que l'on entend tous les jours. Revenons.

Je disais donc que je juge de ma première sensation, ou plutôt de l'idée que j'en ai, qu'elle est bonne à éprouver. Ce premier souvenir est certainement aussi semblable à son modèle qu'il puisse l'être. Il n'est point exposé à être altéré par le mélange d'idées étrangères, comme il pourra l'être dans la suite, puisque je n'ai encore eu aucune autre perception; ainsi le jugement que cette sensation est agréable doit être juste. Cependant dans cette idée *être agréable*, il y a beaucoup de nuances que le discours ne rend pas. Or, vu la différence nécessaire que nous avons reconnu exister entre le souvenir et la sensation, je ne puis pas voir l'idée *être agréable* aussi vivement dans l'un que je la verrais dans l'autre; et s'il s'agissait de décider de cette sensation comparativement avec une autre, il se pourrait faire que je la jugeasse *préférable* en la jugeant d'après elle-même, et *non préférable* en la jugeant d'après son souvenir. Ainsi, dès le premier pas, me voilà, sinon dans l'erreur, du moins dans le chemin d'y arriver. Cet exemple fait voir combien la chaîne qui constitue toute la justesse de nos idées est délicate et facile à rompre.

Toutefois, en conséquence de ce jugement, il naît en moi une autre perception, le *désir* d'éprouver de nouveau la sensation que m'a causée le mouvement de mes membres. C'est encore là un nouveau phénomène dont nous ne savons pas plus la raison que des précédents qui y donnent lieu. Mais c'est un fait incontestable.

Remarquons seulement que ce désir dépend immédiatement du jugement qui le précède. Il est donc influencé par tout ce qui influe sur ce jugement. Ainsi il ne peut pas naître aussi vif en partant du jugement porté sur le souvenir de la sensation qu'en partant du jugement porté sur la sensation elle-même; et même s'il était question de juger de cette sensation comparativement avec une autre, et qu'en vertu de cette différence du souvenir à la sensation, bien que toujours jugée *agréable*, elle eût été jugée non *préférable*, comme nous l'avons supposé ci-dessus, le désir de l'éprouver de nouveau ne naîtrait pas, ou même un désir contraire naîtrait. Voilà donc que par la seule cause de l'imperfection d'un souvenir, tout un rameau de l'arbre immense de nos perceptions prendrait une direction différente. Ce seul exemple nous montre combien la moindre nuance dans les actes de notre intelligence peut produire de divergence dans tous ceux qui les suivent.

Néanmoins, puisque dans le cas actuel cette sensation de mouvement est supposée jugée purement et simplement *agréable*, le désir de l'éprouver de nouveau peut et doit naître de ce jugement: et par une autre conséquence, tout aussi incompréhensible que les premières, il arrive que ce désir renouvelle le mouvement de mes membres, au moins vague comme lui, quoique je ne sache pas encore ni que j'ai des membres, ni qu'il existe du mouvement, ni que j'en fais; et de ce mouvement renaît en moi une sensation semblable à la première.

Ici nous voilà déjà transportés dans un nouvel ordre des choses, par cela seul que nous avons déjà exercé nos quatre facultés, sentir, se ressouvenir, juger et vouloir. Cette seconde sensation cessera bientôt comme la première, par une cause ou par une autre; mais quand le souvenir m'en reviendra, il ne sera plus une idée aussi simple que le premier. Ce premier souvenir ne pouvait être composé que de l'idée de la sensation même et du jugement que cette idée en était la représentation; mais le second peut déjà et doit, pour être complet, être composé de l'idée que cette sensation a été éprouvée une première fois, de celle qu'elle a cessé, de celle qu'on se l'est rappelée, de celle qu'elle a été jugée bonne à éprouver, de celle qu'elle a été désirée en conséquence de ce jugement, de celle qu'elle a été renouvelée en suite de ce désir, et même peut-être de celle qu'elle a cessé de nouveau malgré la continuation de ce désir, et de celles de plusieurs autres circonstances. Toutes ces idées peuvent et doivent être comprises dans ce nouveau souvenir, ou du moins s'y unir et le compliquer plus ou moins promptement. Ainsi bientôt le voilà très loin d'être la simple image d'une pure sensation; et dès lors je ne peux plus percevoir un souvenir simple de cette pure sensation.

Il y a plus : sans que cette sensation cesse, et pendant qu'elle dure encore, si j'en porte un jugement quelconque, l'idée sujet de ce jugement, qui n'est pourtant que cette sensation même ou du moins sa représentation immédiate, sera nécessairement compliquée de toutes les idées dont nous venons de parler, comme le serait le souvenir de cette même sensation.

Cette dernière observation nous apprend deux choses ; l'une que, même dès les premiers moments de notre existence, nous ne pouvons juger d'aucune idée qui ne soit composée d'une multitude d'idées accessoires qui toutes contribuent à faire que l'attribut du jugement est ou n'est pas renfermé dans le sujet ; l'autre, que c'est avec raison que nous avons dit que l'on doit regarder une idée comme un souvenir, ou si l'on veut, comme la représentation d'une autre, par cela seul qu'elle devient le sujet d'un jugement. Car dans le cas présent, la sensation dont je juge est bien une perception actuelle, puisqu'elle est supposée durer encore au moment où j'en juge ; cependant l'idée sujet de mon jugement n'est pas précisément et uniquement cette sensation, puisqu'elle renferme en outre beaucoup d'accessoires. Cela était bon à remarquer.

Je le répète : il faut absolument que l'on m'excuse d'entrer dans ces détails. Sans doute ils ne frapperaient pas d'abord les yeux d'un observateur inattentif : mais on ne doit pas non plus croire que ce sont de ces fausses apparences que l'on ne commence à apercevoir que quand la vue se fatigue et se trouble, pour avoir regardé trop longtemps de suite le même objet. On verra bientôt que pour nous être un peu arrêtés d'abord, nous cheminerons ensuite rapidement, et qui plus est, sûrement.

Si nous continuons à suivre pas à pas la génération de nos idées, nous trouverons que dans un moment ou dans un autre cette sensation de mouvement de mes membres doit cesser par quelque cause étrangère à moi, quoique continuant à être désirée, et que par conséquent après quelques expériences plus ou moins répétées, je dois trouver renfermée dans le souvenir de cette sensation l'idée *de n'avoir pas cessé par le fait de moi qui désirais la prolonger*, et par suite celle *d'avoir cessé par le pouvoir d'un* ÊTRE *autre que moi*, auquel être j'attribuerai postérieurement d'être la cause de toutes les sensations que je reconnaîtrai me venir de lui.

Ainsi me voilà arrivé, pour la première fois, à la connaissance de deux êtres, qui sont deux pour moi, que je distingue, qui sont différents et séparés parce que l'un *veut* et l'autre *résiste*. Jusque là je n'en connaissais qu'un, celui qui sent et qui veut. Je le connaissais par le sentiment et la conscience de mes *sensations*, de mes *volontés*, et de toutes mes autres *perceptions* ; mais je ne le connaissais pas par opposition à aucune autre chose. Il devait donc me paraître *tout*. Il était *tout* ; il était le véritable *infini* pour moi, puisque je ne pouvais le distinguer de rien, ni le limiter par rien. Je le *sentais* en un mot plutôt que je ne le *connaissais*; car dans l'acception ordinaire, on entend plus spécialement par connaître une chose, distinguer et démêler les qualités qui lui sont propres et qui emportent l'idée de la différencier d'avec d'autres existences. Mais à cette heure je connais mon *moi* par une opposition, par un contraste avec un autre être. Je connais réellement l'un et l'autre, puisque je connais qu'ils sont différents, qu'il est compris dans l'idée de l'un de *vouloir* éprouver une sensation et dans l'idée de l'autre de l'*empêcher*, ce qui ne peut se trouver en même temps dans la même idée. Mais je ne connais encore l'un de ces êtres que par ce seul fait qu'il *sent et qu'il veut*, et l'autre que par ce seul fait qu'il *résiste*.

L'idée de *vouloir* et l'idée de *résister* sont donc les deux noyaux, les deux germes, autour desquels viendront se grouper toutes les idées que par la suite je reconnaîtrai appartenir soit à mon *moi*, soit aux *êtres* qui ne sont pas lui, et qui composeront l'idée totale que j'aurai de chacun de ces êtres. L'idée de mon moi deviendra, outre l'idée de *vouloir*, celle d'avoir un corps, des membres, des organes par lesquels il sent, qui obéissent à ses volontés, et celle de posséder les facultés, les puissances, les faiblesses, les jouissances et les misères qui en résultent. L'idée des autres *êtres* au nombre desquels sont mon corps et mes membres sera, outre celle de *résister*, celle de réunir toutes les circonstances et les propriétés par lesquelles ils affectent ma sensibilité et qui caractérisent chacun d'eux. Je suis très convaincu que c'est ainsi que cela se passe en nous et que c'est en cela que consistent pour nous toutes les existences, tant la nôtre que celle des autres êtres.

Observons que depuis que j'ai soumis au jugement du public cette manière de concevoir le principe de toutes nos idées d'existence, qui en explique simultanément l'origine et la certitude et qui produit ainsi le double effet de dissiper les obscurités et de détruire les dénégations, on m'a souvent dit que toutes nos autres sensations, par leur présence et leur cessation involontaire, peuvent et doivent, comme celle qui résulte du mouvement de nos membres, nous conduire à connaître qu'il existe d'autres êtres que notre moi sentant et voulant. Je n'ai point d'intérêt à le nier; car si cela était, j'aurais également raison sur le fait principal, *la connaissance et la réalité de toute existence*. Il serait également vrai que notre existence réelle consiste dans la faculté de sentir, dont une partie importante est celle de vouloir; et que l'existence des autres êtres, réelle et distincte de la nôtre, consiste à mettre en jeu cette faculté de sentir et à résister à celle de vouloir. Il résulterait seulement de l'assertion dont il s'agit que nous avons plusieurs moyens au lieu d'un d'être certains de cette seconde existence. Mais je ne crois pas cette opinion fondée. Il me paraît que ceux qui la défendent n'ont pas fait attention à une chose que pourtant j'avais remarquée, c'est que cette sensation vague qui résulte du mouvement de mes membres est la seule que je puisse désirer sans la connaître et la seule qui, quand je la connais, suive immédiatement de mon désir de l'éprouver.

Tant que je n'ai pas senti une odeur, un son, une saveur, une couleur, je ne puis pas les désirer; et quand je les ai sentis, j'ai beau m'en ressouvenir, les juger agréables, et désirer les sentir de nouveau, si je ne sais pas encore qu'il existe des êtres, pas même mon corps, je ne puis rien faire directement et avec intention pour me procurer ces sensations.

Au contraire, sans savoir seulement que j'ai un corps, je puis éprouver le besoin, le désir vague de m'agiter, de changer de position, quoique je ne sache pas que j'ai une position. L'expérience prouve, et dans les enfants et dans les hommes, que c'est un résultat automatique de notre organisation, qu'il est la conséquence nécessaire de tout malaise, et même de tout bien-être un peu vif, que le mouvement s'ensuit par notre nature même, et en même temps aussi la sensation qu'il occasionne et qui l'accompagne toujours. En outre, quand je l'ai sentie, cette sensation, il suffit que le désir de l'éprouver se renouvelle pour qu'elle renaisse à l'instant; car ce désir n'est autre que celui de m'agiter, qu'il est toujours en mon pouvoir de satisfaire plus ou moins : je puis donc promptement porter le jugement que cette sensation suit de ma volonté de l'éprouver, et que si elle cesse malgré cette volonté, il y a là un autre *être* qui en *est* cause[a]. Cet autre être sera le plus souvent mon propre corps lui-même, dont la structure limite certains mouvements et se refuse totalement à d'autres. Aussi sera-t-il vraisemblablement le premier dont je reconnaîtrai l'existence. D'ailleurs ce second jugement, qu'*un autre être limite l'effet de ma volonté*, sera certainement porté d'abord d'une manière peu sûre et fort vague. Mais enfin il sera porté, et cela suffit. Les expériences subséquentes le rectifieront, le préciseront, et sépareront les uns des autres les êtres qui ont cela de commun d'*être* autre chose que ma volonté et d'*être* résistants à mon désir de m'agiter.

Ce qu'il y a de certain, c'est que nous portons tous le jugement qu'il y a des êtres très réels autres que notre *moi*, tel qu'il est d'abord, ne consistant que dans la faculté de sentir et de vouloir; c'est que l'existence et la réalité de ces êtres consistent à affecter cette faculté de sentir et surtout à résister à cette faculté de vouloir, et à produire le même effet sur d'autres êtres sentants dans les moments où ils cessent de nous affecter; c'est qu'un de

a. Pour qu'un homme ne vînt pas à découvrir qu'il est en son pouvoir de faire du mouvement quand il le veut, et par conséquent d'en avoir la sensation, il faudrait pouvoir l'empêcher d'en faire jamais aucun. C'est dans bien des genres que, pour cacher toujours à l'homme le secret de sa puissance, il faudrait qu'il fût possible de l'empêcher d'en faire jamais aucun usage. Heureusement cela ne se peut pas.

ces êtres est celui que nous appelons *notre corps*, parce qu'il coopère à notre faculté de sentir, obéit à notre faculté de vouloir, et fait partie de notre *moi*, quand ce *moi* devient pour nous un être composé de beaucoup de propriétés diverses. Chacun de nous est persuadé de cela; et malgré les subtilités de certains philosophes, personne n'en doute sincèrement. Ce qui est également indubitable, c'est que nous apprenons tous à porter ces jugements dès les premiers moments de notre existence; car aucun de nous ne se souvient de l'avoir appris. Ce qui me paraît encore incontestable, c'est que la sensation que nous cause le mouvement de nos membres exécuté en conséquence du désir vague de nous remuer, est très propre et suffisante à nous faire porter légitimement ce jugement : c'est pour cela que je l'ai choisie de préférence pour exemple, dans cet exposé de l'origine et de la formation de nos idées. Ensuite, si l'on veut absolument que nos autres sensations soient capables de produire le même effet, j'y consens, quoique je n'en voie pas la preuve. L'idée que je me fais de la certitude et de la réalité des existences que nous connaissons n'en sera, je le répète, ni moins claire ni moins fondée.

Je dois ici une réponse à une note fort étendue qui se trouve page 345 et suivantes jusqu'à la page 358 du tome III de l'*Histoire comparée des systèmes de philosophie*, par M. Degérando, Paris, an 12.

Je commence par déclarer que je regarde cet ouvrage comme estimable et utile, et que j'ai personnellement à me louer de la manière dont l'auteur s'exprime sur mon compte. Voici ses propres paroles au lieu cité : *Dans un ouvrage qui réunit à un grand nombre d'observations fines et délicates, un style pur, élégant et facile, MAIS DONT J'AVOUE QUE LE SYSTÈME GÉNÉRAL NE ME PARAÎT POINT EXACT, M. de Tracy, etc.* (C'est le premier volume de mes *Éléments d'idéologie* dont il s'agit).

Assurément ce jugement est à beaucoup d'égards plus favorable que je ne pouvais l'espérer, et surtout il porte l'empreinte de la politesse recherchée qui caractérise l'auteur, et qui rend toute discussion avec lui utile et agréable. Mais, je le dirai avec franchise, M. Degérando, en m'accordant beaucoup plus que je ne mérite comme écrivain, me paraît me juger un peu légèrement comme penseur.

En effet, je n'ai pas fait un système. Au contraire, différant en cela de M. Degérando, qui improuve l'idée fondamentale du *Traité des systèmes*, je fais profession de croire que c'est le meilleur ouvrage de Condillac et que le plus beau titre de gloire de ce fondateur de la science de l'intelligence humaine (l'idéologie) est d'avoir prouvé que tout système de métaphysique est un roman, fruit de l'impatience de dogmatiser, qui égare l'esprit en lui faisant prendre un fantôme pour la réalité et des choses supposées pour des choses prouvées ; et qu'il faut les remplacer, tous sans exception, par la simple observation de nos facultés, jusqu'à ce qu'on les connaisse bien.

Je n'ai donc fait qu'un recueil de faits. Si ces faits s'enchaînaient assez bien pour que leur ensemble pût mériter le nom de *système*, ce serait celui de la nature ; il ne serait pas possible de dire qu'il n'est point exact. Si de ces faits, il y en a, ce qui est très possible*, qui soient mal observés, ils rompent nécessairement la liaison des autres ; et alors il n'y a plus d'ensemble, plus de *système général* qu'on puisse taxer d'inexactitude. Ce sont ces faits mal vus qu'il fallait indiquer.

Je sais bien que dans un livre où M. Degérando expose et discute les opinions d'un si grand nombre de philosophes, il ne pouvait pas me réserver une grande place. Mais je ne voulais que prouver que mon ouvrage n'est point susceptible d'un jugement général. C'est là l'avantage de la manière de philosopher reconnue bonne actuellement en France, avantage que n'ont point ceux qui partent de principes *a priori*. Car si leur premier principe est jugé faux, tout le reste est évidemment mauvais ; et ce principe, ce n'est encore que l'observation de nos facultés et de leur action qui peut le justifier ou l'infirmer. Ainsi cette étude encore imparfaite est antérieure et préalable au principe de tout système. Je suis étonné que cette dernière réflexion ne se soit pas présentée à M. Degérando ; elle lui aurait épargné bien de la peine en le portant immédiatement à la racine de beaucoup de ces systèmes dont il suit si laborieusement toutes les branches.

Je viens à l'objet particulier de sa note, c'est l'explication que je donne de la certitude et de la réalité de l'existence des êtres autres que notre vertu sentante et de la manière dont nous la connaissons. Il n'en est point satisfait ; il ne la regarde que comme une hypothèse nouvelle ; il la trouve inadmissible ; puis au lieu de proposer une autre façon de se rendre compte du phénomène, il termine ainsi : *M. de Tracy admet des faits primitifs et inexplicables. Pourquoi ne pas ranger dans le nombre le sentiment de l'existence ? Son erreur me paraît venir de ce qu'il a supposé qu'il était nécessaire d'en rendre* RAISON, *de ce qu'il a supposé qu'il était nécessaire de la démontrer.*

Je ne veux point ici entreprendre l'apologie de mon opinion, ni me livrer à l'examen détaillé des objections que l'on y oppose. Après les éclaircissements que je viens de donner, ceux que j'avais donnés d'avance dans la seconde édition de mon premier volume, et ceux que l'on pourra trouver encore dans la suite de cet ouvrage, je n'ai qu'à laisser prononcer le lecteur ; et sous peu, cette question sera jugée irrévocablement. Qu'elle le soit d'une manière ou d'une autre, peu m'importe ; car sûrement elle le sera bien, puisque le sujet commence à être suffisamment éclairci. Mais c'est contre la conclusion de M. Degérando que je me sens obligé de m'élever, parce qu'il s'agit là non pas d'une opinion partielle et personnelle mais de la philosophie tout entière ; et ce que j'ai à en dire, rentre dans ce que je viens d'observer sur les avantages et les inconvénients de deux méthodes opposées.

Sans doute je reconnais des faits primitifs et inexplicables ; et nul homme sensé, je crois, ne peut faire autrement. Mais ces faits, ce sont les facultés dont nous sommes doués et dans lesquelles consiste tout ce que nous avons de puissance. Je tâche de les démêler, de les constater, de n'en point oublier et de n'y rien ajouter. Je vais même plus loin ; je trouve qu'elles se réduisent toutes à une seule, à celle de sentir et à ses différents modes, celui de sentir simplement, celui de se ressouvenir, celui de juger et celui de vouloir. Puis je cherche ce qui en arrive, ce que des êtres ainsi constitués savent réellement, et ce qu'il y a, dans ce qu'ils croient savoir, qui soit véritablement dans les limites de leurs moyens, ou qui les excède. Car c'est là uniquement en quoi consiste la logique, la dernière de toutes les sciences auxquelles l'esprit humain parvient et leur pierre de touche commune. Mais je ne puis consentir à chaque fois que je trouverai en moi une idée évidemment très composée, une notion extrêmement compliquée dont j'aurai peine à me rendre compte, à dire pour toute explication, *j'en ai la conscience, j'en ai le sentiment*, au lieu de chercher comment je suis venu à ce sentiment, sur quoi il est fondé, ce qu'il renferme réellement, et si je n'y comprends pas des jugements radicalement faux. Avec cette manière de procéder, le premier imbécile dirait : *j'ai le sentiment des sorciers*, et il bâtirait un système sur ce sentiment ; comme Ptolémée disait : *j'ai le sentiment que les astres tournent autour de moi*, et il inventait des épicycles pour rendre raison du mouvement qu'ils n'ont pas.

Je pense fermement qu'il ne faut jamais employer une idée très abstraite sans avoir au moins fait tous ses efforts pour se bien rendre compte de sa formation. Il pouvait être permis de s'en dispenser lors de l'enfance de la philosophie ; mais aujourd'hui tous les hommes qui ont réellement quelque profondeur dans l'esprit, s'imposent ce devoir qui au fond n'est autre chose que celui de savoir la signification des mots dont on se sert.

L'idée d'existence exige, autant et plus qu'une autre, ce préalable. Je n'en veux pas d'autre preuve que les erreurs de quelques philosophes allemands, que M. Degérando réfute lui-même tout en les admirant. Car elles viennent toutes des notions confuses qu'ils ont des idées *mouvement, espace* et *durée*, qui seraient éclaircies si la manière dont nous connaissons les êtres et leur existence l'était pour eux. Le seul tort de ces savants est d'avoir fait la faute que M. Degérando me conseille de faire, d'avoir tiré mille conséquences de ces idées avant de les avoir analysées et avant d'avoir cherché comment nous les formons. Or en cela, loin de mériter le titre d'esprits profonds que leur accorde libéralement l'estimable écrivain que je combats en ce moment, ils me paraissent avoir encouru le reproche contraire. Ils peuvent être, et je crois qu'ils sont doués de beaucoup de talents, d'une grande imagination, d'une vaste science, d'une force de tête peu commune ; mais c'est justement la profondeur et la solidité que j'oserais leur refuser. La solidité de tout édifice ne peut venir que de sa base **.

À ce propos, je dois le dire encore, M. Degérando me paraît confondre l'érudition avec la profondeur. Ce sont certainement deux très bonnes choses, mais très différentes. On peut savoir sur un sujet tout ce qui en a jamais été dit et l'avoir très peu approfondi. Assurément les laboureurs et les rameurs sont des êtres très utiles. Cependant, quoiqu'ils aient beaucoup fatigué, le cultivateur qui a mille fois parcouru tous les coins d'un champ en ne faisant qu'en égratigner la surface, a moins vu les couches inférieures du terrain que l'homme qui y a fait la moindre fouille ; et celui qui a le plus longtemps sillonné la superficie de la rivière, ne peut pas prétendre en connaître aussi bien le fond que celui qui l'a sondée, ne fût-ce qu'un moment.

Cette méprise de M. Degérando, dont on s'aperçoit à chaque instant dans son ouvrage, me paraît venir d'une autre qui ne s'y manifeste pas moins, je veux dire de son respect excessif, non pas pour la nation allemande (toute nation, toute

nombreuse réunion d'hommes mérite du respect, et celle-là surtout), mais pour les préjugés populaires que nous croyons peut-être à tort communs en Allemagne. Il le porte quelquefois, ce respect, jusqu'à un point extraordinaire.
Par exemple, tome 2, page 172, il dit que les disciples de Kant nous accusent d'ignorer et de dédaigner la doctrine de leur maître ; et pour nous disculper de ce reproche, il se croit obligé de faire un tableau lamentable des malheurs de la Révolution et de convenir qu'elle est cause que la *philosophie est discrédité en France et qu'on ne l'enseigne plus dans nos écoles depuis leur rétablissement.* Cependant M. Degérando, heureux vainqueur de nombreux rivaux, dont plusieurs avaient beaucoup de mérites, couronné par l'Institut national, et devenu l'un de ses membres, ne peut ignorer que beaucoup de Français cultivent avec succès toutes les parties de la saine philosophie ; et que c'est précisément depuis la nouvelle organisation de notre instruction publique en l'an 4, que pour la première fois elle faisait légalement partie des travaux de nos corps savants et était enseignée dans toutes les écoles publiques par des professeurs de grammaire générale, de législation et d'histoire ; car assurément il ne veut pas appeler philosophie ce que l'on enseignait sous ce nom dans nos anciens collèges. Au lieu de ces faits peu exacts, il était si aisé de dire ce qui est vrai : « Beaucoup de personnes parmi nous connaissent les idées de Kant ; quelques-unes les adoptent ; mais le plus grand nombre les rejette et les néglige, parce que, cultivant beaucoup l'étude de l'intelligence humaine, nous pensons en général que ces idées reposent sur une connaissance très imparfaite de nos facultés intellectuelles et que nous n'aimons pas à nous occuper de ce qui nous paraît porter sur une base fausse. » M. Degérando avoue lui-même qu'il a traduit un ouvrage sur le kantisme et que tous ses amis lui ont conseillé de ne pas le publier ; mais il ne dit pas par quelles raisons. Je suis persuadé que s'il avait jugé à propos de nous faire part de ces raisons, elles se seraient trouvées être précisément celles que je viens de donner. Elles se présentaient si naturellement qu'il n'y a qu'un excessif ménagement qui ait pu l'engager à en aller chercher tant d'autres qui ne sont pas bien bonnes.
Ce ne peut être que le même motif qui ait déterminé notre auteur à toujours parler des Français comme des gens légers, volages, impatients, reculant à la vue d'un *in-4°*, et très inférieurs à leurs voisins. Mais j'avoue qu'en cela il me paraît avoir passé toutes les bornes de la civilité. Je suis fâché que quand on prend sur soi de juger sa nation, ou de parler en son nom, on se permette de pareilles concessions, qui au reste ne persuaderont jamais, aux gens de bon sens d'aucun pays, *que la grande Nation soit composée de si petites têtes*.
D'ailleurs, pourquoi faire d'une question de logique une affaire nationale ? Un philosophe a une patrie et doit l'aimer. Mais les opinions philosophiques n'en ont point. On dirait que toute l'Allemagne est fanatique d'une doctrine et que toute la France la rejette. Ni l'un ni l'autre n'est exact. Il y a dans les deux pays des hommes qui se livrent aux systèmes métaphysiques et d'autres qui s'y refusent. Ces derniers me paraissent partout les esprits les plus solides et les plus profonds : mais qu'est-il besoin de déterminer où ils sont les plus nombreux ?
J'ai insisté sur ces réflexions parce qu'il me paraît tout à fait au-dessous de

M. Degérando de se ranger parmi les hommes qui dénigrent leur pays, ou parce qu'ils l'ont abandonné dans sa détresse, ou parce qu'ils ne peuvent y briller, et de faire chorus avec quelques clabaudeurs qui, incapables de rien faire qui vaille, voudraient persuader à l'univers qu'il ne se fait rien de bon autour d'eux. Les seuls ouvrages de M. Degérando suffiraient pour les démentir. Au reste, je le remercie sincèrement de m'avoir fourni l'occasion de discuter avec lui ces questions ; car elles m'ont mis à même de faire sentir la manière dont je conçois la vraie science logique, comme base de toute bonne philosophie.

N.B. : On voit qu'il est un certain public dont je ne cherche point à capter les suffrages. Effectivement, je suis très persuadé que si mon ouvrage est bon, il réussira malgré sa malveillance, et que s'il n'était pas solide, il tomberait comme bien d'autres choses, malgré sa faveur. C'est ce dont le temps décidera.

* *Variante des éditions de 1805 et 1818* : vraisemblable
** *Phrase ajoutée à l'édition de 1825.*

Arrêtons-nous ici; il ne faut pas marcher trop longtemps sans repos. Nous voici arrivés à un moment très remarquable dans l'histoire de nos connaissances. Nous avons vu que jusque-là les deux grandes causes que nous avons observées existent et agissent comme nous l'avions annoncé. Nous avons trouvé que bien réellement il y a toujours certitude dans nos perceptions actuelles, et souvent incertitude dans leurs relations; et que l'incertitude de leurs relations vient de l'incertitude de nos jugements, et celle-ci de celle de nos souvenirs. Continuons, et nous verrons que l'incertitude de nos souvenirs va toujours en augmentant à mesure que nos idées se multiplient et se compliquent, et qu'elle suffit à expliquer toute la faiblesse de notre raison et tous ses écarts dans les différentes circonstances de notre vie. Ce sera l'objet du chapitre suivant.

CHAPITRE VI

CONTINUATION DU PRÉCÉDENT. SUITE DES EFFETS DE LA CAUSE PREMIÈRE DE TOUTE ERREUR

En suivant pas à pas le développement successif de nos facultés intellectuelles, nous voilà donc arrivés à un moment si ancien dans l'histoire de chacun de nous que personne n'en a conservé le souvenir, à celui où nous avons appris l'existence d'êtres autres que notre vertu sentante. Il est aisé de voir que non seulement à cette époque commence pour nous un nouvel ordre des choses, mais même que l'ordre des choses ne commence pour nous qu'à cette époque; car jusque-là nous connaissions notre vertu sentante, mais nous ne connaissions qu'elle et ses différents modes, et nous ne nous doutions pas qu'elle eût la moindre relation à rien, puisque nous ne savions pas qu'il existât autre chose qu'elle. Mais à dater de cet instant, nous voyons que nos pensées ne sont pas uniquement nos propres modifications, qu'elles sont aussi des effets de propriétés appartenant à d'autres êtres, et des conséquences de ces propriétés; et que par suite elles doivent pour être justes, non seulement être bien liées entre elles, mais encore être bien conformes à l'existence réelle de ces êtres qui en ont une propre à eux, et que nous ne pouvons pas changer puisqu'elle est totalement distincte et indépendante de la nôtre.

Il semble, au premier coup d'œil, que cette nouvelle circonstance doit produire de grands changements dans la manière de procéder de notre esprit; qu'il va falloir apporter beaucoup de restrictions à notre principe que l'imperfection de nos souvenirs est la seule cause de nos erreurs; et qu'il y aura une grande différence entre bien enchaîner nos propres perceptions et bien raisonner sur l'existence réelle des êtres étrangers à nous. Cependant cette différence n'est qu'apparente, comme on va le voir.

En effet, supposons pour un moment qu'il n'est pas vrai que la propriété de résister à ma volonté d'éprouver la sensation du mouvement soit la preuve d'une existence autre que celle de ma vertu sentante, c'est-à-dire, comme le soutiennent Berkeley et les autres sceptiques, que ma vertu sentante peut n'être modifiée que par elle-même, et que même lorsqu'elle éprouve le sentiment de vouloir, ce peut être encore elle qui résiste à ce sentiment; ou en d'autres termes, qu'elle peut vouloir et ne vouloir pas en même temps. Cela est assez difficile à admettre; mais passons sur cette contradiction, et supposons en outre que je suis le seul être sensible existant dans l'univers. Qu'arrive-t-il dans ce monde idéal? Je ne suis pas moins affecté, comme je l'étais dans le monde réel; je n'éprouve pas moins toutes les mêmes modifications qu'auparavant; elles ont toujours les mêmes qualités, les mêmes liaisons entre elles, les mêmes résultats, les mêmes conséquences, la même manière de s'enchaîner et de se coordonner; et quoique persuadé qu'elles n'ont leurs causes que dans le sein même de ma vertu sentante, je ne dois pas moins les observer, les sentir, les analyser et n'en tirer que des déductions légitimes, c'est-à-dire qui soient implicitement renfermées dans ce que j'ai senti. Aussi Berkeley, qui est de tous les philosophes à moi connus, celui qui a soutenu avec le plus d'esprit cette singulière thèse, avoue, lorsqu'il croit l'avoir prouvée, qu'elle ne change rien du tout à l'ordre des choses. Il console son pauvre Hylas qui se désespère de ce que le monde entier lui échappe; et il l'assure que cela n'y fait rien du tout et que tout va pour lui comme avant cette belle découverte[a].

Effectivement, si l'on consent à ce singulier principe *que ma simple vertu sentante peut en même temps vouloir et s'opposer, vouloir et ne vouloir pas la même chose, vouloir souffrir par exemple*, ce qui me paraît bien pénible à accorder, le reste de la discussion est absolument vide de sens et la dispute un pur jeu de mots. Car les êtres que nous appelons *réels* n'existent pour nous que par les perceptions qu'ils nous causent. Dans tous les cas, ces perceptions ne peuvent pas nous venir sans causes. Si leurs causes existent dans notre faculté sentante, elles ne nous sont connues de même que par ces perceptions. Elles n'existent pour nous, comme les êtres, que par ces perceptions; elles sont absolument la même chose que ce que nous appelons les *êtres*; elles en ont exactement toutes les propriétés, puisque ces propriétés sont nos perceptions. Ainsi ce sont ces causes qui sont les êtres *réels*. Il n'y a que le nom de changé, *les causes sont les êtres ou les êtres sont les causes*. C'est là pour le coup une équation identique. C'est une vraie billevesée.

a. Voyez les *Dialogues d'Hylas et de Philonoüs*.

Mais il y a une autre considération qui rend le principe accordé ci-dessus bien plus absurde. Aussi le prudent Berkeley a eu soin d'en détourner l'attention, et je ne crois pas qu'aucun sceptique ait osé l'approfondir. Nous avons supposé que je suis le seul être sentant qui existe dans l'univers; et alors je n'ai point de contradicteurs. Mais s'il y a plusieurs êtres sentants en même temps dans ce monde, s'il existe à la fois dans la nature seulement deux sceptiques, bien certains de cette seule chose, de se sentir douter, *d'exister doutants*, lequel des deux consentira à n'être qu'une modification de la vertu sentante et doutante de son camarade? À n'exister que dans la pensée de cet ami qui va devenir son adversaire? Leur obstination réciproque leur apprendra certainement bientôt qu'ils sont deux *êtres*. Car ils ne pourront ni s'accorder réciproquement qu'ils ne sont point un être puisqu'ils sont tous deux sûrs de sentir, *d'exister sentants*, ni convenir qu'ils sont tous deux le même être puisqu'ils sentent différemment, puisqu'ils *existent* sentant différemment. La seule chose qu'ils pourront se concéder mutuellement, par égard pour leur opinion commune, c'est que tout ce qui paraît les entourer, et qui n'a pas la conscience personnelle de son existence, *n'existe* que dans leurs pensées à eux. Mais si dans leurs débats ils en viennent aux coups, il sera fort indifférent pour le battu que le bras de son adversaire soit un être réel, appendice de l'existence complexe de celui-ci, ou qu'il ne soit que l'assemblage des perceptions que lui battu en reçoit. Cela sera tout aussi égal au battant; et les voilà revenus, à l'égard des êtres inanimés, à cette identité que nous avons reconnue entre les *êtres* qui sont *causes* et les *causes* qui sont *êtres*.

Seulement il va naître une difficulté. Ce bras conçu comme un fantôme, n'ayant d'existence que dans une faculté sentante, en a actuellement deux positives et bien distinctes, l'une dans la faculté sentante du battu et l'autre dans la faculté sentante du battant. À la vérité, il leur cause souvent à toutes deux des impressions qui sont semblables, mais il leur en cause aussi qui sont différentes. De plus, il agit sur l'une dans des moments où il n'agit pas sur l'autre; et dans les instants où il agit à la fois sur toutes deux, outre les impressions pareilles qu'il leur fait, il leur en fait d'opposées, comme par exemple quand il obéit à la volonté d'une de ces facultés et qu'il résiste à celle de l'autre. Il est donc impossible de placer son existence exclusivement dans l'une ou dans l'autre de ces facultés sentantes. Il faut en revenir à lui en reconnaître une qui lui est propre, laquelle est composée, pour chacun de ces êtres sentants, des impressions qu'il fait à tous deux, de celles qu'il lui fait particulièrement et de celles qu'il sait qu'il fait à l'autre ou qu'il peut lui faire; et voilà ce que c'est pour nous que l'existence des êtres qui ne consiste toujours que dans le sentiment ou les sentiments que nous en avons, dans les impressions que nous en éprouvons, et dans les conclusions que nous en tirons, lesquelles conclusions sont encore des perceptions qu'ils nous occasionnent.

On voit donc 1. que l'existence de l'être sentant consiste à sentir et à vouloir, ce qui est encore sentir; 2. qu'il répugne de supposer que les causes qui résistent à la volonté d'une vertu sentante existent dans le sein même de cette vertu sentante qui veut; 3. que cette supposition admise ne changerait rien à l'existence du monde, s'il n'y avait qu'un être sentant dans l'univers; qu'il n'y aurait qu'un nom de changé; et que ces causes seraient réelles de la réalité que nous accordons aux êtres, seraient les êtres eux-mêmes qui ne consistent que dans les perceptions qu'ils causent; 4. que cette supposition à la fois révoltante et vide de sens, dans le cas où il n'existerait qu'un seul être sentant, est tout à fait inadmissible dès qu'il en existe plusieurs; 5. que l'existence des êtres insensibles est très réelle et distincte de celle de l'être qui les sent et qu'elle ne consiste pour lui que dans les impressions qu'il en reçoit et dans la connaissance qu'il a de celles qu'ils font ou sont capables de faire aux autres êtres sentants, connaissance qui est elle-même une perception qu'ils lui causent. Enfin on voit comment la *réalité* complète de nos perceptions relativement à nous se concilie avec l'espèce de *réalité* particulière que nous ne pouvons nous empêcher de reconnaître dans les êtres qui ne sont pas nous; et l'on voit surtout qu'il n'y a rien de plus absurde et de plus vide de sens que toutes ces grandes disputes sur l'*idéalisme* et le *réalisme*; et l'on ne conçoit pas que des hommes accoutumés à peser le sens des mots dont ils se servent aient pu s'y livrer ou en faire la base d'une division générale de tous les systèmes de philosophie. Si elle est fondée, cette division, c'est une chose bien vaine que la philosophie; et il est bien pressant de la reconstruire sur des fondements plus solides.

Je pourrais bien, je pense, sans craindre d'être contredit, conclure de tout ceci que je n'ai pas eu tort d'approfondir la signification du mot *existence* et de chercher à éclaircir en quoi consiste pour nous la nôtre et celle des êtres autres que nous. On en conviendrait encore plus volontiers, si j'avais le temps de montrer actuellement de combien de rêveries cette précaution nous garantit; mais j'avais un autre objet en entrant dans cette explication : je voulais prouver que la découverte qu'il existe des êtres distincts et indépendants de notre faculté de sentir ne change point la marche de notre intelligence et que les causes qui nous conduisent à la vérité ou à l'erreur sont les mêmes qu'auparavant. Je voulais montrer que, bien que l'existence de ces êtres mérite d'être appelée *réelle*, et bien que nos idées pour être justes doivent être conformes à cette *réalité*, cependant ces idées sont toujours tout pour nous; qu'elles sont toujours justes quand elles sont bien enchaînées; et qu'elles sont toujours certaines et conformes à la réalité quand nous ne les formons que d'après des souvenirs exacts et des représentations fidèles de nos perceptions antérieures, depuis la première jusqu'à la dernière : or c'est, je crois, ce que l'on va voir très clairement.

En effet, examinons ces trois assertions l'une après l'autre. D'abord, que nos perceptions soient toujours tout pour nous, cela ne peut faire aucun doute ; car comme nous n'existons pour nous-mêmes que par et dans ce que nous sentons, comme nos perceptions ne sont jamais que des modes de notre existence, et comme notre existence totale ne saurait être autre chose que l'assemblage de tous ces modes, il est évident que nos perceptions sont toujours et également tout pour nous, de quelque part qu'elles nous viennent. C'est ce qui nous a fait dire ci-dessus qu'en supposant qu'il n'existe qu'un seul être sentant dans l'univers, et en admettant par impossible que ce qui résiste à sa volonté peut résider dans cette vertu sentante elle-même qui veut, il n'y a rien de changé pour lui dans ce monde; les causes qui lui résistent sont les êtres tels que nous les connaissons : car les êtres tels que nous les connaissons ne sont pas autre chose que ces causes et ne consistent pas en autre chose que dans la réunion de ces causes qui nous affectent.

Mais puisque nos perceptions continuent toujours d'être tout pour nous, même après que nous avons reconnu la réalité des êtres, il faut encore convenir que cette réalité ne change rien à la cause de la justesse de nos perceptions, et qu'elles sont toujours justes, et ne peuvent pas n'être pas justes dès qu'elles sont bien liées entre elles; car nous ne connaissons jamais qu'elles : il n'existe jamais pour nous rien qu'elles. Les premières sont simples et nous viennent directement de leur cause, qui ne nous est jamais connue que par elles. Elles sont certaines et réelles par cela seul que nous les percevons. Ensuite nous ne faisons jamais autre chose qu'en faire de nouvelles combinaisons; et ces combinaisons consistent toujours à y remarquer des circonstances et à les grouper en conséquence de mille manières différentes. Ainsi elles naissent toutes les unes des autres ; leur justesse ne peut consister que dans leurs relations ; les dernières sont aussi certaines et aussi vraies que les premières, si nous n'avons vu successivement dans chacune de celles qui les précèdent que ce qui y est réellement ; et la réalité particulière des êtres qui en sont les causes premières ne fait rien à leur exactitude, ou du moins n'en change point la nature. C'est ce qui nous a fait remarquer, à la fin du chapitre IV, que si nous n'avons pas des *idées de substances* et des *idées archétypes*, comme on l'a tant dit mal à propos, il est vrai que nous avons des idées directes et des idées abstraites des êtres, mais que les causes de leur justesse sont les mêmes et que nous n'opérons pas sur les unes autrement que sur les autres. Toute la différence qu'il y a entre elles, c'est que le secours de l'expérience, le rappel à la sensation simple, à l'idée primitive dont elles émanent, est plus près des premières que des dernières.

Néanmoins, il est constant que nos idées, pour mériter les noms de justes et de vraies, doivent être conformes à l'existence réelle des êtres dont elles émanent, existence réelle qui est distincte et indépendante de la nôtre, et que nous ne pouvons pas changer. Si donc nous avons raison de dire que toutes ces idées sont justes et vraies, par cela seul qu'elles sont bien enchaînées, il faut qu'il se trouve que, dès que cette condition est remplie, elles soient nécessairement conformes à cette réalité et ne renferment que des conséquences qui ne lui soient pas contraires. C'est aussi ce qui arrive, et ce qui ne peut pas manquer d'arriver, c'est là la véritable harmonie préétablie* : car les premières de toutes ces idées, nos pures sensations, nos idées simples, sont des effets directs de ces êtres distincts de notre vertu sentante; ainsi elles font partie de leur existence réelle, et non seulement elles en font partie, mais même elles sont (pour nous du moins) toute cette existence, puisque cette existence ne nous est connue que par elles. Or, si dans nos combinaisons subséquentes, nous ne voyons rien dans ces sensations, nous n'en jugeons rien qui n'y soit réellement, qui ne soit bien conforme à leur nature, il est manifeste que toutes ces combinaisons postérieures, nos idées composées, seront nécessairement conformes à l'existence réelle des êtres causes de nos sensations. Elles pourront bien, ces combinaisons, ne pas embrasser l'existence totale de ces êtres, car ces êtres peuvent avoir beaucoup de propriétés qui n'aient pas encore agi sur nous, ils peuvent même en avoir qui soient totalement et éternellement inaccessibles et étrangères à nos moyens de connaître; mais du moins il est certain que ces combinaisons de nos perceptions simples, ces perceptions composées, ne renfermeront rien qui soit contradictoire avec l'existence de ces êtres, telle qu'elle nous est connue par les perceptions simples qui émanent d'eux. Notre troisième proposition, que nos idées sont toujours certaines et conformes à la réalité des êtres, par cela seul que nous ne les formons que d'après des souvenirs exacts et des représentations fidèles de nos perceptions antérieures, depuis la première jusqu'à la dernière, est donc encore d'une vérité indubitable et inattaquable.

Il est donc avéré que la découverte qu'il existe des êtres distincts et indépendants de notre faculté de sentir, ne change rien du tout à la manière d'opérer de notre intelligence et que les causes qui nous conduisent à la

* « C'est là la véritable harmonie préétablie » *constitue une adjonction propre à l'édition de 1825. Destutt de Tracy a déjà eu recours à l'idée d'harmonie préétablie dans le premier chapitre de la seconde partie du* Traité de la volonté et de ses effets, *publié en 1815.*

vérité ou à l'erreur sont les mêmes qu'auparavant. Aussi n'est-ce pas par cette raison que le moment où nous faisons cette découverte est une époque remarquable dans notre histoire et que nous avons cru devoir nous y arrêter en finissant le chapitre précédent; mais c'est parce qu'à partir de cet instant, toutes nos idées prennent nécessairement un nouveau degré de complication qui a des conséquences très importantes.

Nous avons déjà observé dans ce même chapitre v, page 143, que dès que nous avons exercé seulement une fois toutes nos facultés intellectuelles, quand une sensation déjà éprouvée renaît, le souvenir de cette sensation est dès ce moment composé nécessairement de beaucoup d'idées accessoires; mais ici c'est bien autre chose: je ne puis plus éprouver la sensation la plus simple sans y joindre, au moins implicitement, les idées qu'elle me vient d'un corps, dans certaines circonstances, par certains moyens, suivant certaines lois, etc., etc. Ainsi voilà que tous mes souvenirs de sensations, non seulement ne sont pas la sensation elle-même, (nous avons vu qu'ils en diffèrent par leur nature), mais même sont nécessairement des souvenirs de véritables idées de modes et de qualités des êtres que j'ai appris à connaître, et par conséquent sont des idées très composées et très sujettes, dans leurs renaissances successives, à perdre quelques-uns de leurs éléments ou à en acquérir de nouveaux.

La même réflexion s'applique à mes désirs les plus directs, à ceux que l'on serait le plus autorisé à appeler purement *machinaux*. On donne souvent ce nom assez à l'aventure à plusieurs de nos opérations intellectuelles; mais il ne signifie autre chose, quand il a un sens, si ce n'est que ces opérations sont plus simples ou moins développées que d'autres, que par cette raison on appelle *réfléchies*. Du reste, les unes et les autres sont de même nature et on ne pourra jamais fixer entre elles une ligne de démarcation précise, même en se jetant dans une foule de suppositions gratuites, qui ne sont pas de mon sujet. Quoi qu'il en soit, il est certain que dès que j'ai appris qu'il y a d'autres êtres que ma faculté sentante et voulante, que ce sont ces être appelés *corps* qui sont cause des impressions qu'elle éprouve, que l'un d'eux, que par cette raison j'appelle *mon corps*, lui obéit immédiatement quoiqu'en lui résistant, et que les autres ne lui obéissent que par l'intervention et l'effort de celui-là; il est certain, dis-je, que dès ce moment mes désirs les moins composés d'éprouver telle ou telle manière d'être deviennent le désir beaucoup plus compliqué que ces corps que je connais prennent certaines modifications, produisent certains effets, en un mot, revêtissent certains modes.

Les souvenirs que je puis avoir de ces désirs éprouvent par conséquent le même sort que mes souvenirs des sensations: non seulement ils sont toujours, par leur nature, des idées très différentes de leurs modèles, mais encore ils deviennent des idées très compliquées et sujettes à toutes les imperfections des idées des modes et des qualités des êtres.

Il en est à peu près de même des jugements subséquents que je porte de toutes ces idées et des souvenirs que je puis en avoir. Ainsi, voilà que quand j'ai seulement appris qu'il existe d'autres êtres que ma vertu sentante, le danger résultant de l'imperfection de mes souvenirs s'est prodigieusement accru.

Cependant, ce n'est encore là que le commencement des difficultés qui nous attendent et qui vont toujours croissant à mesure que l'édifice de nos connaissances s'élève et s'agrandit. Suivons ces progrès comme nous les avons décrits dans le premier volume, chapitre VI.

Ces idées d'êtres et de modes qui naissent de nos premières idées simples et des premiers jugements que nous en portons, et qui servent de base à des combinaisons ultérieures, je ne les ai encore considérées que comme particulières et individuelles, telles qu'elles sont d'abord. Mais nous avons vu que bientôt par des jugements postérieurs et des abstractions successives qui en sont la suite, nous les généralisons et nous en faisons des idées de genres, de classes et d'espèces, au point que dans nos langages, nous n'avons plus un seul mot qui exprime une idée individuelle, si ce n'est quelques noms propres. Dans ce nouvel état d'idées générales, elles sont donc de véritables surcomposés, produits d'un grand nombre de différents jugements, extraits d'une multitude de sujets distincts et formés d'une quantité prodigieuse d'éléments divers. Arrivées à ce point (et presque toutes nos idées sont telles), combien n'est-il pas facile qu'elles éprouvent des altérations dans leurs renaissances successives? Combien par conséquent n'est-il pas aisé que les souvenirs que nous en avons soient infidèles et variables? Ne sent-on pas même qu'il est presque impossible qu'ils soient autrement?

La même chose sera encore plus vraie de toutes les idées que nous nommons plus particulièrement idées abstraites et en général de toutes celles que nous formons par des observations plus fines et qui ne sont séparées les unes des autres que par des nuances si légères et des distinctions si délicates qu'il est bien difficile qu'elles nous soient constamment présentes et qu'elles ne nous échappent pas bien souvent.

Il est donc vrai que l'imperfection de nos souvenirs est toujours plus à craindre et plus prête à nous égarer à mesure que nos idées se multiplient, qu'elles sont plus composées, plus modifiées, plus élaborées, plus voisines les unes des autres, et séparées par des différences plus difficiles à saisir, c'est-à-dire à mesure que nos connaissances s'accroissent et se perfectionnent par une connaissance plus précise et plus détaillée des premiers faits qui en sont la base.

Maintenant, à ces considérations tirées uniquement de la génération de nos idées et de leur enchaînement successif, ajoutons-en d'autres fondées sur la nature des moyens dont nous nous servons pour employer nos facultés intellectuelles, sur la manière dont ces facultés agissent, et sur les modifications qu'elles éprouvent par leur action même.

Rappelons-nous ce que nous avons dit des signes de nos idées, de leur nécessité, de leurs imperfections, et surtout de la manière confuse, fortuite et pourtant graduelle dont nous apprenons leur valeur.

Rappelons-nous encore ce qui a été observé de la liaison qui s'établit entre nos idées à mesure qu'elles ont été travaillées, élaborées, combinées ensemble sous mille aspects divers. Elle est un effet de la mémoire, cette liaison; elle est en quelque sorte la mémoire elle-même; elle fait que nous ne pouvons, qu'on me passe cette expression, toucher à une seule de nos idées sans que le mouvement se propage plus ou moins à une infinité d'autres qui y sont liées. C'est comme un clavecin dont toutes les touches auraient quelque adhérence entre elles: elles s'ébranleraient réciproquement. Une idée ne nous revient donc jamais absolument pure et isolée; elle est toujours accompagnée d'une foule d'accessoires qui l'altèrent en concourant à l'impression totale; et ce qu'il y a de pis, ce mouvement ne se propage pas toujours de la même manière; il se porte tantôt plus d'un côté, tantôt plus de l'autre, suivant les différentes circonstances; en sorte que les accessoires ne sont pas toujours les mêmes et que l'idée principale en est diversement altérée ou, ce qui est la même chose, devient à chaque fois une nouvelle idée que nous prenons pour la même, parce qu'elle est toujours revêtue du même signe.

Enfin, ressouvenons-nous surtout de nos observations sur les effets de la fréquente répétition des mêmes actes intellectuels. Rappelons-nous combien ils deviennent rapides et insensibles, combien nous en faisons en un instant sans nous en apercevoir, combien par conséquent nos idées les mieux connues reçoivent de modifications impossibles à démêler.

Si nous nous pénétrons bien de l'importance de tous ces faits, qui sont avérés, nous ne serons plus surpris que, malgré la certitude incontestable de tout ce que nous sentons, et la véritable infaillibilité de chacun des jugements que nous en portons pris séparément, nous soyons si sujets à méconnaître la vérité; nous reconnaîtrons que la seule difficulté de constater l'identité des matériaux de nos jugements successifs en est une cause bien suffisante, et nous n'aurons pas de peine à penser qu'elle en est la cause unique.

Voilà donc que nous nous sommes bien expliqués comment la cause première de toute certitude et celle de toute incertitude agissent et se combinent dans la formation et l'enchaînement de nos idées, depuis leur origine et dans les différents degrés de nos connaissances; mais ce n'est pas tout : pour remplir pleinement la tâche que nous nous sommes imposée au commencement du chapitre précédent, il faut encore voir l'action de ces deux causes opposées dans les différents états de nos individus, et comment elles produisent les effets qui en résultent.

On dit souvent, et avec raison, que nous jugeons diversement des mêmes choses, suivant la disposition dans laquelle nous sommes; cela est vrai, et cependant il n'est pas bien aisé de comprendre d'abord comment d'être dans une disposition ou dans une autre peut nous faire voir dans une idée actuellement présente ce qui n'y est pas ou nous cacher ce qui y est. Avec notre manière d'envisager les choses, cette difficulté va s'évanouir et nous allons trouver que cet effet, en apparence si extraordinaire, se réduit encore à une représentation inexacte de l'idée dont nous croyons juger.

En effet, puisque nous sommes doués de sensibilité, le jeu de notre organisation ne peut pas avoir lieu sans nous causer quelques impressions. Suivant la manière dont il s'exécute, et par cela seul que le mouvement vital s'opère en nous, nous éprouvons les sentiments de vigueur ou d'abattement, d'hilarité ou de mélancolie, de bien-être ou de malaise, de calme ou d'anxiété, de chaleur ou de refroidissement interne, d'activité ou de langueur, et plusieurs autres plus particuliers, mais tout aussi marqués, résultant de la prédominance de l'action de certains organes. Ces modes, que l'on peut appeler les modes fondamentaux de notre existence, sont loin d'être toujours les mêmes dans les différents temps; mais ils ne cessent ni ne changent parce qu'une idée quelconque, que l'on peut regarder comme un mode accidentel de cette même existence, vient occuper notre pensée; au contraire, ils se joignent, ils s'unissent à ce mode accidentel, ils se confondent avec cette idée, ils en deviennent un élément qui en fait une idée nouvelle.

Ainsi, l'idée d'un malheur arrivé se trouve atténuée si j'éprouve actuellement un sentiment de gaité ou de bien-être qui résiste à son effet, et aggravée si je suis déjà livré au sentiment de mélancolie ou de langueur qu'elle doit produire en moi. L'idée d'un malheur prévu est soutenue et repoussée en partie si j'ai une vive conscience de mes forces; elle est accrue si j'éprouve d'avance l'état de tristesse et d'accablement qui en doit résulter. Il en est de même de celles d'une action difficile à exécuter, d'une fatigue à essuyer, d'un grand projet à entreprendre. La disposition où je me trouve est une véritable addition ou diminution faite d'avance aux difficultés ou aux ressources dont ces idées doivent réveiller en moi les images. Par exemple, l'idée de surmonter ces obstacles ou ces malheurs par la patience se présente à moi avec l'accessoire de la facilité et d'un provisoire heureux et doux, si je suis dans une disposition calme; avec celui de la souffrance, si je suis déjà dans un état d'anxiété et de malaise. En sens contraire, l'idée d'un plaisir et de tout ce qui y a rapport est bien avivée, si l'état de mes organes m'en fait d'avance éprouver le désir; elle peut, au contraire, ne réveiller en moi qu'un sentiment douloureux et sombre, si cet état est tel que j'aie la conscience de ne pouvoir en jouir; ou qu'une impression d'indifférence ou de mépris, si je suis entraîné vers un autre plaisir[1].

Il est donc évident que, dans toutes ces suppositions contraires, l'idée principale se présente à moi avec des accessoires différents qui en font réellement une autre idée, et que l'effet de ces dispositions opposées n'est autre que de produire en moi une représentation inexacte de l'idée qui m'a frappé dans d'autres temps et d'autres circonstances, et que pourtant je crois la même. Par conséquent, cet effet n'est qu'un cas particulier de l'observation générale que l'imperfection de nos souvenirs est la cause de toutes les aberrations de nos jugements.

Je pourrais donner beaucoup de preuves de cette vérité: mais je me bornerai à trois. Premièrement, tout le monde convient que la première disposition pour porter un jugement sain est d'être calme et, comme on dit, de n'avoir l'esprit préoccupé par rien. Cela est vrai: mais pourquoi cela est-il vrai? Parce que c'est dans cet état que chaque idée particulière nous arrive et demeure dans notre esprit pure et sans mélange, et que nous pouvons la rapporter à elle-même sans altération. C'est là son type originel et constant. Les autres nuances qu'elle prend dans le cas contraire sont variables. Elle devient donc un souvenir imparfait, et c'est ce qui altère les jugements qui s'ensuivent.

La seconde preuve, c'est que les illusions naissantes de la disposition dans laquelle je suis, disparaissent dès que je m'aperçois que cette disposition en est la cause. Pourquoi cela? Parce que dès ce moment je les sépare de l'idée à juger. Elle redevient pure, nette, et telle qu'elle est, dépouillée de tout accessoire étranger et variable. Elle est un souvenir exact de ce qu'elle a été constamment.

Enfin, et ceci est une conséquence de ce que nous venons de dire, ce qui achève de prouver que nos diverses dispositions n'altèrent nos jugements

1. L'impact de nos « dispositions » sur nos idées a déjà été souligné par Cabanis dans *Rapports du physique et du moral de l'homme* (1802) : « Sur un homme attristé d'idées chagrines, agité de sentiments cruels, les objets extérieurs produisent d'autres impressions que si le même homme étaient doucement occupé d'images agréables, et son âme dans un état de satisfaction et de repos. Les impressions sont dans nous-mêmes, et non dans les objets : ceux-ci n'en peuvent être que l'occasion. La manière de sentir leur présence et leur action tient surtout à celle dont on est disposé » (*Œuvres philosophiques* de Cabanis, texte établi et présenté par C. Lehec et J. Cazeneuve, Paris, P.U.F., 1956, vol. 1, p. 605).

qu'en brouillant nos souvenirs, c'est qu'elles ne produisent cet effet que sur les idées auxquelles elles peuvent se mêler sans que nous nous en apercevions. J'ai beau être triste ou gai, accablé ou plein d'action, bien ou mal à mon aise, je porterai toujours le même jugement sur l'égalité ou la différence de deux idées de quantité. Il m'est trop manifeste que ce que j'éprouve d'ailleurs est étranger à ces idées, pour qu'elles en soient obscurcies. Elles me reviennent toujours les mêmes; mes jugements sur leur compte sont inaltérables, et partant conséquents et justes, car c'est la même chose.

On voit donc que cette observation générale de l'influence de l'imperfection de nos souvenirs rend raison de l'altération et de l'inconséquence de nos jugements, produites par les différentes dispositions dans lesquelles l'être sensible se trouve successivement dans le cours de son existence. Elle explique en même temps l'effet que produit sur nos opinions et nos goûts, ou plus généralement sur nos jugements, 1. la différence des tempéraments; 2. celle des sexes; 3. celle des âges (même indépendamment des différents degrés d'instruction et d'expérience); 4. celle de l'état de santé à l'état de maladie, et celle des diverses maladies entre elles: car ce sont là autant de causes qui font naître en nous des dispositions différentes[1].

Cette même observation générale montre de plus pourquoi c'est un très grand avantage pour porter des jugements conséquents et vrais, et avoir ce que l'on appelle l'esprit ferme et juste, d'être d'un naturel peu mobile et peu susceptible de passer rapidement d'une disposition à une autre.

Elle fait voir, en outre, qu'à défaut de cette qualité dont un homme ne saurait jamais être doué que jusqu'à un certain point, la plus précieuse qu'il puisse posséder est la capacité de réflexion qui fait séparer exactement de l'idée dont on juge les impressions qui y sont étrangères. C'est là la perfection de la raison. Le délire et la folie proprement dite sont l'excès contraire. L'entraînement des passions et des affections est l'état intermédiaire et le plus commun. Je trouve enfin que l'on explique encore très bien, par l'imperfection de nos souvenirs, l'incohérence et l'absurdité de nos idées dans les songes. Pendant l'assoupissement des sens, nous sommes privés de mille secours qui, dans l'état de veille, nous empêchent à tous moments de confondre avec une idée des impressions qui y sont étrangères. Rien ne nous avertit, par exemple, qu'un souvenir n'est pas une sensation

1. Dans les *Rapports...*, Cabanis traite notamment de l'influence des âges, des sexes, des tempéraments, des maladies, du régime (entendu comme l'ensemble des habitudes physiques susceptibles de modifier l'action des organes) et du climat sur la formation des idées et des affections morales. Destutt de Tracy ne reprend ici que les quatre premières de ces causes.

actuelle, que l'objet auquel nous pensons n'est pas présent. Nous sommes dénués de moyens de distinguer le sentiment d'oppression résultant d'un mal d'estomac, de celui provenant d'un poids qui nous accablerait. Nous devons donc à chaque instant, plus que dans aucune autre circonstance, joindre sans discernement à une idée une foule d'impressions différentes, et par conséquent en faire à tous moments, sans nous en apercevoir, une idée très différente de ce qu'elle était le moment d'avant, et de ce qu'elle a toujours été pour nous. Or, ce n'est là autre chose qu'avoir de cette idée des souvenirs excessivement défectueux. Ils le sont à tel point dans ce cas que dans tout autre, excepté celui de la démence absolue, ils nous choqueraient et nous les réformerions tout de suite : aussi cessent-ils subitement de nous faire illusion à l'instant du réveil. Il en serait de même de toutes nos erreurs, si elles étaient aussi faciles à démêler.

Malheureusement, cela n'est pas; aussi sommes-nous tous plus ou moins sujets à l'illusion. Cependant il ne faut pas nous exagérer cet inconvénient. Parce que nos dispositions diverses modifient presque nécessairement nos jugements, et parce que nous différons nécessairement les uns des autres par les dispositions résultantes de l'organisation primitive, du tempérament, de l'âge, du sexe, de l'état de santé ou de maladie, etc., il ne faut pas croire qu'il suive de là qu'il n'y a pas pour tous un fond commun, un type, un modèle général, que nous puissions appeler *la raison, le bon sens, le sens commun*; ni se persuader que nous ne faisons tous que rêver chacun à notre manière, sans qu'il soit possible de dire jamais laquelle est la meilleure. Un moment de réflexion va dissiper cette erreur. Premièrement, tout prouve que les premières impressions, les impressions directes des objets, les pures sensations, sont les mêmes pour tous; ou que, si intrinsèquement elles sont différentes en quelque chose, ce qui est impossible à vérifier, elles sont du moins ressemblantes en beaucoup de points, complètement analogues, et ayant les mêmes rapports entre elles; qu'elles produisent les mêmes effets et ont les mêmes conséquences dans tous les individus; et que ce n'est jamais relativement à elles que s'établit le dissentiment de nos opinions. Secondement, ces impressions premières, ces sensations pures, sont infiniment peu nombreuses en comparaison de la multitude infinie de nos perceptions diverses. De même qu'avec une quarantaine de caractères au plus nous pouvons représenter tous les mots de toutes les langues que l'on peut imaginer, de même c'est avec un très petit nombre de modifications premières que nous formons la foule innombrable d'idées qui sont dans nos têtes. Ces idées ne sont jamais que des composés et des surcomposés de ces éléments primitifs; et elles ont toujours justes, nous l'avons prouvé, si nous n'avons rien mis dans ces éléments qui n'y soit pas, et si nous n'avons pas reconnu entre eux des rapports qui répugnent à leur nature. Or, nous avons tous plus ou moins la puissance d'éviter ces fautes; et quand même beaucoup de nous en seraient privés jusqu'à un certain point, toujours est-il vrai que c'est dans cette puissance que consiste la *raison*, le *bon sens*, et qu'en l'exerçant pleinement, on arrive à ce qui est la vérité pour l'espèce entière. Ainsi la diversité de nos dispositions individuelles n'empêche pas que la vérité ne soit la même pour tous et qu'il n'y ait une *raison* générale et un *sens commun* et universel[1]. Nous sommes toujours d'accord quand nous ne mettons dans une idée que ce qui y est.

Je bornerai là ces réflexions sur les dispositions particulières à chacun de nous. J'aurais peut-être dû les étendre beaucoup, faire voir par divers exemples que quand ces dispositions nous égarent, c'est réellement en donnant pour sujets à nos jugements actuels des souvenirs inexacts d'idées antérieures, et montrer en détail pourquoi ces illusions sont plus dangereuses dans certaines branches de nos connaissances que dans d'autres, et que ce sont précisément de celles-là que l'on a éternellement disputé, et que l'on a fini par se persuader qu'elles ne sont point susceptibles de certitude. Ces développements n'auraient peut-être pas été sans utilité; mais j'ai craint, en m'y livrant, de rendre moins sensible l'étroite liaison que mes principales observations ont entre elles; et puis, pourquoi ne pas l'avouer, j'ai peut-être été entraîné en partie à mon insu par l'impatience extrême que j'éprouve d'arriver aux conséquences des faits établis et à la conclusion d'un ouvrage qui est le résultat du travail de toute ma vie et qui me semble absolument neuf pour le fond des choses. Toutefois, j'ose croire que le

1. La mise en regard de ce paragraphe avec certains passages du « Discours préliminaire » présente une difficulté. Destutt de Tracy paraît reconnaître ici l'existence d'une « raison générale » et d'un « sens commun », alors que dans le « Discours préliminaire », il avait qualifié (p. 76) les termes de *raison*, de *bon sens* et de *sens commun* de « mots indéterminés sur lesquels on dispute sans fin et sans résultat ». Un peu plus loin (p. 88), il en avait souligné les caractères « vagues » et « peu démêlés ».

En réalité, ce qu'il conteste c'est la conception de ceux qui en appellent à une « raison » ou à un « sens commun » mal définis pour énoncer, en se dispensant de les fonder sur des faits, les axiomes, principes ou vérités premières sur lesquels ils édifient leur système. C'est le sens de la critique qu'il adresse au P. Buffier. En revanche, la « raison » et le « sens commun » qu'il reconnaît peuvent ici être compris comme l'effet de cette disposition d'esprit « ferme » et « peu mobile » qui part des faits et ne perçoit dans nos idées que les éléments qui s'y trouvent effectivement, sans en enlever ni en ajouter subrepticement.

Même s'il existe, jusqu'à un certain point, quelque parenté entre la philosophie écossaise du *common sense* et l'Idéologie, on ne peut guère conjecturer pour autant une influence directe de la première (notamment celle de Thomas Reid qui dans ses *Essays on the intellectual powers of man*, Edinburgh, J. Bell, London, G.G.J. and J. Robinson, 1785, définit le sens commun comme le premier degré de la raison, consistant à juger des choses évidentes par elles-mêmes « *to judge of things self-evident* ») sur la seconde.

lecteur attentif fera aisément ces essais et ces applications sans que je les lui indique; et que j'en ai dit assez pour remplir l'engagement que j'avais pris de montrer la double action de la cause première de toute certitude et de celle de toute erreur, relativement aux différents états de nos individus, comme je l'avais fait voir relativement aux différents degrés de nos connaissances et à l'enchaînement de nos idées depuis leur origine; et pour prouver que la cause unique de toutes nos erreurs est l'imperfection de nos jugements causée par celle de nos souvenirs, nos jugements et nos raisonnements ne consistant toujours qu'à voir une idée dans une autre. Voilà les faits : passons aux conséquences.

CHAPITRE VII

CONSÉQUENCES DES FAITS ÉTABLIS, ET CONCLUSION DE CET OUVRAGE

Il est bien simple le mécanisme de toute intelligence, s'il est tel que je viens de le représenter. Un seul fait primitif est inexplicable; tous les autres en sont des conséquences nécessaires. Nous pouvons faire en deux mots l'histoire de l'être animé, quel qu'il soit. Il *sent* et il *juge*; c'est-à-dire encore que ce qu'il avait d'abord senti en masse, il le sent ensuite en détail. S'il ne voit dans sa perception que ce qui y était renfermé, il a raison. S'il y voit ce qui n'y était pas, il n'a pas tort encore; seulement il a changé de perception sans s'en apercevoir; et c'est là la cause de toutes ses erreurs; car alors il ne juge plus de ce dont il croit juger; ses jugements ne sont plus enchaînés; et ils ne dérivent plus sans interruption de ce premier jugement, source de toute vérité, *je suis sûr de ce que je sens*. Tous ceux, au contraire, qui y sont bien liés sont également indubitables, ils n'en sont que des développements.

Chacun de ces innombrables jugements, vrais ou faux, forme dans l'entendement une idée différente; car, à chaque fois que l'on voit dans une idée un élément que l'on n'y avait pas encore vu, elle devient autre qu'elle n'était; elle devient une idée nouvelle. Si cet élément y était déjà renfermé implicitement, l'idée nouvelle est juste et vraie; elle est conséquente aux idées vraies qui l'ont précédée, et par suite nécessairement conforme à la nature des êtres dont elles émanent. Si, au contraire, le nouvel élément admis dans l'idée n'est pas une conséquence nécessaire de ceux qui y sont déjà, si le jugement qui l'y reconnaît n'est pas juste, est fondé sur un souvenir infidèle de cette idée, l'idée nouvelle est fausse et inexacte; elle rompt la chaîne longue et délicate de la vérité. Les jugements postérieurs qu'on en portera, les idées subséquentes qu'on en formera, pourront être faux quoique conséquents, et justes quoiqu'inconséquents; mais ils ne pourront plus être certains et manifestement indubitables ; ils ne seront plus la suite nécessaire d'une première vérité. Tel est le sort de la plupart de nos idées, et celui de toutes celles des hommes qui les ont composées au hasard.

Les actions de l'être animé sont les signes nécessaires de ses idées. Ses semblables, sans qu'il le veuille, jugent de ce qu'il sent par ce qu'il fait. Il s'en aperçoit ; il refait, pour manifester ses volontés, ce qu'il a fait pour les exécuter : ses actions deviennent alors signes volontaires de ses idées. Il multiplie les signes et les subdivise à mesure que ses idées augmentent et se développent. L'homme surtout, malgré le nombre infini de ses idées, parvient à attacher un signe distinct à chacune de celles dont il fait un usage fréquent ; il exprime les autres par les combinaisons qu'il fait des signes de celles-là. Ces combinaisons postérieures, les phrases, ne sont point des monuments durables, elles s'évanouissent après l'instant du besoin et se renouvellent quand il renaît. Mais les signes fondamentaux, les mots, sont des notes permanentes qui restent constamment attachées aux idées qu'elles représentent, qui fixent et perpétuent le résultat des opérations intellectuelles par lesquelles les idées ont été composées et que l'homme emploie dans toutes ses déductions, le plus souvent sans remonter jusqu'à ses opérations intellectuelles qui en déterminent la valeur.

C'est donc avec des mots que nous raisonnons sur des idées faites par des jugements, d'après des souvenirs ; et ce que nous appelons raisonner, c'est encore porter des jugements qui suivent des premiers. C'est là toute notre histoire.

Que résulte-t-il de là ? Que pour bien raisonner, il ne s'agit jamais que de connaître la valeur des mots et les lois de leur assemblage ; pour connaître cette valeur, de connaître les idées que ces mots représentent et les jugements en vertu desquels ces idées sont composées ; et que cette connaissance nous donne le contenu de l'idée, sujet du nouveau jugement que nous voulons porter, et la certitude que l'attribut y est ou n'y est pas compris. C'est-à-dire qu'il nous faut savoir l'idéologie et la grammaire, et qu'alors nous avons toute la logique, toute la science du discours ; car elle ne consiste pas dans autre chose. Il ne peut y avoir dans la science de l'usage des mots que celle de leur valeur et des lois de leur assemblage, comme il n'y a dans l'algèbre que la connaissance de ses signes et celle des règles du calcul.

Si ce sont là les faits comme je le crois, si je les ai bien établis, s'ils sont incontestables, toute la partie scientifique de la logique que l'on m'a vu dès le commencement distinguer avec soin de la partie technique, est pour la première fois complètement éclaircie, et je n'ai plus rien à y ajouter ; ma tâche est remplie, mon ouvrage est achevé. Car j'ai commencé par expliquer l'origine et la formation des idées, et l'action des facultés intellectuelles qui les composent; j'ai ensuite rendu compte de la génération, des fonctions et des effets des signes qui les représentent et par le moyen desquels nous les combinons; et enfin, j'ai tiré de ces données la preuve que nos premières idées sont d'une certitude et d'une vérité nécessaires, que subséquemment nous ne faisons jamais qu'y voir ce qui y est renfermé à l'instant où nous nous les rappelons, et que, par conséquent, les dernières sont nécessairement justes aussi et conformes à la nature des êtres qui les causent si elles sont formées d'après des souvenirs exacts, et qu'elles sont fausses et erronées dans le cas contraire. Ainsi j'ai montré que la vérité existe pour nous et en quoi elle consiste; que nous sommes susceptibles d'y arriver avec certitude; quels sont les moyens (ou plutôt le moyen) qui nous y conduisent; et quelles sont les causes (ou plutôt la cause) qui nous en écartent. Je n'ai donc plus rien à dire.

Si ma logique finit à peu près au moment où toutes les autres commencent, ce n'est pas ma faute; c'est seulement la preuve de la vérité que j'ai avancée d'abord, que l'on n'est jamais remonté assez scrupuleusement jusqu'aux premiers faits, que l'on s'est trop hâté de tracer les règles de l'art, et que nécessairement elles ont été vaines ou fausses, inutiles ou nuisibles, parce que les principes de la science, dont l'art dépend, n'étaient pas suffisamment connus et approfondis. Cependant, je m'attends que l'on me dira : *que reste-t-il donc suivant vous de toute la logique qu'on nous a enseignée jusqu'à présent ? et que devons nous faire pour bien raisonner ?* Je pourrais, je devrais peut-être répondre à ces deux questions par ce seul mot, *peu de choses*, et laisser le lecteur discuter mes idées et en tirer les conséquences; mais sans vouloir prévenir ses conclusions, je ne puis me refuser à lui en indiquer quelques-unes.

1. Toutes les anciennes logiques commencent comme nous l'avons vu, par un examen plus ou moins superficiel de nos idées et de leurs signes; nous l'avons refait, cet examen : voyez, et choisissez.

2. On y trouve de grands détails sur nos propositions et nos raisonnements, et des distinctions très multipliées pour ranger les unes dans certaines classes et réduire les autres à certaines formes qui exigent des précautions très diverses et ont des propriétés très différentes. Nous avons réduit le tout à un seul fait, différent et même destructif du principe de toutes ces lois. Si ce fait est vrai, tout cet échafaudage croule; il ne peut plus être question de l'art syllogistique, ni des formes de nos arguments. Tout cela est à supprimer entièrement comme une invention ingénieuse, mais malheureuse et portant sur une idée fausse qui a fait constamment méconnaître la source et la cause de toute vérité.

3. On voit, à la fin de la plupart de ces logiques, une quatrième partie intitulée *méthode*, qui n'est ordinairement qu'un recueil de conseils

pratiques plus ou moins liés les uns aux autres. Plusieurs de ces avis sont sans doute très propres à guider notre esprit dans la recherche de la vérité; car tout le monde sait que les arts possèdent souvent des procédés fort utiles, avant que leur théorie soit perfectionnée; mais mon objet unique étant la théorie, je ne crois pas devoir m'arrêter à la discussion de ces différents moyens de succès : un seul mérite de fixer notre attention, parce qu'il tient de très près aux principes que nous avons établis, ce sont les définitions.

Les logiciens ont sans doute grande raison de recommander de faire de bonnes définitions; car ce n'est autre chose que bien faire connaître les idées dont on s'occupe et les signes par lesquels on les représente, et plus ils insistent sur cette nécessité, plus ils rendent hommage au principe que la justesse de nos raisonnements dépend de la pleine connaissance des idées qu'ils ont pour objet, et non de leur forme; mais après cette recommandation générale, presque tout ce qu'ils ajoutent sur les définitions est inutile ou faux.

Par exemple, il n'est pas vrai qu'il y ait des définitions de mots et des définitions de choses. Toute définition est toujours et uniquement celle de l'idée que l'on a dans l'esprit et produit l'effet de déterminer le sens du mot ou des mots qui expriment cette idée. Il n'est pas vrai que les définitions soient des principes et qu'on ne puisse pas disputer des définitions. Quand vous m'avez expliqué ce que renferme une idée, je dois toujours être admis à prouver qu'elle a des éléments qui ne lui ont été annexés que d'après des jugements faux. Il n'est pas vrai qu'il y ait des idées qu'on ne puisse pas définir; cela ne serait soutenable tout au plus que de nos idées absolument simples, de nos pures sensations dégagées de tout jugement; or, nous avons vu que nous n'en avons plus aucune qui soit exactement dans ce cas; et même de celles-là on peut toujours dire, c'est ce que vous sentez dans telles circonstances, et c'est encore là les définir, et même très bien, puisque c'est les faire connaître de manière à ne pouvoir s'y méprendre. Il n'est pas vrai qu'une idée soit toujours bien définie quand on a exprimé ce qui la fait être de tel genre et ce qui la distingue de l'idée de l'espèce la plus voisine dans ce genre (*per genus et differentiam proximam*, comme on dit); car une idée est genre sous un rapport et espèce sous un autre; elle tient à beaucoup de genres différents; et elle est séparée de beaucoup d'autres idées par des différences dont les degrés ne sont pas assignables, puisqu'elles ne sont pas de même nature. Tout cela est fondé sur des principes fantastiques et arbitraires qui ne tiennent pas devant les faits que nous avons observés. Il n'est pas même vrai que l'on puisse jamais faire une définition vraiment bonne, en prenant ce mot dans le sens qu'on lui donne ordinairement et en employant les moyens que l'on indique.

La définition réellement parfaite d'une idée serait la description complète de tous ses éléments, depuis les premiers et les plus simples. Ainsi, il n'y en a pas une qui, pour être ainsi définie, n'exigeât la reproduction entière de toute la série de nos opérations intellectuelles sans exception; or, non seulement cela serait interminable, mais nous avons vu que cela est rigoureusement impossible, puisqu'une multitude de ces opérations a été à peine perçue et distinguée, et qu'un bien plus grand nombre encore a été complètement oublié. Au défaut de cette perfection chimérique et inaccessible, ce que nous devons désirer de trouver dans une définition, c'est que des innombrables éléments de l'idée dont il s'agit, elle renferme, non pas ceux que nous aurons généralement proclamés les plus importants d'après une symétrie hypothétique et une métaphysique arbitraire, mais ceux qui sont réellement essentiels à l'objet particulier qui nous occupe actuellement. Si je discute avec un chimiste une question relative à l'or, ce sont surtout ses propriétés chimiques que je dois faire entrer dans ma définition de l'idée de l'or. Si c'est avec un économiste, c'est principalement ses effets comme monnaie, sa valeur comme marchandise, sa propriété de représenter le travail, sur lesquels je dois insister. Si j'ai affaire à un moraliste, je dois spécialement considérer l'or comme excitant l'activité ou la convoitise, comme moyen d'union ou de séduction, comme source de biens et de maux; et il serait pédantesque et inutile jusqu'au ridicule qu'avec le premier de ces trois savants j'allasse m'appesantir sur ce que l'or est propre à enflammer la cupidité ou à servir le commerce. Il ne le serait pas moins que je fixasse mon attention sur ces deux idées, si j'examinais la question chimique relative à l'or à moi seul et pour mon instruction particulière; car assurément ce n'est pas là ce qui me fournirait des motifs raisonnables pour former mon opinion.

Il n'y a donc rien de bon dans tout ce qu'on nous a dit des *définitions*, que cette maxime générale, que soit en discutant, soit en étudiant une question, la première chose à faire est de se bien rendre compte des idées comparées, d'en démêler les éléments, et si cela est nécessaire, les éléments de ces éléments, jusqu'à ce qu'on soit arrivé à des idées de la justesse desquelles on soit sûr. Mais pour compléter ce principe, il faut y ajouter que non seulement c'est là la première chose à faire, mais encore que c'est la seule; que dans le choix des éléments à distinguer dans l'idée, il ne faut considérer que ceux qui ont trait à la question à résoudre; et que si on les trouve bien, on est sûr d'arriver à la vérité, parce qu'il ne s'agit jamais dans toutes nos recherches que de voir dans une idée ce qui y est, pour découvrir si elle en renferme implicitement une autre. On me dispensera, je crois, d'entrer dans de plus grands détails.

Il suit de tout ceci que des quatre parties de nos logiques, j'ai pris de la quatrième un principe incomplet; la troisième, j'espère l'avoir anéantie; et les deux premières, j'ai tâché de les remplacer avec avantage. Il s'ensuit encore que pour bien raisonner, il ne faut au fond que considérer attentivement ce dont on parle; et le représenter correctement. Ainsi je n'avais pas tort d'annoncer que je pourrais répondre aux deux questions que je me suis faites ci-dessus, par ce seul mot *peu de choses*. C'est aussi à quoi je conclus.

Mais après avoir réduit à ce point et la fausse théorie et la véritable pratique du raisonnement, que dirons-nous donc des hommes célèbres qui ont cru que toute la force de nos raisonnements consistait dans leurs formes, qui en ont distingué une multitude de différentes, et qui ont travaillé avec tant d'art à réduire toutes ces formes si diverses à un petit nombre de modèles auxquels on pût les rapporter pour en juger sainement dans tous les cas possibles? Nous dirons qu'ils n'ont pas été heureux, mais qu'ils ont été habiles et utiles. Il est dans la nature de notre esprit qu'il fallait avoir considéré nos raisonnements sous toutes les faces imaginables pour remonter jusqu'à la génération de nos idées et de leurs signes. Ces esprits investigateurs ont fait beaucoup d'observations précieuses; et ce n'est pas leur faute si on a été si longtemps sans profiter de leurs recherches pour reconnaître leurs méprises. Ils méritent notre reconnaissance; ce sont là les logiciens.

Il n'en est pas de même de ceux qui, sans étudier ni la génération de nos idées, ni nos opérations intellectuelles, ont dogmatisé témérairement sur les abstractions les plus complexes et sur la nature de l'être pensant qu'ils ne connaissaient pas. Ceux-là n'ont jamais été bons à rien, ils n'ont fait qu'égarer les esprits; et s'ils ont employé la violence ou l'appui des puissances temporelles et spirituelles pour soutenir leurs imprudentes décisions, ils ont été non seulement les séducteurs mais les oppresseurs et les ennemis du genre humain. Ils méritent notre animadversion et notre mépris; ce sont les métaphysiciens.

Au reste, ce sont les deux sciences que je classe ainsi, plutôt que les personnes. Car le même homme mérite souvent et le blâme et l'éloge. Il est peu de logiciens, idéologistes ou grammairiens philosophes (peu importe lequel des trois noms on voudra leur donner), qui n'aient à se reprocher d'avoir été quelquefois métaphysiciens.

Après avoir ainsi présenté librement mes opinions, fondées sur des faits que j'ai exposés aussi, il ne me reste plus qu'à laisser prononcer le lecteur.

CHAPITRE VIII

CONFIRMATION DES PRINCIPES ÉTABLIS, ET DÉFENSE DU SYSTÈME QUE FORME LEUR ENSEMBLE

Si je ne suivais que ma manière de voir, je terminerais ici mon ouvrage; et je ne reprends la plume en ce moment que pour obéir aux conseils que j'ai reçus. Assurément, je ne saurais avoir trop de déférence pour l'opinion de ceux qui me les ont donnés; mais je crains beaucoup de ne pas remplir leur attente, car il est extrêmement différent d'écrire d'après sa conviction intime ou seulement en conséquence d'une impulsion étrangère. Dans le second cas, il est impossible de sentir avec la même énergie, ce besoin pressant d'atteindre un but qui fait faire tant d'heureux efforts pour y arriver.

En effet, je ne vois pas bien nettement ce que l'on exige de moi. Quelque extraordinaires que soient les principes (ou plutôt le principe unique) que j'ai établis, on ne me les nie point; on est même persuadé de leur justesse : on voudrait seulement que je fournisse de nouveaux motifs pour les adopter; on voudrait, pour ainsi dire, que je prouve que mes preuves sont bonnes et qu'on n'a pas eu tort de s'y rendre. Je serais moins embarrassé si l'on me faisait quelques objections; il ne s'agirait que de trouver pourquoi elles sont mal fondées. Mais ici il ne faut rien moins que deviner quelles objections on pourrait faire, aller au devant, les empêcher de naître, et montrer d'avance que, si elles se produisaient un jour, elles seraient sans solidité. Cette tâche est difficile. Si on me l'impose, ne serait-ce point (suivant ce que nous avons dit des *jugements d'habitude*, chapitre XIV du premier volume) que la force de mes raisons a entraîné l'assentiment et commandé le jugement réfléchi du moment; que l'on sent ensuite que les jugements habituels renaissent invinciblement, quoique sans motifs légitimes, comme celui de la grandeur de la lune à l'horizon, ou du rivage qui marche quand je suis sur le bateau; et que l'on voudrait être débarrassé par moi de ces récidives incommodes dont on sent le faux, mais qui importunent. Si cela est, on veut que par des raisons je fasse l'effet du temps; cela est impossible, car chaque cause a un effet qui lui est propre. Les raisons convainquent, le sentiment entraîne, les prestiges étourdissent, le temps seul et la fréquente répétition des mêmes actes produisent l'état de calme et d'aisance nommé *habitude*. Il n'y a aucun moyen humain pour que l'homme à qui on vient de prouver le plus invinciblement possible une vérité contraire à ses manières d'être les plus invétérées, jouisse à l'instant de cette sérénité et de cette pleine facilité à en faire usage. C'est pour cela que toutes les opinions nouvelles sont lentes à se répandre. Si un novateur quelconque a jamais eu des succès prompts, c'est qu'il n'a fait que déclarer et mettre en lumière des opinions qui couvaient déjà dans toutes les têtes et qui n'attendaient pour dominer que d'être plus éclaircies et hautement soutenues.

Cependant, voyons ce que je puis faire pour satisfaire les juges éclairés qui applaudissent à mes efforts et qui désirent être toujours plus convaincus que j'ai pleinement raison.

J'ai commencé cette *Logique* par établir deux vérités que je crois très importantes; l'une, qu'un jugement consiste toujours à voir qu'une idée en renferme une autre; l'autre, que raisonner n'est point une opération différente de celle de juger et qu'un raisonnement est toujours une série de jugements qui s'enchaînent de manière que l'attribut du premier devient le sujet du second, et ainsi de suite; en sorte que la justesse d'un jugement consiste à ce que son sujet renferme son attribut et celle d'un raisonnement à ce que ce premier sujet renferme le dernier attribut. Un raisonnement est un jugement dont les motifs sont développés; c'est, si l'on peut s'exprimer ainsi, un jugement en plusieurs pièces.

Après ces préliminaires, sans lesquels on ne saurait voir nettement le mécanisme de nos opérations intellectuelles, et qui simplifient beaucoup l'idée que l'on peut s'en faire, j'ai remarqué que, comme nous n'existons que par nos perceptions, nos perceptions sont tout pour nous, et qu'elles seules sont pour nous les vraies choses réelles; et j'ai expliqué comment cette réalité première et immédiate se concilie avec la réalité secondaire et réfléchie que nous accordons aux êtres qui nous causent ces perceptions et dont l'existence ne consiste pour nous que dans les perceptions qu'ils nous causent, comme la nôtre ne consiste que dans les perceptions que nous sentons.

J'ai fait voir à cette occasion, et par cette raison, que nous ne saurions avoir ni des idées de substances, ni des idées archétypes ou sans modèles, mais seulement des idées ou perceptions simples des impressions que nous recevons, des idées concrètes et composées des êtres qui nous font ces impressions, et des idées abstraites et surcomposées des modes et des qualités de ces êtres, et des combinaisons des unes et des autres.

Mais puisque nos perceptions ne consistent que dans le sentiment que nous en avons, car quand nous ne les sentons pas elles n'existent pas, il est manifeste qu'elles sont toujours et nécessairement telles que nous les sentons, par cela seul que nous les sentons, et que nous ne pouvons jamais nous tromper sur la perception que nous avons actuellement; et comme nos perceptions sont tout pour nous, il semblerait qu'étant toujours parfaitement sûrs de toutes, les unes après les autres, nous sommes complètement inaccessibles à l'erreur. Cependant ce second point est malheureusement loin d'être vrai.

Aussi ai-je établi que nous sommes invinciblement certains de toutes nos perceptions actuelles prises en elles-mêmes; mais j'ai observé en même temps qu'elles sont toutes composées les unes des autres en vertu des souvenirs que nous avons de celles qui ont précédé, que nous avons beaucoup de peine à être assurés de l'exactitude de ces souvenirs, et que ce doit être là la cause de toutes nos erreurs, comme l'infaillibilité de notre sentiment actuel est la base de toute la certitude dont nous sommes capables.

Pour nous assurer de l'un et de l'autre de ces faits, j'ai passé en revue toutes nos perceptions, et j'ai trouvé qu'effectivement toutes nos idées simples sont absolument inaccessibles à l'erreur et que nos idées composées n'y sont exposées qu'eu égard aux jugements par lesquels et en vertu desquels elles sont composées.

C'est déjà un grand pas de fait; mais il naît ici une nouvelle difficulté. Ces jugements sont aussi des perceptions; et ce sont des perceptions actuelles au moment où nous les portons. Ils devraient donc être aussi exempts d'erreurs que toutes les autres perceptions actuelles. Aussi j'ai fait voir qu'un jugement n'est jamais faux en lui-même et pris isolément; qu'il ne l'est que relativement à des jugements précédents; et j'ai montré que cela n'arrive que parce que nous croyons juger d'une idée à nous connue, tandis que réellement nous jugeons d'une idée nouvelle, ou en d'autres termes, parce que le sujet de tout jugement faux est la représentation inexacte d'une idée antérieure, dont nous la croyons la reproduction fidèle.

Ainsi le principe est resté intact; et il est demeuré constant que la cause de toutes nos erreurs est l'infidélité de nos souvenirs, comme la base de toute la certitude dont nous sommes capables est la vérité invincible de notre sentiment actuel.

Subséquemment j'ai fait voir que l'action de cette double cause suffit pour expliquer tous les phénomènes de notre intelligence dans les différents degrés et les différentes espèces de nos connaissances, et dans les différents états de nos individus, pour rendre raison de toute la force et de toute la faiblesse de cette intelligence et pour nous montrer nettement son étendue et ses limites.

Enfin, j'ai conclu que, partant d'un point certain, le sentiment de nos perceptions primitives, nous n'avions jamais autre chose à faire pour être également certains de la justesse de toutes nos perceptions subséquentes, c'est-à-dire de leur légitime enchaînement avec les premières, qu'à bien prendre garde, à chaque fois que nous portons un jugement, de ne pas changer d'idées sans nous en apercevoir, c'est-à-dire de ne pas admettre témérairement dans l'idée que nous avons eue précédemment un élément qui n'y était pas et qui peut-être serait contradictoire avec ceux qu'elle renferme.

Tout cela, si je ne me trompe, se suit bien, est très général, n'est fondé sur aucune considération propre à une idée plutôt qu'à une autre; et par conséquent ne saurait être ébranlé par des objections partielles, ni sujet à des exceptions particulières. Maintenant que peut-on donc exiger encore de moi? Différentes choses de genres très divers. Je vais en examiner quelques-unes et y satisfaire autant que je le puis.

On voit bien que l'imperfection du rappel de nos idées est une grande cause d'erreur, on croit même qu'elle est la seule; cependant on voudrait que je fisse voir, par quelques exemples, que les causes particulières de nos erreurs se réduisent toutes à celle-là et peuvent toutes être ramenées à celle-là.

On a donc oublié que j'ai fait bien plus qu'on ne me demande. Car on ne me propose là que d'examiner quelques cas particuliers; et cette énumération étant nécessairement très incomplète, quand elle serait parfaitement satisfaisante, elle ne pourrait pas prouver rigoureusement un principe général. Mais, moi, je suis allé bien plus loin; je suis entré bien plus avant dans le fond du sujet. J'ai prouvé non seulement que l'imperfection du rappel de nos idées est la cause unique de nos erreurs, mais même que nos erreurs ne peuvent pas avoir d'autre cause: et je l'ai prouvé de plusieurs manières différentes.

D'abord il a été établi que toutes nos idées simples sont parfaitement certaines et complètement inaccessibles à toute erreur, et que toutes les autres sont composées de celles-là par les diverses combinaisons que nous en faisons, au moyen des différents jugements que nous en portons. Or, comme il ne saurait y avoir dans une idée certaine rien de contradictoire avec ce qui y est explicitement ou implicitement renfermé, il est évident qu'aucun des jugements successifs que nous en portons ne peut être faux et qu'aucune des combinaisons successives que nous en faisons ne peut être erronée qu'autant que nous admettons dans quelqu'une de ces idées un élément qui n'y était pas, c'est-à-dire qu'autant qu'elle devient autre qu'elle n'était, sans que nous nous en apercevions, ou en d'autres termes, qu'autant que nous en avons un souvenir inexact.

Secondement, j'ai fait voir qu'un jugement ou une série de jugements, un raisonnement, ne consistent jamais qu'à voir qu'une idée en renferme une autre; qu'ils sont justes quand elle la renferme réellement; et qu'ils ne sont faux que quand elle ne la renferme pas; ce qui ne peut arriver qu'autant qu'on voit dans cette idée jugée un élément qu'elle n'avait pas, c'est-à-dire encore qu'autant qu'on en a un souvenir infidèle. J'ai rendu ce fait palpable par les exemples de l'idée de l'*or* et de l'idée de *logique*, et de plusieurs autres dans différents endroits.

Troisièmement, j'ai fait remarquer que toutes nos perceptions prises isolément sont complètement certaines et nécessairement telles que nous les percevons; que par conséquent elles ne peuvent être erronées que par les relations que nous voyons entre elles. Or ces relations ne peuvent être fausses qu'autant que nous voyons dans quelqu'une de ces idées ce qui n'y était pas, ce qui est encore en avoir un souvenir infidèle.

J'ai donc prouvé de trois manières différentes, non seulement que l'imperfection de nos souvenirs est la cause unique de nos erreurs, mais même que nos erreurs ne peuvent pas avoir d'autre cause. Il est bien vrai que ces trois manières reviennent au fond absolument au même et que ce sont seulement trois manières différentes de dire la même chose. Mais c'est ce qui ne peut manquer d'arriver toutes les fois que l'on veut prouver la même vérité par plusieurs raisons tirées toutes du fond même du sujet; et ce m'est un motif de plus pour m'excuser d'insister plus longtemps sur le principe dont il s'agit et pour demander qu'on veuille bien me relire, plutôt que de m'obliger à me répéter davantage.

Il est bien vrai encore que tout cela se réduit à dire : quand vous faites un jugement faux, c'est que vous jugez qu'une idée renferme ce qu'elle ne renferme pas; et la cause de toutes vos erreurs est que vous voyez dans une idée ce qui n'y est pas. Cette vérité ainsi présentée est si simple qu'elle semble niaise. Cependant, c'est cette manière en apparence si niaise d'envisager les objets qui les fait voir clairement, et qui nous fait trouver nettement la cause de toute certitude et celle de toute erreur; questions qui, je crois, n'avaient jamais été pleinement résolues.

Je sais bien que ma façon de considérer nos opérations intellectuelles est trop éloignée des idées ordinaires pour qu'elle puisse être tout de suite familière même aux esprits les plus exercés. À cela je ne vois point de remède, si ce n'est qu'on veuille bien essayer cette méthode et s'y habituer; et si l'on trouve un seul cas où la cause de nos erreurs ne soit pas celle que j'ai indiquée, j'ai complètement tort; car j'ai cru prouver non seulement qu'elle est la seule, mais même qu'il ne peut pas en exister d'autres. J'avoue que je ne crains pas que l'on trouve le contraire. Passons à d'autres objets.

J'ai déjà rappelé qu'il avait été prouvé que nous n'avons ni *idées de substances*, ni *idées archétypes*, mais des idées simples, des idées concrètes des êtres, et des idées abstraites de leurs modes, de leurs qualités et de leurs combinaisons; et que nous opérons sur toutes ces espèces d'idées de la même manière. Maintenant on me demande de faire voir que la manière de procéder de notre esprit est la même en matière dite *contingente* et en matière dite *nécessaire*. Ma réponse sera à peu près du même genre; la voici.

Il n'y a rien de contingent: il ne peut y avoir rien de contingent dans ce monde. Tout ce qui *est*, *est* nécessairement, en vertu d'une cause quelconque qui le produit. Cette cause dépend nécessairement d'une autre, celle-là d'une cause antérieure, et ainsi de suite, toujours en remontant jusqu'à la cause la plus générale, jusqu'à la cause première de tout; car il ne peut rien s'opérer sans une cause quelconque. Nous appelons *contingents* les effets dont nous voyons la cause, sans voir l'enchaînement des causes de cette cause; comme nous nommons *fortuits* les effets dont nous ne voyons pas même la cause immédiate, qu'alors nous appelons *hasard*, c'est-à-dire cause inconnue, ou x en langue algébrique. Mais ce sont là autant de dénominations d'êtres imaginaires; car il ne peut pas plus y avoir en *réalité* d'effet qui soit *contingent* que d'effet qui soit *fortuit*, ou que de cause qui soit le *hasard* ou x. Ou plutôt, il faut avouer qu'il n'y a rien dans la nature, dans l'ordre des choses, qui ne soit absolument nécessaire; mais qu'il n'y a rien dans nos perceptions, dans l'ordre de nos connaissances, qui ne soit plus ou moins contingent: car comme il n'y a rien dont nous connaissions l'enchaînement des causes sans interruption jusqu'à la première cause de tout, la contingence commence toujours pour nous plus ou moins loin; mais elle commence toujours quelque part. Quand nous serions parvenus à faire dériver toutes nos connaissances avec une évidence mathématique, sans incertitude ni lacunes, de ce premier fait *je sens*, elles n'en seraient pas moins encore toutes contingentes; car elles seraient nulles si nous ne sentions pas, et toutes différentes de ce qu'elles sont si nous sentions différemment. Or, nul de nous ne peut dire pourquoi il est sensible, ni pourquoi il l'est de telle manière plutôt que de telle autre. On voit donc que ces deux qualités, *contingent* et *nécessaire*, ne peuvent pas être le motif d'une classification raisonnable, puisque toutes deux appartiennent également à tous les êtres possibles, suivant l'aspect sous lequel on les envisage, suivant qu'on les considère par rapport à l'existence qu'ils ont en nous ou par rapport à celle qu'ils ont hors de nous; et par conséquent, il faut conclure qu'il n'y a ni matière *contingente*, ni matière *nécessaire*, et que nous ne pouvons pas avoir une autre manière de raisonner sur les êtres contingents que sur les êtres nécessaires.

Mais voici ce qui a donné lieu à cette illusion. Si l'opération de juger et de raisonner est toujours la même, les motifs de détermination ne sont pas toujours les mêmes, et les procédés pour les trouver varient suivant les occasions. Par exemple, j'ai l'idée d'un métal que je n'ai jamais vu : je sais qu'il se trouve dans tel pays, qu'il se réduit par tels procédés, qu'il s'oxyde par tels autres, qu'il a une telle pesanteur spécifique, qu'il est sonore, inodore, fusible, ductile; je n'en sais rien de plus. Ce sont là toutes les idées qui composent pour moi l'idée de ce métal. Je veux savoir s'il est blanc, c'est-à-dire si je puis ajouter à ces idées, celle d'*être blanc*. Il n'y a rien dans aucune d'elles, ni par conséquent dans l'idée totale, qui renferme explicitement ou implicitement l'idée d'être blanc. Je ne puis pas y voir, je ne puis pas juger que ce métal est blanc. Ce serait porter un jugement faux par rapport à mon idée (observez qu'alors elle serait changée dans ma tête), quoiqu'il pût être conforme à la réalité.

Si seulement je savais que ce métal est jaune, c'est-à-dire si je trouvais parmi les éléments de l'idée que j'en ai, l'idée d'*être jaune*, je verrais que celle-ci renferme l'idée de *n'être pas blanc* et que, par conséquent, l'idée totale contient un élément qui exclut l'idée d'*être blanc*; et mon parti serait pris sur la question proposée. Mais dans la supposition que j'ai faite, je ne trouve dans mon idée aucun élément qui renferme ni qui exclue l'idée en question; je ne puis la voir ni dedans ni dehors; je ne puis en rien juger. Il faut, pour me décider, que j'acquière quelque perception nouvelle, et toujours quelque perception qui remonte à quelque perception simple et primitive. Il faut que quelqu'un me dise ou que je voie que le métal dont il s'agit est blanc.

Dans le premier cas, c'est une impression auriculaire que je reçois; j'en porte divers jugements qui me dévoilent le sens de la phrase qu'elle exprime; je porte de cette phrase le jugement qu'elle m'est dite par quelqu'un qui mérite d'être cru; et je joins à l'idée que j'ai déjà du métal l'idée *qu'il m'en a été dit par quelqu'un qui mérite d'être cru, qu'il est blanc*, laquelle idée renferme celle qu'il *est blanc effectivement*.

Dans le second cas, c'est une impression visuelle que j'éprouve. J'en porte le jugement ou, ce qui est la même chose, j'y vois renfermée l'idée que cette impression *me vient de ce métal*; et je joins aux idées antérieures que j'ai de ce même métal l'idée *qu'il m'a fait l'impression que j'appelle blanc*, laquelle renferme l'idée *qu'en effet il est ce que nous appelons ÊTRE BLANC*.

Si au lieu de cela je veux savoir si je puis faire avec ce métal des plaques très minces, c'est-à-dire si l'idée que j'en ai renferme l'idée d'*être réductible en plaques très minces*, je trouve que mon idée totale renferme l'idée d'*être ductile* et que celle-ci renferme celle d'*être réductible en plaques minces*. Je n'ai plus rien à chercher. Mais si je veux savoir jusqu'à quel point ces plaques peuvent être minces, je trouve que l'idée générale d'être *ductile* ne renferme pas l'idée précise du degré d'épaisseur de ces plaques, parce que je ne connais pas les causes premières de la ductilité, ni celles de ses limites. Il faut que j'acquière encore quelque nouvelle perception, remontant toujours à des perceptions élémentaires, à des impressions simples. Il faut que quelqu'un me dise ou que je voie quelles sont les plaques les plus minces qu'on peut faire avec ce métal. Si j'avais d'avance dans mes idées quelques éléments qui renfermassent cette détermination, je n'aurais qu'à l'en tirer, qu'à la voir dans ces éléments : je n'aurais pas besoin de nouveaux faits, de nouvelles perceptions premières. Il ne s'agit donc toujours que de recevoir des impressions et de voir ce qu'elles renferment. Si on avait reçu la perception de la cause première de tout, on n'aurait plus jamais rien à faire que des déductions. Nous ne faisons donc jamais que sentir ou déduire. La contingence commence pour nous tantôt plus tôt tantôt plus tard suivant les sujets, mais toujours au moment où la possibilité de déduire nous manque et nous fait éprouver le besoin de sentir de nouvelles perceptions, pour que ce que nous voulons savoir se trouve renfermé dans ce que nous savons déjà.

Cette explication a dû paraître longue et pénible : mais je l'ai faite exprès dans le plus grand détail, non seulement parce qu'elle répond à la question proposée sur les choses contingentes et les choses nécessaires, mais encore parce que je crois qu'elle éclaircit bien ce que j'ai dit relativement à la question précédente ; et qu'elle montre bien nettement comment nos jugements sont toujours vrais quand nous ne voyons dans une idée que ce qui y est et comment ils ne sont faux que parce que nous y voyons actuellement ce qui n'y était pas précédemment, c'est-à-dire parce qu'elle a changé pour nous sans que nous nous en apercevions. Au reste, si je ne puis nier que cette investigation scrupuleuse, cette espèce de dissection minutieuse, est un peu fatigante et désagréable, je demanderai cependant que l'on observe qu'elle va directement au fond des choses et les embrasse dans toute leur généralité, et que pourtant elle n'est ni obscure ni entortillée, comme bien des explications de l'ancienne logique, qui néanmoins n'étaient que superficielles et partielles. C'est là une différence immense que je ne puis m'empêcher de faire valoir en faveur de ma manière de considérer ces objets ; et si je puis obtenir qu'on la reconnaisse, ce que j'ose à peine espérer, j'en aurai l'obligation tout entière aux juges éclairés et bienveillants qui m'ont contraint à de nouveaux efforts pour les satisfaire. Je dois encore tâcher de les contenter sur quelques autres points.

On me demande encore deux autres choses qui ont une intime connexion. On veut que je montre mieux que je ne l'ai fait, 1. que toutes les règles que l'on a prescrites aux formes de nos raisonnements sont d'une inutilité absolue; 2. que le syllogisme n'a par lui-même aucune force pour prouver la vérité; que tous les syllogismes possibles se réduisent à des sorites et que, lorsqu'ils sont convaincants, ils ne le sont que parce qu'ils sont des *sorites*[1].

Á la première demande, je ne puis pas faire une réponse directe, tirée des formes elles-mêmes. Il faudrait que je les examinasse toutes; et l'énumération serait longue et nécessairement incomplète, et par conséquent insuffisante, en rigueur de raisonnement, pour établir une proposition générale. Mais si j'ai prouvé, comme je le crois, que toutes nos erreurs viennent du fond de nos idées et que, pour les éviter, il ne s'agit jamais que de voir nettement et certainement ce que renferme l'idée dont on juge, il s'ensuit inévitablement que la forme n'y fait rien et qu'aucune forme de raisonnement ne peut faire qu'on soit sûr de bien connaître son idée, ni suppléer à cette connaissance, ni par conséquent être utile à rien, qu'autant que les précautions nécessaires pour suivre la formule obligent à observer l'idée plus ou moins bien. C'est effectivement là leur seul avantage; et on l'obtiendrait plus sûrement et plus complètement en se bornant à recommander cette attention, qui dans la vrai est la seule chose réellement importante.

Quant à la seconde demande, elle se partage en deux articles. La réponse au premier suit naturellement de ce que nous venons de dire. Car, s'il est vrai que tout consiste toujours à bien connaître l'idée dont on juge, et qu'aucune formule de raisonnement ne peut donner cette connaissance, ni y suppléer, il s'ensuit nécessairement que le syllogisme n'a à cet égard aucun privilège particulier; que quand il conclut bien ou mal, c'est parce que cette condition indispensable est remplie ou ne l'est pas; et qu'aucune de ses figures ou de ses modes ne peut ni faire que cette condition soit remplie, ni en dispenser.

À l'égard du second point, la réponse se présente d'elle-même. D'abord, il est aisé de prouver directement, quoique sommairement, que tous les syllogismes possibles se réduisent à des sorites et que lorsqu'ils sont convaincants, ils ne le sont que parce qu'ils sont des sorites. En effet, consultez à la fin de ce volume la logique de Hobbes, chapitre IV, § 7, et la note que j'ai ajoutée à ce paragraphe. Vous y verrez que l'on distingue

1. Voir note 1, p. 21.

quatre figures de syllogisme; et que la première de ces quatre figures, celle qu'avec raison on appelle la figure directe[a], est la base et le principe de la justesse des trois autres. Or cette figure directe est purement et uniquement un sorite qui pourrait avoir dix termes consécutifs aussi bien que trois. Donc tout syllogisme est virtuellement un sorite, dont le plus souvent on a masqué maladroitement la forme, ce qui a le double inconvénient de faire méconnaître le principe de sa justesse et de le borner nécessairement à trois termes, tandis qu'il serait souvent avantageux de lui en donner un plus grand nombre, afin d'y faire entrer plusieurs termes moyens au lieu d'un.

D'ailleurs, si l'on convient que la justesse de tout jugement consiste à ce que le sujet renferme l'attribut, et la justesse de tout raisonnement à ce que le premier sujet renferme le dernier attribut, il faut bien convenir que tout raisonnement juste revient à un sorite; car le sorite est précisément une suite de jugements, dont l'attribut devient le sujet du jugement subséquent, de sorte que le dernier attribut peut devenir l'attribut du premier sujet: c'est dire la même chose de deux façons différentes. Je crois donc avoir encore répondu d'une manière satisfaisante aux deux demandes ci-dessus mentionnées. Il ne me reste plus qu'à examiner la dernière question.

Des hommes d'un excellent esprit[1] ont saisi avidement la belle idée de Hobbes que calculer c'est raisonner. Ils ont surtout été charmés des beaux développements que Condillac a donnés à cette grande vue et des rapprochements ingénieux qu'il a faits entre ces deux opérations intellectuelles.

a. On a eu bien raison de la nommer *figure directe*; car c'est elle qui est réellement conforme à la marche de l'esprit qui raisonne.

Cela revient à ce que nous avons dit dans la *Grammaire* de la construction nommée *directe*.

Les autres figures et les autres constructions sont bien véritablement indirectes ou inverses.

1. Destutt de Tracy vise ici clairement l'Idéologue Pierre Laromiguière, éditeur de *La Langue des calculs* dans les *Œuvres philosophiques* de Condillac publiées en l'an 7 (1798-1799) et auteur anonyme des *Paradoxes de Condillac, ou Réflexions sur* La langue des calculs, ouvrage paru au début de l'année 1805. Dans ce dernier, Laromiguière écrit p. 46-47 : « Dans tout raisonnement, on conclut du général au particulier; ou bien, d'un certain nombre de cas particuliers, on s'élève à une proposition qui les renferme tous; ou enfin, on va de connaissance en connaissance, sans généraliser et sans particulariser. Dans tout raisonnement, on soustrait, on ajoute ou l'on substitue; or l'addition, la soustraction et la substitution comprennent toutes les opérations du calcul. Calculer et raisonner sont donc une même chose ». Dans une lettre à Maine de Biran du 20 ventôse an 13 (11 mars 1805), Cabanis porte le jugement suivant : « Notre ami La Romiguière vient de publier un petit morceau intitulé *Paradoxes de Condillac*, où il a poussé la doctrine du maître si loin, sur plusieurs questions, qu'il me serait impossible de le suivre jusque-là, mais son écrit est un chef-d'œuvre de rédaction » (*Œuvres* de Maine de Biran, *Correspondance philosophique*, *op. cit.*, p. 421).

En conséquence, ils ont remarqué que la multiplication n'étant qu'une espèce d'addition et la division une espèce de soustraction, on ne devait admettre dans l'arithmétique algébrique que trois opérations réellement distinctes, l'addition, la soustraction et la substitution ou traduction d'expression; et ils ont établi qu'il fallait reconnaître dans le raisonnement trois opérations absolument analogues à celles-là et qui leur répondaient exactement; savoir, 1. conclure du particulier au général, c'est-à-dire de plusieurs propositions particulières tirer une proposition générale, ce qu'ils appellent additionner; 2. conclure du général au particulier, c'est-à-dire d'une proposition générale tirer une proposition particulière, ce qu'ils nomment soustraire; 3. d'une proposition quelconque déduire d'autres propositions qui n'augmentent ni ne diminuent d'étendue, ce qui n'est autre chose, suivant ces auteurs, que traduire l'expression de la première proposition et lui substituer des expressions équivalentes. Examinons ce qu'il y a de vrai dans cette opinion; et voyons si nous en devons conclure que nous avons réellement trois manières différentes d'opérer dans nos raisonnements, suivant les occasions, ou si nous pouvons continuer à dire qu'il ne s'agit jamais que de sentir des perceptions ou idées et de sentir qu'une idée en renferme une autre.

Je commence par convenir que calculer et raisonner sont deux choses extrêmement analogues et que l'on peut dire qu'un calcul n'est qu'un raisonnement dans lequel on emploie une espèce particulière de signes. La preuve en est, qu'exprimez un calcul avec des mots, il devient absolument un raisonnement ordinaire, et il est juste ou faux uniquement par les mêmes causes. Seulement vous ne pouvez pas le pousser aussi loin de cette manière sans vous y perdre, parce que cette espèce de signes n'est pas aussi commode pour cet objet. C'est pour cela qu'on en a inventés de plus concis, quand on a vu que les idées de quantité pouvaient en supporter de tels sans se confondre. J'ajoute qu'on ne saurait trop s'appliquer à rendre palpable cette similitude entre le calcul et le raisonnement; car aussi longtemps qu'elle n'est pas bien reconnue, il semble que l'esprit humain est tout autre quand il se sert de certains signes, que quand il se sert de mots; et tant qu'on en est là, quand même on apercevrait la cause de justesse du raisonnement, on n'aperçoit point encore celle de la justesse du calcul, ou plutôt on ne connaît bien ni l'une ni l'autre, puisqu'elles sont une seule et même.

Mais ces premiers points convenus et avoués de part et d'autre, je suis obligé de répéter ce que j'ai dit dans le premier chapitre de cette *Logique* et ailleurs, et nommément dans une longue note, page 243, du premier volume de cet ouvrage. C'est se faire une idée inexacte du raisonnement et du calcul que d'établir entre eux une parité absolue et de les considérer comme deux êtres distincts et séparés qui se ressemblent parfaitement, ou bien comme un seul et même être. Si calculer est raisonner, raisonner n'est pas calculer. C'est ce qui fait que la *Langue des calculs* de Condillac, si éminemment remarquable par l'excellente méthode de son auteur et par la perfection de l'exposition des idées, ne me satisfait pas pleinement et me paraît reposer sur un principe qui n'est pas complètement juste. Cela rentre dans notre discussion sur le sujet et l'attribut d'un même jugement. Ils ne sont point parfaitement égaux; mais l'un renferme l'autre. De même, l'idée *calcul* renferme l'idée raisonnement dans sa compréhension; mais l'idée *raisonnement* ne renferme pas toute l'idée calcul dans la sienne. Un calcul n'est pas seulement un raisonnement; c'est un raisonnement sur des idées de quantité et susceptible, par cette circonstance, d'être fait avec des signes particuliers; en un mot, c'est un raisonnement ayant des caractères qui lui sont propres. Voilà pourquoi on peut dire, un calcul est un raisonnement, et on ne peut pas dire un raisonnement est un calcul. Le raisonnement est le genre; le calcul n'est que l'espèce. C'est pour cela que vous pouvez transformer tout calcul en un raisonnement; mais que vous ne pouvez pas transformer tout raisonnement en un calcul. C'est pour cela aussi que tout ce qui est vrai du raisonnement en général est vrai du calcul; que tout ce qui est vrai du calcul ne l'est pas du raisonnement. On peut donc, et on doit voir dans un calcul, des syllogismes ou des sorites, suivant que l'on reconnaît l'une ou l'autre de ces formules pour la forme essentielle du raisonnement; mais on n'est point autorisé à voir des additions et des soustractions dans un raisonnement : car effectivement il n'y en a pas; ou du moins, s'il y en a, c'est comme il y a du noir sur du blanc, quand ce raisonnement est écrit; mais ce n'est là qu'une circonstance accessoire de ce raisonnement; ce n'est pas le but qu'on se propose en le faisant, ni la qualité qui le constitue essentiellement un raisonnement.

En effet, additionner ou soustraire, ce n'est pas réunir ou séparer en général deux êtres ou deux groupes d'êtres. C'est les réunir ou les séparer uniquement et spécialement sous le rapport de la quantité, dans l'intention de déterminer quelle est la quantité de l'un des deux, après qu'on y a ajouté ou qu'on en a retranché celle de l'autre. Or, ce n'est point du tout là ce qu'on se propose quand l'on rapproche des idées les unes des autres dans un jugement ou dans un raisonnement. Le nombre précis de ces idées et celui de leurs éléments est fort indifférent pour l'objet qu'on a en vue. On n'y a aucun égard; et le résultat de l'opération exécutée n'est point de constater ce nombre. Ainsi, quand il serait vrai que, par l'effet d'un raisonnement, le nombre de nos idées ou celui des éléments d'une idée serait augmenté ou diminué, ce ne serait encore que par extension, je dirai même par abus, que l'on pourrait dire que ce raisonnement est une addition ou une soustraction; et quand on le dirait, ce ne serait pas mieux peindre ce qu'est réellement ce raisonnement que si on disait que c'est du bruit, parce que nous avons fait du bruit en le prononçant, ou du sens, parce qu'il a un sens quelconque[a].

Mais il y a plus, c'est qu'il n'est pas vrai que nous ajoutions réellement une idée à une autre toutes les fois que nous nous élevons à une proposition générale, ni que nous retranchions une idée d'une autre, quand nous redescendons d'une proposition générale à une proposition particulière. Examinons d'abord la première de ces deux opérations.

Quoique nous ayons fait voir précédemment qu'il n'y a rien de contingent dans ce monde, ou plutôt que nous appelons contingent ce dont nous ne voyons pas la nécessité, bien qu'elle existe, on peut néanmoins dire que nous faisons des propositions générales de deux espèces. Les unes sont nécessaires, en ce sens que nous voyons non seulement qu'elles sont vraies, mais encore qu'elles ne peuvent pas être fausses. Telle est celle-ci : *Tout corps pesant a besoin d'être soutenu pour ne pas tomber*. Les autres ne sont que contingentes; c'est-à-dire que nous voyons seulement qu'elles sont vraies, mais qu'elles pourraient être fausses, ou du moins, que si elles ne peuvent pas l'être, nous ne savons pas pourquoi. Telle est cette autre : *Tous les corps sont pesants*.

Dans le premier cas, il n'y a pas même l'ombre d'une addition, car quand il n'existerait qu'un seul corps pesant dans le monde, je n'en serais pas moins sûr qu'il a besoin d'être soutenu pour ne pas tomber; et je suis sûr que cela est vrai et que cela ne peut pas être faux, uniquement parce que je vois que l'idée de *corps pesant* est telle qu'elle serait anéantie si elle ne renfermait pas l'attribut d'*avoir besoin d'être soutenu pour ne pas tomber*.

Dans le second cas, il est bien vrai que je ne puis dire *tout corps est pesant* qu'autant que j'ai observé que, dans l'idée de tous les corps que je connais, il entre comme élément l'idée d'être pesant; et tous ces différents êtres, je les réunis dans cette expression collective *tout corps*; mais encore une fois, ce n'est pas là les additionner, car je ne connais pas leur nombre, je ne m'en embarrasse pas; et il peut augmenter ou diminuer sans que mon opération cesse d'être juste, ce qui sûrement n'arriverait pas si elle était une *addition*.

Observons en passant que nulle proposition générale n'est d'une vérité nécessaire qu'autant qu'elle est une proposition secondaire; car comme nous ne connaissons les causes premières de rien, il est inévitable que

a. Autant vaudrait-il dire que l'on fait une addition quand on mange et une soustraction quand on coupe la jambe à un homme. Effectivement, il y a un accroissement et une diminution opérés : mais assurément ce n'est pas le but des deux opérations, ni ce qui les caractérise.

toutes nos propositions premières ne soient que contingentes. Cela vient à l'appui de ce que nous avons dit ci-dessus de la contingence et de la nécessité en général.

Maintenant faisons-nous une véritable soustraction quand d'une proposition générale nous descendons à une proposition particulière ? Je réponds encore que non. Quand je dis, *tout corps est pesant, donc cette pierre est pesante*, l'opération de mon esprit consiste à remarquer que j'ai déjà dit implicitement que cette pierre est pesante, que j'ai dit cette vérité en même temps que beaucoup d'autres vérités pareilles, et que par conséquent je puis la répéter isolément. Mais je ne fais pas pour cela une soustraction. Le nombre de ces vérités m'est inconnu. Il m'est indifférent ; je ne l'ai pas diminué. Je n'en ai pas recueilli le reste. Je n'ai pas retranché un seul élément de l'idée de *tout corps*. Elle demeure ce qu'elle était. Ainsi je n'en ai rien soustrait.

Je remarquerai de plus ce que j'ai déjà observé ailleurs, c'est que ce n'est là qu'un procédé abrégé. À la vérité, il est commode et sûr, mais il est purement empirique ; et ce n'est pas lui qui fait trouver la vraie cause de la vérité que l'on cherche. Une proposition générale ne peut jamais être la cause réelle de la vérité d'une proposition particulière. Cette pierre n'est pas pesante parce que tous les corps le sont, mais parce qu'elle manifeste le phénomène de la pesanteur. Il peut bien m'être plus commode de me rappeler qu'elle est du nombre des êtres dont il est prouvé qu'ils sont pesants, que de refaire les expériences nécessaires pour m'assurer qu'elle l'est. Mais encore une fois, ce n'est pas par là que je le découvre primitivement et réellement ; et cette méthode abrégée ne mérite pas d'être regardée comme le vrai procédé de l'esprit dans l'investigation d'une vérité particulière.

Concluons que les deux opérations appelées *additions* et *soustractions* dans le calcul, n'ont point de véritables analogues dans le raisonnement. L'opération logique que l'on prétend répondre à l'addition se partage en deux espèces très distinctes et même très différentes, et dont ni l'une ni l'autre n'est réellement une addition ; et celle que l'on fait correspondre à la soustraction n'est qu'un procédé abrégé, et d'ailleurs n'est point non plus une soustraction ; ou il faudrait ne voir que des additions et des soustractions dans tous les mouvements de la nature et dans tous les phénomènes de l'univers. Car, dès qu'il y a un changement produit quelque part, il y a une foule de choses augmentées ou diminuées, puisque tout peut se considérer sous le rapport de la quantité, même les êtres les plus imaginaires ; mais assurément il ne résulte aucune connaissance des effets de la nature, de cette manière de les considérer.

Reste donc la troisième opération, celle que l'on appelle substitution ou traduction d'expression. Oh! pour celle-là, je la reconnais bien dans le raisonnement et le calcul, c'est-à-dire que je la reconnais généralement dans toutes les espèces de raisonnement, et particulièrement dans l'espèce de raisonnement appelée calcul.

Quand je dis, l'art logique est l'art de raisonner, l'art de raisonner doit, comme art, dépendre d'une science, et comme art du raisonnement, dépendre de la science du raisonnement. Mais la science du raisonnement ne peut être autre chose que la connaissance de nos moyens de raisonner. La connaissance de nos moyens de raisonner n'est que la connaissance de nos facultés intellectuelles. Ainsi, l'art logique dépend de la connaissance de nos facultés intellectuelles; la science logique n'est que cette connaissance; et tous deux se découvrent par l'analyse de ces facultés. Certainement, il n'y a là que des substitutions ou traductions d'expressions.

De même, quand je dis, x^2 est égal à $a^2+2ab+b^2$, est égal à $\overline{a+b}^{\,2}$, est égal au carré d'$a+b$, est égal à $a+b$ multiplié par lui-même, ainsi x est égal à $a+b$; il n'y a encore là que des traductions.

Mais je vais plus loin; et je soutiens qu'il n'y a de même que des substitutions d'expressions dans les autres opérations que l'on a voulu reconnaître tant dans le calcul que dans le raisonnement.

Dans l'addition, je ne fais que substituer à l'expression 3+4, l'expression 7; et dans la soustraction, à l'expression 7 moins 2, l'expression 5, et ainsi des autres.

De même dans le raisonnement, quand de propositions particulières je m'élève à une proposition générale, je dis, un tel corps est pesant, un tel autre l'est aussi, un troisième l'est encore, mille, dix mille, cent mille autres le sont de même. Ces corps sont tous ceux que je connais et tous ceux dont j'ai jamais entendu parler. Donc tous les corps (entendez toujours ceux que je connais, car je ne puis jamais parler d'autres) sont pesants. Il n'y a là que des traductions d'expressions.

Quand, de cette proposition générale, je passe à une autre générale aussi, et que je dis: tout corps pesant a besoin d'être soutenu pour ne pas tomber, c'est de même une traduction.

Quand, de ces propositions générales, je redescends à une proposition particulière, et que je dis: donc cette pierre est pesante et tomberait si elle n'était pas soutenue, c'est encore une traduction.

Il n'y a donc jamais tant dans le raisonnement que dans le calcul, aucune autre opération que des traductions ou substitutions d'expressions; et j'ajoute, 1. que ces substitutions d'expressions ont toujours pour fondement et pour cause de leur justesse, cette seule et unique opération intellectuelle qui consiste à voir qu'une idée est renfermée dans une autre;

2. que toutes ces expressions substituées les unes aux autres expriment toujours des jugements, ou de ces suites de jugements qu'on appelle des sorites.

Pour nous assurer de la vérité de ce dernier point, nous n'avons qu'à reprendre tous les exemples dont nous venons de nous servir, et nous allons trouver qu'ils se réduisent tous à des arguments de cette espèce.

Exemples. Dans l'idée exprimée par ces mots *art logique*, je vois l'idée, *être l'art de raisonner*; dans cette seconde, l'idée, *dépendre de la science du raisonnement*; dans cette troisième, celle, *dépendre de la connaissance de nos moyens de raisonner*; dans cette quatrième, celle, *dépendre de la connaissance de nos facultés intellectuelles*; dans cette cinquième, celle, *dépendre de la connaissance qui ne s'acquiert que par l'analyse de ces facultés*; et par conséquent, je vois cette dernière dans la première.

De même dans l'idée x^2, je vois celle être égale à a^2+ab+b^2, dans celle-là, la suivante; et ainsi de suite jusqu'à la fin.

De même, dans l'idée 3+4, je vois l'idée, *être égal à 7*; et dans celle 7 – 2, je vois celle, *être égal à 5*.

De même encore, dans les idées réunies d'un corps, de mille corps, de cent mille corps, etc., je vois les idées *d'être tous les corps que je connais, et d'être pesants*; et dans celles-là réunies, je vois celle *d'avoir besoin d'être soutenus pour ne pas tomber*; et dans ces dernières encore, je vois celles *qu'une pierre est pesante et tombe si elle n'est pas soutenue*.

Enfin, je prendrai un dernier exemple qui sera en même temps le résumé de ce chapitre et ma conclusion; et je dirai : dans l'idée que j'ai de tous ces jugements et de tous ces raisonnements, je vois l'idée *qu'ils consistent toujours et ne peuvent consister jamaisqu'à voir une idée dans une autre, dans celle-là une troisième, et ainsi de suite*. Dans cette seconde idée, je vois celle *qu'ils ne peuvent être vrais que quand ces idées sont réellement les unes dans les autres, et faux quand elles n'y sont pas*. Et dans cette troisième, je vois celles *qu'ils ne peuvent devoir leur vérité à la forme qu'ils affectent; qu'ils ne peuvent avoir pour premier principe de certitude que la certitude de nos premières impressions et qu'ils ne peuvent avoir qu'une seule cause d'erreur : c'est que nous voyons dans une idée ce qui n'y était pas, c'est-à-dire que nous nous la rappelions mal.*

J'oserai dire encore en finissant, et en me servant toujours de la même forme d'expression, que je vois dans l'enchaînement d'idées que je viens d'exposer, l'idée *qu'il est parfaitement juste* et celle *que tout le monde conviendra de cette justesse, si l'on veut se donner la peine d'y regarder avec attention*, ou du moins celle *que je l'ai prouvé autant que j'en suis capable*. Je n'ai donc plus rien à ajouter.

Ce chapitre ne renferme aucune idée qui ne soit dans les précédents. Mais si en présentant mes principes sous de nouveaux aspects et en en montrant différentes applications, il contribue, comme je l'espère, à les rendre plus faciles à saisir et plus plausibles, il est très important pour le but que je me propose; et je dois remercier encore mes juges de m'avoir, pour ainsi dire, forcé de rendre mes raisons aussi convaincantes qu'elles pouvaient l'être.

Maintenant que cette *Logique* est finie, et qu'elle fait le complément d'un ouvrage assez étendu dont mon *Idéologie* et ma *Grammaire* n'étaient que les premières parties, je ne puis me refuser au plaisir de jeter un coup d'œil général sur l'ensemble de l'étude de nos moyens de connaître; et de présenter au lecteur un tableau succinct de la série d'idées que j'ai suivie, ou plutôt par laquelle je me suis laissé conduire jusqu'à ce moment, et un aperçu sommaire de ce qui devrait suivre cette histoire de nos facultés intellectuelles, pour la rendre vraiment usuelle et utile aux différentes branches de nos connaissances. Ce sera l'objet du chapitre suivant, que l'on doit plutôt regarder comme un appendice et une conséquence de mon ouvrage que comme en faisant une partie intégrante. Il renferme principalement mes vues et mes vœux relativement à ce que je n'ai pas l'espérance d'exécuter.

CHAPITRE IX

RÉSUMÉ DES TROIS PARTIES QUI COMPOSENT LA SCIENCE LOGIQUE, ET PROGRAMME DE CE QUI DOIT SUIVRE

J'ai attendu, pour appeler l'attention du lecteur sur l'ensemble de mes travaux, l'instant où il serait possible et convenable de les embrasser d'un coup d'œil général. Je me vois aujourd'hui arrivé à ce moment tant désiré, et je me livre au plaisir d'exposer tout l'enchaînement de mes idées.

On vient de lire enfin la troisième et dernière partie d'un *Traité de l'intelligence humaine, considérée uniquement sous le rapport de la formation de ses idées et de ses connaissances*. Je ne m'abuse point sur le mérite de cet ouvrage; et quelques suffrages vraiment flatteurs dont il a été honoré ne me font pas illusion sur ses défauts. Je crois, il est vrai, que le plan que j'ai conçu est très bon et très important; mais, je l'avoue avec la même franchise, je suis loin d'être content de la manière dont je l'ai exécuté. Toutefois, ce n'est plus actuellement un simple projet; et, par cela seul, j'en vois mieux moi-même l'étendue et les conséquences. Car, le grand avantage d'un homme qui a déjà cheminé dans la carrière qu'il se proposait de parcourir n'est pas seulement d'être un peu plus avancé qu'en partant; c'est encore d'être plus assuré que la direction qu'il a suivie mène au but qu'il se proposait d'atteindre, et surtout de voir son horizon se reculer et s'étendre. Plus on marche, plus on voit loin devant soi, et dans l'espace environnant; mieux on reconnaît les situations respectives des pays adjacents. Voyons donc où m'a conduit la route que j'ai tenue, et où elle peut mener encore.

Quand j'ai commencé à réfléchir sur mes faibles connaissances, et sur celles de l'espèce humaine en général, j'ai vu avec étonnement et admiration que je savais déjà bien des choses vraiment utiles, que beaucoup d'autres en savaient encore infiniment davantage, et que le genre humain, pris en masse, était riche d'une foule de vérités précieuses, auxquelles il devait toutes ses jouissances, et dont le mérite était prouvé même par les inconvénients qui suivent de l'oubli qu'on n'en fait que trop souvent.

Ce sentiment de joie a été bientôt tempéré, et même anéanti, par la réflexion pénible que tant de trésors n'avaient qu'une valeur très contestée, et que même en mettant à part le goût du paradoxe et de la controverse, il était souvent fort difficile de prouver l'utilité de la vérité, et plus encore de montrer sa certitude, les moyens d'y atteindre, les causes qui nous en écartent, et surtout en quoi bien précisément elle consiste pour nous.

Je voyais que nos connaissances se subdivisent en une multitude de branches, qui semblent étrangères les unes aux autres ; que chacune paraît avoir une cause de certitude particulière, une manière d'y arriver qui lui est propre ; que toutes, même les plus exactes dans leur marche et les mieux ordonnées dans leur ensemble, laissent plusieurs inconnues en arrière de leurs premiers principes.

La science des quantités abstraites nous donnent les règles de calcul les plus savantes et les plus sûres, sans nous dire ni comment nous formons l'idée de nombre, ni pourquoi nous avons des idées abstraites, ni quelle est la cause première de la justesse d'une équation.

Celle non moins correcte dans ses déductions, qui traite des propriétés de l'étendue, la géométrie, ne nous enseigne ni comment nous apprenons à connaître cette propriété générale des corps, ni en quoi elle consiste séparée de ces corps, ni pourquoi, seule de toutes les propriétés des corps[a], elle est susceptible d'être le sujet d'une science particulière, qui influe sur toutes les autres, ni pourquoi elle se prête mieux qu'aucune autre à l'application rigoureuse des combinaisons de la science des quantités, ni pourquoi elle se sert tantôt des procédés de cette science, tantôt de ceux de la logique ordinaire, ni pourquoi elle arrive au même but par ces deux chemins, et pourquoi cependant elle peut aller plus loin par l'un que par l'autre.

La science positive qui embrasse toutes les propriétés des êtres qui tombent sous nos sens et qui traite des lois qui les régissent, la physique, ne nous laisse pas moins à désirer dès ses premiers pas. Elle ne nous montre pas comment toutes ces propriétés dérivent et procèdent les unes des autres, ni comment elles sont toutes dépendantes de celle plus générale et plus nécessaire, appelée l'*étendue*, ni quelle est leur relation avec celles plus générales encore, la durée et la quantité, ni pourquoi les unes se prêtent mieux que les autres au calcul de cette dernière, ni enfin comment toutes

a. Il faut observer que la quantité n'est pas une propriété exclusivement propre aux corps : elle peut appartenir à des êtres qui ne seraient pas des corps, à nos idées par exemple, de même que la durée.

dérivent pour nous de nos moyens de connaître, ce qui pourtant constitue seul leur réalité et leur certitude, relativement à nous.

L'histoire naturelle, dont l'objet direct est de nous faire connaître le mode d'existence de chacun des êtres existants, ne nous apprend pas davantage en quoi consiste d'abord l'existence générale de ces êtres, ce qu'elle est relativement à eux, ce qu'elle est relativement à nous ; et ensuite, lorsqu'elle descend à l'examen spécial de l'existence propre aux êtres animés, elle ne nous fait pas voir non plus les conséquences intellectuelles de leur sensibilité, dans les diverses espèces, et notamment dans la nôtre.

Si de ces sciences très générales, et qui embrassent tous les êtres existants, on passe à celles qui ont particulièrement pour objet l'espèce humaine, on les trouve encore moins sûres dans leurs procédés, plus incohérentes entre elles, et également dénuées des notions premières sur lesquelles elles devraient s'appuyer.

Celle que nous nommons assez improprement *économie politique* possède sans doute des vérités précieuses sur les effets de la propriété, de l'industrie, et des causes qui favorisent ou contrarient la formation et l'accroissement de nos richesses ; mais puisqu'elle est réellement, ou doit être l'histoire de l'emploi de nos forces à la satisfaction de nos besoins, elle devrait remonter à la naissance de ces besoins et à la source de notre puissance d'agir, et par conséquent à l'origine des droits que ceux-là nous donnent et des devoirs que l'exercice de celle-ci nous imposent.

Dira-t-on que c'est plutôt là l'objet et l'obligation spéciale de la science connue sous le nom de *morale* ? Je répondrai premièrement que la morale considère plus nos besoins et nos désirs, en un mot tous nos sentiments qui ne sont pas réduits en actes, dans l'intention de les apprécier et de les régler, que dans celle de les satisfaire ; et que, quant à nos actions, elle a plus en vue les droits d'autrui que notre intérêt direct et immédiat. Secondement, je ne craindrai pas de dire qu'elle ne remonte pas mieux que l'économie politique à cette cause première de tout *besoin* et de toute *puissance*, de tous les *droits* et de tous les *devoirs* ; et que jusqu'à présent, elle mérite, plus qu'aucune autre science humaine, le reproche de n'être qu'un recueil de principes empiriques, déduits d'observations éparses, et dont la pratique, quoique bien imparfaite, est encore fort supérieure à la théorie, parce que, heureusement, il est dans notre nature qu'au moins les plus essentiels de ces principes sont plus aisés à sentir qu'à prouver. Cela est si vrai que l'on dispute encore sur la base fondamentale que l'on doit donner à la morale, sur le but qu'elle doit se proposer, et pour savoir si on doit chercher son principe dans notre nature ou en dehors d'elle ; et que même beaucoup de philosophes soutiennent que toute idée d'utilité quelconque, toute relation à nous, quelle qu'elle soit, est un motif indigne de la morale, qui la dégrade et l'avilit. Assurément, il est impossible d'imaginer une branche de connaissances qui soit moins avancée et moins fixée que celle sur laquelle on élève de pareilles questions.

Puisque les deux sciences dont nous venons de parler sont incomplètes, celle de la *législation* ne peut manquer de l'être encore davantage. Ce mot, à le prendre dans sa plus grande généralité, signifie la connaissance des lois qui doivent régir l'homme dans toutes les circonstances et dans toutes les époques de sa vie. Ainsi il renferme la science, non seulement des lois qui règlent les intérêts des individus, de celles qui déterminent l'organisation sociale et de celles qui fixent les rapports de la société avec les nations étrangères; mais encore de celles qui doivent diriger l'enfance. La science de la législation comprend la science du gouvernement et celle de l'éducation. Car le gouvernement n'est que l'éducation des hommes faits, et l'éducation est le gouvernement des enfants. Seulement, dans l'un, on donne sa principale attention aux actions, parce qu'elles ont un effet immédiat; et dans l'autre, on s'attache surtout à former les sentiments, parce que les actions sont encore peu importantes. Or, puisque le but de la science de la législation est de diriger les sentiments et les actions des hommes, elle est nécessairement sans bases fixes tant que les actions et les sentiments des hommes, et les conséquences des unes et des autres, ne sont pas appréciés et jugés avec justesse et exactitude. Aussi, savons-nous si mal ce que c'est que la *police*, la *politique*, ou la science de la *cité*, que souvent nous donnons l'un de ces noms, qui devraient être synonymes, à l'espionnage le plus méprisable, et l'autre à un système de ruses à la fois si fausses et si usées qu'elles n'attrapent plus que ceux qui s'en servent.

Je ne parle pas de la science du droit; séparée de celle de la législation, elle n'est que la connaissance de ce qui est ordonné, sans retour sur ce qui devrait l'être; ainsi il est manifeste qu'elle est sans théorie comme sans principes. C'est une simple histoire de ce qui est.

Si de ces sciences, que l'on peut dire spéciales, je remonte à celle qui prétend les diriger toutes et leur montrer le chemin de la vérité, à la logique, je trouve qu'elle se réduit elle-même à nous apprendre à tirer des conséquences et qu'elle pose en principe qu'il ne faut jamais disputer des principes, c'est-à-dire qu'elle n'en a point qui lui soient propres, qu'elle ait créés et dont elle puisse rendre raison.

La grammaire même, son alliée inséparable, car nous ne raisonnons jamais qu'avec des signes et sur des signes, est très riche en détail; elle nous donne une multitude de règles très utiles sur la manière d'employer chacune des différentes espèces de ces signes. Mais elle nous apprend peu ou mal comment nous sommes venus à avoir des signes disponibles de nos idées, quels sont les avantages et les inconvénients communs à tous, quels sont ceux particuliers à chacune de leurs différentes espèces, soit permanentes, soit transitoires; en un mot, elle manque aussi de principes fondamentaux. La raison en est simple : les principes de la théorie des signes ne peuvent se trouver que dans l'analyse des idées qu'ils représentent.

Ajoutons qu'à côté de ces sciences vraies, quoique défectueuses, on a vu de tout temps s'en élever d'autres complètement fausses et chimériques, et qui ne doivent leur existence qu'à ce que les vraies causes de la réalité et de la solidité des premières ont toujours été mal démêlées. Aussi celles-là ont toujours été décroissantes à proportion des progrès de celles-ci; et elles doivent se trouver anéanties par leur état de perfection.

Remontant donc ainsi, ou plutôt descendant d'échelon en échelon jusqu'aux fondements de tout, j'ai trouvé que le magnifique édifice de nos connaissances qui m'avait d'abord présenté une façade si imposante, manquait par sa base et reposait sur un sable toujours mouvant. Cette triste vérité qui me pénétrait de chagrin et de crainte, m'a prouvé que la grande rénovation tant demandée, et non pas exécutée par Bacon, n'avait eu lieu que superficiellement; que les sciences avaient bien pris une marche plus régulière et plus sage en partant de certains points donnés ou convenus sans éclaircissements suffisants, mais que toutes avaient besoin d'un commencement qui ne se trouvait nulle part.

On l'a senti de tout temps : et c'est ce besoin que l'on voulait satisfaire au moyen de cette philosophie première dont tous nos anciens auteurs ont tant parlé, sans savoir précisément de quoi ils devaient la composer. Je ne m'amuserai point à discuter avec chacun d'eux les différentes idées qu'ils s'en sont faites. Il me suffira d'observer que tous ont voulu qu'elle consistât dans un certain nombre de principes fondamentaux dont la certitude ne fût contestée par personne et qui fussent universellement reconnus pour vrais par tous les hommes. *Mais là existe toujours cette éternelle défectuosité qui mérite éminemment le nom de PÉTITION DE PRINCIPES.* Car, quels que soient ces principes, quelque indubitables et incontestables qu'on les suppose, il reste toujours à savoir pourquoi ils sont tels.

J'ai donc cru devoir aussi m'occuper à mon tour de la philosophie première et en faire le sujet de toutes mes méditations. Il ne m'a fallu qu'une légère attention pour voir qu'elle ne doit pas être, comme on l'a cru, une science positive et expresse, dogmatisant sur telle espèce d'êtres en particulier ou sur tels effets généraux de leur existence à tous et de leurs rapports entre eux : car ce sont là des résultats dont il faut auparavant trouver les éléments. Il m'a donc été facile de reconnaître que la vraie philosophie première ne pouvait être autre chose que la vraie logique, que la science qui nous apprend comment nous connaissons, nous jugeons et nous raisonnons; et que Hobbes a eu grande raison de faire de la logique la première partie de la première section de ses *Éléments de philosophie* et de la placer avant ce que lui-même appelle encore mal à propos philosophie première, quoiqu'à juste titre il ne lui donne qu'un rang secondaire dans son ouvrage.

Mais comme je l'ai déjà dit souvent, la logique, telle qu'elle a toujours été, n'était que l'art de tirer des conséquences légitimes de principes avoués. Elle n'était donc pas ce qu'il fallait qu'elle fût pour être la vraie logique, pour être le commencement de tout. Elle n'était qu'un art, elle devait être une science. Elle partait de principes convenus, tandis qu'elle devait nous montrer la cause de tout principe; et c'est cette imperfection même qui avait fait naître l'erreur si répandue qu'il pouvait y avoir avant elle quelque chose qui méritât d'être appelé science première.

Cependant, comment la perfectionner, cette logique? Comment la compléter? Comment en faire vraiment une science, et la première de toutes? Il est manifeste, ou je m'égare absolument, que ce ne peut être qu'en la faisant consister dans l'étude de nos moyens de connaître. L'art qui prétend nous apprendre à juger et à raisonner ne peut pas dépendre d'autre chose; et la science qui aspire à diriger cet art, et qui veut et doit présider à toutes les autres sciences et les précéder, ne peut pas être autre chose. Ainsi, je me suis vu conduit forcément à examiner nos opérations intellectuelles, leurs propriétés, leurs conséquences.

En effet, on ne saurait trop le redire, chacun de nous, et même tout être animé quelconque, est pour lui-même le centre de tout. Il ne perçoit par un sentiment direct et une conscience intime que ce qui affecte et émeut sa sensibilité. Il ne conçoit et ne connaît son existence que par ce qu'il sent, et celle des autres êtres que par ce qu'ils lui font sentir. Il n'y a de réel pour lui que ses perceptions, ses affections, ses idées; et tout ce qu'il peut jamais savoir n'est toujours que des conséquences et des combinaisons de ses premières perceptions ou idées. Lors donc que l'on cherche le principe de toute connaissance, et que l'on ne perd point de vue son objet, on est invinciblement ramené à l'examen de nos facultés intellectuelles, de leurs premiers actes, de leur puissance, de leur étendue et de leurs limites.

Cette vérité commence heureusement à être très connue, et la manière dont je décris le chemin par lequel j'y suis parvenu peut paraître lente et prolixe; mais dans ces matières, il y a un véritable avantage, on pourrait dire une stricte nécessité, à présenter souvent la même chose sous différents aspects. La cause en est dans la nature du sujet lui-même et dans la manière dont il a été traité si longtemps. Il ne faut pas seulement exposer son idée tout entière et montrer tout ce qu'elle renferme; il faut de plus faire voir en quoi elle diffère de plusieurs idées voisines que l'on croit semblables : on est même réduit souvent à prouver qu'elle est exactement la même que d'autres que l'on regarde communément comme très différentes.

La preuve en est que quand j'ai commencé à m'occuper de la science dont nous parlons, elle avait été cultivée antérieurement par des hommes de la capacité desquels je n'approcherai jamais; elle avait par conséquent fait déjà de grands progrès. Cependant, elle n'était encore désignée que par la dénomination complexe *d'analyse des sensations et des idées*[1]; et quoiqu'on commençât à en sentir l'importance, on ne la regardait pas comme identique avec la partie scientifique de la logique. Encore moins aurait-on consenti à la confondre avec ce que l'on appelait la philosophie première; et quand je proposai de l'appeler *idéologie*, mot qui n'était que la traduction abrégée de la phrase par laquelle on la désignait, il sembla que je voulais lui donner un nouveau caractère.

J'en étais si loin que je ne prévoyais pas moi-même où cette étude me conduirait. Toutefois placé, pour ainsi dire, par Bacon en face de l'objet à examiner, et en présence de la nature elle-même, je mis à néant tout ce que d'autres y avaient vu, ou cru voir avant moi; et je considérai sans préventions antérieures, et sans aucun parti pris d'avance, la masse entière de mes idées. Je démêlai bientôt dans leur composition le retour continuel d'un petit nombre d'opérations intellectuelles, toujours les mêmes, qui ne sont toutes que des variétés de celle de sentir.

J'en remarquai quatre bien distinctes, sentir simplement, se ressouvenir, juger et vouloir; et quoique je ne visse pas dès lors aussi nettement que je l'ai fait depuis, en quoi consiste précisément celle de juger, je vis cependant que ces quatre opérations intellectuelles sont les seules qui méritent d'être appelées *élémentaires*; que toutes les autres que l'on peut reconnaître en nous sont toujours composées de celles-là; que celles-là suffisent à former toutes nos idées quelconques, lesquelles sont toutes et toujours *composées* les unes des autres, et parmi lesquelles il n'y a qu'on puisse appeler *simples* que celles qui sont formées par la seule action de sentir simplement.

Je vis de plus, et plus tard, que d'après notre organisation, les opérations de se ressouvenir, de juger et de vouloir suivent nécessairement de celle de sentir simplement; et que ces trois dernières facultés entrent en action par le seul fait de la première.

1. Intitulé de la première section de la classe des sciences morales et politiques de l'Institut national, créé par la loi Daunou du 3 brumaire an 4 (25 octobre 1795). Destutt de Tracy s'explique sur la nécessité de substituer à cette dénomination celle d'Idéologie dans le premier chapitre de la seconde partie de son *Mémoire sur la faculté de penser* publié en l'an 6 (1798).

Je vis, en outre, que notre existence consiste pour nous uniquement à sentir et que, quand nous sentons quoi que ce soit, c'est toujours nous que nous sentons être d'une manière ou d'une autre; mais que ce n'est jamais que nous et notre propre existence que nous sentons.

Réunissant ces deux dernières données, je trouvai qu'à des êtres faits comme nous, le seul fait de sentir simplement suffit pour avoir des idées de toute espèce, ou plutôt de tout degré de composition; mais que s'il leur fait complètement connaître leur existence et ses modes de tout genre, il ne leur fait connaître qu'elle, et non pas l'existence d'êtres autres qu'eux.

Il restait donc à trouver comment nous sommes conduits à savoir qu'il y a dans la nature quelque chose qui n'est pas nous ou notre vertu sentante. Alors, cessant de considérer notre sensibilité sous un point de vue purement abstrait, et prenant nos individus en masse, comme ils existent réellement, je remarquai que notre vertu sentante paraît avoir lieu en conséquence de mouvements qui s'opèrent dans notre système nerveux; mais qu'en outre, quand elle prend le caractère de volonté, elle a la propriété de produire dans nos membres d'autres mouvements qui nous causent une sensation, et que par conséquent, lorsque cette sensation cesse malgré notre volonté, nous sentons que ce n'est pas par le fait de cette vertu voulante, qui voudrait la continuer, mais par celui d'êtres indépendants d'elle, dont l'existence distincte de la sienne consiste uniquement à la contrarier ou à lui obéir, et à affecter la vertu sentante dont elle émane et fait partie[a].

Ainsi, après avoir déterminé ce que c'est pour nous que notre propre existence, et ce qu'il y a de vraiment essentiel à remarquer et à distinguer dans ses différents modes, j'ai reconnu en quoi consiste à notre égard celle des êtres qui ne sont pas nous; et j'en ai déduit la nature des propriétés par lesquelles ils nous affectent, leurs relations entre elles, l'ordre dans lequel nous apprenons à les connaître et la manière dont nous parvenons à apprécier et à mesurer chacune d'elles avec plus ou moins d'exactitude.

J'oserai dire qu'en général on n'a pas fait assez d'attention à ces bases fondamentales de mon ouvrage et de toute philosophie. En même temps, on a accueilli avec indulgence, et même avec approbation, quelques autres parties, qui cependant, si elles ont un mérite réel, le tiennent absolument de ces préliminaires. Cela vient sans doute de ce que ces parties subséquentes

a. Tant que notre système nerveux ne réagit que sur lui-même, nous sentons simplement, nous ne sentons que notre propre existence; dès qu'il réagit sur nos muscles, nous sentons, et de plus nous agissons; nous sentons l'existence d'êtres qui résistent, qui ne sont pas nous. Malheureusement, nous ne savons pas comment s'opère ni l'une ni l'autre de ces deux réactions; mais nous savons qu'elles existent et ce qui en arrive : c'est déjà beaucoup.

sont susceptibles d'applications plus directes, et de ce que ces applications étaient l'objet de recherches d'un plus grand nombre de personnes; mais il n'en est pas moins vrai que tout repose sur ces premières données, que je crois avoir bien exactement prises dans la nature et bien dégagées de toute opinion hypothétique et de tout principe arbitraire. On ne saurait trop les examiner, les discuter et les constater, si l'on veut que nos connaissances soient enfin fondées sur une base solide et inébranlable. Je sens qu'il y a un air de présomption à affirmer que ce que l'on a dit mérite d'être étudié; mais ce n'est pas pour moi que je demande cette faveur, c'est pour le sujet que j'ai traité dans les onze premiers chapitres de mon premier volume. Dans le vrai, ils renferment le germe de toute l'histoire de notre intelligence.

Après ces préliminaires, ne regardant plus le phénomène du sentiment que comme une conséquence des mouvements qui s'opèrent dans nos individus, j'ai examiné les relations qu'ont entre elles ces deux facultés de sentir et de nous mouvoir, et les différents degrés de dépendance où elles sont, suivant leurs diverses modifications, de l'espèce de sentiment que nous appelons *volonté*. J'ai fait voir le nombre prodigieux de mouvements divers, sensibles et insensibles, qui s'opèrent continuellement en nous. J'ai décrit les effets que produit, sur nos opérations intellectuelles ou automatiques, la fréquente répétition des mêmes actes; et j'en ai déduit les causes de nos progrès et de nos égarements*.

Enfin, observant que nos actions manifestent nos idées et nos sentiments sans que nous le voulions, et par conséquent en sont les signes naturels et nécessaires, j'ai expliqué comment elles en deviennent les signes artificiels et volontaires; comment ensuite ces signes se perfectionnent en se subdivisant, et se partagent en différentes espèces qui ont des propriétés différentes. J'ai montré que les signes artificiels sont nécessaires à la formation de la plupart de nos idées; qu'ainsi ils contribuent puissamment au perfectionnement de l'individu; que de plus ils sont la cause unique du perfectionnement de l'espèce, en servant de moyen de communication; qu'au milieu de tous ces avantages, ils ne sont pas exempts de quelques inconvénients; mais qu'enfin, tels qu'ils sont, nous nous en servons toujours pour combiner nos idées, et nous ne pensons jamais que par leur moyen.

Tel est le contenu de mon premier volume. Il renferme bien, ce me semble, toutes les bases de l'histoire de nos idées. Cependant, puisque ces idées ne nous apparaissent jamais que revêtues de signes, il fallait encore examiner plus scrupuleusement comment ces signes représentent et

* *Variante des éditions de 1805 et de 1818* : les causes de nos progrès et de nos erreurs.

développent nos pensées dans quelque langage que ce soit. C'est aussi à quoi j'ai consacré la seconde partie de mon ouvrage.

À ce moment où, pour la première fois, mes recherches avaient un objet nouveau, j'ai déjà senti vivement l'avantage d'être remonté jusqu'à la source de nos connaissances. Quoique peu versé dans les détails de la science et de l'érudition grammaticale, je me suis trouvé tout de suite porté fort loin au-delà du commencement de toutes les grammaires, en avant de toutes les questions qui divisent leurs auteurs, et muni de la plupart des éléments de leurs solutions; et réciproquement, l'étude de la grammaire m'a fait voir encore plus nettement la marche de notre esprit. Car en même temps que la connaissance de la formation de nos idées me faisait reconnaître facilement le véritable mécanisme de leur expression, quelle qu'en fût la forme, l'examen de la génération des signes jetait un nouveau jour sur celle des idées.

Par ce moyen, j'ai reconnu clairement, d'une part, que nous ne faisons jamais que sentir et juger, c'est-à-dire recevoir des impressions et y remarquer des circonstances, ou en d'autres termes, sentir une idée et sentir une autre idée existante dans celle-là; de l'autre part, que nous n'exprimons jamais que des impressions isolées ou des jugements, c'est-à-dire que le langage ne peut jamais être composé que de noms d'idées détachées les unes des autres, ou d'énoncés de jugements; et même que toutes nos connaissances ne consistant que dans nos jugements, le discours est sans intérêt et sans résultat quand il n'exprime pas un jugement quelconque; qu'ainsi, dans tous les langages possibles, le discours est essentiellement composé d'énoncés de jugements ou de propositions. Voilà le premier degré de sa décomposition.

J'ai vu ensuite que, comme notre sensibilité, notre esprit saisit d'abord les masses avant d'en démêler les détails, comme il porte souvent des jugements avant d'en distinguer tous les éléments; de même notre discours, en quelque langage qu'il soit, exprime d'abord une proposition tout entière en bloc, par un seul signe. C'est l'interjection.

Ensuite, quand dans un jugement nous séparons le sujet de l'attribut et que nous le nommons, l'interjection, par cela même, n'exprime plus que l'attribut. Elle devient le *verbe*. Le signe représentant le sujet est le *nom*. Le nom et le verbe, voilà les deux seuls éléments nécessaires de la proposition. L'un exprime l'idée existante dans l'esprit; l'autre, l'idée existante dans celle-là. Tous deux renferment l'idée d'existence et sont par conséquent susceptibles de temps et de modes.

Le nom est toujours et nécessairement au temps présent et au mode énonciatif: car l'idée dont s'occupe notre esprit est toujours énoncée actuellement existante, par cela seul qu'on la nomme; c'est ce qui fait qu'on ne s'aperçoit pas que le nom a un mode et un temps. Le verbe au contraire est susceptible de tous les temps et de tous les modes, parce qu'une idée peut être dite existante dans une autre de toutes ces manières différentes. Aussi, il n'y a pas d'énoncé de jugement sans verbe, et il y a énoncé de jugement dès que le mode du verbe, ou la manière dont l'attribut existe dans le sujet, est déterminé. C'est là le seul signe qui exprime l'acte de juger : car quand on dit de quelle manière une idée est dans une autre, on affirme qu'elle y est. Effectivement, l'acte de juger étant toujours le même, le moyen de l'exprimer doit toujours être le même.

Tous les autres éléments de la proposition ne sont que des modificatifs de ceux-là, utiles, mais non nécessaires. Aucun d'eux ne peut faire les fonctions d'attribut. Les adjectifs seuls en seraient susceptibles, si au lieu de n'exprimer l'idée qu'ils représentent que comme destinée à exister dans une autre, ils l'exprimaient comme y existant, s'ils renfermaient le sens de l'adjectif *étant*. Alors ils seraient des verbes.

L'adjectif *étant* est le seul verbe, puisque lui seul communique cette qualité aux autres, comme la préposition verbale *que* est la seule conjonction, puisqu'elle seule donne la propriété conjonctive aux signes qui la possèdent.

Les modificatifs de sujets et d'attributs, quelque nom qu'on leur donne, et dans quelque langage qu'ils existent, ne peuvent faire les fonctions que d'adjectifs, de prépositions, d'adverbes, d'interjections conjonctives et d'adjectifs conjonctifs. Ainsi voilà tous les éléments possibles de la proposition trouvés et reconnus, et leur valeur déterminée. Il restait à épeler ces caractères, c'est-à-dire à voir les moyens dont on se sert pour les lier entre eux. C'est l'objet de la syntaxe.

La syntaxe emploie trois moyens différents. Le premier est la place que les signes occupent. C'est ce qu'on appelle la construction. Le second, ce sont les variations que certains signes subissent. Le troisième consiste dans quelques signes particuliers, uniquement destinés à marquer les relations des autres. La connaissance de la formation de nos idées et de leurs signes m'a montré l'effet réel de chacun de ces moyens ; et la détermination exacte de la nature du verbe m'a donné une théorie de ses temps et de ses modes qui du moins me paraît plus fondée en raison que les autres, et suivant laquelle il ne peut jamais avoir que trois modes et douze temps réels.

Après cette analyse du discours, que l'on peut dire universelle puisqu'elle est applicable à tous les langages possibles, j'ai dû parler des différents moyens de rendre permanents les signes de nos idées, qui naturellement sont tous transitoires comme elles. Car si les hommes ne peuvent presque pas penser sans signes quelconques, ils ne peuvent faire aucuns grands progrès sans signes durables et transportables.

Tous les langages qui dérivent du langage d'action peuvent être représentés d'une manière permanente par d'autres langages composés de figures hiéroglyphiques ou symboliques, qui expriment les mêmes idées qu'eux. Mais il y a là une véritable traduction.

Le langage oral est le seul dont la signification puisse être reproduite par des figures qui ne représentent que les sons dont il est composé, et non pas les idées elles-mêmes. C'est là réellement l'écriture soit syllabique, soit alphabétique. C'est une simple notation sans traduction; et cette différence est si grande que tout peuple qui a négligé cet avantage est condamné à une éternelle enfance. Les conséquences en sont incalculables.

On a pensé assez généralement que tous les hommes avaient dû commencer par des peintures hiéroglyphiques, qu'un génie heureux avait inventé de les convertir en caractères syllabiques et qu'un plus heureux encore avait imaginé de décomposer ceux-ci en voyelles et en consonnes et avait dû, par conséquent, créer tout de suite un alphabet parfait pour la langue qu'il parlait.

Pour moi, l'examen attentif de la nature de ces procédés, de leurs effets, et des monuments qui nous en restent à diverses époques et dans différents pays, me montre qu'une telle marche n'a pu avoir lieu; mais il me paraît que l'idée de noter au moins grossièrement les tons du chant a dû se présenter dès la plus haute antiquité; qu'elle a dû facilement conduire à ajouter successivement à ces notes quelques signes qui exprimassent ou la voix, ou l'articulation, ou la durée, ce qui les a rendues assez propres à noter la parole qui, dans les langues naissantes surtout, diffère peu du chant; et que par là elles sont devenues insensiblement et très naturellement des caractères, partie syllabiques, partie alphabétiques, tels que sont ceux de beaucoup de langues orientales, et tels que sont encore à beaucoup d'égards les nôtres, que nous croyons si complètement alphabétiques. Car toutes les fois que nous employons une voyelle sans consonne et une consonne sans voyelle, certainement l'une des deux est sous-entendue, et par conséquent celle exprimée représente la syllabe tout entière.

Ces réflexions m'ont conduit à une analyse exacte des sons vocaux que nous représentons encore très mal et m'ont fait voir qu'en y distinguant trois nuances de tons, cinq degrés de durée, dix-sept voix et vingt articulations différentes, ils seraient très bien ou du moins très passablement notés. J'ai émis le vœu que l'on figurât ainsi quelques-uns des meilleurs morceaux de littérature de différentes langues, et je suis convaincu qu'il en résulterait des avantages vraiment prodigieux pour les temps à venir et pour les nations lointaines.

Enfin, de toutes ces observations tant sur le langage en lui-même que sur les moyens de l'écrire, j'ai conclu qu'une langue universelle, soit savante, soit vulgaire, est impossible; qu'elle serait plus nuisible qu'utile, si elle n'était que savante; et qu'une langue parfaite est, si l'on peut s'exprimer ainsi, encore plus impossible: mais j'ai indiqué les conditions qui, suivant moi, la rendraient parfaite et dont il serait très utile de rapprocher toujours plus les langues dont nous nous servons.

Voilà le sommaire de ma seconde partie. Toute ma crainte en entrant dans les détails qu'elle exige, et que j'ai encore resserrés le plus que j'ai pu, a été qu'elle ne m'éloignât de l'objet de la première et qu'elle ne la séparât trop de la troisième. Cependant, je le répète, puisque nos idées ne nous apparaissent jamais que revêtues de signes, puisque nous ne saurions les combiner qu'avec ce secours, il fallait bien expliquer la nature et les effets de ces signes. C'est incontestablement la première application que l'on doive faire de la connaissance de la formation de nos idées; et tout de suite après, il faut en déduire les causes de leur certitude, montrer en quoi elle consiste, ce qui la constitue, ce qui l'ébranle, ce qu'est pour nous la vérité et ce qui nous en écarte. C'est ce que j'ai tâché de faire dans ma *Logique*.

J'ai cru devoir, autant pour me guider moi-même que pour conduire l'esprit du lecteur, la faire précéder d'une partie historique, dans laquelle j'ai cherché à prouver par les faits que tous ceux qui ont écrit sur la logique ont voulu, comme moi, donner une base inébranlable à leurs principes et à nos connaissances en général; que tous même ont senti plus ou moins confusément que, pour y parvenir, il fallait commencer par examiner nos idées et leurs signes; qu'ils ont eu d'autant plus de succès qu'ils ont plus insisté sur ces utiles préliminaires; mais qu'aucun d'eux n'a vu distinctement que dans cette étude seule consiste uniquement toute la science logique: en sorte que tous, sans exception, se sont trouvés obligés de réduire la logique à n'être que l'art de tirer des conséquences de principes généralement avoués, et contraints de faire de ces principes une science première qui, quelque nom qu'on lui donnât, était toujours antérieure à la logique, ne pouvait tirer d'elle sa certitude et par conséquent n'avait pas de base solide.

Cet inconvénient bien signalé, j'ai vu ou du moins cru voir le moyen de l'éviter complètement en suivant Descartes dans son premier pas et en m'y arrêtant plus que lui. Je me suis dit, je suis complètement sûr de sentir ce que je sens. Tout ce que je puis jamais penser et savoir ne consiste toujours que dans des conséquences et des combinaisons de ce que j'ai senti d'abord; et ce sont encore là autant de choses senties que, par conséquent, je suis très certain aussi de percevoir quand je les perçois. Voilà donc pour moi une certitude réelle et inébranlable, de laquelle je puis partir.

Elle devrait s'étendre à toutes mes connaissances. Car ces connaissances ne consistent jamais que dans des rapports aperçus entre mes perceptions antérieures; et ces rapports sont toujours perçus par l'acte de juger, qui consiste uniquement à sentir qu'une idée en renferme implicitement une autre. Ainsi, c'est encore là une perception et je ne puis pas me tromper quand je sens qu'elle existe.

Cela est vrai, et chacun de ces jugements, pris en lui-même et isolément, ne saurait être erroné. Mais les idées sujets de ces jugements sont toutes des souvenirs de perceptions antérieures, et nous sommes organisés de manière que nous ne sommes jamais complètement certains que nos souvenirs soient rigoureusement exacts. Voilà la source de l'incertitude et de l'erreur.

Munis de ces données, si nous suivons de nouveau toute la série de la génération de nos idées, telle que je l'ai exposée dans ma première partie, en tenant compte des diverses circonstances de leur formation et des différents effets de leur signes, nous trouvons sans peine comment et pourquoi nous sommes sûrs de notre propre existence, laquelle consiste uniquement à sentir; comment et pourquoi nous sommes sûrs de l'existence des êtres qui ne sont pas nous, laquelle consiste uniquement à modifier la nôtre; comment et pourquoi nous sommes plus ou moins sujets à nous égarer dans certaines situations, dans certaines dispositions et dans certaines matières; en quoi consiste précisément la sûreté ou la faillibilité de nos facultés intellectuelles; et quelle est exactement la nature, l'étendue et la limite de leur puissance. Nous en avons donc bien saisi les causes premières.

D'après cela, que devons-nous penser de toutes les règles que l'on a prescrites à nos raisonnements? Qu'elles sont fausses ou illusoires, et toutes fondées sur une connaissance imparfaite de nos opérations intellectuelles.

Que devons-nous donc faire pour arriver à la vérité et en être aussi certains que nous sommes susceptibles de l'être. Rien autre chose que de nous assurer, autant que possible, de la vraie valeur, c'est-à-dire de la véritable compréhension et extension des idées dont nous jugeons, et de la justesse de leur expression; et quand nous doutons de l'une ou de l'autre, il faut faire une description exacte de tous les éléments de l'idée dont il s'agit, ou du moins de tous ceux qui importent au jugement que nous voulons porter. Nous n'avons pas un autre moyen réellement efficace pour nous préserver de l'erreur; et celui-là renferme tous ceux qui sont nécessaires à sa pleine et entière exécution; savoir, absence de toute prévention, observation scrupuleuse des faits, manière claire de les exposer, etc., etc.

Telles sont les conclusions de ma *Logique*. Elles s'éloignent des idées ordinaires, et pour les faire adopter promptement, j'aurais dû peut-être leur donner plus de développement et les appuyer d'un grand nombre d'exemples. Mais je suis convaincu qu'elles sont incontestables et qu'on les trouvera toujours plus fondées, à mesure qu'on les examinera davantage dans l'intention de les attaquer. Je m'en rapporte au désir de les critiquer, du soin de les établir invinciblement[a]. En effet, il est bien difficile de s'égarer en suivant la route que j'ai tenue. J'ai étudié, la plume à la main. Je ne savais pas la science quand j'ai commencé à l'écrire, puisqu'elle n'existe nulle part. Je n'avais aucun parti pris d'avance. J'ignorais où j'arriverais. J'ai observé notre esprit sans prévention. J'ai noté ce que je voyais, sans savoir où cela me mènerait. Je suis revenu sur mes pas toutes les fois que j'ai vu que j'étais conduit à l'absurde, c'est-à-dire à des conclusions contraires aux faits postérieurs[b]; et j'ai toujours trouvé l'endroit où je m'étais égaré, c'est-à-dire où j'avais mal vu les faits antérieurs. Enfin, je suis venu sans suppositions, sans inconséquences et sans lacunes, à un résultat que je n'avais ni prévu, ni voulu. Il est plausible, il est très général, il rend raison de tous les phénomènes; il m'est impossible de n'y pas prendre une pleine et entière confiance.

Toutefois, si l'on peut m'accuser d'avoir trop resserré la fin de ma *Logique*, je sens que l'on doit encore bien plus me reprocher actuellement de m'arrêter si longtemps à ces préliminaires. Mais je voulais parler de ce qui reste à faire; il fallait bien retracer le tableau de ce qui est fait. On voit que, suivant moi, ce qui constitue la philosophie première, comme on dit, ou comme on devrait dire, la première des sciences dans l'ordre de leur mutuelle dépendance, c'est l'histoire de notre intelligence, considérée sous le rapport de ses moyens de connaître. Cette histoire est nécessairement composée de celle de la formation de nos idées, de celle de leur expression, et de celle de leur déduction. C'est là ce que j'ai exécuté (sauf correction); et sous ce point de vue, mon ouvrage forme un tout complet, avantage qu'il n'avait pas jusqu'à présent. Voilà un premier but atteint : je craignais bien de n'y jamais arriver.

Mais ce qui forme un tout sous un certain rapport, se trouve souvent, vu sous d'autres aspects, n'être plus qu'une partie de plusieurs autres tous, plus étendus. Ainsi ce traité de nos moyens de connaître, pour pouvoir porter le nom de *Traité complet de la génération de nos connaissances*, devrait être suivi d'un tableau méthodique de toutes les premières vérités

a. Pourvu toutefois que ce désir vienne à des hommes au fait du sujet. Car il y a des personnes qui, en examinant une question, l'embrouillent toujours davantage et font qu'elle est plus difficile à résoudre qu'avant qu'ils s'en soient occupés. C'est là malheureusement le grand nombre des critiques. Ils découragent ceux qui seraient capables et désolent ceux qui les désirent, à peu près comme les bavards gâtent une bonne conversation et séparent des hommes près à s'entendre.

b. Et cela très souvent. Il y a des parties de ma *Logique* que j'ai refaites jusqu'à cinq fois différentes.

que nous recueillons à mesure que nous appliquons ces moyens de connaître à l'étude des divers objets qui peuvent les affecter, c'est-à-dire d'un tableau des premiers éléments de toutes nos sciences, disposées dans l'ordre où elle naissent de l'emploi et du perfectionnement successif et graduel de nos facultés. Car l'histoire de la génération de nos connaissances ne peut pas consister uniquement dans l'histoire de nos moyens de connaître. Elle doit encore comprendre celle de leur manière de s'appliquer aux divers objets, et des premiers résultats de leur action. Or, je n'ai fait qu'indiquer cette dernière partie.

D'un autre côté, pour que ce même traité de nos moyens de connaître pût être regardé comme un *traité complet de nos facultés intellectuelles*, il faudrait y ajouter un traité de notre faculté de vouloir et de ses effets. Car l'homme n'est pas seulement capable de juger et de savoir, il l'est encore de vouloir et d'agir. Cette faculté de vouloir est une suite nécessaire de celle de sentir telle que nous la possédons, et en fait pour ainsi dire partie. Elle est une conséquence inévitable de celle de juger et naît forcément de ses décisions plus ou moins réfléchies. Mais elle a une énergie qui lui est propre et dont les effets sont immenses. Or cette faculté si importante, je n'en ai encore presque rien dit. Je me suis borné à faire voir comment elle naît en nous, à montrer quelles sont ses relations avec nos autres facultés intellectuelles, et à indiquer rapidement quelques-unes de ses propriétés. Mais il s'en faut beaucoup que j'aie développé suffisamment toutes ses conséquences, desquelles pourtant dépend toute notre destinée. Je suis donc forcé de convenir que si mon ouvrage est incomplet comme histoire de la génération de nos connaissances, il l'est également comme histoire générale de toutes nos facultés intellectuelles.

Il y a plus; j'avoue avec franchise que pour mériter réellement le titre d'*Éléments d'idéologie* que j'ai eu la témérité de lui donner, il devrait comprendre les deux importantes additions dont je viens de présenter l'aperçu. Car il est bien constant que l'histoire de nos idées doit renfermer l'histoire complète de l'homme en tant que jugeant et connaissant; et il ne l'est pas moins que, puisque nous avons appelé *idées*, ou perceptions, généralement toutes les modifications de notre faculté de sentir, nos volontés et nos désirs, en un mot, nos déterminations quelconques sont des *idées* comme nos pures sensations, nos souvenirs ou nos jugements; et que par conséquent l'histoire de nos idées doit renfermer aussi celle de l'homme en tant que voulant et agissant.

Il suit de là, néanmoins, une conséquence assez singulière et qui a beaucoup de rapport avec les réflexions que nous avons déjà faites souvent : c'est que si j'avais manifesté d'abord le projet de refaire toute la philosophie première, la source et la base de toutes les sciences, j'aurais révolté par l'excès de mes prétentions : cependant, j'aurais actuellement rempli ma tâche, autant du moins que j'en suis capable. Si j'avais annoncé seulement que j'allais faire ou l'histoire de la génération de nos connaissances, ou celle de nos facultés intellectuelles, j'aurais paru moins promettre ; et pourtant, dans les deux cas, il me resterait encore un ouvrage important à exécuter ; et enfin, sous le titre en apparence plus modeste encore d'*Éléments d'idéologie*, j'ai pris réellement un beaucoup plus grand engagement, et tel que je n'en voyais pas moi-même toute l'étendue et que vraisemblablement je ne serai jamais en état de le remplir. On ne saurait faire assez d'attention à ces illusions que produisent certains mots. Rien ne prouve mieux combien leur signification est vague et confuse, et combien nous sommes loin encore d'avoir bien déterminé la nature et l'étendue des recherches dont ils nous donnent l'idée, et d'avoir fixé la place de ces recherches dans l'arbre encyclopédique, ce qui est pourtant la chose vraiment essentielle, (*res prorsùs substantialis*), si nous voulons enfin faire de nos connaissances un système solide et bien lié.

Au reste, c'est précisément parce que je n'ai pas l'espérance de pouvoir jamais donner au public ni ce tableau des premiers éléments de toutes nos sciences, ni ce traité de notre faculté de vouloir et de ses effets, qui seraient nécessaires pour compléter mes *Éléments d'idéologie* ; c'est, dis-je, par cette raison là même, que je veux expliquer comment je conçois que ces deux importants ouvrages devraient être exécutés. Ces espèces de programmes pourront du moins fournir des idées à des hommes plus capables de les remplir et qui auront eu le bonheur de n'être pas obligés, comme moi, de consumer tous leurs efforts à débrouiller la première partie dont je me suis occupé.

Commençons par examiner auquel de ces deux grands travaux il convient de se livrer d'abord. Au premier coup d'œil, il paraît assez naturel, avant de s'occuper de l'homme en tant que voulant et agissant, de terminer l'histoire de l'homme en tant que jugeant et connaissant, et par conséquent d'ajouter tout de suite à l'histoire de nos moyens de connaître le tableau de la manière dont ces moyens agissent sur les divers objets et celui des premières vérités qui en résultent pour nous. Cependant, j'observe que ce n'est plus là l'étude directe de notre faculté de juger et de savoir ; mais bien une application de cette étude : or, il me paraît plus convenable de commencer par achever l'histoire de toutes nos facultés avant de passer aux applications. D'ailleurs, quelque recherche que l'on se propose, elle ne peut jamais être qu'une suite et une déduction de l'étude de notre faculté de savoir. L'étude de notre faculté de vouloir et d'agir a ce caractère comme toutes les autres ; elle est elle-même une portion du tableau des premières vérités que nous pouvons recueillir ; et puisqu'elle a de plus l'avantage de compléter la connaissance de notre intelligence, il me semble qu'elle mérite la priorité. C'est ce motif qui me décide sur ce point, sur lequel j'ai longtemps hésité. Si l'on était tenté de croire qu'il ne mérite pas une attention si sérieuse, il faudrait se rappeler que l'ordre, la dépendance et la filiation de nos idées est mon principal et même mon unique objet dans toutes ces recherches. Quoiqu'il en soit, je commencerai par parler du traité de la volonté et de ses effets.

Cette seconde manière de considérer nos individus nous présente un système de phénomènes si différents du premier que l'on a peine à croire qu'il appartienne aux mêmes êtres, vus seulement sous un autre aspect. Sans doute on pourrait concevoir l'homme ne faisant que recevoir des impressions, se les rappeler, les comparer et les combiner, toujours avec une indifférence parfaite. Il ne serait alors qu'un être *sachant* et *connaissant*, sans *passion* proprement dite relativement à lui et sans *action* relativement aux autres êtres; car il n'aurait aucun motif pour *vouloir*, ni aucune raison pour *agir*, et certainement, dans cette supposition, quelles que fussent ses facultés pour juger et connaître, elles resteraient dans une grande stagnation, faute de stimulant pour s'exercer. Mais il n'est pas cela; il est un être *voulant* en conséquence de ses impressions et de ses connaissances, et *agissant* en conséquence de ses volontés. C'est là ce qui le constitue, d'une part, susceptible de souffrances et de jouissances, de bonheur et de malheur, idées corrélatives et inséparables; et de l'autre part, capable d'influence et de puissance. C'est là ce qui fait qu'il a des *besoins* et des *moyens*, et par conséquent des *droits* et des *devoirs*, soit seulement quand il n'a affaire qu'à des êtres inanimés, soit plus encore quand il est en contact avec d'autres êtres susceptibles aussi de jouir et de souffrir. Car les droits d'un être sensible sont dans ses besoins et ses devoirs dans ses moyens; et il est à remarquer que la faiblesse dans tous les genres est toujours et essentiellement le principe des droits, et que la puissance, dans quelque sens que l'on prenne ce mot, ne peut jamais être la source que de devoirs, c'est-à-dire de règles de la manière de l'employer. Tout cela dérive immédiatement de la seule faculté de vouloir : car si l'homme ne voulait rien, il n'aurait ni besoins ni moyens, ni droits ni devoirs.

Au contraire, notre nature, notre organisation est telle que chaque impression que nous recevons, chaque perception que nous avons, peut donner lieu à une de ces modifications internes que nous appelons *volontés* ou *désirs*, soit par la manière directe dont cette perception nous affecte, soit par les circonstances que nous y remarquons et les conséquences que nous en déduisons. Ces déterminations, ces désirs, varient à l'infini par leur cause, par leur objet, par la manière dont ils sont produits. Ils peuvent naître également d'une idée très abstraite, ou d'une impression sensuelle, avoir pour objet des êtres physiques ou moraux, matériels ou intellectuels, être le résultat de profondes combinaisons et de longues déductions ou d'une impulsion soudaine et presque automatique. Mais dans tous les cas, ce sont des perceptions, ayant pour cause des perceptions antérieures, dont nous ne pouvons les concevoir dériver autrement que par d'autres perceptions plus ou moins obscures, plus ou moins rapides, appelées *jugements*; et dans tous les cas aussi, ces désirs ont deux propriétés essentielles qui donnent lieu à deux sciences distinctes, à deux systèmes de connaissances différentes. L'une de ces propriétés est de nous faire jouir ou souffrir; l'autre de nous faire agir. Elles répondent aux deux grands phénomènes de l'économie animale, l'action du système nerveux sur lui-même et sa réaction sur le système musculaire. Par conséquent, pour connaître réellement notre faculté de vouloir et ses résultats, nous devons étudier séparément, d'un côté, nos désirs en eux-mêmes, leurs propriétés, leurs conséquences, et de l'autre, les effets directs ou éloignés des actions qui s'ensuivent et qui, toutes, ont pour but de satisfaire quelques-uns de ces désirs. Ces deux connaissances réunies forment, suivant moi, la partie de l'idéologie qui a rapport à la volonté.

J'avoue que je ne sais quel nom donner à ces deux branches de recherches. On pourrait appeler l'une *morale* et l'autre *économie*. Mais alors il faudrait faire prendre à ces deux mots une signification très éloignée de celle qu'on leur attribue communément. Ici, non seulement je retrouve la différence de la science à l'art que j'ai remarquée entre ma façon de considérer la logique et celle dont on l'a toujours traitée; mais encore ma manière même de concevoir le sujet et de classer les objets est tout autre que celle usitée. En général, on entend par la *morale*, si toutefois on s'en fait une idée bien nette, une espèce de code de lois émanées de la raison, qui doit diriger notre conduite dans toutes les occasions où une autorité légitime, soit humaine, soit surnaturelle, n'a pas prononcé par une décision expresse. Quand un philosophe s'est livré à des recherches sur la justice et la justesse de nos sentiments, et sur la légitimité de nos actions et de leurs conséquences, on ne dit point qu'il a fait une morale, mais seulement des réflexions, des considérations morales, c'est-à-dire relatives à ce code nommé la *morale*, et propres à réformer ou à perfectionner ses lois; et ce code régit non seulement nos sentiments, mais encore nos actions.

Or, moi, je commence par séparer totalement nos actions de la science dont il s'agit; ensuite je la fais consister uniquement dans l'examen de celles de nos perceptions qui renferment un désir, de la manière dont elles se produisent en nous, de leur conformité ou de leur opposition avec les vraies conditions de notre être, de la solidité ou de la futilité de leurs motifs, et des avantages ou des inconvénients de leurs conséquences, mais sans me permettre de dicter aucunes lois. Ce dernier point doit être l'effet de réflexions d'un autre ordre.

Le sens du mot *économie* doit subir un changement peut-être plus grand encore, pour l'adapter à ma manière de voir. Suivant son étymologie, il signifie gouvernement de la maison. Dans l'usage ordinaire, il signifie principalement le goût ou le talent de ménager les moyens quelconques dont on dispose, et surtout les moyens pécuniaires; et quand on dit *économie politique*, on entend presque uniquement la science de la formation et de l'administration des richesses d'une société politique. Au lieu de cela, dans le plan que je conçois, de même que la science appelée *morale* serait l'étude détaillée de nos désirs, en tant que constituant tous nos besoins, celle nommée *économie* consisterait dans l'examen circonstancié des effets et des conséquences de nos actions, considérées comme moyens de pourvoir à nos besoins de tous genres, depuis les plus matériels jusqu'aux plus intellectuels. Si ces deux cadres étaient bien remplis, alors et alors seulement, nous aurions un tableau complet des effets de notre faculté de vouloir, puisque d'elle seule dérivent également tous nos besoins et tous nos moyens.

Mais de ces deux sciences ainsi conçues, il en naît nécessairement une troisième. De même que de la connaissance de la formation de nos idées, et de celle de leurs signes, sort naturellement celle de la manière de les combiner, qui conduit l'être pensant à la vérité; de même aussi de la connaissance raisonnée de nos penchants et de nos actions résulte directement la science de les diriger de manière à produire le bonheur de l'être voulant; car le bonheur est le but de la volonté, comme la vérité est celui du jugement.

Cette dernière science serait-elle donc si neuve qu'il n'existât point de nom qui lui fût propre et que nous ne sussions pas encore même comment la désigner? Je le crains bien. Car celle que l'on nomme ordinairement science du gouvernement se propose rarement le but que nous venons d'indiquer, et celle connue sous la dénomination de science sociale n'embrasse qu'une partie du sujet, puisqu'elle ne renferme pas l'éducation, ni même peut-être toutes les branches de la législation. Or, le système des principes propres à mener les hommes à leur plus grand bien-être doit comprendre ceux de la conduite et de la direction de tous les âges, et sous tous les rapports. Ainsi voilà encore une science à nommer. Cependant, avec les précautions convenables, nous pourrons employer les expressions usitées; mais ici il se présente un sujet de délibération plus important.

L'ordre dans lequel nous venons d'énoncer les différentes parties qui composent l'examen complet de notre faculté de vouloir est-il bien celui dans lequel ces parties doivent être traitées? C'est au moins très douteux.

Au premier coup d'œil, il paraît qu'on doit parler d'abord de nos besoins, puis de nos moyens, et enfin de la manière de nous amener à bien employer les uns à la plus grande satisfaction des autres. Mais quand on réfléchit plus sérieusement sur nos désirs, on voit bientôt qu'ils ne sont pas tous bien motivés; que plusieurs sont fondés sur des jugements faux et des aperçus imparfaits; que leur accomplissement ne nous mènerait pas au but qu'ils se proposent; qu'il vaut mieux s'en défendre, ou s'en désabuser, que de les voir réussir; que le plus essentiel pour nous est de les bien juger; qu'enfin il faut s'occuper de les apprécier avant de songer à les satisfaire : car on est plus avancé dans ce monde quand on sait ce qu'on doit vouloir, que quand on sait la manière de pouvoir ce qu'on veut. Or, le moyen d'apprécier ces désirs est de connaître les conséquences et les résultats des actions auxquelles ils nous conduisent. Ainsi il suit de là qu'il faut examiner nos moyens avant nos besoins. C'est aussi à quoi je conclus.

Je conçois donc que la première partie d'un traité de la volonté doit être consacrée à l'examen des effets de nos actions de tous genres, non seulement sous le rapport de la satisfaction de nos besoins physiques, et de la formation de nos richesses privées et publiques, mais encore sous celui de leurs conséquences morales et intellectuelles, et de leur influence sur le bonheur de l'individu, de la société et de l'espèce en général. Cette manière de considérer nos actions sort, comme on le voit, des bornes de la science économique ordinaire; elle nous les fait voir sous un point de vue beaucoup plus étendu. Elle nous apprend à apprécier non seulement les effets du travail proprement dit, et de ses diverses espèces, mais encore ceux de toutes nos démarches quelconques, de l'ensemble de notre conduite, et même ceux des différents états de la société, des différentes associations ou corporations qui se forment dans son sein, depuis la famille jusqu'à la classification la plus nombreuse, et de leur action sur l'individu qui en fait partie, et sur la masse totale. En un mot, elle nous fait trouver les résultats de tous les emplois de nos forces quelconques, depuis leur effet le plus direct jusqu'à leurs conséquences les plus éloignées. Un tel ouvrage bien fait, et il ne l'a jamais été, il n'a pas même été entrepris sur ce plan, ne nous donnerait pas encore la théorie de la science sociale; mais il nous présenterait le tableau de tous les éléments dont elle se compose, et sans lesquels on ne peut la faire qu'au hasard et d'une manière absolument hypothétique.

Cette première partie supposée une fois bien exécutée, la seconde s'ensuivrait tout naturellement; car il est bien aisé d'apprécier nos différents sentiments et d'évaluer leurs différents degrés de mérite et de démérite, quand on a bien reconnu toutes les conséquences des actions auxquelles ils nous portent. Cette facilité-là même prouve que c'est bien dans ce sens qu'il faut prendre un pareil sujet pour le traiter réellement à fond. En effet, nos actions sont toujours les signes de nos idées; mais de même que quand il s'agit de déterminer leur valeur comme signes, il faut auparavant examiner les idées qu'elles représentent; de même quand au contraire il est question d'apprécier le mérite de ces idées comme sentiments, il faut nécessairement commencer par observer les effets des actions auxquelles elles nous portent. Aussi, cette seconde partie du *Traité de la volonté*, ainsi placée, ne peut manquer de nous conduire à des résultats certains, quoique peut-être très différents de beaucoup d'opinions fort accréditées; et elle n'offre à celui qui la traite aucune difficulté réelle, que celle de bien démêler comment nos différents sentiments, nos différentes passions, en un mot nos différentes affections, naissent les unes des autres, s'engendrent et se combinent.

Mais aussi cette difficulté vaincue, la troisième partie dont nous avons parlé se trouve toute faite; car dès qu'on connaît la génération de nos sentiments, on sait les moyens de cultiver les uns et de déraciner les autres. Par conséquent, les principes de l'éducation et de la législation sont à découvert; et la science de l'homme, en tant que voulant et agissant, est achevée. C'est ainsi que je voudrais qu'elle fût traitée et que je conçois qu'elle terminerait convenablement l'histoire de nos facultés intellectuelles. Heureux celui qui en aura la gloire! Et plus heureux encore ceux dont le jugement et la volonté seront, dès leurs premières années, formés et dirigés d'après les principes résultant de cette histoire approfondie de nos facultés.

Un tel traité de la volonté et de ses effets serait à mes yeux l'ouvrage le plus important que l'on pût faire et celui dont la nécessité est la plus pressante dans l'état actuel des lumières: car il serait le germe d'une théorie méthodique et certaine de toutes les sciences morales. Cependant, il n'achèverait pas encore de rendre absolument complets de véritables *Éléments d'idéologie*. Il nous montrerait l'homme en tant que capable de juger et de connaître, s'étudiant lui-même en tant que capable de vouloir et d'agir, et terminant ainsi le tableau de ses facultés; mais nous avons vu que pour achever entièrement l'histoire de nos idées, il faut encore observer l'homme employant ses moyens de connaître à l'examen de tous les êtres autres que sa propre intelligence. Il faut faire voir comment il découvre leur existence, leurs propriétés, et les propriétés de ces propriétés, et comment s'enchaînent les principales vérités résultantes de ses premières impressions, lesquelles vérités donnent ensuite naissance à une infinité d'autres d'un ordre secondaire qui constituent les détails de chacune de nos diverses sciences physiques ou abstraites. C'est ce second ouvrage dont je dois actuellement esquisser le projet.

Ce qu'il y a de plus important et en même temps de plus difficile dans tout traité sur une matière quelconque, c'est le commencement. C'est là ce qui décide de l'esprit et de l'effet de tout le reste. Un imbécile peut bien dire, et il y a beaucoup d'esprit à lui faire dire :

> Ce que je sais le mieux, c'est mon commencement [1].

Mais tout homme qui pense sent que c'est là la partie la plus épineuse de son travail, et qu'il ne peut se flatter de pénétrer jusqu'au commencement de son sujet qu'autant qu'il en a sondé toutes les profondeurs. Cela est vrai surtout de l'ouvrage dont il s'agit, qui ne doit être lui-même que le préambule et les préliminaires de beaucoup de sciences différentes. Pour donc en saisir avec précision le véritable commencement, et par suite en trouver avec facilité les divisions naturelles, je me reporterai aux endroits de mon traité de nos moyens de connaître où j'ai expliqué comment nous apprenons qu'il existe dans ce monde quelque chose qui n'est pas notre vertu sentante elle-même, mais qui l'affecte et agit sur elle.

J'y vois que tant que notre système sensitif ne réagit que sur lui-même, nous ne connaissons que notre propre sensibilité et notre propre existence; mais que dès qu'il met en action notre système musculaire par l'effet du sentiment nommé *volonté*, notre faculté sentante est par cela même en contact avec des êtres qui ne sont pas elle et qui résistent à son impulsion. Elle agit sur ces êtres; et y produit des mouvements qu'elle veut et qu'elle sent; et quand ces mouvements sont arrêtés, elle le sent aussi, et elle sent en outre que ce n'est pas par elle qui voudrait les continuer. Elle connaît donc qu'il y a d'autres êtres qu'elle; ces êtres sont tous ceux que nous appelons des corps, à commencer par le nôtre. C'est donc par la propriété que nous avons de les mettre en mouvement, en vertu de notre volonté, que nous connaissons les corps; et tout ce que nous savons jamais d'eux n'est toujours qu'une conséquence de cet effet, appelé *mouvement*, et de ses divers accidents.

Cet effet, appelé *mouvement*, n'est d'abord pour nous que le sentiment qui résulte de son existence actuelle dans nos membres. Bientôt, il donne lieu à cet autre sentiment que nous nommons *résistance* (et entendez par là *résistance invincible*); car le sentiment que nous avons du mouvement lui-même est déjà l'effet d'une résistance, mais d'une résistance surmontée et qui cède à notre volonté. Les corps commencent donc par être pour nous des êtres uniquement capables de nous donner le sentiment de mouvement et celui de résistance, de se prêter au mouvement et de s'y refuser. Leur *mobilité* et leur *inertie* sont les deux premières qualités que nous leur

1. Petit-Jean dans *Les Plaideurs* de Racine, acte III, scène 3.

reconnaissons et dans lesquelles consiste d'abord toute leur existence, relativement à nous; et toutes celles que nous leur découvrons ensuite ne sont que des conséquences de celles-là et des diverses modifications qu'elles éprouvent. C'est donc toujours le mouvement et ses effets que nous voyons hors de nous dans cet univers, de même que c'est toujours notre sensibilité et ses nuances que nous sentons au-dedans de nous. Le *monde* n'est composé pour nous que des accidents et des phénomènes résultant du mouvement, comme notre *moi* ne l'est que de ceux de notre sensibilité.

Je voudrais donc que ce fût toujours en partant de ce premier fait, et en y revenant sans cesse, que l'on rendît compte de tout ce qui arrive aux corps. On parlerait d'abord d'une manière sommaire de leur impénétrabilité et de ses différents modes, la dureté, la mollesse, et l'élasticité, et des trois états de solidité, de fluidité et de gazéité.

Ensuite, on expliquerait comment cette impénétrabilité cesse de paraître ne s'exercer que dans un point et comment, par le mouvement, on découvre qu'elle est étendue, et étendue d'une certaine manière, qui constitue sa forme; et on parlerait de l'étendue des corps, de leur forme et de leur figure, de leur surface et des lignes qui les terminent, mais toujours d'une manière générale et positive, sans abstraction, sans rechercher trop de précision et sans entrer encore dans les détails des propriétés de la propriété appelée *étendue*, lesquelles sont l'objet d'une science à part, dont il sera question postérieurement. On traiterait de même de la divisibilité réelle ou imaginaire des corps, de leur densité et de leur porosité, qui sont trois conséquences de leur étendue. On pourrait même placer là la première explication des idées ou propriétés plus générales encore, nommées *quantité* et *durée*.

Alors on aurait une première notion assez juste, quoique superficielle, de ce que c'est pour nous que les corps, de la manière dont nous les connaissons et du moyen par lequel nous les connaissons. Ce serait le moment, je crois, de reporter son attention sur ce moyen, le mouvement, d'examiner les deux sources dont il émane, l'attraction et l'impulsion, la manière de le mesurer par le moyen de l'étendue et de la durée, d'indiquer les lois de sa propagation et de sa communication, et de donner une idée nette de l'effet appelé *inertie* et de la puissance appelée *masse*; le tout cependant sans entrer encore dans les spéculations abstraites de la science de l'étendue et de celle de la quantité.

On pourrait par suite parler de toutes les forces qui consistent dans une attraction quelconque, telles que la pesanteur, la cohésion et l'adhésion, et toutes les affinités chimiques, et de certains effets particuliers, mais généralement répandus, tels que l'électricité.

Je crois que ces préliminaires sur l'universalité des corps seraient non seulement suffisants mais même très propres à nous en donner une idée juste, et qu'arrivé à ce point, on pourrait passer à leur classification et à leur distribution en différentes espèces. La première grande distinction qui se fait remarquer entre eux est celle des corps qui ne sont soumis qu'aux lois universelles et de ceux qui sont en outre sujets à des lois particulières, desquelles il résulte pendant un temps un autre ordre de phénomènes, c'est-à-dire celle des corps inanimés et des corps vivants. Parmi les premiers, il faut distinguer encore ceux qui ne sont composés que de parties brutes et confuses et ceux dont la formation s'opère d'une manière régulière et constante, comme il arrive à tous les corps cristallisés. La cristallisation me paraît le premier degré d'organisation que nous pouvons saisir. Pour les êtres vivants, ils se partagent naturellement en végétaux et animaux, suivant qu'ils ne nous montrent que les phénomènes de la vie ou qu'ils commencent à nous manifester celui du sentiment. Ces grandes divisions une fois établies, on pourrait alors faire l'histoire de chacun de ces êtres et de toutes les circonstances qui lui sont propres; et comprenez dans ces circonstances pour les êtres vivants les phénomènes de la vie, et pour les êtres sentants ceux de la sensibilité, avec toutes leurs conséquences. Ce dernier objet n'a pas jusqu'à présent assez fait partie de l'histoire naturelle. Ainsi, avec ces préliminaires, s'ils étaient bien faits, on aurait une excellente introduction à toutes les sciences physiques et naturelles. Ce serait la première partie de l'ouvrage que je désire.

Elle devrait être suivie d'une seconde, uniquement relative aux conséquences de la propriété des corps appelée *étendue*. Les hommes ont fait de leurs spéculations sur cette seule propriété une science immense connue sous le nom de *géométrie*, singulièrement remarquable par la multitude et la certitude des vérités qu'elle possède et par les nombreux secours qu'elle fournit à presque toutes les parties des sciences physiques et naturelles, et même des sciences morales. Plus cette branche de nos connaissances est importante et féconde, plus tout ce que nous avons dit de la nécessité de commencer toute étude par son véritable commencement est applicable à celle-ci; plus il est essentiel de la rattacher intimement à l'origine de toute connaissance, à la source de toute certitude, au principe de toute réalité. C'est le seul moyen de se faire une idée juste et nette de sa nature, de lui assigner sa vraie place dans le système de nos idées, de bien voir ses véritables rapports avec toutes les autres parties. Sans cela, sa perfection même, son importance, et ses [prodigieux]* développements nous feraient illusion; nous en serions plus éblouis qu'éclairés; et même en

* *Mot omis dans les éditions de 1818 et de 1825.*

la possédant, nous ne verrions encore que confusément en quoi consiste ce qu'elle nous apprend; j'en atteste l'état d'étonnement où est l'esprit de tout élève à qui on enseigne la géométrie sans ces précautions préliminaires, étonnement qui est d'autant plus grand et plus importun que le jeune homme éprouve plus vivement le besoin de se rendre compte de la génération de ses idées, c'est-à-dire qu'il est destiné à y mettre par la suite plus de rectitude et de profondeur.

Sans doute la géométrie, ou la science de l'étendue, ne considère la propriété des corps appelée *étendue* que d'une manière absolument abstraite. Mais cela même nous prouve que dans la manière ordinaire de traiter cette science, on ne remonte point à sa véritable origine, et qu'avant de nous développer toutes les circonstances et les dépendances du sujet dont elle s'occupe, on néglige toujours de nous faire connaître d'abord ce sujet en lui-même. Car il est bien constant que, dans aucun genre, nous ne saurions débuter par former et engendrer une idée abstraite. Au contraire, nous commençons toujours et nécessairement par des perceptions particulières; nous les étendons et les généralisons ensuite, à mesure que nous apercevons que la même propriété appartient à un plus grand nombre d'êtres; et enfin nous arrivons à pouvoir considérer l'idée de cette propriété en elle-même, abstraction faite des êtres auxquels elle appartient. Mais c'est toujours par les perceptions particulières que nous en avons, que nous savons ce que c'est que cette propriété; et ce ne peut être qu'en revenant sur ces perceptions particulières par un examen attentif que nous pouvons reconnaître avec précision en quoi consiste réellement l'idée générale et abstraite, et quels sont ses vrais éléments.

Je ne voudrais donc pas qu'en géométrie on débutât par nous parler d'une solidité abstraite, ayant constamment trois dimensions nécessaires, de surfaces n'en ayant que deux, de lignes n'en ayant qu'une, de points n'en ayant point du tout, tandis que tous les corps que nous voyons ont un nombre indéfini de dimensions sensibles dans toutes sortes de directions et que nous ne saurions les dépouiller d'une seule en réalité, ni même la leur retrancher par la pensée sans les anéantir. Encore moins voudrais-je que l'on commençât par le point, n'ayant ni longueur, ni largeur, ni profondeur, pour arriver à la ligne n'ayant que de la longueur, de là à la surface ayant longueur et largeur, et enfin au solide ayant longueur, largeur et profondeur. Le point dans ce sens est la dernière et la plus extrême des abstractions. C'est un être si complètement abstrait et si purement idéal que c'est le néant lui-même à qui l'on conserve pour toute existence la propriété d'avoir certains rapports de situation avec des êtres réels ou supposés tels. Quand un géomètre dit, soit un point donné *A*, à telle distance du corps *B*, dans telle direction, c'est comme s'il disait, supposez qu'il y a une position, un lieu, éloigné de tant du corps *B*, en suivant tel chemin, et ne vous embarrassez pas plus que moi de savoir si, dans cette position, dans ce lieu, il y a quelque chose ou rien; car cela est indifférent pour ce que j'ai à vous dire. Dans cette dernière manière de procéder, celle où l'on commence par le point, l'ordre de la génération des idées est donc encore plus complètement renversé que dans la première; et cela a suffi pour que des géomètres à moitié idéologistes aient beaucoup insisté pour que l'on commençât par le solide abstrait, afin d'en déduire la surface, la ligne et le point, au lieu de commencer par le point pour en former la ligne, la surface et le solide. Ils avaient raison; cependant la différence de ces deux marches ne mérite pas l'importance qu'on y a attachée: car ni l'une ni l'autre ne commence où elle devrait commencer; et toutes deux nous font entrer dans la carrière sinon par la fin, du moins par le milieu de l'espace à parcourir. Ceux donc qui pensent que c'est là que commence la géométrie doivent convenir qu'alors il y a, avant elle, une autre science qui la précède et lui fournit les données dont elle se sert. Or cette autre science est celle que je voudrais qui fût traitée dans les explications préliminaires dont je trace actuellement le plan[a].

Pour les bien faire, ces explications, il faudrait remonter jusqu'au principe de toute notre connaissance des êtres qui ne sont pas notre vertu sentante, jusqu'à la faculté qu'a notre système sensitif de vouloir et de réagir en conséquence sur notre système musculaire, de manière à produire dans nos membres des mouvements que nous sentons. Il faudrait commencer par montrer comment, après avoir appris qu'un être est là qui résiste à notre désir de sentir du mouvement, nous apprenons que cet être résistant est étendu, parce qu'en continuant à sentir du mouvement, nous continuons à sentir la résistance de cet être, ce qui nous prouve qu'il est composé de parties qui se présentent successivement en opposition au mouvement que nous faisons, c'est-à-dire comme on dit ordinairement, composé de parties qui existent hors et à côté les unes des autres[b].

a. Sans doute de pareilles explications ne changeront rien à la géométrie. Elles ne lui seront même d'aucune utilité directe et immédiate; mais c'est à la logique qu'elles seront très utiles, en complétant le tableau de ses explications et en montrant d'abord comment de la connaissance de nos moyens de connaître dérive celle des propriétés que nous découvrons dans les êtres, et nommément de l'étendue, et ensuite comment de la connaissance de l'étendue dérive celle des propriétés de cette propriété. Or il ne peut jamais être indifférent aux progrès ultérieurs de notre esprit que nous voyions bien nettement comment s'enchaînent les diverses branches de ses connaissances.

b. Exister hors et à côté les unes des autres, c'est se trouver successivement opposées à nous, après que nous avons senti avoir fait du mouvement. La preuve en est qu'un corps extrêmement petit qui serait mu d'un mouvement égal au nôtre nous paraîtrait (abstraction faite du sens de la vue) très étendu, parce qu'il se retrouverait toujours nous résistant.

Il faudrait faire voir ensuite que cette inertie, cette impénétrabilité (peu importe comme on voudra l'appeler), ayant acquis à notre égard la qualité d'être étendue, parce qu'elle continue à s'opposer à différents mouvements successifs, a cependant des limites qui déterminent la forme du corps auquel elle appartient et qui composent sa surface. Par ce moyen, on aurait la génération exacte des idées, solidité et surface physiques et réelles.

Il faudrait continuer dans cette route et expliquer qu'une ligne, toujours physique et réelle, est la trace qu'un corps qui se meut laisse sur la superficie d'un autre corps, quand il ne fait que glisser dessus, ou celle qu'il laisse dans la solidité même du corps parcouru, lorsqu'il pénètre dans ce corps et qu'il le transperce[a]; et il faudrait en outre remarquer qu'un point est la partie de ce corps parcouru, où le corps mouvant commence à le toucher, ou celle où il le quitte, ou une de celles par lesquelles il passe pendant son mouvement. Alors on aurait une idée nette de la propriété appelée *étendue*, des êtres auxquels elle appartient, et qu'elle constitue *corps*, de leur solidité, de leurs surfaces, de leurs lignes et de leurs points; et l'on verrait clairement que tout cela ne nous est connu et n'a d'existence pour nous que par les mouvements que nous sommes capables de produire, et relativement à eux; et que la science de l'étendue ne consiste que dans l'examen des découvertes que nous fait faire cette propriété de nous mouvoir et dans le développement des conséquences de la manière dont elle s'exerce.

Arrivé à ce point, il faudrait pourtant ne pas se presser encore de se jeter dans les abstractions. Il faudrait auparavant présenter un grand nombre des conséquences qui dérivent de toutes ces idées concrètes et positives, corps en mouvement, corps parcouru et par cela même étendu, solidité, section, volume, forme, surface, ligne, point; et multiplier même excessivement les applications qu'on en peut faire, afin de se bien familiariser avec toutes les combinaisons résultantes de ces idées, avant de se hasarder à les considérer d'une manière purement abstraite et dégagée de toute relation avec les corps et les phénomènes qui leur ont donné naissance.

Il faudrait revenir encore sur les explications que l'on aurait données dans la première partie (article de la communication et de la mesure du mouvement), de la relation intime de la propriété appelée *étendue* avec l'effet nommé *mouvement*; faire voir de nouveau que tout mouvement exécuté sur la superficie d'un corps est en même temps une ligne plus ou moins large tracée sur sa surface et une portion de son étendue parcourue, et

a. N'ayant d'égard ici qu'au mouvement du corps qui se meut, sa figure et son volume sont indifférents; un sillon d'un pied de large est une ligne physique, comme un trait de plume ou une ornière.

que par conséquent il est également vrai et que l'étendue ne consiste pour nous que dans le mouvement nécessaire pour la parcourir, et que le mouvement est parfaitement représenté par l'étendue matérielle qu'il a parcourue et par la ligne physique qu'il a tracée sur la surface de cette étendue matérielle.

Cette considération mènerait sans difficultés ni lacunes à une autre très importante, c'est que la propriété qu'a un corps d'être étendu, consistant uniquement dans la propriété de ne pouvoir être parcouru et circonscrit par nous qu'au moyen de mouvements successifs, et étant exactement proportionnelle à la quantité de ces mouvements, cette propriété n'appartient pas plus à un être réel et résistant qu'au *néant*; car le néant aussi nous permet de mouvoir nos membres, par conséquent il est étendu. C'est le néant réalisé par cette relation avec nous, et n'en ayant aucune autre, que nous appelons *espace*; et la géométrie purement abstraite, telle qu'on l'a toujours enseignée jusqu'à présent, est plutôt la science de l'étendue de ce néant, nommé *espace*, que la science de l'étendue des êtres réels, nommés *corps*. Cette géométrie abstraite est une science précieuse et admirable; mais, je le répète, pour bien saisir l'esprit et la filiation des vérités qu'elle possède, il faut qu'elle soit précédée de la géométrie que l'on peut appeler *concrète*, de la science de l'étendue des corps, tels qu'ils sont pour nous. Je crois que l'on ne peut me contester ni la vérité, ni l'importance de cette assertion.

Je voudrais donc que l'on traitât d'abord de cette géométrie concrète et qu'on la commençât par faire bien sentir le singulier et inappréciable avantage que l'étendue des corps a sur toutes les autres propriétés de ces mêmes corps, d'être plus susceptible qu'aucune d'elles de mesures exactes, distinctes et constantes. La raison en est manifeste. L'étendue d'un corps est une propriété existante dans ce corps, et non dans notre sensibilité. Nous n'avons point le sentiment direct de cette étendue. Ce dont nous avons le sentiment direct, c'est la résistance et le mouvement nécessaire pour parcourir l'étendue résistante. Mais l'étendue elle-même n'est pas une de nos affections simples: c'est la manière d'être que nous reconnaissons aux corps qui ont la propriété de s'opposer à nos mouvements quand ils se continuent. Elle constitue la quantité de leur existence. Elle consiste dans le nombre qu'ils renferment de petits corps, capables chacun séparément de produire en nous le sentiment de la résistance. Nous pouvons toujours prendre un nombre fixe et constant de ces petits corps, et nous en servir comme d'unité pour mesurer la quantité de tous les autres. Au contraire, que le même corps dont il s'agit soit savoureux, coloré, odorant, nous ne pouvons pas prendre une quantité déterminée de saveur, de couleur, d'odeur, et en faire la mesure précise de la masse totale de ces qualités, parce que ces qualités sont uniquement des modifications de notre sensibilité; et n'existant point ailleurs, elles ne sont nulle part susceptibles de divisions précises et permanentes.

C'est un avantage exclusivement réservé à l'étendue des corps. C'est ce qui fait premièrement que seule entre toutes leurs propriétés, elle peut être très exactement représentée sur une échelle plus petite que nature. Figurée ainsi, toutes ses divisions n'en sont pas moins claires; toutes ses propriétés n'en sont pas moins manifestes; et elle ne diffère de la réalité que par la diminution de sa quantité, diminution qui, étant proportionnelle dans toutes ses parties, n'altère aucune de leurs relations. C'est ce qui fait, en second lieu, que l'étendue des corps s'adapte parfaitement bien aux divisions régulières et précises de la série des idées des nombres, dont nous parlerons ci-après, et que toutes ses subdivisions et tous ses accidents s'expriment en nombres avec la plus grande exactitude. Ce sont ces deux circonstances réunies qui sont causes que l'étendue des corps donne lieu à un système de vérités à la fois si nombreuses et si sûres; car elles font que l'on peut en combiner les effets sous tous les rapports et les calculer jusqu'à leurs plus extrêmes conséquences, sans craindre ni de les altérer, ni de les confondre.

L'étendue abstraite, celle du néant, celle de l'espace vide, n'a point par elle-même cet avantage de l'étendue des corps. Nous ne pouvons pas en prendre une portion déterminée pour servir d'unité de mesure à tout le reste. La raison en est qu'elle ne nous donne pas le sentiment de la résistance; elle ne nous donne que celui du mouvement nécessaire pour la parcourir. Elle n'a d'existence que dans notre sensibilité; elle n'en a aucune hors de là qui puisse servir de type permanent. Aussi ne pouvons-nous la mesurer qu'en y appliquant une quantité donnée d'étendue concrète et corporelle, qui serve d'unité constante. Mais, par ce moyen, elle devient susceptible de mesures, de calculs et de toutes les mêmes spéculations que l'autre.

Après ces considérations générales sur lesquelles on ne saurait trop insister, si l'on veut bien pénétrer dans le fond du sujet et voir nettement quelle place il doit occuper parmi tous les produits de nos moyens de connaître, je crois que la première chose à faire est de bien déterminer la signification et la valeur de l'idée de *lieu* dans l'étendue concrète et corporelle. Tout point d'un corps a un rapport de situation avec chacun des autres points de ce corps; et c'est relativement à ce rapport qu'il mérite et qu'il porte le nom de *lieu*. Un lieu déterminé, soit dans l'espace plein, soit dans l'espace vide, est un point dont la situation, par rapport à d'autres points concrets ou abstraits, est fixée et déterminée. Ce rapport de situation entre un point et un autre consiste dans deux choses : 1. dans la *distance*, ou dans le nombre des parties étendues nécessaires à parcourir pour aller de l'un à l'autre; 2. dans la *direction*, ou dans le chemin à suivre pour faire ce trajet. Il ne faut pas négliger de rendre ces deux idées sensibles par deux expériences fort simples.

D'une part, fixez à l'extrémité d'un bâton une corde à l'autre bout de laquelle soit attachée une pointe et agitez cette pointe dans tous les sens possibles, en ayant soin que la corde soit toujours tendue. Tous les points de l'espace où ira cette pointe seront toujours à la même distance de l'autre bout de la corde et de l'extrémité du bâton, mais dans des directions toutes différentes entre elles. Ils feront tous partie de la surface d'un solide, appelé *sphère*, dont cet autre bout de la corde et l'extrémité de ce bâton seront le centre.

D'une autre part, adaptez à l'extrémité de ce même bâton, où est attachée la corde, une règle bien droite dirigée vers un point quelconque: tous les points, le long de cette règle, seront dans la même direction relativement au point de départ, mais à des distances différentes.

Chacune de ces conditions, prise séparément, peut donc convenir à un nombre indéfini de points différents; et par conséquent est insuffisante pour en déterminer un exclusivement à tout autre. Mais réunissez les deux ensemble; cherchez sur cette règle le point qui est à la même distance du point de départ que tous les points de la surface de la sphère; et cherchez parmi les points de la surface de la sphère celui qui est dans la même direction que tous ceux de la règle. Vous trouverez dans ces deux cas que c'est le même et qu'il n'y en a pas un autre qui puisse réunir ces deux conditions. Voilà donc ce que c'est qu'un lieu déterminé, et voilà bien les deux éléments qui constituent le rapport de situation d'un point abstrait ou concret avec d'autres points; et quand les géomètres disent, *soit un point donné*, ils disent soit un point dont ces deux éléments soient déterminés.

En suivant un peu plus loin ces observations, on trouve une nouvelle preuve bien convaincante que le rapport de situation d'un point avec un autre est composé du rapport de distance et de celui de direction. C'est que par certaines combinaisons, l'un de ces deux derniers rapports supplée à l'autre et suffit à le faire découvrir. Ainsi, sans connaître le rapport de direction d'un point avec aucun autre, si vous connaissez son rapport de distance avec trois autres, cela suffit pour déterminer sa position et par conséquent pour savoir ses rapports de direction avec ces trois mêmes points[a]; et réciproquement, si sans savoir sa distance d'aucun point, vous savez le rapport de direction que deux autres points ont avec lui, vous trouvez le lieu où ces deux directions coïncident et où doit être

a. Ou du moins, pour n'avoir plus à choisir qu'entre deux points également au-dessus ou au-dessous du plan passant par ces trois points.

nécessairement le point dont vous cherchez la position; et par conséquent vous avez la distance où il est de ces deux points.

Il y a plus : si relativement aux rapports de direction propres à ce point cherché, vous savez seulement qu'il est dans un tel plan, il vous suffit, pour trouver sa position, de connaître sa distance de deux autres points; et si relativement à ses rapports de distance, vous savez seulement qu'il est à telle distance d'un tel point, il vous suffit de savoir sa direction par rapport à un autre. On ne saurait trop se familiariser avec ces combinaisons préliminaires avant de s'engager dans la recherche rigoureuse des conséquences ultérieures de la géométrie abstraite; car il ne s'agit jamais dans les spéculations sur les *lieux*, ou les points déterminés de l'espace, que de déterminer ces deux rapports de distance et de direction, et de voir les effets qui en résultent. Maintenant, voyons comment nous parvenons à apprécier ces deux rapports et à les comparer avec d'autres du même genre.

Pour le rapport de distance, rien n'est plus facile. La direction étant connue, il ne faut que prendre pour unité une quantité de distance déterminée et la porter sur cette direction connue autant de fois que la distance à mesurer la contient; et non seulement cette distance est mesurée, mais encore son rapport avec toutes les distances imaginables est déterminé par le nombre de fois que chacune d'elles contient l'unité de distance.

Pour le rapport de direction, il ne peut pas être question de l'évaluer d'une manière absolue. Il est connu en lui-même du moment que l'on sait les deux points entre lesquels il a lieu. Il ne s'agit jamais que de le comparer à d'autres et de voir de combien, et comment il en diffère. C'est là la seule manière de le déterminer. Examinons comment on y est parvenu. Si nous traçons sur une table plane différentes figures rectilignes[a], qui chacune enferme de toutes parts un espace quelconque, nous les nommons *hexagone*, *pentagone*, *octogone*, suivant qu'elles ont plus ou moins de côtés; et nous remarquons bientôt que celle qui en a le moins en a nécessairement trois, sans quoi elle ne se refermerait pas. Si ensuite nous en traçons une qui n'en ait que deux, nous disons que ces deux côtés ou ces deux lignes forment un angle et que le point où elles se rencontrent en est le sommet. Qu'est-ce donc qu'un angle? C'est une figure imparfaite, qui renferme un espace indéterminé, puisqu'elle n'achève pas de le circonscrire. Il ne peut donc jamais être question de mesurer l'espace que renferme un angle. On ne peut considérer dans cette figure que l'écartement de ses deux côtés. Mais chacun de ces côtés est l'expression du rapport de direction du point qui en est le sommet avec un autre point; et leur écartement est la différence

a. Nous n'avons encore défini ni le plan ni la ligne droite ; mais nous savons ce que c'est, et cela suffit pour employer provisoirement ces expressions.

de ces deux rapports. Si donc nous trouvons une manière de bien mesurer cet écartement, nous aurons mesuré cette différence, et nous aurons un moyen sûr de toujours comparer l'une à l'autre ces deux directions et de comparer entre elles toutes les directions imaginables.

Maintenant reprenons notre corde terminée par une pointe; fixons-la par une de ses extrémités au sommet de l'angle dont il s'agit; et faisons tourner la pointe tout autour, en tenant la corde toujours tendue. Cette pointe aura décrit une figure qu'on appelle un *cercle*. Si nous partageons ce cercle en parties égales, en 360 si l'on veut, en 400 si on l'aime mieux, peu importe, nous trouverons qu'il y a un certain nombre de ces parties compris entre les deux côtés de l'angle en question. Ensuite raccourcissons et rallongeons à différentes fois notre corde, et à chaque fois faisons la tourner de nouveau autour de son extrémité fixe; la pointe décrira autant de cercles, ou plus petits, ou plus grands, ayant tous le même centre. Puis partageons de même chacun de ces cercles en une même quantité de parties égales; nous trouverons qu'il y a toujours un égal nombre de ces parties comprises entre les deux côtés de notre angle. Seulement chacune d'elles est plus grande dans les plus grands cercles, et plus petite dans les plus petits. Nous avons donc dans ces cercles un excellent moyen de mesurer l'écartement des côtés d'un angle, ou ce qui est la même chose, la différence des deux rapports de direction. Car la grandeur de ces cercles est indifférente; il suffit que leur centre soit au point de rencontre des deux directions à comparer pour qu'il y ait toujours entre ces directions un égal nombre de parties respectives de ces cercles. Aussi est-ce le moyen que les hommes ont adopté pour comparer entre eux les divers rapports de direction qu'un point peut avoir avec tous les autres points imaginables.

Avec ce moyen, et celui de rapporter à une quantité de distance donnée toutes les distances possibles, ils ont tout ce qu'il leur faut pour déterminer toutes les positions assignables et apprécier tous les phénomènes de l'étendue des corps et de l'espace vide, c'est-à-dire toutes leurs relations aux divers mouvements que nous pouvons faire.

Cet examen détaillé de l'idée *lieu* et des idées *distance* et *direction*, qui composent l'idée *situation*, laquelle seule fait qu'un point est un lieu, cet examen, dis-je, nous montre donc très nettement ce que c'est que la figure appelée *angle*; en quoi consiste la seule chose que l'on considère dans cette figure (la différence de deux rapports de direction); et quel est le moyen de mesurer cette différence.

Cet examen nous fait voir en outre, avec la même lucidité, ce que c'est qu'une ligne. Une ligne physique est la trace d'un corps qui se meut d'un lieu à un autre. Une ligne abstraite est l'expression du rapport de direction qui existe entre ces deux lieux. Elle est ce rapport lui-même, et rien autre chose.

Il suit de là une conséquence assez singulière : c'est qu'une ligne est toujours et nécessairement droite. Il ne peut pas y avoir dans ce monde d'autres lignes que des lignes droites ; car une ligne ne saurait jamais exprimer qu'un seul rapport de direction. Dès qu'elle change de direction, c'est un autre rapport qu'elle exprime ; elle devient une autre ligne.

Quand une ligne change de direction d'une manière sensible, nous disons qu'elle est brisée. Nous devrions dire qu'elle finit et qu'une autre ligne commence. La preuve en est qu'au moment où elle change de direction, elle forme un angle : or un angle est une figure qui ne peut être formée que par deux lignes.

Quand au contraire une ligne change de direction sans que nous puissions déterminer le moment précis où cela lui arrive, nous disons qu'elle est courbe ; nous devrions dire qu'elle est une suite de petites lignes différentes, dont nous n'apercevons ni le commencement ni la fin, en sorte que nous ne pouvons pas distinguer où sont les sommets des angles qu'elles forment entre elles.

C'est pour cela qu'un corps qui se meut autour d'un centre est toujours prêt à s'échapper par la tangente. C'est que cette tangente n'est autre chose que la prolongation de la direction (de la ligne) que suit le mouvement qu'il a actuellement et qu'il suivrait toujours, si les forces perturbatrices quelconques qui agissent sur lui ne l'en faisaient changer à chaque instant.

C'est encore pour cela que l'on dit que deux points suffisent pour déterminer une ligne droite et qu'il en faut au moins trois pour déterminer une courbe. C'est tout simple ; car puisqu'une ligne est l'expression du rapport de situation existant entre deux points, ces deux points suffisent pour la déterminer ; et puisque ce que nous appelons une courbe est nécessairement composé au moins de deux lignes, il faut bien au moins un troisième point pour déterminer la seconde de ces deux lignes. Avec cette explication, on voit que cela doit être, et sans cette explication, ce fait si vrai paraît n'avoir point de cause.

Il n'est donc pas surprenant que tant que l'on n'a pas fait ces réflexions, on ait toujours tant de peine à expliquer ce que c'est qu'une ligne droite ou, comme on dit, à la définir. La raison en est facile à voir. *Ligne droite* est une sorte de pléonasme, comme *ligne brisée* et *ligne courbe* sont des expressions elliptiques. Dans le premier cas, on devrait dire *ligne* tout simplement, et dans les deux autres *série de lignes dont les angles sont ou ne sont pas assignables*. Pour bien expliquer ce que c'est qu'une ligne droite, il faut donc bien expliquer ce que c'est qu'une ligne. Or c'est ce qu'on ne fait pas ordinairement. On nous dit qu'une ligne est une série de points, ou est l'étendue considérée seulement en longueur, ou est l'extrémité d'une surface, ou telle autre chose de ce genre. Mais ce ne sont là que des circonstances particulières qui, quoique vraies, ne nous apprennent point ce que c'est qu'une ligne dans l'espace, ni comment nous formons cette idée, ni par conséquent ce qu'elle renferme et quel est son principe primitif. Pour y parvenir, il faut remonter, comme nous venons de le faire, jusqu'à la manière dont nous connaissons l'étendue et analyser la génération des idées, lieu, situation, distance et direction.

Je demande avec instance que l'on n'aille pas conclure de tout ceci que je prétends m'ériger en réformateur de la géométrie, ni même que j'ai le projet d'apporter le moindre changement dans sa nomenclature. Je sais que les géomètres ont des idées très nettes, les expriment très exactement, s'entendent très bien eux-mêmes et se font comprendre aux autres très parfaitement. Par conséquent, il y a là tout à imiter et rien à changer. Dans le cas particulier dont je viens de parler, je sais que pour eux le mot *ligne* est le terme générique et que les mots *ligne droite*, *ligne brisée*, *ligne courbe*, sont des désignations de différentes lignes dont on détermine très nettement la nature et que, par conséquent, ces locutions sont irréprochables, puisque les idées qu'elles représentent sont très claires; mais en même temps, je suis très persuadé aussi qu'il n'en est pas moins fort utile de bien démêler la génération de ces idées, de bien voir comment elles dérivent de nos premières perceptions et comment elles naissent des premiers usages que nous faisons de nos moyens de connaître, et de bien constater quels sont les éléments dont elles sont composées et comment ces éléments sont combinés. C'est là ce que je n'ai fait qu'indiquer et ce que je voudrais qui fût développé dans l'ouvrage que je désire. Je suis convaincu qu'il en résulterait beaucoup d'avantages de différents genres.

À l'aide de ces explications préliminaires, toutes les premières propositions de la géométrie élémentaire deviennent non seulement très claires, mais encore très enchaînées les unes aux autres; on voit tout de suite la cause de leur justesse, que l'on a peine à bien sentir tant que l'on n'a pas recours à ce moyen.

Ainsi, par exemple, on voit d'abord pourquoi il est vrai de dire que la ligne droite est le plus court chemin d'un lieu à un autre; c'est qu'on devrait dire qu'elle en est le seul chemin. Dès qu'elle cesse d'être droite, elle est une autre ligne; elle est le chemin, la direction, vers un autre point; elle s'écarte plus ou moins du premier.

On voit de même pourquoi on ne peut pas mener plus d'une ligne droite d'un point à un autre et pourquoi deux droites qui se confondent en deux points se confondent dans tous. C'est qu'il ne peut pas y avoir plus d'une ligne, plus d'un chemin, plus d'un rapport de direction (ces trois expressions sont synonymes) entre un point et un autre.

Seulement deux autres points peuvent avoir entre eux un rapport de direction absolument semblable à celui qui existe entre les deux premiers, c'est-à-dire qui diffère également, et de la même manière, de toutes les autres directions imaginables et fasse avec elles les mêmes angles; car ce sont les angles qui sont la mesure de la différence des directions. Ces directions semblables sont ce qu'on appelle des lignes parallèles.

Il suit de là que deux directions, ou deux lignes faisant le même angle avec une troisième, et étant par conséquent semblables ou parallèles, si on les suppose partant du même point de cette troisième, arriveront à un même point et seront une seule et même direction; et que si on les suppose partant de deux points différents, elles seront seulement deux directions semblables, et par conséquent n'arriveront jamais à un même point; car à ce point de rencontre, elles exprimeraient deux directions différentes, puisqu'elles partent de deux points différents. Par conséquent aussi elles ne formeront jamais ensemble un angle; car il faudrait qu'elles fussent deux directions, deux lignes différentes, et elles sont semblables.

De là suivent toutes les propriétés des parallèles et toutes celles de la mesure des angles, et les innombrables conséquences qu'on en déduit. Je ne m'enfoncerai pas plus avant dans ces détails, auxquels je ne me suis peut-être déjà que trop arrêté; mais j'attachais un grand intérêt à bien expliquer de quelle manière je voudrais que cette seconde partie fût traitée, et quels sont les avantages que j'en espère. Il est temps de passer à la troisième.

La troisième partie de l'important ouvrage dont j'ose ici esquisser le plan, devrait traiter des préliminaires de la science de la *quantité*. Cette science comprend l'arithmétique numérique et littérale, l'algèbre proprement dite et les spéculations d'un ordre supérieur connues sous le nom de calcul différentiel et intégral. La distinction de ces trois espèces de calcul n'a peut-être pas toute la précision désirable et ne repose peut-être pas complètement sur ses véritables bases. Mais ce n'est pas ce dont il s'agit dans ce moment. Cette science est d'une certitude et d'une perfection admirables, comme celle de l'étendue, et elle est d'une utilité encore plus universelle; car il n'y a absolument aucune branche de nos connaissances qui n'en reçoive de puissants secours et aucune classe de nos idées à la combinaison desquelles elle ne contribue directement ou indirectement. C'est à cause de cela même que toutes les réflexions que nous avons faites sur la manière dont on traite de la science de l'étendue s'appliquent à celle-ci encore plus fortement. On nous parle tout de suite de nombres, de chiffres, des opérations qu'on peut exécuter par leur moyen; de lettres, des signes que l'on y joint, de la manière d'en former des équations et de les résoudre; des puissances, des séries et des fonctions de ces quantités, positives ou négatives, connues ou inconnues, indéterminées, variables, ou même *imaginaires*[a], et des conséquences qu'on en peut tirer. Tout cela est excellent, d'une utilité prodigieuse et d'une sûreté parfaite. Mais ce n'est point là le vrai commencement de la science. Tout cela ne nous fait point connaître son origine et sa nature, l'esprit de son mécanisme, la théorie de sa marche, sa relation avec les autres sciences, la cause de sa certitude, la raison pour laquelle elle emploie une langue particulière, ni surtout ce qui fait que la seule idée de quantité a le privilège de donner lieu à un si grand nombre de combinaisons et de procédés qui se trouvent toujours également justes et vrais, quelque différents que soient les êtres auxquels on les applique, quoiqu'il ne soit pas toujours aussi aisé de les appliquer aux uns qu'aux autres. Toutes ces connaissances ont donc besoin de quelques réflexions préliminaires; et ce sont ces préliminaires que je désire, que je demande, et que je voudrais indiquer. Dans cette vue, reprenons les choses d'un peu plus haut.

Nous avons commencé par voir que les corps ont plusieurs propriétés générales qui leur sont communes à tous; mais qui ne peuvent appartenir qu'à des êtres de cette classe. Telles sont la mobilité, l'attraction, l'impulsion, la masse, l'inertie, l'impénétrabilité, la cohésion et l'adhésion. Ces propriétés, nous ne pouvons pas les concevoir existantes autrement que dans des corps auxquelles elles appartiennent. Supposez-les séparées de ces corps, elles ne peuvent avoir aucune vertu qui leur soit propre. C'est pour cela que nous ne pouvons les étudier qu'en examinant les effets qu'elles produisent dans ces corps et que, tant qu'on a voulu parvenir à les connaître en les considérant uniquement en elles-mêmes et en cherchant à pénétrer directement dans leur nature et leur essence, on n'est jamais arrivé qu'à des chimères et à des rêveries. Leur histoire n'est et ne peut être qu'une partie de l'histoire des corps et des lois qu'ils suivent. Elles ne peuvent jamais être l'objet d'une science abstraite.

L'étendue dont nous venons de parler est une propriété des êtres plus générale que celles-là; car elle appartient non seulement aux corps, mais même au *néant*. Le néant est étendu, puisqu'il faut faire du mouvement pour le parcourir. Ce n'est point dire une chose absurde, ni une chose contradictoire que de dire que le néant *est*, est *quelque chose*, est pour nous un *être*, par cette relation avec notre faculté de sentir. Car l'existence de tout être ne consiste pour nous que dans les impressions qu'il est capable de nous procurer, et l'existence du néant consiste à nous donner le sentiment

a. Entendre ce mot dans le sens qu'y attachent les algébristes.

que nous le parcourons par le mouvement. Il n'a point d'autre propriété que celle-là; mais celle-là suffit pour qu'il ait des points, des lignes, des surfaces, des parties très mal nommées solides, mais ayant différentes dimensions et étant susceptibles d'être déterminées et délimitées de manière à avoir une forme et à être divisibles. Or, ce sont les mesures, les combinaisons, les relations et les conséquences de toutes ces choses qui sont l'objet de la science de l'étendue. Les êtres, ou plutôt l'être qui n'a que cette propriété, peut donc donner lieu à une science qui ne consiste qu'à suivre les traces de divers mouvements dans le vide et à observer ce qui en résulte. Ainsi l'étendue peut être l'objet direct d'une science abstraite : car la science qui traite d'un être qui n'a absolument aucune autre propriété que celle d'être étendu, est bien la science de l'étendue, abstraite et séparée de toute autre considération. Telle est la géométrie.

La durée et la quantité sont deux propriétés des êtres, bien plus générales que l'étendue, car elles appartiennent non seulement aux êtres qui ont toutes les autres qualités qui constituent les corps, et au néant qui n'a que celle d'être étendu (à l'espace vide); mais encore aux êtres qui n'ont pas même celle-là, à nos plus simples affections qui n'existent que parce que nous les sentons et dont l'existence ne suppose même aucune réaction de notre système sensitif sur notre système musculaire; en un mot, à nos idées en tant qu'idées. La perception la plus purement intellectuelle est douée de durée et de quantité et ne peut pas être conçue existante dans notre intelligence sans avoir une durée et une quantité quelconques. Ces deux propriétés indispensables de toute existence n'en supposent nécessairement aucune autre en particulier dans l'être auquel elles appartiennent; mais de toutes celles dont cet être peut être doué, il n'en est aucune qui ne suppose nécessairement ces deux-là.

Cependant, la durée ne peut pas être le sujet d'une science abstraite, totalement distincte de l'histoire des êtres auxquels appartient cette durée, et n'ayant pour objet que les propriétés de la durée elle-même. La raison en est simple : que pourrait-on vouloir examiner dans la durée considérée ainsi abstraitement et absolument séparée de tout être auquel elle appartienne? Ses modes; mais dans cet état d'abstraction complet, elle ne peut éprouver qu'une seule espèce de modification. Elle n'est susceptible de varier qu'en plus ou en moins. Or toutes les spéculations et les combinaisons que l'on pourrait faire sur de tels changements de mode font partie de la science de la quantité.

Cette réflexion nous montre la singulière prérogative que la propriété des êtres nommée *quantité* a encore sur celle appelée *durée*, et exclusivement à elle. Toutes deux, il est vrai, sont des conditions nécessaires de toute existence quelconque. On ne peut pas, nous l'avons déjà dit, imaginer un être existant, soit en réalité, soit dans notre imagination, sans qu'il ait une certaine durée et une certaine quantité. Cependant, si l'on ne peut pas plus se figurer un être indépendamment de toute idée de durée que le concevoir n'ayant pas une quantité quelconque, on peut du moins former dans son esprit l'idée abstraite de quantité, sans faire entrer dans sa composition l'idée de durée, au lieu qu'on ne peut pas former l'idée de durée sans y faire entrer comme élément l'idée d'une certaine quantité de durée finie ou indéfinie. D'où il arrive qu'on ne peut comparer la durée à elle-même que par l'intervention de la quantité, tandis qu'on compare la quantité à la quantité sans aucun intermédiaire. On ne peut pas dire une durée plus ou moins longue sans dire *plus* ou *moins*; mais on peut dire plus ou moins sans y ajouter l'accessoire de durée, ni aucun autre. L'idée de quantité est donc l'élément le plus universel de toutes nos idées, celui que l'on ne peut séparer d'aucune d'elles sans l'anéantir, celui qui leur demeure le plus invinciblement uni après les abstractions les plus multipliées, et la seule perception qui puisse exister complètement dans notre esprit sans le mélange d'aucune autre. C'est en un mot l'idée *d'existence évaluée*, et pas autre chose. Elle est donc de toutes les idées abstraites la plus abstraite, puisqu'elle entre nécessairement comme élément dans toutes et qu'elle seule est susceptible de n'avoir pas d'autre élément qu'elle-même.

Nous voilà donc arrivés, de déductions en déductions, à deux qualités exclusivement propres à l'idée de *quantité*, qui vont nous faire voir nettement ce qu'est et ce que peut être la *science de la quantité*. 1. Puisque l'idée de quantité est seule susceptible de ne pas conserver dans sa composition d'autre élément qu'elle-même, elle est éminemment propre à être l'objet d'une science abstraite; 2. puisqu'elle est un élément universel et nécessaire de toutes les autres idées, et qu'elle entre invinciblement dans leur composition, aucune d'elles ne peut être étrangère aux combinaisons qui lui sont propres; et il faut absolument que les vérités de la science dont elle est le sujet fassent partie de toutes les branches de nos connaissances et y soient d'une importance majeure. C'est aussi ce qui est.

Maintenant cherchons en quoi peut consister la science dont l'idée de quantité est le sujet. Puisque dans cette science, cette propriété des êtres est considérée comme parfaitement abstraite et complètement séparée de tout autre, il ne peut pas être question d'examiner ses différents modes et ses différents effets dans les êtres auxquels elle appartient. Cela fait partie de l'histoire de ces êtres. Dans cet état d'abstraction complète, la quantité ne peut pas avoir d'autre mode qu'elle-même. Il ne peut pas y avoir lieu à la considérer autrement que sous le rapport d'augmentation et de diminution, c'est-à-dire encore sous le rapport de quantité. La science dont elle est l'objet ne peut donc consister qu'à la noter, à en distinguer tous les degrés, à les comparer, ou, comme on dit, à les calculer et à découvrir toutes les combinaisons et les spéculations auxquelles elle peut donner lieu dans les différents états de déterminée ou indéterminée, connue ou inconnue, fixe ou variable, positive ou négative, ou même imaginaire. C'est aussi ce qui arrive, et la science de la quantité abstraite n'est pas autre chose. Actuellement voyons comment cette science naît dans notre esprit.

Nous examinons dans un corps toutes ses qualités, c'est-à-dire toutes les impressions qu'il fait sur nous, et nous modifions son nom par un adjectif à chaque qualité que nous reconnaissons en lui. Nous voyons qu'il nous fait l'impression de rouge, nous disons qu'il est rouge; qu'il nous fait celle de pesanteur, nous disons qu'il est pesant; qu'il nous fait celle de dureté, nous disons qu'il est dur; qu'il a un certain volume, nous disons qu'il est volumineux dans le sens d'étendu.

Si ces qualités changent d'intensité sans changer de nature, nous disons que ce corps est plus ou moins rouge, plus ou moins pesant, plus ou moins dur, plus ou moins volumineux, et nous avons porté l'idée de quantité dans l'idée de chacune de ces qualités, mais nous n'avons pas de moyen pour mesurer cette quantité.

Ensuite, nous remarquons que ce corps est distinct et séparé de tout autre, et sans divisions en lui-même, sans séparation entre ses parties qui nous autorise à le regarder comme plusieurs êtres différents; nous faisons un nouvel adjectif pour exprimer cette circonstance. Nous disons qu'il est seul, qu'il est isolé, qu'il est unique, qu'il est *un*.

Bientôt nous le voyons uni avec un autre corps, qui de son côté est distinct, est *un* aussi, qui vient se joindre à lui sans s'y mêler, sans s'y confondre, sans cesser enfin d'être *un* lui-même. Nous ne pouvons pas dire que le premier est *plus un* qu'il n'était. Cette qualité est absolue dans tous deux; elle ne souffre ni plus ni moins. Cependant ce premier corps est changé; au moins sa qualité la plus apparente, le volume, est augmentée. Nous disons donc non pas qu'il est *plus* un, mais qu'il est un *joint* à un, *augmenté* d'un, qu'il est *un plus un*. Si à ces corps, il vient s'en joindre un autre qui ne s'y mêle pas, qui soit toujours *un* lui-même, nous disons que le premier est *un, plus un, plus un*. S'il en vient encore un autre de même, nous disons que ce premier *est un, plus un, plus un, plus un*, et ainsi de suite.

Nous avons déjà observé ailleurs[a] que si nous n'inventions pas de nouveaux signes pour désigner chacun de ces différents états successifs, il nous deviendrait très promptement impossible de les distinguer les uns des autres et de les comparer entre eux. Aussi nous créons différents adjectifs, tels qu'on ne puisse pas les confondre. *Être un, plus un*, nous appelons cela

a. Voyez l'*Idéologie proprement dite*, chapitre XVI, p. 237.

être deux. Être un, plus un, plus un, nous appelons cela *être trois. Être un, plus un, plus un, plus un*, nous appelons cela *être quatre*, etc., etc.

On ne doit pas être étonné de m'entendre nommer adjectifs ces mots que communément on appelle noms de nombres. En effet, écartons pour un moment tous ces adjectifs déterminatifs (les articles) et ces désignations de pluriel et de singulier, sans lesquelles dans notre langue surtout on ne saurait nommer aucune idée, et écartons même l'habitude de mettre certains adjectifs plutôt avant qu'après le substantif modifié; *un corps*, ou *corps un*, c'est l'idée indéfinie *corps*, jointe à l'idée d'être séparé de tout autre, d'être isolé et indivis, d'être *un. Deux corps*, ou *corps deux*, c'est la même idée indéfinie *corps*, jointe à l'idée d'être *un uni à un autre un* qui restent distincts, c'est-à-dire jointe à l'idée d'être *un, plus un. Trois corps*, ou *corps trois*, c'est de même l'idée indéfinie *corps*, jointe à l'idée *d'être un uni à un autre un, puis à un autre un*, toujours distincts, c'est-à-dire *d'être un, plus un, plus un*; et il en est de même de quatre, cinq, etc. Ces mots, un, deux, trois, quatre, cinq, sont donc de vrais adjectifs. Nous verrons bientôt l'instant où étant pris substantivement, ils deviennent des noms, et des noms de nombres, puisque ce sont des idées de nombres qu'ils représentent.

Du moment que nous avons créé ces adjectifs, qui désignent et constatent différents degrés de quantité, nous avons posé la base de la science de la quantité, c'est-à-dire de la science qui consiste dans la connaissance des propriétés de cette propriété des êtres, c'est-à-dire encore de la science qui consiste uniquement dans l'investigation de toutes les combinaisons que l'on peut faire des différents degrés de cette propriété.

Cette science, immense dans ses développements et dans ses détails, et inestimable par la multitude et l'utilité de ses applications, repose tout entière sur une seule condition, *c'est que les différents degrés de quantité exprimés par ces différents adjectifs soient tous à une égale distance les uns de autres, et que cette distance soit toujours égale au degré ou à la quantité de quantité exprimée par l'adjectif un dont ils émanent.* Sans cette condition, le sens de ces différents adjectifs ne serait déterminé qu'imparfaitement, ou plutôt ne le serait pas du tout; et on ne pourrait les comparer les uns aux autres que d'une manière vague et dénuée de précision; en un mot, il n'y aurait pas même lieu à une science, à une série de déductions, ou elle serait de toutes la plus confuse et la moins exacte. Mais avec cette condition, la signification de chacun de ces adjectifs est et demeure de la plus extrême exactitude; et ils ne sont tous que des expressions abrégées de la valeur des différents multiples de l'adjectif *un*, ce qui est effectivement, comme nous l'avons vu, leur étymologie, leur destination première et la cause unique de leur création.

Il me semble que Condillac et Condorcet eux-mêmes, voulant porter le flambeau de la philosophie et de l'analyse jusque dans le berceau de la science des quantités, ne se sont pas assez arrêtés à cette observation capitale et fondamentale; et qu'il faut encore leur dire avec Bacon que leur génie a trop d'ailes et pas assez de lest. Si l'on peut adresser un pareil reproche à de tels hommes, les lumières et les guides de l'espèce humaine, combien ne devons-nous pas craindre d'aller trop vite, nous autres, leurs faibles écoliers ! ! ! Arrêtons-nous donc au moins un moment à examiner ce qui résulte de cette idée première dont toutes les autres suivent, de cette idée-principe dont nous ne pouvons que tirer des conséquences, de cette idée mère dont nous ne faisons que recueillir les productions. Nous serions bien aveugles, bien vains et bien maladroits, Bacon m'en est garant, si nous ne lui accordions pas notre attention tout entière.

De cette condition radicale et fondamentale, il résulte [quatre]* choses d'une importance majeure et vraiment indispensable à remarquer; savoir, 1. que toutes nos spéculations sur les différents adjectifs de quantité et toutes les combinaisons que nous en pouvons faire, ne portant que sur leurs relations avec l'adjectif *un* dont ils émanent, et ne consistant que dans leur proportion avec sa valeur quelle qu'elle soit, elles sont toujours également vraies, à quelque être que cet adjectif *un* s'applique.

C'est ce qui fait qu'on peut le séparer de tout être quelconque, le regarder comme le nom d'une certaine quantité de quantité quelle qu'elle soit, ou comme on dit, le prendre substantivement ainsi que tous ceux qui en dérivent, qui deviennent par là ce que l'on appelle des noms de nombres, c'est-à-dire les noms de divers degrés de quantité encore inappliqués à aucun objet en particulier.

2. Que ces spéculations et ces combinaisons n'ont plus alors d'existence que dans notre imagination, mais qu'il ne faut, pour les retransporter dans le monde réel et positif, que cesser de prendre l'adjectif *un* substantivement et le joindre de nouveau à un être spécial et particulier, comme c'est sa destination première, ainsi que nous l'avons vu; et que dès l'instant que nous avons ainsi fixé la valeur de l'unité, celle de tous ses multiples et de toutes les combinaisons qu'on en peut faire est par cela même nettement et rigoureusement déterminée.

3. Il suit de là que quand nous avons ainsi réuni l'adjectif *un* avec un être connu et déterminé, on ne peut plus combiner cet être, ni le comparer sous le rapport de la quantité qu'avec d'autres êtres pareils et égaux à lui. Nous pouvons bien dire, un cerisier, plus un cerisier, est ou devient deux,

* Quatre *et non* trois, *comme il est écrit par erreur, ce dont atteste la numérotation qui suit.*

entendez deux cerisiers; mais nous ne pouvons pas dire, un cerisier, plus un poirier, est ou devient deux, car on ne saurait dire si c'est deux cerisiers ou deux poiriers, vu que ce n'est ni l'un ni l'autre. À la vérité, on peut dire un cerisier plus un poirier sont, ou font, ou deviennent deux arbres; mais c'est qu'alors l'unité n'est plus ni l'idée cerisier, ni l'idée poirier, mais l'idée *arbre*; et ce sont réellement des arbres en général que l'on calcule, et non pas des arbres de telle ou telle espèce, ce qui est tout autre chose.

Il est si vrai que l'unité qui, par sa répétition, forme tous les nombres d'un calcul, doit toujours être dans tous ses nombres très exactement la même qu'elle est dans le premier de tous, le nombre *un*, que quand nous disons un cerisier et un cerisier font deux, il faut, pour que cela soit vrai, que ce soit l'idée générale et spécifique de cerisier dont il s'agisse, parce qu'effectivement elle est la même dans tous. Si au contraire, c'était des idées individuelles et particulières de tel et de tel cerisier qu'il fût question, nous ne pourrions dire qu'elles font deux qu'autant que ces deux cerisiers seraient parfaitement égaux en tout. Sans cette condition, il se pourrait faire que sous beaucoup de rapports, le premier joint au second ne fît pas *deux*. Par exemple, sous le rapport de la quantité de fruits qu'il a actuellement, nous ne pourrions pas dire à coup sûr que joint avec un autre, il fait deux; car il se pourrait qu'avec tel il ne fît qu'un et demi; et qu'avec tel autre il fît quatre et même six; et il ne fera réellement et précisément deux qu'avec celui qui aura exactement une quantité de fruits égale à la sienne.

4. Il suit de là encore que pour que l'on puisse appliquer avec succès à une classe, ou catégorie d'êtres ou d'idées, les spéculations de la quantité abstraite et les combinaisons qui constituent le calcul, il faut que ces êtres ou ces idées soient de nature à ce qu'on en puisse séparer et fixer une quantité déterminée et précise qui serve d'unité; et que ces êtres ou ces idées jouiront d'autant plus de cet avantage qu'ils seront plus susceptibles de divisions nettes, permanentes et frappantes, dans tous les temps et dans tous les cas.

Ces quatre observations mûrement pesées et méditées nous font voir avec évidence, 1. en quoi consiste exactement toute la science des quantités; 2. pourquoi elle est susceptible et d'être si complètement abstraite et d'être si complètement certaine dans son état d'abstraction absolue; 3. pourquoi nos différentes espèces d'idées sont plus ou moins susceptibles qu'on y applique les combinaisons qui constituent cette science et pourquoi les spéculations dont elles sont l'objet sont plus ou moins nettes, lucides et certaines, à proportion du degré où elles jouissent de cet avantage[a]. À tout cela, on peut ajouter que ces mêmes observations nous manifestent que la science de la quantité n'a point une manière de procéder autre que toutes les autres branches de nos connaissances, et que, comme nous l'avons montré en plusieurs endroits, et nommément dans le chapitre précédent, les raisonnements sur lesquels elle se fonde ont les mêmes causes de certitude et d'erreur que tous les autres, dont ils ne sont qu'une espèce particulière. Voyez à ce sujet la note a page 54.

Voilà donc la nature de la science des quantités bien éclaircie et son origine bien expliquée; il nous reste à parler de ses procédés, ou plutôt de ses instruments.

Qu'il me soit permis encore ici de m'éloigner de Condillac, et même de le contredire, tout en avouant que je suis instruit par lui et formé par ses leçons. Une science n'est point une langue et une langue n'est point une méthode[1]; tout comme d'un autre côté, il n'est pas vrai qu'une idée abstraite et purement intellectuelle soit absolument la même chose que le signe qui la représente et qu'elle n'ait absolument pas d'autre existence que celle de ce signe. Ce sont là autant d'expressions énigmatiques (je dirais presque épigrammatiques) et paradoxales, et qui, étant forcées pour faire de l'effet, manquent de clarté et de justesse à quelques égards.

Une science consiste dans la connaissance d'un grand nombre de vérités relatives à un même objet: une méthode est un moyen de parvenir à apprendre ou à découvrir ces vérités; c'est un guide pour se conduire dans cette étude; c'est la réunion ou l'exposé des procédés qu'il faut employer pour y réussir. Une langue, dans le sens le plus général, est une collection de signes quelconques, propres à exprimer des idées de toutes espèces. Dans un sens plus restreint, plusieurs sciences ont des langues ou portions de langues qui leur sont propres, parce qu'elles n'expriment que des idées

a. Telle est éminemment la science de l'étendue, par les raisons que nous avons dites souvent. Cela a été une idée bien admirable d'appliquer l'algèbre à la géométrie. C'en serait une bien fausse que de prétendre l'appliquer de même à toutes les autres branches de nos connaissances, sans s'assurer si les idées qu'elles ont pour objet en sont également susceptibles.

1. En procédant dans les pages qui suivent à la distinction entre science, langue et méthode, Destutt de Tracy corrige des formulations directement héritées de Condillac et qu'il avait employées de façon trop elliptique dans ses écrits antérieurs. Dans les deux premières éditions (1801 et 1804) de l'*Idéologie proprement dite*, il avait en effet indiqué que « les langues sont des méthodes analytiques », énoncé modifié, à partir de la troisième édition (1817), en « les langues sont de vrais instruments d'analyse » (*Éléments, I, Idéologie proprement dite*, chapitre XVI, p. 236 et 242). De même, s'il a énoncé dans la *Grammaire* et dans le « Discours préliminaire » (note page 50) que « bien faire la langue d'une science, c'est créer cette science » et que « créer une science n'est autre chose qu'en bien faire la langue », cela ne fait pas pour autant de la science et de la langue des termes synonymes.

relatives à ces sciences. Toutes ces langues particulières, de quelque nature que soient leurs signes, sont tellement tronquées qu'elles se bornent presque à de simples nomenclatures, sans aucune syntaxe. Celle ou celles qui appartiennent exclusivement à la science des quantités sont les moins incomplètes[a]; mais pourtant elles le sont encore assez pour être très souvent obligées d'emprunter le secours des langues vulgaires. Enfin, les signes de toutes les langues sont des réunions d'impressions sensibles qui rappellent et représentent les idées auxquelles on les a intimement unies, et les opérations intellectuelles par lesquelles ces idées ont été perçues ou composées.

Par ces explications très simples, on voit tout de suite, 1. la différence qui existe d'une part entre une langue et une science, et de l'autre part entre une langue et une méthode; 2. celle non moins réelle qui subsiste toujours et nécessairement entre une idée et son signe.

Certainement Condillac a fait une admirable et immense découverte en observant que toutes nos idées composées, c'est-à-dire toutes celles que nous avons après très peu de temps d'existence, sont le produit de la réunion d'une multitude d'opérations intellectuelles toujours prêtes à s'évanouir et à se disjoindre, en sorte que leur résultat s'anéantirait pour nous et ne pourrait plus servir de base à des combinaisons ultérieures, s'il n'était fixé et perpétué par une impression sensible que l'on y joint d'une manière indissoluble. Cela le mettait en droit de dire que l'existence de toute idée abstraite, et même de toute idée composée, serait fugitive et transitoire sans le signe qui y est uni, mais non pas de dire qu'elle ne consiste que dans ce signe et n'a pas d'autre existence que la sienne; car il n'est pas possible que le signe et la chose signifiée ne soient pas éternellement deux choses distinctes. C'est là un première exagération.

Condillac a encore fait preuve d'une sagacité exquise en remarquant que puisque nous nous servons toujours des signes pour combiner nos idées, et puisque nous nous en servons presque toujours de manière à ce qu'ils nous dispensent de remonter à la composition de ces idées, nous sommes fortement influencés par la façon dont ces signes sont formés; et il a eu très grande raison d'en conclure que les collections de signes, les langues, sont pour nous des instruments très puissants, nécessaires même, et tels que le travail de ceux qui se servent de pareils outils, qu'on me passe cette expression, se ressent prodigieusement de la manière dont ces mêmes outils sont fabriqués, jusqu'au point que, comme ils ont toujours été inventés dans des temps où on n'avait pas une idée nette de leur usage et de

a. Elles ont une syntaxe, puisqu'elles tirent des secours de la place qu'occupent leurs signes, et qu'elles ont des règles pour les combiner.

leurs propriétés, leur mauvaise construction nuit singulièrement à leur effet. Mais il n'aurait pas dû dire que ces outils sont des méthodes. Des méthodes plus ou moins bonnes président à la construction et à l'emploi de ces instruments; mais ils ne peuvent jamais être les méthodes elles-mêmes. C'est encore là une expression inexacte.

Enfin, Condillac a encore eu un mérite prodigieux à voir nettement le premier que, puisque toutes nos idées sont exprimées par des signes et sont représentées dans des langues, toutes nos sciences qui ne consistent que dans l'épurement de nos idées et dans l'établissement de leur juste enchaînement, n'ont réellement d'autre effet que de bien déterminer la valeur des signes et le légitime emploi des langues; mais il n'en reste pas moins que la science est le but et la langue le moyen; et que Condillac n'a pas pu conclure justement qu'une science et une langue sont une seule et même chose. C'est encore là aller au-delà des faits. Aussi n'est-ce, je crois, que dans son dernier ouvrage qu'il s'est permis nettement de pareilles assertions. Peut-être ces expressions hyperboliques étaient-elles utiles pour réveiller l'attention des lecteurs et montrer vivement combien sont intimement liées des choses entre lesquelles le commun des hommes ne voit que des rapports éloignés et confus; mais ensuite ces mêmes expressions trop énergiques ont l'inconvénient de confondre des choses différentes et de faire méconnaître en quoi consistent précisément l'invention des signes, la fabrication des langues, la création des sciences et la nature des méthodes qui conduisent bien ou mal dans ces diverses opérations; et enfin il reste toujours qu'une science, la méthode qu'elle suit, la langue qu'elle emploie, les idées qu'elle élabore et les signes qui représentent ces idées sont autant de choses distinctes et différentes, qu'il n'est pas permis de prendre les unes pour les autres.

Munis de ces éclaircissements, nous pouvons actuellement continuer l'histoire de la science de la quantité et l'examiner dans ses différents degrés d'avancement; et ce qui achèverait de prouver, s'il en était besoin, que la science et la langue sont deux choses bien distinctes, c'est que nous allons voir la même science employer successivement différentes langues.

La science de la quantité est ébauchée dès que nous avons formé l'idée de l'unité, que nous avons remarqué les différents états de l'unité ajoutée successivement à elle-même, et que nous avons distingué ces différents états les uns des autres par des noms de nombre : car dès ce moment nous pouvons faire quelques combinaisons d'idées de quantité, ou autrement dit quelques calculs. À cette époque, cette science se sert indifféremment des signes de toutes les langues parlées vulgaires et n'emploie pas d'autres signes que les leurs; et ses calculs sont encore pour la forme comme ils le seront toujours pour le fond, absolument semblables aux raisonnements relatifs à toutes les autres espèces d'idées. Dans ce premier état, cette science, ainsi que toutes les autres, est bornée à de bien faibles succès.

Bientôt les hommes cherchent à rendre permanents les signes fugitifs de leurs langues parlées. S'ils s'imaginent de les fixer par le moyen d'une écriture proprement dite qui ne fasse que noter les sons des mots, la science des quantités profite comme toutes les autres de cette heureuse innovation et devient, ainsi que les autres, susceptible de raisonnements plus suivis et de combinaisons plus compliquées; car il est plus aisé de suivre un calcul par écrit, même sans autre secours que des noms de nombres, que de le faire de tête par le même moyen. Toutefois, la science des quantités n'a encore aucun procédé qui lui soit exclusivement propre.

Mais si l'on s'avise de figurer la langue parlée par le moyen d'une langue peinte qui en représente directement les idées, et non pas les sons, alors la science des quantités éprouve, ou du moins peut éprouver, un effet particulier extrêmement remarquable et qui mérite d'être bien démêlé.

Nous avons vu dans la *Grammaire* qu'il est très malheureux pour toutes les branches de nos connaissances que les hommes adoptent cette manière de représenter leurs langues parlées, parce que, sans fournir aucun nouveau secours à la pensée, elle ne fait qu'attacher les idées à un nouveau système de signes dont la valeur exacte est impossible à vérifier, et qu'ainsi elle ne les perpétue qu'en apparence, ou du moins d'une manière si confuse qu'elle devient illusoire.

Ici les idées de quantité font une exception très notable. Elles sont d'une nature si précise et leurs rapports entre elles sont si peu variés et si nettement déterminés que l'on ne peut s'y méprendre et que cette façon de les représenter ne saurait y porter aucune obscurité. Ainsi la langue peinte (ne fût-elle pas, comme elle pourrait l'être, mieux faite pour cet objet que la langue parlée) serait du moins sans inconvénient à l'égard des idées de quantités; elle remplirait le but de les rendre permanentes sans confusion; et elle aurait même sur la véritable écriture la supériorité de la brièveté. Tel est le système de figures que nous appelons les chiffres romains. Ces lettres peignent très nettement les nombres et sont moins longues à tracer que s'il fallait écrire complètement tous les sons des noms de nombres d'une langue parlée. Aussi s'en est-on servi; et voilà déjà la science des quantités employant une langue ou portion de langue particulière qui lui est propre; car ce n'est plus là la simple écriture de la langue parlée vulgaire.

Mais il y a plus; la précision des idées de quantité et la monotonie de leurs rapports font qu'une langue peinte peut avoir pour elles un énorme avantage sur toute langue parlée. Cette précision et cette monotonie sont telles qu'après avoir représenté un très petit nombre d'idées radicales par un égal nombre de figures correspondantes, on peut exprimer toutes les combinaisons et les relations de ces idées par la seule position de ces figures relativement les unes aux autres dans l'espace. Par le seul effet de sa position, un 2 représente nettement deux, ou vingt, ou deux cents, ou deux mille, etc. Or, c'est ce que ne peut faire aucune langue parlée, même écrite, et c'est ce qui constitue la langue arithmétique telle que nous la possédons, et ce qui lui donne une supériorité prodigieuse sur toutes les autres. Aussi est-ce dans celle-là que nous pensons à des idées de quantité. Ainsi l'adoption d'une langue peinte qui est funeste à tous les autres systèmes d'idées, est au contraire d'une utilité très grande au système des idées de quantité.

Observons que, jusqu'à ce moment, la science de la quantité n'a aucun désavantage sur toutes les autres; elle forme et continue ses raisonnements par les mêmes procédés que toutes les autres sciences; elle les suit de la même manière jusqu'au degré de complication que notre esprit est capable de supporter; et puisqu'il y a parité dans les moyens, ce degré de complication doit être le même dans tous les genres. Ainsi le point où arrive la science des quantités, avant d'avoir le secours des chiffres, et ne se servant que des noms de nombres, est exactement correspondant à celui où sont toutes les sciences qui n'ont pas d'autres signes que ceux des langues parlées. Si donc ce degré d'avancement nous paraît très faible pour la science de la quantité telle que nous la connaissons, et si elle l'a prodigieusement dépassé dans l'état où elle est aujourd'hui, nous devons conclure que c'est uniquement l'effet de la perfection de ses signes; et si elle a des signes si supérieurs aux autres, nous devons reconnaître aussi que c'est parce que la nature des idées dont elle s'occupe en est susceptible. Je pense fermement que cette manière de voir nous donne une idée très juste des comparaisons et des relations que nous devons établir entre nos diverses idées et nos diverses branches de connaissances. Voyez encore à ce sujet la note a page 54.

La singulière commodité des idées de quantité est loin de se borner là. Elle est telle que l'on peut encore, dans les spéculations qui les concernent, dédaigner le secours de ces chiffres, qui sont déjà si supérieurs à tout ce que nous avons d'analogue dans les autres genres. Non seulement on peut combiner ces idées sans les appliquer à aucun être réel, c'est-à-dire dans un état d'abstraction complète; c'est ce qu'on fait avec les chiffres et même avec les noms de nombres : mais on le peut encore sans avoir seulement égard à leur valeur absolue, même comme quantité abstraite; c'est ce que font les signes de la langue arithmétique littérale ou de la langue algébrique. On peut donc la regarder comme une continuation de la langue arithmétique numérale; mais cependant comme une continuation telle que les signes et la manière de marquer leurs rapports sont changés, c'est-à-dire que la nomenclature et la syntaxe sont différentes, ce qui doit la faire considérer comme une autre langue. Avec cette nouvelle langue, on calcule des *a* et des *b*, sans s'embarrasser de ce qu'ils peuvent valoir réduits en chiffres, avec la certitude qu'on leur substituera toujours cette valeur quand on le voudra, et de plus avec la certitude, ce qui est encore plus fort, que toutes les combinaisons qu'on en aura faites seront toujours également justes, quelles que soient les valeurs numériques que l'on mette à la place de ces *a* et de ces *b*, pourvu que ces diverses valeurs conservent entre elles les mêmes proportions; comme on est sûr que des valeurs numériques abstraites ont toujours les mêmes propriétés, à quelque être qu'on les applique.

Cette seconde considération fait que l'on va encore plus loin. On traite comme de nouvelles quantités d'un ordre supérieur, même les proportions, les relations, les propriétés, les fonctions, les variations, les limites de ces premières quantités déjà non évaluées; on exprime tout cela avec de nouveaux signes; on le calcule avec la même sécurité également bien fondée et on est toujours sûr qu'à la fin on pourra réduire le tout en nombres précis, si on le veut. Vous trouverez encore la cause unique de tout cela dans la note a de la page 54.

Je ne suivrai pas plus loin le fil de ces idées; je crois que leur simple indication suffit pour justifier la distinction que j'ai établie, ou plutôt maintenue, entre une science, une langue et une méthode; pour faire voir la vraie nature des ressemblances et des différences qui existent entre la science de la quantité et toutes les autres; et pour faire penser avec moi que l'étonnante certitude et les prodigieux succès de cette science viennent de l'immense supériorité de ses signes, et que la possibilité de cette supériorité tient à la parfaite précision et au peu de variétés des idées dont elle s'occupe.

Je voudrais que ces observations fussent développées, prouvées et rendues incontestables dans l'ouvrage dont je ne fais ici qu'esquisser le projet. Alors on verrait nettement, non seulement en quoi consiste réellement la science de la quantité, et comment elle naît et s'accroît; mais encore quelles sont ses vraies relations avec les autres sciences, et pourquoi elle est plus complètement applicable aux unes qu'aux autres; et il serait manifeste qu'elle dépend des mêmes procédés logiques, qu'elle a les mêmes causes de certitude et d'erreur, et qu'elle n'a rien de particulier que la netteté et le petit nombre de ses idées et la perfection de leurs signes. Cet ouvrage serait un excellent préliminaire à l'étude de la science de la quantité et formerait en même temps la troisième et dernière partie de l'histoire de l'application de nos moyens de connaître à l'examen de tous les êtres qui ne sont pas nous, des propriétés de ces êtres et des propriétés de ces propriétés. Il serait plus encore; il serait une espèce de supplément à l'histoire de ces moyens eux-mêmes; il complèterait la grammaire générale et la logique, en montrant qu'elles s'étendent à tout, qu'elles embrassent tout, et qu'elles comprennent dans la généralité de leurs principes toutes les espèces de signes et d'idées. Car tout ce que nous sentons, ce sont toujours des idées; tout ce que nous y remarquons, ce sont toujours des jugements que nous en portons; et tout ce que nous en disons, ce sont toujours des propositions par lesquelles nous exprimons ces jugements. En un mot, cet ouvrage terminerait absolument de vrais *Éléments d'idéologie*, tels que je conçois qu'ils devraient être, lesquels seraient par conséquent composés de neuf parties distinctes, toutes également nécessaires, mais formant bien par leur réunion la totalité du tronc de l'arbre encyclopédique de nos connaissances réelles.

À ces neuf parties cependant, je désirerais que l'on ajoutât encore, comme appendice, une indication des fausses sciences et des connaissances illusoires qui naissent de l'emploi abusif de notre intelligence et qui disparaissent graduellement, à mesure que nous voyons plus nettement sa puissance et ses limites.

D'après ces considérations que l'on a pu trouver longues, quoiqu'elles soient bien sommaires, et peut-être précisément parce qu'elles sont trop abrégées, je crois que l'on peut représenter l'ouvrage dont il s'agit par le tableau suivant.

ÉLÉMENTS D'IDÉOLOGIE

PREMIÈRE SECTION

Histoire de nos moyens de connaître,
en trois parties

Première Partie – De la formation de nos idées, ou .... Idéologie[a] proprement dite
Deuxième Partie – De l'expression de nos idées, ou .... Grammaire
Troisième Partie – De la combinaison de nos idées, ou .... Logique

DEUXIÈME SECTION

Application de nos moyens de connaître
à l'étude de notre volonté et de ses effets, *en trois parties*

Première Partie – De nos actions, ou .... Économie
Deuxième Partie – De nos sentiments, ou .... Morale
Troisième Partie – De la direction des unes et des autres, ou ....Législation*

TROISIÈME SECTION

Application de nos moyens de connaître
à l'étude des êtres qui ne sont pas nous, *en trois parties*

Première Partie – Des corps et de leurs propriétés, ou ....Physique
Deuxième Partie – Des propriétés de l'étendue, ou .... Géométrie
Troisième Partie – Des propriétés de la quantité, ou .... Calcul

a. Observez pour tous ces noms, et surtout pour ceux de la section des sciences morales, d'y attacher, non pas la signification ordinaire, mais celle qui résulte des explications contenues dans ce chapitre, sans quoi vous auriez une idée tout à fait fausse de ce qu'ils représentent.

* *Dans les éditions de 1805 et 1818 cette troisième partie est intitulée* Gouvernement *et non* Législation. *C'est en effet cette dernière dénomination qui doit être préférée dans la mesure où cette partie doit traiter non seulement de la science du gouvernement mais aussi de l'éducation.*

APPENDICE POUVANT FORMER UNE DIXIÈME PARTIE SUPPLÉMENTAIRE

Des fausses sciences qu'anéantit la connaissance de nos moyens de connaître, et de leur légitime emploi, à la tête desquelles il faut placer toute métaphysique non révélée

Quand ce cadre sera bien rempli, je pense fermement que l'on aura enfin de véritables éléments d'idéologie, ou, si l'on veut, de philosophie première, ou, en d'autres termes, un traité complet de l'origine de toutes nos connaissances. C'est un ouvrage bien précieux qui nous manque. Puissé-je avoir hâté, ne fût-ce que d'un instant, l'heureuse époque où on en jouira ! Si j'en étais sûr, je croirais que ma vie ne s'est pas passée tout entière sans être de quelque utilité, et je serais heureux de cette douce idée.

EXTRAIT RAISONNÉ, SERVANT DE TABLE ANALYTIQUE

DISCOURS PRÉLIMINAIRE

La logique n'est pas seulement l'art de raisonner, elle doit être surtout la science du raisonnement.

Car un art dépend toujours d'une science, et on ne peut rien dire que de très hasardé sur l'art de conduire son esprit dans la recherche de la vérité avant d'avoir approfondi la science qui consiste dans la connaissance de nos moyens de connaître.

Celle-là seule peut nous faire voir de quelle certitude nous sommes susceptibles et quels sont les chemins pour y arriver.

Aussi l'art logique a-t-il été complètement erroné jusqu'à Bacon.

Aristote avait pourtant senti la nécessité de la partie scientifique de la logique.

C'est à tort qu'on croit le contraire. Seulement il ne s'y est pas assez arrêté.

Aussi dit-il lui-même que sa logique, bien qu'il lui ait donné le nom fastueux d'*Organum*, ou machine intellectuelle, n'est qu'un premier essai que rien n'a précédé ; et il invite à le perfectionner.

Il a voulu traiter des idées et de leurs signes : cela se voit clairement par son livre des *Catégories* et par celui *De Interpretatione*, tout imparfaits qu'ils sont.

Mais dans les *Catégories*, il s'est borné à classer nos idées sous le rapport de leurs objets, et il n'a point expliqué leur formation et leur composition.

Voyez ce qu'en pensent MM. de Port-Royal.

Dans le livre *De Interpretatione*, il a cherché à expliquer la traduction des idées dans le langage et l'artifice du discours.

Mais il donne une définition arbitraire du nom, une autre semblable du verbe ; et il ne reconnaît pas d'autres éléments de la proposition.

Et quant à la proposition, il n'a pas vu que toutes pouvaient se ramener à des propositions énonciatives. Cependant il ne s'occupe que de celles-là et il en reconnaît une infinité d'espèces différentes.

Après ces insuffisants préliminaires, il passe à l'art logique.

Il croit qu'il consiste tout entier dans la résolution des propositions énonciatives qui paraissent douteuses; et que pour vérifier ces propositions, il ne s'agit jamais que de joindre successivement un moyen terme à leur sujet et à leur attribut, ce qui forme un syllogisme.

Ensuite il se donne une peine infinie pour prévoir tous les cas différents, résultant des différentes espèces de propositions qu'il a distinguées, et pour déterminer la nature et l'étendue des conclusions qu'on en peut tirer.

Il a employé une force de tête prodigieuse et une sagacité admirable, et cela n'a servi qu'à l'égarer davantage. Voyez ce que MM. de Port-Royal, Hobbes et Locke* disent de ces fameuses règles du syllogisme.

Tout le monde en penserait comme eux s'il existait une bonne traduction française de la logique d'Aristote. Car pour qu'elle fût bonne, il faudrait que le traducteur commençât par développer et fixer le sens des mots, c'est-à-dire par faire la science.

La seule que nous ayons est celle de Philippe Canaye, sieur de Fresnes.

C'est une paraphrase plutôt qu'une traduction; il n'est pas possible de faire comprendre autrement ce qu'a voulu dire Aristote, vu l'extrême concision de son langage, qui est une espèce d'algèbre.

Mais cette excessive brièveté d'expression n'est admissible dans la langue algébrique que parce que, dans les sujets qu'elle traite, il n'est pas nécessaire d'avoir présente à l'esprit la valeur du signe pour l'employer avec sûreté.

Il n'en est pas de même dans toutes les autres espèces de raisonnements.

On ne peut pas parler de *de omni*, ou de *per se*, ou de telle autre expression de ce genre, comme de *x* en algèbre, sans les entendre.

Et cela n'est pas plus aisé en grec et en latin qu'en français.

De là les épouvantables galimatias de l'École.

En résultat, cette logique nous enseignant que les premières vérités ne peuvent se prouver, manque par la base; et les moyens qu'elle nous donne de tirer des conséquences sont vicieux. Elle a égaré et entravé l'esprit humain.

Elle a fini par faire regarder toute logique comme inutile.

Ce qu'il y a de singulier, c'est que ceux chez qui elle a fait naître cette opinion ont en même temps un grand respect pour elle.

* Locke *n'est pas mentionné dans les éditions de 1805 et de 1818.*

Bacon a donc eu bien raison de dire, non seulement que nous avions besoin d'un *Novum Organum*, d'une nouvelle machine intellectuelle; mais encore que pour être sûr de quelque chose, quoi que ce soit, il fallait refaire toutes nos connaissances et l'esprit humain lui-même.

Le moment où ce projet a été conçu est l'époque la plus mémorable de l'histoire des hommes. C'est l'instant où l'esprit humain a recommencé à suivre la marche qui est conforme à sa nature, celle que chaque individu suit nécessairement dans les premiers jours de son existence, celle que l'espèce n'a pu manquer de suivre plus ou moins longtemps dans l'origine, celle qui seule peut nous donner des connaissances certaines et les accroître indéfiniment avec sûreté.

Bacon avait dix-huit ans quand il a conçu cette sublime idée et il a travaillé toute sa vie à la réaliser.

Voici comment il a tracé le plan de sa *Grande rénovation*.

Première partie – *DIVISIONS DES SCIENCES*. C'est une nouvelle distribution de toutes nos connaissances, avec l'indication des parties qui manquent.

Deuxième partie – *NOVUM ORGANUM*, ou *Indices sur l'interprétation de la nature*. C'est proprement la logique, ou la manière dont on doit conduire son esprit dans la recherche de la vérité.

Troisième partie – *PHÉNOMÈNES DE L'UNIVERS*, ou *Histoire naturelle et expérimentale devant servir de base à la philosophie*. Ce doit être l'histoire de tous les êtres et de toutes leurs propriétés, tirée des faits.

Quatrième partie – *ÉCHELLE DE L'ENTENDEMENT*. Cette partie est destinée à faire voir par des exemples comment on doit s'élever des faits aux principes les plus généraux, et redescendre de ceux-ci aux principes particuliers. Elle doit être une application des principes de la deuxième partie aux faits recueillis dans la troisième, pour servir d'introduction à la sixième.

Cinquième partie – *AVANT-COUREURS*, ou *Connaissances anticipées de la philosophie seconde*. Celle-ci doit être un recueil des vérités que Bacon tient provisoirement pour certaines, en attendant que la philosophie seconde soit créée.

Sixième partie – *PHILOSOPHIE SECONDE*, ou *Science active*. Elle doit consister dans la connaissance des essences (ou causes formelles) des êtres et de leurs propriétés. Certainement ce projet est admirable; mais j'avoue que son illustre auteur me paraît ne l'avoir pas complètement débrouillé et en avoir peu avancé l'exécution.

Première partie – Cette classification de nos connaissances est mauvaise et fondée sur une fausse analyse de nos opérations intellectuelles. Voyez le sommaire.

Deuxième partie–Celle-ci est encore plus imparfaite; elle est composée de deux livres d'aphorismes.

Dans le premier, on prouve que l'ancienne logique est mauvaise et on vante la nouvelle méthode.

Le second renferme l'exposition de cette nouvelle méthode.

Le but qu'on se propose est de connaître les *formes*, c'est-à-dire les causes formelles ou essentielles de toutes les qualités des êtres.

Le moyen d'y parvenir est de bien extraire des faits les axiomes; et de déduire des axiomes de nouveaux faits.

Le premier de ces deux points est le seul qui soit traité.

Pour y réussir, on nous conseille de dresser différentes tables des faits; on nous apprend l'usage de ces tables et on nous donne un exemple de cette manière de procéder : il n'est pas encourageant.

Après cette exposition provisoire, on nous annonce des conseils plus détaillés.

Ils doivent porter sur neuf points principaux, dont le premier est le choix des faits.

On ne parle que de celui-là : il est traité longuement et d'une manière peu utile; et il termine le *Novum Organum*. Voyez le sommaire.

Troisième partie–Ce n'est qu'un essai de ce qu'elle doit être. Il ne me semble pas qu'on soit encore là dans la bonne route. Voyez le sommaire.

Quatrième partie–Il faut en rejeter huit morceaux que les éditeurs anglais y ont compris mal à propos. Les six restants nous montrent, par leur mérite même, les vices de la méthode prescrite. Ils sont d'autant meilleurs qu'elle y est moins suivie.

Cinquième partie–Nous n'en avons que la préface.

Sixième partie–Elle n'est pas commencée. Elle ne peut pas même exister séparément de la troisième; car la connaissance des vérités générales et particulières, relatives à un sujet quelconque, est identique avec l'histoire de ce sujet.

Tel est l'état dans lequel Bacon a mis la science; car son histoire est celle de l'esprit humain.

Aristote, voyant que les idées générales comprennent les idées particulières dans leur *extension*, a cru que les premières sont la base de nos connaissances et la source de toute vérité et de toute certitude.

C'est sur cette idée que se fondent tous ses principes; cependant c'est le contraire de la vérité.

Dans tout jugement, les deux idées comparées sont nécessairement égales en *extension*. Elles n'en ont pas d'autre que celle du sujet.

Et sous le rapport de la *compréhension*, c'est l'idée plus particulière qui renferme toujours l'idée plus générale.

Il en est de même dans la hiérarchie des propositions. Ce sont toujours les propositions particulières qui sont la source de la vérité des propositions plus générales.

En adoptant le système d'Aristote, non seulement il faut, comme lui, renoncer à prouver les principes les plus généraux, mais on ne peut même connaître la véritable cause de la justesse des conséquences qu'on en déduit. Ainsi on est complètement égaré.

Bacon a frappé ce faux système dans sa racine, en disant que c'est précisément les principes généraux qu'il faut examiner et que c'est sur les faits particuliers qu'ils sont fondés; mais il n'a pu ni voir ni recueillir toutes les conséquences de cette grande vue.

Il a indiqué et provoqué la rénovation de la logique, mais il ne l'a pas exécutée.

Il a seulement tourné vers l'étude des faits les esprits qui, à cette époque, y étaient déjà naturellement portés.

C'est un des heureux effets de l'imprimerie qui, en répandant et facilitant depuis environ un siècle la connaissance des opinions anciennes, commençait à dégoûter de cette étude stérile.

Aussi Descartes, peu de temps après Bacon, et sans avoir eu connaissance de ses ouvrages, a dit absolument les mêmes choses que lui.

Il a fait bien plus; car il a vu et dit que le premier objet de notre examen devait être ces facultés intellectuelles, par lesquelles seules nous connaissons tout le reste; et que la première chose dont nous sommes certains est notre propre existence, dont nous sommes assurés parce que nous la sentons.

Hobbes est le disciple et le continuateur de Bacon. Il a mis un traité de logique à la tête de ses *Éléments de philosophie*, et c'est beaucoup d'avoir senti que c'est là sa vraie place.

Dans cet ouvrage, il n'approfondit point encore l'histoire de nos idées; mais il en parle mieux qu'on n'avait jamais fait.

Il traite de leurs signes avec assez d'étendue. Il reconnaît qu'ils sont utiles non seulement pour s'exprimer, mais même pour penser.

À la vérité, il croit comme ses prédécesseurs (tant de gens le croient bien encore) que ce sont les idées générales qui renferment les idées particulières, et que les propositions générales sont les vrais principes; mais s'il n'a pas découvert le vice radical de l'art syllogistique, il explique parfaitement cet art et il en sent très bien toute l'inutilité.

Enfin, il a été jusqu'à voir que *les principes de la politique dérivent de la connaissance des mouvements de l'âme; et la connaissance des mouvements de l'âme, de la science des sensations et des idées.*

Le mérite de cette logique est tel, qu'aujourd'hui encore, il est très utile de la lire; c'est ce qui m'a déterminé à en donner ici une traduction. Je n'en connais point en français.

MM. de Port-Royal ont encore avancé la science. Ils sont à Descartes ce que Hobbes est à Bacon.

Dans leur *Logique* et leur *Grammaire générale*, ils ont ébauché la théorie des idées et amélioré celle des signes.

Le besoin de réfuter leur hypothèse des idées innées a enfin obligé à analyser réellement les procédés de notre intelligence.

C'est ce qu'à fait Locke. Son admirable *Essai sur l'entendement humain* est le premier vrai traité de science logique qui ait existé.

Aussi laisse-t-il encore beaucoup de choses à désirer. Condillac l'a senti.

Dès son premier ouvrage (l'*Essai sur l'origine des connaissances humaines*) il examine la marche de l'esprit humain avec plus de détail et de scrupule.

Cependant il s'est aperçu dans la suite qu'il ne s'était pas encore assez arrêté sur les premiers pas de notre intelligence.

Il y est revenu dans son *Traité des sensations* et là il a pénétré pour la première fois jusqu'au fond de son sujet. S'il n'a pas résolu toutes les questions fondamentales, du moins il les a toutes posées et discutées.

C'est là le seul vrai progrès qu'ait fait la science depuis Locke; et c'est pour moi son dernier état, puisque je ne veux parler d'aucun auteur vivant.

Cependant, entre Locke et Condillac, il a paru un homme qui mérite qu'on en fasse une honorable mention. Aussi Voltaire l'a-t-il distingué: c'est le P. Buffier.

Il a cru à tort avoir fait un cours complet de philosophie rationnelle et morale. Il n'a pas profité autant qu'il l'aurait pu des leçons de Locke; mais il est remarquable pour avoir vu, quoiqu'un peu confusément, que si le *nom* est toujours le *sujet* de la proposition, le *verbe* en est le véritable *attribut*; que les autres éléments de la proposition ne sont que des modificatifs de ceux-là; que dans toute proposition, c'est le sujet qui contient l'attribut; et qu'une série de propositions n'est concluante qu'autant et parce que chaque attribut renferme successivement celui qui le suit.

Je suis étonné que Condillac n'ait pas fait plus d'attention à ces idées du P. Buffier. Pour moi, je regrette beaucoup de ne les avoir connues que depuis peu : elles m'auraient épargné bien de la peine.

Quoi qu'il en soit, éclairés aujourd'hui par les travaux de tant de grands hommes, nous devons exposer nettement en quoi consiste la certitude de tous nos jugements et la vérité de toutes nos connaissances; et si nous n'y réussissons pas complètement, ce sera notre faute.

Le but de ces préliminaires était de montrer par quels chemins on est arrivé à cet heureux état de la science.

CHAPITRE PREMIER

Introduction

On a vu dans le Discours préliminaire, 1. que Aristote, pour ne s'être pas assez arrêté à la recherche des principes de la science logique, a donné à l'art des règles fausses qui ont égaré l'esprit humain et l'ont rendu incapable de tout progrès; 2. que Bacon a encore été trop vite et que, tout en proposant de renouveler toutes les sciences, il n'a rien fait précisément pour la science logique; 3. que seulement il a porté les esprits vers l'étude des faits, ce qui a été très utile; 4. qu'il faut en profiter aujourd'hui pour achever et compléter la science logique.

Cette science est la seule vraie *métaphysique*, mais ce n'est pas ce qu'on a appelé de ce nom jusqu'à présent. Il y a entre elles la même différence qu'entre l'astronomie et l'astrologie, la chimie et l'alchimie.

La science logique ne consiste que dans l'étude de nos moyens de connaître. C'est l'*idéologie*. Elle a été inconnue d'abord, ensuite méconnue, et puis persécutée : elle est pourtant avancée; il faut achever de la perfectionner.

Dans les volumes précédents, nous avons parlé des idées et de leurs signes. Avant d'expliquer la combinaison et la déduction de ces mêmes idées, disons encore un mot de l'acte de juger et de celui de raisonner.

Avant Condillac, on ne donnait aucune explication de la justesse d'un jugement; et pour rendre raison de celle d'un raisonnement, on disait que les propositions générales renferment les propositions particulières, ce qui est faux. En conséquence, on appelait l'*attribut* le grand terme; et le *sujet* le petit terme; et pourtant on disait qu'ils sont tous deux égaux au *moyen* : ce qui est contradictoire.

Condillac l'a senti. Il a dit que nos jugements sont des *équations*, nos raisonnements des *séries d'équations*; et que les idées comparées dans un jugement et dans un raisonnement justes sont *identiques*.

Cela est encore inexact, parce que ce ne sont pas nos jugements qui sont des espèces d'équations; mais les équations qui sont des espèces de jugements, et que même dans les équations, les idées comparées sont égales, mais non *identiques*.

Cependant cette théorie est déjà très supérieure à celle qui l'a précédée. Dans tous les genres, l'esprit humain commence toujours par l'erreur et se rapproche petit à petit de la vérité, parce qu'il juge d'un sujet avant de l'avoir bien connu et qu'il se réforme ensuite graduellement.

Telle doit être et telle est sa marche constante. Il n'y a point de science qui n'en offre un grand nombre d'exemples incontestables. Si j'en ai cité quelques-uns que l'on me contestera, c'est parce que j'ai été bien aise d'énoncer comme des vérités ces prétendus paradoxes.

Quel que soit leur sort futur, on conviendra dès à présent que dans un jugement juste, c'est le sujet qui comprend l'attribut et que dans une série de jugements justes, chaque attribut comprend successivement celui qui le suit.

Il résulte de là qu'on peut se représenter nos idées comme autant de petits groupes hérissés d'une multitude de tuyaux semblables aux tuyaux de lunettes, dont chaque jugement que nous en portons fait sortir un autre tuyau qui était renfermé dans le précédent, ce qui change la figure totale de l'idée et la rend autre qu'elle n'était.

Actuellement, cherchons s'il y a dans ce monde *vérité* et *erreur*, et ce que c'est que la *certitude*. C'est là la logique, ou elle n'est rien. Il est singulier qu'on ait tant disputé avant de savoir *comment et pourquoi nous sommes sûrs de quelque chose*.

CHAPITRE II

Sommes-nous capables d'une certitude absolue ? Et quelle est la cause première et la base fondamentale de la certitude dont nous sommes capables ?

Nous avons actuellement une idée exacte de la nature du raisonnement et même de celle du jugement; mais si nous avons trouvé la cause de la justesse des raisonnements dans la nature des jugements, nous devons trouver celle de la justesse des jugements dans la nature des idées qu'ils ont pour objet.

On dit bien qu'il n'y a ni erreur ni vérité, et par conséquent ni certitude ni incertitude dans une perception isolée : cela est vrai ; mais ces perceptions sont composées en vertu de jugements sujets à être vrais ou faux. Il faut donc remonter jusqu'à leurs éléments, jusqu'à un premier fait et à un premier jugement. Celui-là seul peut être d'une vérité et d'une certitude absolues. Tous les autres ne sont susceptibles que d'une justesse relative et de déduction.

Ce premier fait, dont nous sommes certains, est notre *sentiment*, et le premier jugement que nous portons avec assurance est celui *que nous sommes sûrs de sentir ce que nous sentons*.

Non seulement nul sceptique ne peut révoquer cela en doute, mais nous ne pouvons pas même concevoir un être animé, quel qu'il soit, pour qui cela soit douteux.

Voilà donc un premier point de certitude inébranlable. Il existe donc pour nous une certitude complète, celle de notre existence et de tous ses modes, *nos perceptions*.

Toutes les autres choses dont nous sommes sûrs ne sont certaines que parce qu'elles sont des conséquences de ce premier fait et de ce premier jugement.

Puisque notre *sentiment* est pour nous la première et le seule base de toute certitude, il suit, 1. que nous ne connaissons et ne savons rien que par lui et relativement à lui; 2. que non seulement tout ce que nous sentons est très réel, mais même qu'il n'y a rien de réel pour nous que nos perceptions (nous verrons ensuite comment cette réalité se concilie avec celle que nous sommes obligés de reconnaître dans les êtres qui nous causent ces perceptions); 3. que, puisque ce que nous sentons est tout pour nous, et puisque tout ce que nous sentons, nous sommes bien certains de le sentir, il semble que nous ne pouvons jamais nous tromper. Cherchons donc actuellement en nous une cause d'erreur; car il est bien certain que nous en sommes susceptibles.

CHAPITRE III

Quelle est la cause première de toute erreur ?

Nous somme sûrs de sentir ce que nous sentons; voilà pourquoi nous sommes capables d'une certitude quelconque. Mais la plupart de nos perceptions sont des idées composées de beaucoup d'éléments réunis en vertu d'autant de jugements et il est aisé de voir qu'il doit se trouver là une cause d'erreur.

Examinons nos différentes espèces d'idées l'une après l'autre, pour voir comment cette cause d'erreur y existe et en quoi réellement elle consiste.

1. *Nos sensations*. – Nos pures sensations sont des idées simples, des modes simples de notre vertu sentante. Elles ont toute la certitude du sentiment et ne sont susceptibles d'aucune erreur, du moins quand elles sont absolument pures. Dès que nous y mêlons seulement l'idée de nous venir d'un autre être, elles deviennent des idées composées du genre de celles dont nous allons parler.

2. *Les idées des êtres, de leurs qualités et de leurs modes, soit individuelles et particulières, soit généralisées ou abstraites.* – Toutes ces idées sont composées en vertu de jugements. Nous sommes bien sûrs de les sentir telles qu'elles sont. Voilà la certitude : mais les jugements qui les composent peuvent n'être pas justes. Voilà la cause d'erreur.

3. *Les souvenirs.* – Nos souvenirs sont de même certains en tant que perceptions actuelles : mais nous y joignons le jugement qu'ils sont la représentation fidèle d'une perception antérieure, et ce jugement peut être faux de plusieurs manières, suivant l'espèce du souvenir.

Pour *les idées des êtres, de leurs modes*, etc., elles peuvent acquérir ou perdre plusieurs éléments dans leurs renaissances successives.

Il peut en arriver autant aux souvenirs des *jugements* ; et de plus, l'acte de porter un jugement et celui de s'en souvenir diffèrent par leur nature. Ainsi, le second est une reproduction imparfaite du premier.

Cela est encore plus vrai du souvenir d'une *sensation*. Il y a une bien grande différence entre se la rappeler et l'éprouver.

Il en est de même du souvenir d'un désir ; et de plus, le souvenir des jugements qui y sont compris est sujet à l'imperfection des souvenirs des jugements.

Remarquons que presque toutes nos idées sont des souvenirs.

4. *Les jugements.* – Quoique que ce soit dans nos jugements seuls que se trouve la cause de toutes les erreurs dont sont susceptibles nos autres perceptions, cependant ces jugements, ces perceptions de rapports, en tant que perceptions que nous avons actuellement, sont aussi certaines et aussi réelles que toutes les autres.

Nous y reviendrons pour voir en quoi consiste leur justesse ou leur fausseté.

5. *Les désirs.* – Enfin, nos désirs sont aussi bien certains et bien réels en tant que nous les sentons. S'ils sont erronés, c'est par les jugements sur lesquels ils sont fondés ou qui s'y mêlent.

Il suit de tout ceci que toutes nos perceptions sont très réelles et très certaines, et nécessairement telles que nous les sentons ; qu'elles ne peuvent être l'objet d'un doute que par les jugements qui y entrent ; et que cependant nos jugements, les rapports que nous percevons, sont aussi nécessairement tels que nous les sentons. Mais ces rapports sont perçus entre des idées qui sont des souvenirs qui peuvent être inexacts. Ainsi toutes les perceptions actuelles sont certaines ; c'est leur liaison avec des perceptions passées qui est susceptible d'erreur. Cela va être expliqué plus amplement.

CHAPITRE IV

Continuation du précédent.
La cause première de toute erreur
est en définitif l'imperfection de nos souvenirs

Aucun de nos jugements, pris isolément, ne peut être faux. Puisque nos idées n'existent que dans notre esprit, quand, dans une idée que nous avons, nous en voyons une autre, elle y est réellement par cela seul que nous l'y voyons; mais alors cette première idée peut fort bien n'être plus la même qu'une idée antérieure dont nous la croyons la reproduction exacte.

C'est pour cela qu'il est vrai de dire que quand deux hommes ont bien exactement les deux mêmes idées, ils portent toujours le même jugement; que, quand ils s'entendent parfaitement, ils sont toujours du même avis.

Qu'un homme ne juge jamais mal; qu'il n'est pas plus possible de mal juger que de mal sentir; qu'un jugement n'est jamais faux en lui-même, mais seulement par sa relation avec des jugements antérieurs.

Cela se prouve, même en prenant pour exemples les propositions les plus compliquées et les plus contestables.

L'ancienne logique, qui faisait tout dépendre de la puissance des formes, ne pouvait pas se servir de pareils exemples.

Ainsi, en définitif, c'est dans l'imperfection de nos souvenirs qu'est la cause de toutes nos erreurs, quelle que soit la nature des idées qui nous occupent.

Nous sommes certains de tout ce que nous sentons; mais nous ne sommes pas toujours sûrs de la liaison de ce que nous sentons avec ce que nous avons senti.

Cela est vrai non seulement de nous, mais de tous les êtres animés que nous pouvons concevoir.

Nous allons voir l'application de cette observation à tous les degrés de nos connaissances et à tous les divers modes de notre existence.

CHAPITRE V

Développement de la cause première de toute certitude,
et de la cause première de toute erreur

Puisque toutes nos connaissances ne consistent que dans les rapports que nous apercevons entre nos perceptions, il est aisé de voir en général que toute leur certitude doit venir de la certitude de nos perceptions actuelles, et leurs erreurs de l'incertitude de la liaison de ces perceptions avec des perceptions antérieures; mais il faut voir encore comment ces deux causes agissent et se combinent dans les pensées de chacun de nous.

Rien ne serait plus facile si nous pouvions nous rappeler la génération successive de toutes nos idées.

Ne le pouvant pas, traçons-en le tableau hypothétique, en nous supposant doués de tous les moyens de connaître que nous possédons.

Si nous trouvons que ces deux causes opposées expliquent tous les faits, nous conclurons qu'elles sont réelles, comme nous croyons l'existence d'une impulsion première et d'une attraction constante, parce qu'elles rendent raison de tous les mouvements célestes.

Je suppose donc que je commence ma vie par m'agiter en divers sens. Je le sens, c'est une idée simple : il n'y a là lieu à aucune erreur.

Cette sensation cesse; *j'en sens le souvenir*. Cette seconde perception est en elle-même une perception d'une nature différente de la première, mais simple aussi, si je ne la reconnais pas pour un souvenir. Elle n'est pas encore accusable d'erreur.

Si j'y joins le jugement qu'elle est la représentation de la perception précédente, ce jugement la constitue un souvenir, en fait une idée composée, et en même temps la rend susceptible d'erreur, car ce jugement peut être inexact. Là commence la possibilité de s'égarer, possibilité qui va toujours croissant.

Cependant, ce jugement lui-même ne peut être faux en lui-même, mais seulement parce que l'idée qui en est le sujet est une représentation imparfaite de ce premier souvenir.

Ainsi un souvenir n'est inexact que par les jugements qui s'y mêlent; mais un jugement ne peut être faux que parce que l'idée qui en est le sujet est une représentation inexacte d'une idée antérieure. Donc elle est un souvenir imparfait, et la première cause de toute erreur est l'imperfection des souvenirs.

Au reste, ce premier souvenir est aussi fidèle que possible, puisqu'il ne peut pas s'y mêler d'idées étrangères; mais il n'est pas la sensation même, il n'en est que l'idée ou l'image.

Bientôt dans cette idée de ma première sensation, je découvre qu'elle renferme l'idée *d'être bonne à éprouver*, c'est-à-dire je la juge, je la sens agréable.

Voilà un nouveau pas de fait. Quoiqu'assez sûr, il peut n'être pas irréprochable : car même mon premier souvenir n'est pas exactement ma première sensation, et il se peut que je juge de l'un ce que je ne jugerais pas de l'autre.

Toutefois, puisque je suis supposé juger cette perception agréable, le désir de l'éprouver de nouveau s'ensuivra; ce désir fera recommencer le mouvement de mes membres. Ma première sensation renaîtra, et cessera ensuite comme la première fois.

Ici les choses sont déjà bien changées. Quand le souvenir de cette sensation me reviendra, il sera nécessairement compliqué de plusieurs idées qui n'existaient pas encore la première fois qu'il m'est venu. Il sera bien plus exposé à être infidèle.

Si même je juge de cette sensation pendant qu'elle existe encore, la même chose arrive à l'idée que je puis en avoir. Elle n'est plus simple. Voilà bien de nouvelles occasions d'erreur.

En continuant, je trouve que bientôt je vais juger que cette sensation a cessé par le pouvoir d'un être autre que moi, *qui voulais la prolonger*.

Ici me voilà arrivé à la connaissance de deux êtres distincts et séparés, l'un qui *sent* et l'autre qui *résiste*[a].

À ce moment, toutes nos idées deviennent plus compliquées. Elles sont toutes des idées d'êtres ou de modes. La difficulté de bien lier ma perception actuelle à mes perceptions antérieures s'accroît indéfiniment.

CHAPITRE VI

Continuation du précédent. Suite des effets de la cause première de toute erreur

Du moment que nous savons que nos idées ne sont pas uniquement nos propres modifications, mais qu'elles sont encore les effets des propriétés d'êtres qui ont une existence indépendante de la nôtre, on sent que, pour être justes, ces idées doivent être conformes à l'existence de ces êtres; et il semble qu'il ne suffit pas pour cela qu'elles soient bien liées entre elles. Cependant ce dernier point est une illusion.

Quand les diverses modifications qu'éprouve notre vertu sentante viendraient de cette vertu sentante elle-même sans cause étrangère, elles n'en auraient pas moins les mêmes rapports entre elles; il n'y aurait rien de changé pour nous à l'ordre des choses.

Aussi n'est-ce pas là ce qui rend cette supposition inadmissible; mais c'est que, 1. on ne peut supposer que la même vertu sentante *veut* et se *résiste* à elle-même.

2. Dès qu'il en existe seulement deux en même temps, elles ne peuvent ni se regarder comme le même être, ni se refuser réciproquement d'exister,

a. Je suis persuadé que c'est ainsi que nous apprenons l'existence d'êtres autres que nous. Si cela n'est pas, il faut chercher de nouveau comment nous formons ces idées *d'être* et *d'existence*, et en quoi elles consistent, et ne pas se borner à dire que nous en avons le *sentiment* : c'est là sauter par-dessus la difficulté et s'en préparer beaucoup d'autres.

ni s'empêcher de reconnaître une existence indépendante de toutes deux aux êtres qui leur font dans le même moment des impressions différentes, qui, par exemple, obéissent à l'une, tandis qu'ils résistent à l'autre.

La réalité de l'existence des êtres causes de nos perceptions est donc bien prouvée et bien déterminée.

Mais, 1. cette réalité n'empêche pas que nos perceptions ne soient tout pour nous, puisque nous n'existons que par et dans ces perceptions, qui sont les modes de notre existence.

2. Elle n'empêche pas non plus que nos perceptions ne soient nécessairement justes dès qu'elles sont bien enchaînées : car puisqu'elles naissent toutes les unes des autres, à mesure que nous remarquons les circonstances qui leur appartiennent, les dernières ne peuvent pas être plus erronées que les premières, si nous n'avons vu dans celles-ci que ce qui y est réellement.

3. Par la même raison, dès que ces perceptions sont bien enchaînées, elles sont nécessairement conformes à l'existence réelle des êtres qui les causent, puisque les premières nous viennent directement de ces êtres, constituent pour nous leur existence, et que toutes les autres ne sont que des développements et des conséquences de celles-là.

Ce n'est donc pas sous ce rapport que le moment où nous découvrons l'existence d'êtres autres que nous est très remarquable ; mais c'est parce qu'à cet instant, toutes nos idées devenant beaucoup plus compliquées, il est beaucoup plus difficile que nos souvenirs soient exacts.

Cette difficulté augmente encore lorsque ces idées, d'abord particulières et individuelles, deviennent générales ou abstraites.

Elle est encore beaucoup accrue par l'effet de l'usage des signes de nos idées, par celui de la liaison qui s'établit entre elles, par les conséquences qu'entraîne la fréquente répétition des mêmes actes intellectuels.

Ainsi il est aisé de voir que la difficulté de constater l'identité des matériaux de nos jugements successifs croît graduellement à proportion de l'étendue, du nombre et de la finesse de nos idées, et qu'elle est une cause suffisante de toutes nos erreurs.

Cette difficulté suffit encore à expliquer les effets qui résultent des différents états de nos individus : car le sentiment habituel que nous éprouvons par l'effet de la manière dont s'opère en nous l'action de la vie se joint, sans que nous nous en apercevions, aux différentes idées passagères que nous percevons, les altère, fait qu'elles sont réellement autres dans un temps que dans un autre, et par suite que nous en portons des jugements différents, parce que nos souvenirs sont inexacts.

C'est pour cela que la meilleure disposition pour bien juger est de n'avoir l'esprit préoccupé par rien.

C'est aussi à cause de cela que ces dispositions particulières cessent de nous faire illusion dès que nous nous apercevons de leur influence.

C'est encore par la même raison que ces diverses dispositions n'influent sur nos jugements qu'autant qu'ils ont pour objet des idées auxquelles elles peuvent se mêler à notre insu; car quand nous pouvons nous en apercevoir, nous les séparons de ces idées, et nos souvenirs n'en sont plus altérés.

Cette observation générale des effets de l'imperfection de nos souvenirs suffit donc pour rendre raison de l'altération de nos jugements, produite par la différence, 1. des tempéraments; 2. des sexes; 3. des âges; 4. de l'état de santé à l'état de maladie, et des diverses maladies entre elles : car ce sont là autant de causes qui font naître en nous des dispositions différentes.

Elles nous montrent que le moyen d'avoir l'esprit juste et le jugement sain est d'être d'un naturel peu mobile ou doué de cette force de réflexion qui sépare exactement de l'idée dont on juge les impressions qui y sont étrangères : c'est là la raison. Le délire et la folie sont l'excès contraire. L'entraînement des passions et des affections est l'état intermédiaire.

Enfin, les songes ne sont si absurdes que parce que, dans l'état de sommeil, nous sommes privés de la plupart des moyens de séparer de nos idées les impressions qui leur sont étrangères; aussi leur illusion cesse-t-elle subitement à l'instant du réveil. Il en serait de même de toutes les autres, s'il était aussi aisé d'en faire le départ.

Malheureusement cela n'est pas, et nous sommes tous plus ou moins sujets à l'illusion; mais il n'en est pas moins vrai que nos perceptions premières et simples sont sûres et peu nombreuses, et ont pour tous les mêmes rapports entre elles; que toutes les autres étant des composés de ces éléments sont justes quand nous n'y avons vu que ce qui y est, et que c'est en cela que consistent la *raison* et le *bon sens*. Ainsi, il y a pour l'espèce une *raison générale* et un *sens commun* et universel.

Nous sommes donc toujours sûrs de ce que nous sentons; et la cause unique de toutes nos erreurs est donc l'imperfection de nos jugements causée par celle de nos souvenirs, nos jugements et nos raisonnements ne consistant toujours qu'à voir une idée dans une autre. Voilà les faits : passons aux conséquences.

CHAPITRE VII

Conséquences des faits établis, et conclusion de cet ouvrage

Il est bien simple, le mécanisme de toute intelligence. L'être animé, quel qu'il soit, *sent* et *juge*, ce qui est encore *sentir*; et on peut ajouter qu'ensuite il *raisonne* ou *déduit*, ce qui est encore *juger*, et par conséquent *sentir*. C'est là toute son histoire.

S'il ne voit dans sa perception, s'il *n'en juge* que ce qui y était renfermé, il a raison.

S'il voit ce qui n'y était pas, il n'a pas précisément tort; mais il a changé de perception sans s'en apercevoir. Il prend celle-ci pour l'autre; ainsi il est dans l'erreur, et ses jugements subséquents ne seront point enchaînés aux antécédents.

Chacun de ces innombrables jugements forme dans l'entendement une idée nouvelle, en modifiant celle qui y était.

Chacune de ces idées est représentée par un signe ou par plusieurs signes réunis que l'on emploie le plus souvent sans remonter à la formation de l'idée.

Ainsi c'est avec des mots que nous raisonnons, sur des idées faites par des jugements, d'après des souvenirs.

Il suit de là que, pour bien raisonner, les formes n'y font rien; la seule précaution utile est de faire la description de l'idée, quand sa compréhension, et par suite la valeur de son signe, deviennent confuses et vagues; en un mot, il ne faut jamais que considérer attentivement ce dont on parle et le représenter correctement.

Ainsi, des quatre parties des anciennes logiques, j'ai beaucoup étendu les deux premières qui y étaient presque nulles; j'espère avoir anéanti la troisième; et je n'ai pris de la quatrième qu'un principe incomplet.

Si ma *Logique* finit au moment où celles-là commencent, ce n'est pas ma faute; c'est la preuve de ce que j'ai avancé, que l'on n'est jamais remonté jusqu'aux premiers faits. Cependant les anciens logiciens ont été gens très utiles; mais les métaphysiciens ont toujours été pernicieux.

CHAPITRE VIII

Confirmation des principes établis, et défense du système que forme leur ensemble

Mon ouvrage est terminé; je n'ai plus rien à y ajouter. On croit mes principes vrais; mais on voudrait que je trouvasse encore de nouvelles raisons pour les appuyer. Je crois qu'il faut s'en remettre au temps qui donnera la force de l'habitude aux jugements qui me sont favorables : cependant voyons ce que je puis faire dès ce moment.

On convient que l'imperfection de nos souvenirs est une grande cause de nos erreurs, même la seule; mais on voudrait que je montrasse par des exemples que toutes les autres se réduisent à celle-là.

Je fais plus : je rappelle que j'ai prouvé de plusieurs manières différentes qu'il ne peut pas y avoir pour nous d'autre cause d'erreur.

On reconnaît que la marche de notre esprit est toujours uniforme; mais on veut que je prouve expressément qu'elle est la même en matière *contingente* et en matière *nécessaire*.

Je réponds en prouvant que tout est *nécessaire* dans la nature; car tout effet a une cause; et que tout est *contingent* pour nous, qui ne connaissons la série entière des causes de rien; mais que cela n'empêche pas que, dans tous les cas, il ne s'agisse toujours que de voir ce qui est, et d'en tirer ce qui y est renfermé, d'avoir des perceptions, et d'en porter des jugements ; de sentir et de déduire.

On me demande de prouver directement que toutes les règles que l'on a prescrites aux formes de nos raisonnements sont d'une inutilité absolue.

Je pense que c'est ce qui est fait, puisque j'ai montré que nos erreurs ne peuvent venir que du fond de nos idées et de ce que nous voyons dans une idée ce qu'elle ne renferme pas.

On demande encore s'il est bien sûr que le syllogisme se réduise toujours à un sorite et qu'il ne soit probant que parce qu'il renferme un sorite.

Je réponds, 1. que de l'aveu des logiciens, les trois dernières figures du syllogisme tirent toute leur force de la première, laquelle est manifestement un sorite; 2. que s'il a été démontré que tout jugement n'est juste que parce que le sujet renferme l'attribut, et que tout raisonnement n'est bon que parce que le premier sujet renferme le dernier attribut, il est constant que tout raisonnement n'est bon que parce qu'il est un sorite : car c'est là le sorite.

Enfin, on est tenté de croire, d'après Condillac, que calculer et raisonner sont absolument une seule et même chose, et d'en tirer cette conséquence que conclure du particulier au général, conclure du général au particulier, et déduire une proposition d'une autre de même étendue, font trois opérations intellectuelles, essentiellement différentes entre elles, et complètement analogues à celles connues dans le calcul, sous les noms d'addition, de soustraction, et de substitution d'expression.

J'établis, 1. que calculer c'est raisonner, mais que raisonner ce n'est pas calculer; qu'il y a entre ces deux choses la différence de l'espèce au genre;

2. qu'il n'y a ni addition, ni soustraction dans le raisonnement, mais bien des raisonnements dans l'addition et la soustraction; 3. que tout raisonnement, y compris ceux appelés *calculs*, ne consiste jamais que dans des substitutions d'expressions; 4. que la cause unique de la justesse de ces substitutions est toujours l'opération intellectuelle qui consiste à voir que l'idée substituée est renfermée dans la précédente; qu'ainsi cette opération est toujours la même et forme toujours des sorites.

Ayant ajouté à l'exposition de mes idées les éclaircissements que je pouvais donner, ma *Logique* est finie. Elle est la troisième et dernière partie d'un traité de nos moyens de connaître. Il me reste à dire de quoi un pareil traité devrait être suivi pour être utile. Ce sera l'objet du chapitre suivant. Il ne fait point partie de mon ouvrage; il en est un appendice. Il doit présenter un aperçu de ce qui est fait et de ce qui reste à faire.

CHAPITRE IX

Résumé des trois parties qui composent la science logique, et programme de ce qui doit suivre

Actuellement que mon objet est rempli, autant du moins que j'en suis capable, je ne crois pas inutile de montrer au lecteur la série d'idées que j'ai suivie et par laquelle je me suis laissé conduire.

Quand j'ai commencé à réfléchir sur l'ensemble des connaissances humaines, j'ai vu qu'elles consistaient dans beaucoup de sciences différentes, lesquelles possédaient chacune un grand nombre de vérités précieuses; mais que toutes ces sciences avaient besoin d'un commencement qui ne se trouvait nulle part.

Celle des quantités abstraites ne nous dit ni comment nous formons l'idée de nombre, ni comment nous avons des idées abstraites.

Celle de l'étendue ne nous apprend pas comment nous acquérons la connaissance de cette propriété des corps, ni en quoi elle consiste essentiellement.

Celle qui traite de la composition de ces corps et des lois qui les régissent ne recherche point comment nous les connaissons, ni ce qu'ils sont pour nous.

Celle qui consiste à décrire les différents modes de leur existence ne commence pas par expliquer en quoi consiste cette existence et dans quel sens elle peut être dite réelle.

Les sciences qui ont plus particulièrement pour objet l'espèce humaine ne remontent pas davantage jusqu'aux notions premières sur lesquelles elles devraient s'appuyer.

Celle qui a pour but la satisfaction de nos besoins ne nous explique ni la nature ni l'origine de ces besoins, ni celles de nos moyens d'y pourvoir.

Celle qui a pour objet d'apprécier nos désirs et nos actions est encore moins méthodique que toutes les autres. On dispute même sur le but qu'elle doit se proposer et sur les principes sur lesquels elle doit s'appuyer.

Celle qui dérive de ces deux-là, la connaissance des lois qui doivent régir les hommes, est à plus forte raison sans base fixe.

La logique même, de qui toutes ces sciences devraient tenir leur certitude, on l'a bornée à n'être que l'art de tirer des conséquences; celui de poser des principes est donc à créer.

Or, où ce dernier art peut-il puiser ses éléments? C'est évidemment dans la connaissance de nos moyens de connaître: c'est là réellement la vraie philosophie première.

Je me suis donc vu amené forcément à m'occuper de cette étude. J'étais loin de prévoir où elle me conduirait quand j'ai proposé de l'appeler *idéologie*.

Cependant, profitant de tout ce qui a été fait avant moi, mais ne m'en rapportant en définitif qu'à l'observation scrupuleuse des faits, j'ai déterminé les propriétés et les effets de nos facultés intellectuelles; et j'ai expliqué comment s'opèrent la formation, l'expression et la déduction de nos idées. C'est là l'objet des trois volumes qui composent mon ouvrage. Ils renferment donc l'histoire de notre intelligence, considérée sous le rapport de ses moyens de connaître.

Voilà un premier but atteint, un premier objet rempli; mais ce ne serait rien de nous être rendu compte de nos moyens de connaître si nous ne devions pas employer cette connaissance à trouver les éléments de toutes les autres. N'ayant pas l'espoir d'exécuter ce travail, je crois utile d'indiquer comment je voudrais qu'il fût fait.

L'homme en tant qu'être sentant n'est pas seulement susceptible de juger et de savoir; il est encore capable de vouloir et d'agir en conséquence. Pour compléter son histoire, il faut donc examiner sa volonté et ses effets, et je pense que c'est la première application qu'il doit faire de l'étude de ses moyens de connaître.

La faculté de vouloir naît de celle de juger; mais d'elle dérivent tous nos besoins qui consistent toujours dans un désir quelconque, et tous nos moyens qui consistent toujours dans l'emploi de quelqu'une de nos forces. Il faut donc considérer séparément nos désirs et nos actions, nos besoins et nos moyens, et les droits que nous donnent les uns, et les devoirs qui naissent des autres.

Mais nos actions sont les effets de nos désirs. Pour apprécier ceux-ci, il faut donc connaître les résultats de celles-là. J'en conclus qu'il faudrait d'abord examiner les conséquences de tous les différents usages que nous faisons de nos forces. Alors on aurait tous les moyens de juger sainement les sentiments et les passions qui nous font agir; et il serait aisé d'en déduire les principes de l'art de bien diriger les uns et les autres. En apportant quelques modifications à la signification ordinaire des mots *économie*, *morale* et *législation*, on pourrait s'en servir pour désigner ces trois branches de recherches; et je pense qu'elles fourniraient les véritables éléments de toutes les parties des sciences morales et politiques.

Après avoir ainsi complété l'histoire des facultés intellectuelles de l'homme, il faudrait le voir employant ses moyens de connaître à l'étude de tous les êtres autres que sa propre intelligence, et observer comment il découvre leur existence, leurs propriétés et les propriétés de ces propriétés. De là naîtraient les éléments de toutes nos sciences physiques ou abstraites, que l'on peut classer sous les noms de science des corps, science de l'étendue et science de la quantité, ou *physique*, *géométrie* et *calcul*.

Le principal objet de la première partie serait de bien montrer que, si notre système sensitif ne réagissait que sur lui-même, nous ne connaîtrions que notre propre sensibilité, mais que dès qu'il réagit sur notre système musculaire, notre vertu sentante est par cela même en contact avec des êtres qui ne sont pas elle; et de faire voir nettement comment elle apprend graduellement leur existence et les différentes propriétés qui la composent. De là naîtront bien ensuite toutes les classifications et les descriptions qui constituent l'histoire naturelle, et les observations et les combinaisons qui composent la physique.

La seconde partie naît de celle-là. La science de l'étendue n'est que la science des propriétés de cette propriété des êtres. Il faut l'étudier beaucoup dans le concret et le positif, avant de la considérer abstraitement. Il faut voir que nous ne la découvrons que par le mouvement de nos membres, qu'elle n'est autre chose qu'une relation à ce mouvement; et on trouve tout de suite pourquoi elle le représente si exactement, pourquoi elle est elle-même susceptible d'être représentée d'une manière si précise et si commode, pourquoi elle donne lieu à des combinaisons si variées et à des spéculations si abstraites, et en même temps à des applications pratiques si nombreuses, et pourquoi elle est si éminemment mesurable et calculable. Alors seulement on peut s'enfoncer dans les profondeurs de cette science sans perdre de vue le point de départ et avec la certitude de revenir quand on voudra sur la terre, et au grand jour.

L'objet de la troisième partie est plus abstrait encore. La quantité est une propriété des êtres encore plus générale que l'étendue; et la seule, sans exception, que l'on puisse considérer directement sans avoir égard à aucune autre, tandis qu'on ne peut pas apprécier les autres sans son intervention. On ne peut pas dire plus ou moins étendu, plus ou moins durable même, sans dire plus ou moins; mais on peut dire plus ou moins sans y rien ajouter. La raison en est simple. L'idée de quantité est la plus abstraite de toutes, après celle d'existence; elle n'est que celle d'*existence évaluée*. Raison de plus pour ne pas s'occuper de ses conséquences avant d'avoir vu distinctement comment nous la formons et comment nous créons celle d'unité et celles des différents nombres. Il est surtout essentiel de voir bien nettement que la science de la quantité repose tout entière sur cette seule convention *que chacun des différents nombres est à une égale distance de celui qui le précède et de celui qui le suit, et que cette distance est toujours égale à la valeur de l'unité*.

Alors on voit à l'instant pourquoi cette science est si certaine, pourquoi ses éléments sont si peu nombreux et ses combinaisons si multipliées; pourquoi elle s'applique à tout, mais cependant s'adapte mieux à certains sujets qu'à d'autres, et pourquoi ces sujets sont ceux qui admettent une plus grande précision et une plus grande certitude; pourquoi surtout cette science peut employer des langues si commodes; en quoi consiste l'utilité de ces langues, et pourquoi pourtant elles ne sont que des instruments qu'emploie la science, qu'il ne faut pas confondre avec la science elle-même; pourquoi enfin cette science, malgré ses langues et ses formes particulières, est soumise aux lois de la logique et de la grammaire universelle, et tire d'elles seules toutes les causes de sa certitude, comme toutes les autres branches de nos connaissances.

Le développement de ces vérités serait une belle introduction à la science du calcul et en même temps un beau complément à l'histoire de nos moyens de connaître et de la manière de les appliquer aux différents objets.

Voilà un grand et important ouvrage, dont je voudrais être sûr d'avoir bien posé la première pierre. En joignant à ces neuf parties une courte indication des fausses sciences et des connaissances illusoires qui naissent de l'emploi abusif de notre intelligence et qui disparaissent graduellement, à mesure que nous voyons plus nettement sa puissance et ses limites et que nous connaissons mieux les bases solides de nos connaissances réelles, on aurait enfin un traité complet d'*idéologie* ou de *philosophie première*, tel que je le conçois; et il me semble que l'homme marcherait avec une entière sécurité dans toutes les routes qu'il voudrait s'ouvrir. C'est l'objet de tous mes vœux!

PIÈCES JUSTIFICATIVES
DE LA LOGIQUE

AVERTISSEMENT

Les deux morceaux qui suivent sont, pour ainsi dire, les pièces justificatives de ce que j'ai dit de Bacon, de Hobbes et même de toute la logique ancienne ; par conséquent, ils sont nécessaires et il est essentiel de ne pas négliger de les lire. D'ailleurs la logique de Hobbes est extrêmement intéressante par elle-même, et aussi parce qu'elle fait connaître, mieux qu'aucun autre ouvrage, l'esprit du système syllogistique.

Dans le *Sommaire raisonné de Bacon*, j'ai indiqué, après les pages de l'original, celles de la traduction française de M. Antoine Lasalle, pour que l'on puisse plus aisément vérifier la justesse ou la fausseté de mes remarques ; mais je dois déclarer que, malgré les observations critiques que j'ai été obligé de faire, je ne regarde pas moins cette traduction comme un secours utile pour entendre l'auteur et comme un service rendu à la littérature française.

N°I

BACON
SOMMAIRE RAISONNÉ
DE L'*INSTAURATIO MAGNA*, OU *GRANDE RÉNOVATION*

suivant l'édition de Londres, 1778[1].

Nota. Les deux premiers numéros que l'on trouve à la fin de chaque paragraphe indiquent le tome et la page de l'édition de Londres, et les deux suivants le tome et la page de la traduction française de M. Antoine Lasalle[2]. Lorsque ces derniers manquent, c'est que le morceau dont il est question n'a pas été traduit.

INTRODUCTION, ou annonce de l'auteur. *Édition de Londres, tome 4, page xix; traduction d'Antoine Lasalle, tome 1, page 1.*

Préface. – De l'état des sciences; qu'il n'est pas heureux, et peut être amélioré, mais qu'il faut ouvrir à l'esprit humain une autre route que celle connue des anciens, et lui fournir d'autres moyens que les leurs pour qu'il puisse se servir de toute sa puissance pour pénétrer dans la nature des choses. *Édit. tome 4, p. 1; trad. tome 1, p. 11.*

Distribution de l'ouvrage en six parties, et sujets de ces parties. *Édit. tome 4, p. 7; trad. tome 1, p. 37.*

1. *The Works of Francis Bacon*, London, J. Rivington and sons, 1778, 5 vol.

2. *Œuvres de François Bacon*, trad. par Antoine Lasalle, Dijon, Impr. L.N. Frantin, 1799-1802, 15 vol.

Première partie
de la Grande Rénovation

De l'importance et de l'accroissement des sciences, en neuf livres

Livre premier

Avertissement de l'éditeur. *Édit. tome 4, p. 18; trad. manque.*

Ce livre n'est point partagé en chapitres. Il contient l'éloge des sciences et la réfutation de quelques objections. *Édit. tome 4, p. 19; trad. tome 1, p. 73.*

Livre II

Réflexions préliminaires. *Édit. tome 4, p. 49; trad. tome 1, p. 237.*

Chap. Ier. – Division générale de la science humaine en histoire, poésie et philosophie, laquelle division se rapporte aux trois facultés de l'entendement, mémoire, imagination, raison; que la même division convient à la théologie. *Édit. tome 4, p. 54; trad. tome 1, p. 262*

Chap. II. – Division de l'histoire en naturelle et civile, les histoires ecclésiastiques et littéraires étant comprises sous l'histoire civile; division de l'histoire naturelle relativement à son sujet, en histoire des générations, des préter-générations[a] et des arts. *Édit. tome 4, p. 55; trad. tome 1, p. 267.*

Chap. III. – Seconde division de l'histoire naturelle relativement à son usage et à sa fin, en narrative et inductive. Que la fin la plus importante de l'histoire naturelle est de prêter son ministère à la philosophie et de lui servir de base. Que c'est là le but que remplit l'histoire inductive. Division de l'histoire des générations en histoire des corps célestes, histoire des météores, histoire de la terre et de la mer, histoire des masses ou agrégations principales (les éléments) et histoire des espèces ou agrégations secondaires. *Édit. tome 4, p. 58; trad. tome 1, p. 285.*

Chap. IV. – Division de l'histoire civile en histoire ecclésiastique, histoire littéraire et histoire civile proprement dite, qui retient le nom du genre. Que l'histoire littéraire nous manque. Préceptes sur la manière de la composer. *Édit. tome 4, p. 59; trad. tome 1, p. 290.*

Chap. V. – De l'importance et de la difficulté de l'histoire civile. *Édit. tome 4, p. 60; trad. tome 1, p. 296.*

Chap. VI. – Première division de l'histoire civile spéciale en mémoires, antiquités et histoires complètes. *Édit. tome 4, p. 61; trad. tome 1, p. 299.*

a. Les monstres, les écarts de la nature.

Chap. VII. – Division de l'histoire complète en chroniques des temps, vies des personnes et relations des actions. Explications de ces trois parties. *Édit. tome 4, p. 62 ; trad. tome 1, p. 303.*

Chap. VIII. – Division de l'histoire des temps en universelle et particulière. Avantages et inconvénients de l'une et de l'autre. *Édit. tome 4, p. 64 ; trad. tome 1, p. 317.*

Chap. IX. – Seconde division de l'histoire des temps en annales et journaux. *Édit. tome 4, p. 65 ; trad. tome 1, p. 320.*

Chap. X. – Seconde division de l'histoire civile spéciale en pure et mixte. *Édit. tome 4, p. 65 ; trad. tome 1, p. 323.*

Chap. XI. – Division de l'histoire ecclésiastique en histoire ecclésiastique spéciale, histoire des prophéties et histoire de *Némésis* ou de la providence. *Édit. tome 4, p. 66 ; trad. tome 1, p. 327.*

Chap. XII. – Des appendices de l'histoire, lesquels se rapportent aux paroles des hommes, comme l'histoire se rapporte à leurs actions. Leur division en discours, lettres et apophtegmes. *Édit. tome 4, p. 67 ; trad. tome 1, p. 332.*

Chap. XIII. – De laseconde partie principale de la science humaine, la poésie. Division de la poésie en narrative, dramatique et parabolique. *Édit. tome 4, p. 68 ; trad. tome 1, p. 335.*

Premier exemple de la philosophie des paraboles antiques, relatif aux sciences naturelles. De l'*univers* représenté par la fable de Pan. *Édit. tome 4, p. 70 ; trad. tome 1, p. 345.*

Second exemple de la philosophie des paraboles antiques, relatif à la politique. De la *guerre*, figurée par la fable de Persée. *Édit. tome 4, p. 76 ; trad. tome 1, p. 376.*

Troisième exemple de la philosophie des paraboles antiques, relatif à la morale. De la *passion*, figurée par la fable de Bacchus. *Édit. tome 4, p. 79 ; trad. tome 1, p. 390.*

LIVRE III

Chap. Ier. – Division de la science en théologie et philosophie. Division de la philosophie en trois sciences qui ont pour objet Dieu, la nature et l'homme.

Établissement préalable de la philosophie première. Elle est le tronc commun de ces trois branches avant leur séparation. Elle consiste dans les axiomes communs à toutes trois et dans l'examen des conditions adventices qui appartiennent à tous les êtres (qu'on appelle *transcendantes*), comme le semblable, le différent, le possible, l'impossible, etc. *Édit. tome 4, p. 82 ; trad. tome 2, p. 1.*

Chap. II. – De la théologie naturelle (ou science de Dieu) et de la science des êtres et des esprits qui en est un appendice. *Édit. tome 4, p. 85; trad. tome 2, p. 17.*

Chap. III. – Division de la philosophie naturelle en spéculative et active, ou théorique et pratique. Que ces deux parties doivent être séparées dans l'intention de celui qui les traite et dans le corps même du traité. *Édit. tome 4, p. 86 ; trad. tome 2, p. 24.*

Chap. IV. – Division de la science spéculative (ou théorique) de la nature en physique proprement dite et métaphysique. La physique traite de la cause *efficiente* et de la *matière*, et la métaphysique de la cause *formelle*[a] et de la cause *finale*.

Division de la physique en science des éléments des êtres, science de leur ensemble (ou le système du monde) et science de leur variété.

Division de la science de la variété des choses en science des concrets (ou des êtres réels) et science des abstraits ou des natures (c'est-à-dire des accidents ou propriétés des êtres).

La science des concrets suit les mêmes divisions que l'histoire naturelle. *Voyez* livre II, chap. 2.

La science des abstraits se divise en science des modifications de la matière et science de sa tendance et de ses mouvements.

Deux appendices de la physique. Recueil des choses douteuses et recueil des opinions des anciens philosophes.

Division de la métaphysique en science des causes formelles et science des causes finales. *Édit. tome 4, p. 87; trad. tome 2, p. 26.*

Chap. V. – Division de la science active (ou pratique) de la nature en mécanique et en magie, deux sciences qui répondent aux deux parties de la science spéculative, savoir la mécanique à la physique, et la magie à la métaphysique.

Épuration du mot magie.

Deux appendices de la science active, savoir l'inventaire des richesses humaines et le catalogue des expériences polychrestes ou qui conduisent à d'autres. *Édit. tome 4, p. 99; trad. tome 2, p. 98.*

Chap. VI. – Du grand appendice de la philosophie naturelle, tant spéculative qu'active, les mathématiques. Qu'elles doivent être regardées comme n'en étant qu'un appendice.

a. La cause formelle (ou la forme) d'un être est celle qui fait que sa *nature* ou son *essence* est telle qu'elle est et ne peut être autrement. Cette idée de cause formelle tient à une autre idée également hasardée, c'est qu'il y a dans chaque être une *nature*, une *essence*, et qu'on peut la connaître. C'est là ce que cherche Bacon et ce qu'il appelle la *science active*, parce qu'alors on peut faire tout ce qu'on veut des êtres : c'est cela qui produit la magie que Bacon estime beaucoup. Voyez le chapitre suivant.

Division des mathématiques en pures et en mixtes. *Édit. tome 4, p. 101 ; trad. tome 2, p. 110.*

LIVRE IV

Chap. Ier. – Division de la science de l'homme en philosophie de l'humanité (ou de l'individu) et philosophie civile (ou de la société).

Division de la philosophie de l'individu en science du corps et science de l'âme.

Établissement préalable d'une science générale de la nature et de l'état de l'homme.

Division de cette science en science de l'homme indivis et science de l'alliance de l'âme et du corps.

Division de la science de l'homme indivis en science de ses misères et science de ses perfections.

Division de la science de l'alliance de l'âme et du corps en science de la manière dont l'un manifeste l'état de l'autre (des indications) et science de la manière dont l'un agit sur l'autre (des impressions).

La physionomie et l'interprétation des songes naturels (c'est-à-dire qui ne sont pas envoyés de Dieu) appartiennent à la première et la connaissance de l'influence des maladies sur l'âme et de l'influence des idées et des passions sur le corps appartient à la seconde. *Édit. tome 4, p. 104; trad. tome 2, p. 121.*

Chap. II. – Division de la science du corps en médecine (soin de la santé), cosmétique (soin de la beauté), athlétique (soin de la force) et science de la volupté (recherche du plaisir).

Nota. Dans celle-là, on comprend les arts libéraux.

Division de la médecine en trois fonctions, savoir la conservation de la santé, la guérison des maladies et la prolongation de la vie. Que cette dernière partie, qui a pour objet la prolongation de la vie, doit être séparée des deux autres. *Édit. tome 4, p. 108; trad. tome 2, p. 143.*

Chap. III. – Division de la science de l'âme en science de l'âme rationnelle émanée du souffle de Dieu et science de l'âme sensitive, irrationnelle, matérielle, qui existe seule dans les animaux et qui dans l'homme n'est que l'organe de l'autre[a].

Autre division de la science de l'âme en science de sa substance et des causes de ses facultés, et science des effets et des objets de ces facultés.

a. Il semblerait que Bacon n'a fait cette première division que pour mettre absolument à l'écart cette première âme ; car ensuite elle ne se trouve plus nécessaire ni pour rien connaître, ni pour rien expliquer.

La première partie relativement à l'âme rationnelle, il faut laisser la religion la fixer et la déterminer. Relativement à l'âme sensitive, elle est presque entièrement à faire. Elle devrait être comprise dans la logique et la morale.

La seconde partie, la science des effets et des objets des facultés de l'âme, est le sujet de la logique et de la morale.

Celle-ci a deux appendices, la divination naturelle (ou l'art de prévoir l'avenir en exaltant son âme) et la fascination (ou la puissance de l'imagination d'un individu sur le corps d'un autre).

Les facultés de l'âme (et principalement celles de l'âme sensitive) donnent lieu à deux genres de recherches, celles relatives au mouvement volontaire et celles relatives à la sensibilité et à ce qui l'affecte. Pour le succès de cette dernière, il faudrait déterminer la cause *formelle* de la lumière[a]. *Édit. tome 4, p. 118; trad. tome 2, p. 200.*

LIVRE V

Chap. Ier. – Division de la science des effets et des objets des facultés de l'âme en logique et morale.

Division de la logique en art d'inventer, de juger, de retenir et de transmettre ou d'exprimer. *Édit. tome 4, p. 124; trad. tome 2, p. 227.*

Chap. II. – Division de l'art d'inventer en invention des arts et invention des arguments.

La première qui est la plus importante nous manque. Elle se divise en expérience savante et *nouvel organe*.

Esquisse de l'expérience savante. Le *nouvel organe* sera le sujet d'un ouvrage exprès. *Édit. tome 4, p. 126; trad. tome 2, p. 234.*

Chap. III. – Division de l'invention des arguments (qui n'est pas proprement une invention) en provision oratoire (qui consiste à avoir des arguments tout prêts pour tous les cas) et topique ou méthode pour trouver des raisons.

Division de la topique en générale et particulière.

Exemple de la topique particulière, appliquée à la recherche qui a pour objet la pesanteur et la légèreté. *Édit. tome 4, p. 134; trad. tome 2, p. 284.*

Chap. IV. – Division de l'art de juger en jugement par induction et jugement par syllogisme.

Pour le premier, on renvoie au *Novum Organum*.

a. Ce chapitre suffirait seul à prouver que Bacon était encore loin de connaître les vrais principes de la science logique.

Le jugement par syllogisme se divise en réduction directe et réduction inverse.

Il se divise aussi en *analytique* qui montre la vérité, et *critique* qui montre l'erreur.

La critique se divise en critique des sophismes, critique de l'hermenie (ou de l'emploi des notions générales) et critique des fantômes (ou erreurs).

Division des fantômes en erreurs qui tiennent à la nature de l'esprit humain (ou fantômes de tribu), en erreurs qui tiennent à l'esprit de l'individu (ou fantômes de l'intérieur) et en erreurs qui tiennent aux mots et à nos moyens de communiquer avec nos semblables (ou fantômes du dehors).

On en traitera en détail dans le *Novum Organum*.

Appendice de l'art de juger, qui a pour objet le choix de démonstrations analogues à la nature du sujet. *Édit. tome 4, p. 138; trad. tome 2, p. 307.*

Chap. V. – Division de l'art de retenir en l'art de fournir des secours à la mémoire par des recueils de pensées écrites et en l'art d'aider la mémoire elle-même.

L'art d'aider la mémoire elle-même consiste dans les *prénotions* ou idées accessoires, qui aident à retrouver celle dont on a besoin et dans des *signes sensibles* qui les rappellent. *Édit. tome 4, p. 142; trad. tome 2, p. 336.*

LIVRE VI

Chap. Ier. – L'art de transmettre ses idées ou de s'exprimer comprend la science de l'instrument du discours, celle de la méthode du discours et celle de l'embellissement du discours.

La science de l'instrument du discours a trois objets, les signes des choses, la parole et l'écriture.

Les signes des choses sont les gestes et les hiéroglyphes.

La parole et l'écriture sont l'objet de la grammaire.

Elle est littéraire ou philosophique.

De la versification, dépendance de la parole; et des chiffres diplomatiques, dépendance de l'écriture. *Édit. tome 4, p. 144; trad. tome 2, p. 344.*

Chap. II. – La science de la méthode du discours est la partie principale de l'art de s'exprimer : elle en est la prudence. Divers genres de méthode; magistrale ou initiatoire; exotérique (publique) ou acroamatique (mystérieuse); par aphorismes ou par exposition suivie; par assertions et preuves, ou par questions et solutions. Avantages et inconvénients de ces différentes méthodes. *Édit. tome 4, p. 150; trad. tome 2, p. 380.*

Chap. III. – La science de l'embellissement du discours, ou la rhétorique, est utile pour appuyer la raison ; elle a été parfaitement traitée. Il n'y a rien à y ajouter que quelques appendices.

Trois appendices de la rhétorique, relatifs aux provisions oratoires.

Provision d'arguments contenant des signes populaires (ou apparents), qu'une chose est un mal ou un bien, soit absolument, soit comparativement.

Provision d'arguments propres à montrer le pour et le contre (les avantages et les inconvénients) d'une même chose.

Provision de petites formules oratoires, telles que préambules, conclusions, digressions, transitions. *Édit. tome 4, p. 154; trad. tome 3, p. 1.*

Exemples d'arguments contenant des signes apparents qu'une chose est un bien ou un mal. Douze sophismes de ce genre avec la réfutation. *Édit. tome 4, p. 157 ; trad. tome 3, p. 14.*

Quarante-sept exemples montrant le pour et le contre d'une même chose. *Édit. tome 4, p. 165 ; trad. tome 3, p. 58.*

Exemples de petites formules oratoires. *Édit.tome 4, p. 178; trad. tome 3, p. 114.*

Chap. IV. – Deux appendices généraux de l'art de transmettre ses idées : l'art de la critique et l'art de l'enseignement. *Édit. tome 4, p. 179; trad. tome 3, p. 118.*

LIVRE VII

Chap. I*er*. – La morale ou l'art de guider la volonté comprend la science du *modèle* ou du bien et la *géorgique* ou culture de l'âme.

La science du bien le considère comme absolu ou comme comparable dans sa nature ou dans ses degrés.

Le bien absolu se divise en bien de l'individu (qui n'est relatif qu'à lui) et bien de la communauté ou bien de la collection d'êtres dont l'individu fait partie. Ce dernier est plus excellent parce qu'il tend à la conservation d'une *forme* plus étendue (à l'observation de lois plus générales). *Édit. tome 4, p. 182 ; trad. tome 3, p. 133.*

Chap. II. – On divise le bien individuel en actif (qui consiste dans la satisfaction d'un désir) et passif (qui consiste à recevoir une impression agréable) : le premier est mis au-dessus de l'autre.

On divise le bien passif en conservatif, ou qui a rapport avec la conservation de l'individu, et perfectif, ou qui a rapport à l'amélioration de son être.

Le bien de la communauté donne lieu à des devoirs généraux (ou commun à tous ses membres) et à des devoirs spéciaux (ou particuliers à la position de chacun).

On ferait bien de faire aussi des traités des vices, des fraudes et des fourberies particulières à chaque profession.

On considère aussi le bien comparativement, c'est-à-dire pour déterminer les degrés de prééminence des différents biens. *Édit. tome 4, p. 187; trad. tome 3, p. 156.*

Chap. III. – La science de la culture de l'âme se rapporte à trois objets, les différences caractéristiques des âmes, leurs affections ou perturbations et les moyens de les guérir.

Appendice de cette science. Le bien de l'âme a de l'analogie avec le bien du corps. *Édit. tome 4, p. 192; trad. tome 3, p. 184.*

LIVRE VIII

Chap. Ier. – La science civile (ou de l'homme, non plus comme isolé, mais comme membre de la société) se compose de l'art de traiter avec les autres hommes, de la science des affaires et de la science du gouvernement (ou de la chose publique). La première partie a été suffisamment traitée par plusieurs auteurs. *Édit. tome 4, p. 200; trad. tome 3, p. 221.*

Chap. II. – La science des affaires ne l'a pas été. Bacon la partage en science des occasions éparses (ou art de se conduire dans les diverses circonstances de la vie) et art de s'avancer dans le monde. La première n'a pas été traitée. On donne des exemples de ces préceptes, tirés des aphorismes ou paraboles de Salomon. *Édit. tome 4, p. 202; trad. tome 3, p. 233.*

Suivent trente-quatre paraboles avec leurs explications. *Édit. tome 4, p. 204; trad. tome 3, p. 239.*

Préceptes sur l'art de s'avancer dans le monde, relatifs à ces trois points, connaître les autres, se connaître soi-même, bien employer ses moyens. *Édit. tome 4, p. 215; trad. tome 3, p. 297.*

Chap. III. – La science du gouvernement ou de l'administration de la chose publique comprend l'économie publique.

Elle a trois objets, de conserver l'État, de le rendre heureux, de l'agrandir.

Il a annoncé qu'il s'imposait silence sur toutes ces choses devant le roi son maître. Il se borne à un essai sur deux choses qui manquent. Recherches sur les moyens d'agrandir un État et recherches sur les principes de la justice universelle et les sources du droit. *Édit. tome 4, p. 228; trad. tome 3, p. 368.*

Exemple d'un traité sommaire de l'art de reculer les limites d'un État, renfermant onze préceptes. *Édit. tome 4, p. 228; trad. tome 3, p. 371.*

Exemple d'un traité sommaire sur la justice universelle et les sources du droit, contenant quatre-vingt-dix-sept aphorismes[a]. *Édit. tome 4, p. 234; trad. tome 3, p. 404.*

LIVRE IX

De la théologie inspirée; on n'en traite point; on se borne à désirer qu'il soit fait sur cette matière trois traités qui manquent.

1. Sur le légitime usage de la raison humaine dans les choses divines.

2. Sur les degrés d'unité dans la cité de Dieu (c'est-à-dire sur le point où l'on cesse d'être dans l'unité de cette cité).

3. Une collection de notes et observations sur les textes particuliers des Écritures. (Il l'appelle Émanation des Écritures). *Édit. tome 4, p. 249; trad. tome 3, p. 471.*

RELEVÉ

des parties que Bacon regarde comme manquant dans le système général de nos connaissances et qu'il voudrait qu'on y ajoutât.

Livre II

Chap. II. – Erreurs de la nature, ou histoire des préter-générations.

Liens de la nature, ou histoire des arts.

Chap. III. – Histoire naturelle inductive, ou propre à mener à des résultats.

Chap. IV. – Œil de Polyphème, ou histoire des lettres.

Chap. XI. – Histoire des prophéties.

Chap. XIII. – Philosophie des paraboles antiques.

Livre III

Chap. 1er. – Philosophie première, ou collection des principes communs à toutes les sciences.

Chap. IV. – Astronomie vivante, c'est-à-dire celle qui pénétrerait dans la nature des corps célestes.

Astrologie raisonnable.

Continuation des problèmes naturels, ou recueil des choses douteuses.

Recueil des opinions des anciens philosophes.

Partie de la métaphysique qui regarde les causes *formelles*.

a. Il y est plutôt question de l'administration de la justice que de sa source.

Chap. V. – Magie naturelle, ou applications pratiques de la science des causes *formelles.*

Inventaire des richesses humaines.

Catalogue des polychrestes, ou des expériences qui conduisent à d'autres.

Livre IV

Chap. Ier. – Triomphes de l'homme, ou traité des perfections de la nature humaine.

Physionomie des mouvements du corps.

Chap. II. – Narrations médicales, récits des maladies et de leurs traitements.

Anatomie comparée, c'est-à-dire rendant compte des différences entre divers individus de l'espèce humaine.

Traitement des maladies réputées incurables.

L'euthanasie extérieure, ou moyens de rendre la mort douce.

Traité des remèdes bien éprouvés.

Imitation des eaux thermales.

Fil médical, ou série des traitements.

Art de reculer la mort sénile.

Chap. III. – De la substance de l'âme sensitive.

De son action dans le mouvement volontaire.

De la différence de la perception et du sens.

Fondements de la perspective, ou recherche de la cause formelle de la lumière.

Livre V

Chap. II. – Expériences savantes, ou étude méthodique de la nature.

Nouvel organe.

Chap. III. – Topique particulier, ou méthode pour trouver des raisons de se décider sur un sujet donné.

Chap. IV. – Critique des fantômes ou erreurs.

Analogie des démonstrations avec le sujet.

Livre VI

Chap. Ier. – Des signes des choses, ou les gestes et les hiéroglyphes.

Grammaire philosophique.

Chap. II. – Transmission de la lampe, ou méthode d'exposition conforme à la marche des inventeurs.

Méthode particulière à chaque sujet.

Chap. III. – Provision d'arguments contenant des signes apparents qu'une chose est bien ou mal.

Provision d'arguments propres à montrer les avantages et les inconvénients d'une même chose.

Provision de petites formules oratoires.

Livre VII

Chap. II. – Satire sérieuse, ou traité des vices particuliers.

Chap. III. – Géorgique de l'âme, ou culture des mœurs.

Livre VIII

Chap. II. – La science des occasions éparses, ou l'art de se conduire dans les diverses circonstances de la vie.

L'art de s'avancer dans le monde.

Chap. III. – L'art d'étendre les bornes d'un empire. Idée de la justice universelle, ou de la source du droit.

Livre IX

Sur le légitime usage de la raison humaine dans les choses divines.

Sur les degrés d'unité dans la cité de Dieu.

Notes et observations sur les textes particuliers des Écritures. *Édit. tome 4, p. 255 ; trad. manque.*

SECONDE PARTIE
de la Grande Rénovation

Novum Organum, *ou Indices vrais sur l'interprétation de la nature, rédigés en aphorismes*

Épître dédicatoire au roi Jacques Ier [a]. *Édit. tome 4, p. 261 ; trad. tome 1, p. 7.*

Préface [b]. *Édit. tome 4, p. 263 ; trad. tome 4, p. 1-14.*

a. M. Antoine Lasalle a fait de cet épître, l'épître dédicatoire de toute l'*Instauratio magna*.

b. M. Antoine Lasalle a suivi l'édition de 1765. Il a ajouté à cette préface une partie de l'ouvrage intitulé *Plan et sommaire de la deuxième partie de la Grande Rénovation*, ouvrage

LIVRE PREMIER
comprenant cent-trente aphorismes

Aphorismes 1-37. L'homme ne sait et ne peut qu'autant qu'il découvre l'ordre de la nature par des faits et des déductions. – Autant nos sciences actuelles sont incapables d'accroître notre puissance, autant notre logique actuelle est incapable d'accroître notre science. – On saute trop vite des faits particuliers aux principes les plus généraux. – De cette manière on n'a que des *notions anticipées* de la nature. – Pour arriver à une *vraie connaissance* de la nature, il faut faire abnégation de ces notions et commencer tout de nouveau à examiner les choses en elles-mêmes. *Édit. tome 4, p. 266; trad. tome 4, p. 71.*

Aphorismes 38-44. Les fantômes ou notions fausses qui préoccupent l'esprit humain sont de quatre espèces. – Les erreurs de l'espèce, les erreurs de l'individu, les erreurs du langage, les erreurs des écoles. *Édit. tome 4, p. 269; trad. tome 4, p. 102.*

Aphorismes 45-52. Erreurs de l'espèce. *Édit. tome 4, p. 271; trad. tome 4, p. 110.*

Aphorismes 53-58. Erreurs de l'individu. *Édit. tome 4, p. 272; trad. tome 4, p. 129.*

Aphorismes 59-60. Erreurs du langage. *Édit. tome 4, p. 273; trad. tome 4, p. 135.*

Aphorismes 61-62. Erreurs des écoles. *Édit. tome 4, p. 274; trad. tome 4, p. 142.*

Aphorismes 63-68. Exemples de ces derniers. *Édit. tome 4, p. 275; trad. tome 4, p. 149.*

Aphorismes 69-70. Des fausses méthodes de démonstration. *Édit. tome 4, p. 278; trad. tome 4, p. 175.*

Aphorismes 71-77. Des signes qui décèlent le vice radical des sciences et de la philosophie actuelles. *Édit. tome 4, p. 280; trad. tome 4, p. 223.*

Aphorismes 78-91. Des causes des erreurs, ou du peu de progrès des sciences. *Édit. tome 4, p. 283; trad. tome 4, p. 252.*

Aphorismes 92-115. Motifs d'espérance. *Édit. tome 4, p. 290; trad. tome 4, p. 319.*

Aphorismes 116-130. Idée provisoire de la méthode exposée dans le second livre, et de ses effets. *Édit. tome 4, p. 298; trad. tome 4, p. 383.*

que les éditeurs de 1778 ont avec raison rejeté dans les *Impetus philosophici*. Car il paraît être le premier jet de beaucoup de choses qui sont dans la préface générale, dans le premier livre du *De Augmentis*, et dans le premier livre du *Novum Organum*. Ainsi il produit des répétitions à peu près inutiles. Voyez tome 5, p. 159, de l'édition de Londres de 1778.

Cette méthode consiste à déduire des expériences et des procédés déjà connus, les causes et les axiomes; puis de ces causes et de ces axiomes, de nouvelles expériences et de nouveaux procédés. C'est là vraiment *l'interprétation de la nature.*

LIVRE II
contenant cinquante-deux aphorismes

Aphorismes 1-10. Donner de nouvelles qualités (ou natures) aux êtres est l'œuvre de la puissance humaine.

Pour cela, il faut connaître la forme (cause formelle) de ces qualités. C'est l'objet de la science.

Les causes finales sont inutiles: les causes formelles nous font connaître la manière d'agir des causes matérielles et efficientes.

Pour connaître la forme, il faut extraire de l'expérience les axiomes, et des axiomes déduire de nouvelles expériences.

Pour remplir le premier objet, il faut fournir des secours aux sens par une bonne histoire de la nature, à la mémoire en rangeant ces faits dans des tables méthodiques, et à la raison par la vraie méthode inductive. On va commencer par ce dernier objet. *Édit. tome 4, p. 306; trad. tome 5, p. 3.*

Aphorisme 11. Pour découvrir la forme (cause formelle) d'une qualité (nature) quelconque, il faut d'abord faire comparaître devant l'entendement tous les exemples (*instantiae*) connus qui sont semblables entre eux, en ce que cette qualité s'y trouve.

Exemple de cette recherche pour la forme de la chaleur (du chaud).

Table des exemples semblables entre eux, en ce que cette qualité du chaud s'y trouve. Rayons du soleil, etc., au nombre de 28.

On appelle cette table, table de l'*essence* et de la *présence*. *Édit. tome 4, p. 311; trad. tome 5, p. 76.*

Aphorisme 12. Secondement, il faut faire comparaître devant l'entendement des exemples semblables entre eux, en ce que la qualité dont on cherche la forme ne s'y trouve pas, et les tirer de sujets analogues aux précédents.

Table des exemples analogues où la qualité du chaud ne se trouve pas.

Rayons de la lune, des étoiles, etc., au nombre de trente-deux.

On appelle cette table, table de *déclinaison* ou d'*absence* dans les analogues. *Édit. tome 4, p. 312; trad. tome 5, p. 85.*

Aphorisme 13-14. Troisièmement, il faut faire comparaître devant l'entendement des exemples de sujets où la qualité dont on cherche la forme se trouve à différents degrés.

Table comparative des exemples où la qualité du chaud se trouve à différents degrés et varie en plus et en moins.

Exemples au nombre de quarante-un.

On appelle cette table, table des *degrés* ou de *comparaison*. *Édit. tome 4, p. 317; trad. tome 5, p. 124.*

Aphorismes 15-17. L'usage de ces tables de comparution est ensuite d'exclure ou de rejeter toutes les qualités qui ne se trouvant pas dans les exemples où la *nature* dont on cherche la forme se trouve, ou s'y trouvant quand elle ne s'y trouve pas, ou s'y trouvant en plus quand elle est en moins, et en moins quand elle est en plus, ne peuvent être la cause formelle ou la forme de cette *nature* ou qualité. *Édit. tome 4, p. 322; trad. tome 5, p. 173.*

Aphorisme 18. Exemples d'exclusion ou de réjection des qualités qui ne peuvent être la forme du chaud. Savoir, la qualité d'être élémentaire, d'être céleste, d'être ténu, etc., au nombre de quatorze. *Édit. tome 4, p. 323; trad. tome 5, p. 181.*

Aphorismes 19-20. Première *récolte*, ou première conclusion que l'on peut tirer à l'égard de la forme de la chaleur, de ces exclusions ou réjections préliminaires.

Il résulte que la forme de la chaleur est d'être un mouvement expansif, comprimé en partie, faisant effort, ayant lieu dans les parties moyennes, ayant quelque tendance de bas en haut, point lent, mais vif et un peu impétueux. *Édit. tome 4, p. 324; trad. tome 5, p. 186.*

Aphorisme 21. Après ce premier exemple de tables de comparution encore imparfaites, d'exclusion ou de réjection faite par leur moyen, et de la récolte provisoire qui en résulte, l'auteur annonce qu'il va donner de nouveaux secours à la raison pour arriver à la perfection de l'art d'interpréter la nature, ou de la méthode inductive. Il va parler de neuf objets, savoir :

1. Des prérogatives des exemples (ou du degré d'importance des faits à recueillir).

2. Des adminicules de l'induction (ou des choses qui la soutiennent et qui la guident).

3. De l'art de rectifier l'induction.

4. De l'art de varier la marche des recherches suivant la nature du sujet.

5. Des prérogatives des natures ou qualités des êtres (ou de l'ordre dans lequel on doit faire de ces qualités les objets de ses recherches).

6. Des limites de nos recherches (ou tableau synoptique de toutes les qualités qui existent dans le monde).

7. De la manière d'arriver à la pratique (ou de ce qui, dans l'ordre de l'univers, est relatif à l'homme).

8. Des préliminaires de toute recherche.

9. De l'échelle ascendante et descendante des axiomes. *Édit.tome 4, p. 328; trad. tome 5, p. 215.*

Aphorismes 22-51. L'auteur établit vingt-sept ordres différents d'exemples ou de faits à recueillir. Il indique beaucoup de moyens de les produire et les usages qu'on en peut faire. *Édit. tome 4, p. 329; trad. tome 5, p. 219.*

Aphorisme 52. L'auteur avertit que maintenant il lui reste à parler des huit autres objets qu'il a annoncés dans l'aphorisme 21 [a]; mais c'est ce qu'il n'a pas fait. Ainsi ces huit traités manquent pour achever le troisième tiers de la première partie de l'aphorisme 10. Quant aux deux premiers tiers de cette première partie, et à la seconde partie tout entière du même aphorisme, il n'y a rien de fait. *Édit. tome 4, p. 382; trad. tome 6, p. 304.*

TROISIÈME PARTIE
de la Grande rénovation

1. Épître dédicatoire au fils de Jacques Ier. *Édit. tome 4, p. 387; trad. manque.*

2. Préliminaires de l'histoire naturelle et expérimentale, ou exposition de ce qu'elle doit renfermer et de l'ordre dans lequel elle doit être disposée pour servir de base et de fondement à la vraie philosophie, composés d'un préambule et de dix aphorismes [b].

Préambule contenant les motifs qui portent à publier d'avance ces préliminaires. *Édit. tome 4, p. 389; trad. tome 7, p. 1.*

Aphorisme 1. L'histoire de la nature comprend celle de sa marche ordinaire et libre, celle de ses écarts et celle des productions de l'art. *Édit. tome 4, p. 391; trad. tome 7, p. 7.*

Aphorisme 2. Il faut traiter l'histoire naturelle non pas dans l'intention d'acquérir la connaissance des objets particuliers, mais de manière à en faire le fond (*Sylva*) de la véritable induction, de la découverte des vérités générales. C'est ce qui n'a jamais été fait. *Édit. tome 4, p. 391; trad. tome 7, p. 10.*

Aphorisme 3. Il faut en retrancher l'érudition, les agréments, etc.; en un mot, tout ce qui ne va pas directement au but indiqué. *Édit. tome 4, p. 391; trad. tome 7, p. 11.*

Aphorisme 4. L'histoire naturelle doit être composée, 1. de celle des espaces et des corps célestes; 2. de celle des météores et des régions de

a. Cet avertissement, quoique très essentiel, est supprimé dans la traduction de M. Antoine Lasalle.

b. M. Antoine Lasalle a fait de cet ouvrage la préface du *Sylva Sylvarum.*

l'air, y compris les comètes; 3. de celle de la terre et de la mer; 4. de celle des quatre éléments ou des grandes masses; 5. de celle des espèces, minéraux, végétaux et animaux, ou les petites masses. *Édit. tome 4, p. 392; trad. tome 7, p. 16.*

Aphorisme 5. De toutes ces parties, la plus instructive est celle des productions des arts. *Édit. tome 4, p. 393; trad. tome 7, p. 23.*

Aphorisme 6. Répétition des aphorismes 99, 119 et 120 du livre Ier du *Novum Organum*, qu'il faut choisir les faits instructifs et ne pas les rejeter, quoiqu'ils paraissent vils, ou futiles, ou communs. *Édit. tome 4, p. 394; trad. tome 7, p. 28.*

Aphorisme 7. Il faut tâcher de donner avec précision les circonstances des faits. *Édit. tome 4, p. 394; trad. tome 7, p. 30.*

Aphorisme 8. Il faut spécifier leur degré de certitude. *Édit.tome 4, p. 394; trad. tome 7, p. 33.*

Aphorisme 9. Il faut y ajouter toutes les remarques qui peuvent donner des vues, des indications ou des préservatifs contre les erreurs. *Édit. tome 4, p. 395; trad. tome 7, p. 37.*

Aphorisme 10. L'auteur rappelle qu'il a dit qu'il fallait commencer l'histoire de la nature par celle de ses propriétés principales et universelles. Il se réserve à lui-même cette partie comme étant seul capable de l'exécuter.

En attendant, il devrait donner l'esquisse et le plan des histoires particulières dont il voudrait que d'autres se chargeassent en suivant ses idées : mais comme il n'en a pas le temps, il se borne à dresser le catalogue de ces histoires particulières. *Édit. tome 4, p. 396; trad. tome 7, p. 44.*

3. Suit le catalogue de ces histoires particulières au nombre de cent-trente. (On pourrait s'étonner du choix et de la distribution). *Édit. tome 4, p. 397; trad. tome 7, p. 50.*

4. Court fragment intitulé *Abécédaire de la nature*, dans lequel Bacon dit encore qu'il parlera des six grandes masses, les quatre éléments, les corps célestes et les météores, et des conditions générales des êtres, et dans lequel il indique comment il traitera ces sujets[a]. *Édit. tome 4, p. 402; trad. manque.*

5. Préface d'une histoire naturelle propre à servir de base à la philosophie. *Édit. tome 4, p. 405; trad. manque.*

a. Il rappelle qu'il a déjà donné cette distribution dans le *Traité de l'importance et de l'accroissement des sciences*, livre 2, chapitre 3, et dans la *Description de l'univers intellectuel* qui est rangé parmi ses *Opuscules philosophiques*, vol. 5, p. 127, édition de Londres, 1778.

Bacon y répète à peu près les mêmes choses qu'il a dites dans le morceau intitulé *Préliminaires, etc.*

6. Morceau intitulé *Histoire naturelle et expérimentale*, propre à servir de base à la philosophie, ou phénomènes de l'univers, faisant la troisième partie de la *Grande Rénovation. Édit. tome 4, p. 410; trad. manque.*

Dans ce morceau qui n'est que le préambule de cette histoire, Bacon dit qu'il va faire cette troisième partie, quoiqu'il n'ait pas encore achevé la seconde, le *Novum Organum*, parce qu'elles sont nécessaires l'une à l'autre et qu'il faut les ébaucher en même temps, attendu qu'on ne peut se servir de la méthode sans avoir des matériaux à employer et que les anciennes histoires naturelles ne peuvent en fournir, parce qu'elles renferment trop de raisonnements prématurés et pas assez de faits. On a, dit-il, posé les *thèses* avant les *hypothèses*.

7. Autre morceau intitulé *Règle* (ou Plan) de la présente histoire. *Édit. tome 4, p. 413; trad. tome 10, p. 1.*

Ce petit morceau qui n'a qu'une page est très important en ce qu'il fait bien connaître l'enchaînement des travaux de Bacon. Il y dit que, quoiqu'à la fin de la partie de l'*Organum* qu'il a publiée, il ait donné des préceptes sur la formation d'une histoire naturelle et expérimentale, cependant il a jugé à propos d'en donner le plan et le dessein avec plus de soin et de détail (c'est ce qu'il a fait dans les *Préliminaires*).

Qu'ensuite il a donné la liste des histoires particulières et relatives aux choses concrètes que devait renfermer cette histoire naturelle et expérimentale; (Voyez le catalogue des cent-trente histoires).

Qu'enfin il y a ajouté la notice des histoires des natures abstraites, ou des propriétés générales des êtres qu'il s'est réservé de faire lui-même; (c'est l'objet de l'*Abécédaire*).

Et qu'actuellement ne pouvant pas traiter tous ces sujets, il va les prendre, non par ordre, mais par choix, suivant qu'ils sont ou plus riches en faits, ou plus difficiles, ou plus instructifs; et qu'il les traitera de la manière la plus propre à provoquer des progrès ultérieurs, en commençant par l'histoire du sujet et des expériences faites, et en donnant des indications, des préservatifs, des réflexions et des canons ou maximes provisoires et vraisemblables, en attendant qu'elles soient mises hors de doute.

Puis il ajoute : « On voit par ce qui vient d'être dit que non seulement la présente histoire peut, en attendant mieux, remplir le but de la troisième partie de la *Rénovation* (de fournir des matériaux à l'entendement), mais encore qu'elle est déjà une préparation importante pour la quatrième (où l'on doit trouver des exemples de la manière de procéder en suivant les principes exposés dans la deuxième); et que même elle est une introduction à la sixième (la philosophie seconde, la science des causes), par les observations importantes, les réflexions et les principes provisoires qu'elle renferme »[a].

Cet essai d'histoire naturelle qui tient lieu de la troisième partie de la *Grande Rénovation* (quoique les éditeurs anglais ne l'aient pas placé là), c'est l'ouvrage suivant, le *Sylva Sylvarum*, ou Répertoire des répertoires.

8. Avis au lecteur par Rawley, qui dit au nom de Bacon, que s'il n'avait consulté que sa gloire et non l'utilité publique, il n'aurait pas publié cet essai; mais qu'il constitue provisoirement la troisième partie de la *Rénovation. Édit. tome 1, p. 135; trad. manque.*

9. *Sylva Sylvarum*, ou Histoire naturelle (en anglais), composée de dix centuries de cent articles chacune. *Édit. tome 1, p. 137-344; trad. tome 7, p. 73, jusqu'au tome 9, p. 492.*

QUATRIÈME PARTIE
de la Grande Rénovation

1. Morceau intitulé *Échelle de l'entendement*, ou le Fil du labyrinthe. *Édit. tome 4, p. 417; trad. manque.*

Dans lequel l'auteur, après avoir répété qu'on ne pouvait rien savoir par la méthode ancienne, rappelle que dans la seconde partie, il a montré la route des découvertes, que dans la troisième il a donné l'histoire des phénomènes de l'univers (*sylvas naturae*), et que dans celle-ci il va donner des exemples de véritables et légitimes recherches sur des sujets particuliers, conformément aux préceptes donnés dans la seconde partie.

2. *Titre général*, histoire des vents, histoire de la densité et de la rareté, histoire de la pesanteur et de la légèreté, histoire de la sympathie et de l'antipathie des êtres, histoire du soufre, du mercure et du sel, et histoire de la vie et de la mort (ce titre général est placé mal à propos dans l'édition anglaise, *tome 4, p. 409; trad. manque*).

a. Il est nécessaire de remarquer que M. Antoine Lasalle commence par retrancher les deux premiers alinéas de ce morceau, lesquels, par leur sens propre et par leurs rapports avec les morceaux précédents, prouvent évidemment, suivant moi, que celui-ci est le programme de l'histoire générale de la nature; que du surplus qu'il a traduit, il en fait le préambule des deux histoires particulières des vents, et de la vie et de la mort; que de plus il dénature la phrase qui le termine; et qu'ensuite il s'en prévaut pour dire que ces deux histoires font partie de la troisième partie de la *Grande Rénovation* et que c'est à tort que les éditeurs anglais les ont mises dans la quatrième; et que tout cela le conduit à donner une idée de la distribution et de l'ensemble de ce grand ouvrage qui ne me paraît pas du tout exacte, qui, du moins, n'est pas celle qui résulte de la présente analyse. Aussi n'a-t-il pas traduit non plus l'avertissement de Guillaume Rawley que l'on va trouver ci-après et qui contredit formellement son système; et a-t-il supprimé de même l'avis particulier qui précède l'histoire de la vie et de la mort. (Voyez les tomes 7 et 10 de sa traduction).

3. Histoire des vents.

Introduction. *Édit. tome 4, p. 419; trad. tome 11, p. 1.*

Objets de recherches relatives aux vents, en trente-trois articles; *Édit. tome 4, p. 419; trad. tome 11, p. 3.*

Histoire de ce que l'on sait sur chacun de ces articles. *Édit.tome 4, p. 422; trad. tome 11, p. 25.*

Conclusions que l'on peut provisoirement tirer de cet état des connaissances. *Édit. tome 4, p. 453; trad. tome 11, p. 256.*

Problèmes désirables à résoudre. *Édit.tome 4, p. 455; trad. tome 11, p. 264.*

4. Histoire de la vie et de la mort.

Avis au lecteur pour dire que l'objet de ce traité est si important qu'on a cru devoir le donner le second, quoiqu'il ne soit annoncé que le sixième. *Édit.tome 4, p. 457; trad. manque.*

Introduction. *Édit. tome 4, p. 458; trad. tome 10, p. 9.*

Objets des recherches sur la vie et la mort, en seize articles. *Édit.tome 4, p. 459; trad. tome 10, p. 19.*

Histoire de ce que l'on sait sur chacun de ces articles. *Édit.tome 4, p. 461; trad. tome 10, p. 31.*

Conclusions que l'on peut provisoirement tirer de cet état des connaissances. *Édit. tome 4, p. 521; trad. tome 10, p. 425.*

5. Histoire de la densité et de la rareté, ou de la condensation et de la dilatation de la matière dans l'espace.

Introduction. *Édit. tome 5, p. 1; il n'y a plus rien de traduit de tout ce qui suit.*

Table des degrés de condensation de la matière dans divers corps tangibles (c'est-à-dire qui sont doués de pesanteur). *Édit. tome 5, p. 3.*

Nota. C'est tout simplement une table des pesanteurs spécifiques de ces corps.

Explications, avertissements, observations, conseils, et indications pratiques relativement à cette table. *Édit. tome 5, p. 4.*

Table comparative de la différente dilatation de la matière dans les mêmes corps, quand ils sont entiers ou pulvérisés. *Édit. tome 5, p. 7.*

Table comparative de la différente dilatation de la matière dans les mêmes corps, quand ils sont crus ou distillés. *Édit. tome 5, p. 7.*

Nota. Ces deux tables sont encore uniquement des tables des pesanteurs spécifiques.

Réflexions sur ces deux tables. *Édit. tome 5, p. 7.*

Des substances aériformes, pneumatiques, (c'est-à-dire qui ne sont pas douées de pesanteur). *Édit. tome 5, p. 8.*

Table de ces substances dans l'ordre de leur raréfaction. *Édit. tome 5, p. 9.*

Réflexions sur cette table. *Édit. tome 5, p. 9.*

Des changements de densité des corps résultant de leurs affinités et de leurs mouvements. (Histoire éparse). *Édit. tome 5, p. 11.*

Nota. Bacon avertit ici qu'il n'a pas rangé les faits dans l'ordre rigoureux qu'il recommande dans sa deuxième partie, parce qu'il ne l'a pas voulu ; mais le vrai est que cet ordre n'est bon à rien et est même impossible à suivre, comme on le voit à chaque instant : on en peut bien dire autant de toute la méthode qui y est prescrite.

Dilatations par absorption simple ou admission d'un nouveau corps. *Édit. tome 5, p. 12.*

Dilatations par l'expansion de l'esprit inné. *Édit. tome 5, p. 13.*

Des dilatations et des solutions des corps par le feu et la chaleur actuelle, simple et externe. *Édit. tome 5, p. 16.*

Dilatations par la chaleur externe dans les distillations. *Édit. tome 5, p. 20.*

Des dilatations et des relâchements qu'éprouvent les corps par la rémission du froid. *Édit. tome 5, p. 22.*

Des dilatations des corps qui ont lieu par la chaleur potentielle, c'est-à-dire par le moyen des esprits d'un autre corps. *Édit. tome 5, p. 22.*

Dilatations des corps par la libération de leurs esprits. *Édit. tome 5, p. 23.*

Dilatations qui ont lieu par la rencontre et l'union avec un corps ami. *Édit. tome 5, p. 25.*

Dilatations qui s'opèrent par l'assimilation ou la conversion en un corps plus subtil. *Édit. tome 5, p. 26.*

Dilatation ou allongement violent par une force externe. *Édit. tome 5, p. 27.*

Dilatation par désentassement. *Édit. tome 5, p. 28.*

Nota. Elles consistent à amincir ou à allonger les corps. On prévient que ce sont de fausses dilatations.

Condensations par l'émission ou la séparation d'un corps absorbé. *Édit. tome 5, p. 28.*

Condensations par le resserrement des parties solides après l'émission des esprits. *Édit. tome 5, p. 30.*

Condensations des corps par le froid actuel et externe. *Édit. tome 5, p. 31.*

Condensations des corps par le froid potentiel. *Édit. tome 5, p. 35.*

Condensations des corps par la répulsion et l'antipathie. *Édit. tome 5, p. 36.*

Condensations des corps par l'assimilation ou la conversion en un corps plus dense. *Édit. tome 5, p. 36.*

Condensations des corps par une violence externe. *Édit. tome 5, p. 37.*

Principes provisoires au nombre de 29. *Édit. tome 5, p. 39.*

Opérations projetées. *Édit. tome 5, p. 40.*

6. Histoire de la pesanteur et de la légèreté. *Édit. tome 5, p. 41.*

Il n'y a de fait que l'introduction.

7. Histoire de la sympathie et de l'antipathie des êtres. *Édit. tome 5, p. 42.*

Il n'y a de fait que l'introduction.

8. Histoire du soufre, du mercure et du sel. *Édit. tome 5, p. 43.*

Il n'y a de fait que l'introduction.

9. Histoire et recherche primaire sur le son et l'ouïe, sur l'essence du son et sur sa marche cachée, ou répertoire du son et de l'ouïe. *Édit. tome 5, p. 44.*

Table de dix-sept objets de recherches relatifs au son. *Édit. tome 5, p. 44.*

Quatorze de ces objets sont traités ; trois restent à désirer.

Nota. Il est à remarquer que ce précieux morceau qui me paraît de beaucoup le plus parfait de tous, est celui où Bacon s'est le plus affranchi de toutes les formalités qu'il prescrit dans son *Organum.* On n'y en trouve presque pas de traces.

10. Questions sur les métaux et les minéraux. *Édit. tome 5, p. 59.*

Elles se réduisent à quatre chefs, leurs compositions et leurs alliages, leurs séparations, leurs changements de formes, de propriétés et d'essences, et leurs rétablissements ou réductions.

11. Recherches sur l'aimant. *Édit. tome 5, p. 64.*

12. Recherches sur les changements, les transmutations, les multiplications et les productions des corps. *Édit. tome 5, p. 67.*

13. Plan de recherches sur la lumière et les corps lumineux. *Édit. tome 5, p. 68.*

14. Fil du labyrinthe, ou plan d'une recherche méthodique sur le mouvement. *Édit. tome 5, p. 73.*

Nota. Ce morceau est un catalogue de tables à dresser. Il est précédé d'un avis au lecteur, où Bacon répète toutes les critiques qu'il a faites partout de l'ancienne manière de philosopher, et suivi d'une apologie de la sienne qu'il termine en disant que, pour compléter l'histoire de la nature, il faudrait composer douze collections de tables pareilles à celle qu'il vient d'indiquer relativement au mouvement.

15. Réflexions sur la nature des choses[a]. *Édit. tome 5, p. 78.*

16. Du flux et du reflux de la mer. *Édit. tome 5, p. 90.*

Nota. Je mets ces huit derniers morceaux dans la quatrième partie de la *Grande Rénovation*, parce qu'ils y sont dans l'édition de Londres de 1778 ; mais j'avoue qu'ils ne me paraissent pas lui appartenir. Ils me semblent plutôt des ouvrages détachés comme ceux rangés sous le titre d'*Opuscules philosophiques*. Voyez ce que j'en ai dit dans mon discours préliminaire, p. 71 et suivantes.

CINQUIÈME PARTIE
de la Grande Rénovation

Avant-coureurs de la philosophie seconde. *Édit. tome 5, p. 101.*

Il n'y a de fait que la préface qui est d'une page.

SIXIÈME PARTIE
de la Grande Rénovation

Il n'y en a rien de fait.

a. On peut en dire autant que du morceau sur le son.

N°II

HOBBES
ÉLÉMENTS DE PHILOSOPHIE

SECTION PREMIÈRE
De Corpore. Du Corps[1]

ÉPÎTRE DÉDICATOIRE
à l'excellentissime Guillaume, comte de Devon (ou de Devonshire) mon très honoré seigneur[a]

Excellentissime seigneur, la troisième section de mes *Éléments de philosophie* est publiée depuis longtemps : celle-ci, qui est la première, a beaucoup tardé à paraître; la voilà enfin achevée. Je vous l'offre et vous la dédie aujourd'hui pour qu'elle soit un monument de mon attachement pour vous et de vos bontés pour moi. Ce petit livre n'est pas d'un grand volume, mais il renferme bien des choses et il est encore assez étendu, si toutefois il

a. Quoique je ne donne ici la traduction que de la logique de Hobbes, et non pas celle de toute la première section de ses *Éléments de philosophie*, dont cette logique n'est que la première partie, j'ai cru devoir la faire précéder de l'Épître dédicatoire, de l'Avis au lecteur et de la Table des chapitres de cette première section, parce que ces trois morceaux font connaître les idées de l'auteur, l'ensemble de son plan, la place qu'y tient la logique et le rang qu'elle y occupe, ce qui est très important.

Je demande instamment qu'on veuille bien lire cette logique avec attention. J'aurais pu en faire le texte de nombreuses et utiles discussions, et si je l'avais publiée seule, je n'y aurais pas manqué ; mais la mienne lui servira de commentaire et tiendra lieu, je pense, de toutes les notes que j'aurais pu y ajouter.

1. La première édition du *De Corpore* est parue à Londres en 1655. Une édition critique (en latin) en a été publiée en 1999 par K. Schumann (Paris, Vrin).

est bon. Vous le trouverez clair et facile à comprendre pour un lecteur attentif et exercé comme vous aux démonstrations mathématiques. Presque tout ce qu'il renferme est neuf, mais ne doit cependant choquer personne par sa nouveauté. Je sais que cette partie de la philosophie qui a pour objet les lignes et les figures, a été très bien traitée par les Anciens et qu'elle est un excellent modèle de la vraie logique, par le moyen de laquelle ils sont parvenus à trouver et à démontrer de si célèbres théorèmes. Je sais même que l'hypothèse du mouvement diurne de la terre a été imaginée d'abord par les Anciens; mais qu'ensuite cette belle idée, et toute la science astronomique, c'est-à-dire la physique céleste dont elle est la base, a été étouffée sous des tas de sophismes par des philosophes plus récents. C'est pourquoi, à ne parler que de la théorie, je pense qu'on ne doit dater le commencement de l'astronomie que de Nicolas Copernic, qui a repris dans le siècle dernier les anciennes opinions de Pythagore, d'Aristarque et de Philolaüs.

Après lui, le mouvement de la terre étant enfin reconnu, on a commencé à s'occuper de la difficile question de la chute des graves. Galilée, de nos jours, luttant contre ces difficultés, a découvert la nature de ce mouvement, et par là nous a ouvert l'entrée de toute la physique. Ainsi, il me paraît qu'on ne doit commencer à compter l'âge de cette science que de ce moment.

Enfin est venu Guillaume Hervey, premier médecin des rois Jacques et Charles. Dans ses livres de la circulation du sang et de la génération des animaux, il a exposé et démontré avec une sagacité admirable la science du corps humain, qui est la partie la plus utile de la physique. Il est le seul, que je sache, qui, surmontant l'envie, soit parvenu à établir de son vivant une doctrine nouvelle.

Avant ces hommes, il n'y avait rien de certain en physique, si ce n'est pour chacun ses expériences personnelles et quelques parties de l'histoire naturelle; si même on peut regarder pour certaines ces dernières qui n'ont pas plus de certitude que l'histoire civile. Mais depuis, Jean Kepler, Pierre Gassendi et Marin Mersenne ont fait faire à l'astronomie et à la physique générale des progrès vraiment étonnants pour un temps si court; et il en a été de même de la physique particulière du corps humain, grâce aux travaux et aux talents des médecins, c'est-à-dire des vrais physiciens, et surtout à ceux de nos savants hommes du Collège de Londres. La physique est donc une chose toute nouvelle, mais la philosophie politique l'est encore bien plus : elle n'est pas plus ancienne que mon ouvrage du *Citoyen*. Je le dis hardiment, parce que j'ai été attaqué, et afin que mes détracteurs sachent qu'ils ont eu très peu de succès. Quoi donc ? dira-t-on, n'y a-t-il eu chez les anciens Grecs aucuns philosophes, ni physiciens, ni politiques?

Certes, il y a eu des hommes qui s'appelaient ainsi. La preuve en est que Lucien s'est moqué d'eux et que plusieurs villes les ont souvent chassés par des ordonnances publiques; mais il ne s'ensuit pas qu'il ait existé alors une vraie philosophie. Il y avait dans l'ancienne Grèce un certain fantôme imposant en apparence et ressemblant en quelque sorte à la philosophie, quoiqu'il ne fût composé que d'erreurs et de supercheries. Les hommes imprudents le prenaient pour la philosophie; regardaient ceux qui l'enseignaient comme des professeurs de sagesse, quoiqu'ils fussent tous d'avis différents; s'attachaient les uns à l'un, les autres à l'autre; leur confiaient leurs enfants comme à d'excellents maîtres et les payaient chèrement pour ne leur rien apprendre qu'à disputer et à se décider sur toutes les questions, suivant leurs fantaisies, sans aucune déférence pour les lois. Les premiers docteurs de l'Église qui ont succédé aux apôtres, étant nés dans ces temps, et s'efforçant de défendre la foi chrétienne contre les Gentils par le secours de la raison naturelle, commencèrent à philosopher eux-mêmes et à mêler aux principes de l'Écriture sainte quelques principes tirés des écrits des philosophes moralistes; d'abord ils n'admirent que quelques dogmes peu nuisibles de la philosophie de Platon. Mais bientôt, ayant adopté beaucoup de choses fausses et ineptes de la physique et de la métaphysique d'Aristote, ils livrèrent pour ainsi dire la citadelle de la foi chrétienne aux ennemis qu'ils y avaient introduits. Dès ce moment, au lieu d'une *religion*, d'un culte de Dieu (*théosébeia*), nous avons eu une science scolastique, dite (*theologia*) théologie, science de Dieu, marchant pour ainsi dire sur deux pieds, l'un très sain et très sûr, qui est l'Écriture sainte, et l'autre débile et gangréné, qui est cette philosophie que l'apôtre Paul appelle vaine et qu'il aurait pu nommer pernicieuse. C'est cette théologie qui est cause que, dans tout le monde chrétien, la religion a engendré des controverses et que les controverses ont produit des guerres. Elle ressemble parfaitement à cette *empusa* dont parle le comique athénien, qui passait à Athènes pour un démon, changeant souvent de forme, ayant un pied d'airain et un pied d'âne, envoyé, disait-on, par Hécate et qui présageait aux Athéniens quelque malheur imminent. On ne peut pas, suivant moi, imaginer de meilleur exorcisme contre cette *empusa* que de bien distinguer les règles de la religion, c'est-à-dire du culte de l'Être suprême qu'il faut puiser dans les lois, des règles de la philosophie, c'est-à-dire des opinions des hommes privés, afin que tout ce qui regarde la religion soit décidé par l'Écriture sainte et ce qui regarde la philosophie par la raison naturelle. C'est ce qui sera certainement effectué si je réussis, comme je m'efforce de le faire, à rédiger séparément avec vérité et clarté de purs *Éléments de philosophie*. C'est pour cela que dans la section troisième de ces *Éléments* que je vous ai déjà dédiée, m'appuyant sur les raisons les plus fortes auxquelles la parole divine n'est pas contraire, j'ai ramené à une seule et même puissance suprême tout le gouvernement, tant ecclésiastique que civil; et maintenant en posant avec méthode et clarté les vrais fondements de la physique, j'entreprends de dissiper et d'anéantir cette *empusa* métaphysique, non en la combattant, mais en y portant la lumière. Dans les trois premières parties de ce petit ouvrage, je me suis fondé sur des définitions, et dans la quatrième sur des hypothèses raisonnables. Appuyé sur ces bases, si la circonspection, la réserve et le scrupule d'un écrivain peuvent lui donner quelque confiance dans ses écrits, j'ose croire que j'ai tout démontré rigoureusement. Si cependant certaines démonstrations ne vous paraissaient pas propres à convaincre tous les lecteurs, ce serait parce que je n'ai pas toujours écrit pour tous, mais quelquefois pour les seuls géomètres. Pour vous, je ne doute pas que vous ne trouviez toujours mes preuves satisfaisantes.

Il ne reste donc plus que la seconde section de mes *Éléments de philosophie* qui traite de l'homme. Il y a déjà plus de six ans que j'en ai terminé les huit chapitres qui regardent l'optique, et qu'ils sont tout prêts, ainsi que les figures qui doivent y être jointes. Avec l'aide de Dieu, j'achèverai le reste dès que je le pourrai, quoique je sache bien qu'en disant la vérité aux hommes sur la nature de l'homme, je m'attirerai d'eux bien moins de faveur que je n'en mériterai : j'en ai déjà pour preuves les injures et les invectives de quelques ignorants. Néanmoins, j'achèverai l'ouvrage que j'ai entrepris. Je braverai l'envie et je me vengerai d'elle en lui donnant occasion de s'accroître. Il me suffit de jouir de la bienveillance que vous m'accordez : j'y répondrai toujours autant que je le puis en adressant mes vœux à la Divinité pour votre bonheur.

De votre Excellence,
le très humble serviteur,
Thomas HOBBES

À Londres, le 23 avril 1655.

AU LECTEUR,

Ami lecteur, ne croyez pas que la philosophie dont j'entreprends de mettre en ordre les éléments, soit celle qui s'occupe de faire des pierres philosophales, ni celle qu'enseignent les cahiers de métaphysique. Celle-ci est le produit de la raison naturelle de l'homme examinant avec soin toutes les choses créées et remarquant tout ce qu'il y a de vrai dans leur ordre, dans leurs causes et dans leurs effets. Cette philosophie est fille de votre intelligence et de l'univers. Elle est en vous, peut-être pas encore développée, mais informe comme était dans le principe le monde lui-même dont elle émane. Vous devez donc faire ce que font les statuaires qui, retranchant les portions superflues d'un bloc de marbre, ne créent pas leur statue mais la dégagent de son enveloppe. Ou bien, imitez l'acte de la création : que votre raison soit portée sur l'abîme confus de vos pensées et de vos expériences. Si vous voulez donner une attention sérieuse à la philosophie, il faut que vous distinguiez les choses qui se confondent, que vous les sépariez, que vous les mettiez en ordre, désignées chacune par leurs noms, c'est-à-dire que vous vous serviez d'une méthode semblable à celle qui a présidé à la création de ces mêmes choses. L'ordre de la création a été celui-ci : *la lumière, la distinction du jour et de la nuit, l'espace, les corps lumineux, les choses sensibles, l'homme* ; et après la création, *la loi*. L'ordre pour étudier toutes les choses créées sera *la raison, la définition, l'espace, les astres, les qualités sensibles, l'homme*, et enfin l'homme étant formé, *le citoyen*.

En conséquence, dans la première partie de cette section intitulée *Logique*, j'allume le flambeau de la raison. Dans la seconde qui est la philosophie première, je distingue les unes des autres, par des définitions soignées, les idées des choses les plus communes. La troisième traite des propriétés de l'étendue, c'est-à-dire de la géométrie, et la quatrième du mouvement des astres, et en outre des qualités sensibles.

Dans la seconde section, avec l'aide de Dieu, j'examinerai la nature de l'homme.

Et dans la troisième, j'ai déjà parlé du citoyen.

J'ai suivi cette méthode que vous pouvez employer aussi, si elle vous convient; car je ne vous recommande pas mes idées, je vous les propose. Au reste, de quelque méthode que vous deviez vous servir, je vous exhorte vivement à vous occuper de la philosophie, c'est-à-dire de l'étude de la sagesse, étude dont la négligence nous a causé encore nouvellement de grands malheurs et de grandes souffrances. Car ceux même qui désirent les richesses aiment la sagesse, puisqu'une des grandes jouissances de leur fortune est de la contempler et de l'admirer comme un effet de leur savoir-faire. Ceux qui aiment à être employés dans les affaires publiques n'y désirent autre chose que des occasions de montrer leur habileté. Ceux même qui sont adonnés aux plaisirs ne négligent la philosophie que parce qu'ils ignorent quelle volupté procure à l'âme l'étude continuelle et approfondie des beautés de la nature. Enfin quand il n'y aurait pas d'autre raison, puisque l'esprit de l'homme a autant d'aversion pour l'oisiveté que la nature a horreur pour le vide, je vous recommanderais la philosophie qui remplira agréablement votre loisir, afin que vous ne deveniez pas importun aux hommes occupés, et que vous ne soyez pas poussé par le désœuvrement à vous rapprocher à votre détriment des hommes qui emploient leur temps d'une manière répréhensible et nuisible.

Portez-vous bien,
Thomas HOBBES

ÉLÉMENTS DE PHILOSOPHIE

SECTION PREMIÈRE
De Corpore. Du Corps

XXI. Du mouvement circulaire.
XXII. Des autres espèces de mouvements.
XXIII. Du centre d'équilibre.
XXIV. De la réfraction et de la réflexion.

QUATRIÈME PARTIE, PHYSIQUE, OU DES PHÉNOMÈNES DE LA NATURE.
XXV. De la sensibilité et du mouvement animal.
XXVI. De l'univers et des astres.
XXVII. De la lumière, de la chaleur, et des couleurs.
XXVIII. Du froid, du vent, de la dureté, de la glace, de l'élasticité, de la transparence, de la foudre et du tonnerre, de l'origine des fleuves.
XXIX. Du son, de l'odeur, de la saveur et des qualités tactiles.
XXX. De la pesanteur.

CALCUL
OU
LOGIQUE

CHAPITRE PREMIER

DE LA PHILOSOPHIE

1. Introduction. – 2. Définition détaillée de la philosophie. – 3. Manière de raisonner de l'esprit. – 4. Ce que c'est qu'une propriété. – 5. Comment une propriété dérive de la génération d'une chose, et comment de la propriété on remonte à la génération. – 6. But de la philosophie. – 7. Son utilité. – 8. Son sujet. – 9. Ses parties. – 10. Conclusion.

1. La philosophie me paraît être aujourd'hui chez les hommes, comme l'on raconte qu'étaient autrefois dans la nature, le blé et le vin. Car, au commencement des choses, on voyait épars dans les campagnes quelques ceps de vignes et quelques épis; mais on ne plantait ni ne semait. C'est pourquoi on vivait de glands: ou si quelqu'un osait toucher à quelques graines inconnues ou suspectes, c'était au détriment de sa santé. De même, la philosophie, c'est-à-dire *la raison naturelle*, est innée dans tous les hommes, car chacun raisonne jusqu'à un certain point et sur quelques sujets; mais lorsqu'une longue suite de raisonnements devient nécessaire, la plupart divaguent et s'égarent faute d'une bonne méthode qui fasse l'effet de la précaution de semer et de planter; d'où il arrive que ceux qui se contentent de leur expérience journalière qu'on peut comparer à la nourriture du gland, et qui rejettent ou négligent la philosophie, passent en général pour être d'un jugement plus sain et sont en effet plus raisonnables que ceux qui, imbus d'opinions peu communes mais douteuses et légèrement adoptées, disputent et se querellent sans cesse comme des gens peu sensés. J'avoue que cette partie de la philosophie qui traite des rapports des

grandeurs et des figures a été bien cultivée; mais comme dans les autres parties je n'ai point encore vu de semblables travaux, je vais tâcher d'établir quelques-uns des premiers principes de la philosophie universelle, dans l'espérance qu'ils germeront et que petit à petit ils produiront une philosophie pure et vraie.

Je n'ignore pas combien il est difficile de chasser de l'esprit des hommes des opinions invétérées et fortifiées par l'autorité des écrivains les plus éloquents : et je sais de plus que la vraie philosophie, c'est-à-dire celle qui est exacte, non seulement veut un style sans fard, mais même rejette presque tout ornement, et que les premiers principes de toute science, loin d'être agréables, paraissent arides, communs et presque rebutants.

Néanmoins, comme il y a certainement quelques hommes, quoique peut-être en trop petit nombre, qui dans toutes choses aiment surtout la vérité et la rectitude, j'ai cru devoir travailler pour eux. Je viens donc à mon sujet, et je commence par la définition de la philosophie elle-même.

2. La philosophie consiste à acquérir la connaissance des effets ou phénomènes par le moyen de leurs causes connues ou de leur génération, et réciproquement à découvrir les causes ou la génération par la connaissance des effets mêmes, en employant toujours un raisonnement rigoureux.

Pour bien comprendre cette définition, il faut considérer premièrement que, quoique le sentiment et le souvenir des choses, qui sont communs à l'homme et aux autres êtres animés, soient de véritables notions, cependant comme elles nous sont données sur le champ par la nature et ne sont point acquises par le raisonnement, elles ne font pas partie de la philosophie.

Secondement, comme l'expérience n'est autre chose que la mémoire, et comme la prudence et la prévoyance de l'avenir n'est que l'attente de choses semblables à celles que nous avons déjà éprouvées, la prudence ne doit pas non plus être regardée comme faisant partie de la philosophie.

Par raisonnement, j'entends calcul; or calculer c'est trouver la somme de plusieurs choses ajoutées ensemble, ou trouver ce qui reste d'une chose dont on a retranché une autre chose. Raisonner est donc la même chose qu'additionner ou soustraire. Si quelqu'un veut y ajouter, multiplier et diviser, je ne m'y oppose pas, puisque la multiplication n'est que l'addition de quantités égales et que la division est la soustraction de la même quantité, exécutée autant de fois qu'elle peut l'être. Tout raisonnement se réduit donc à deux opérations de l'esprit, l'addition et la soustraction.

3. Il faut faire voir par un ou deux exemples comment nous additionnons ou soustrayons dans notre esprit par un raisonnement purement mental et sans paroles. Si quelqu'un voit une chose de loin et confusément, quoiqu'il n'ait point encore de langage, il a de cette chose la même idée à l'occasion de laquelle, maintenant que nous avons des mots, il dit que cette

chose est un *corps*. Lorsqu'il se sera approché de plus près et qu'il aura vu que cette même chose est d'une certaine manière, tantôt dans un lieu, tantôt dans un autre, il aura d'elle une nouvelle idée qui fait dire aujourd'hui que cette chose est *animée*. Lorsqu'ensuite étant tout près de cet objet, il voit sa figure, entend sa voix, et remarque d'autres choses qui sont les signes d'un esprit raisonnable, il a une troisième idée quand même il n'aurait encore aucun mot pour l'exprimer; et celle-ci est l'idée qui nous fait dire qu'un être est *raisonnable*. Enfin, quand il conçoit l'idée totale et unique de cette chose vue complètement et distinctement, cette dernière idée est composée des précédentes; et son esprit a formé toutes ces idées de la même manière et dans le même ordre suivant lequel, dans le discours, nous réunissons tous ces noms, *corps*, *animé* et *raisonnable*, en un seul nom qui est *corps animé raisonnable* ou *homme*. De même des *idées* de *quadrilatère*, d'*équilatère* et de *rectangle*, on forme l'idée de *carré*. Car l'esprit peut concevoir l'idée de quadrilatère sans l'idée d'équilatère, et celle d'équilatère sans celle de rectangle; et il peut joindre ces trois idées pour en faire une seule notion qui est l'idée unique du carré. On voit donc de quelle manière l'esprit compose ses notions ou idées. Au contraire, si quelqu'un voit un homme présent devant lui, il conçoit l'idée totale de cet homme; s'il le voit s'éloigner et qu'il le suive seulement des yeux, il perdra l'idée des circonstances qui sont les signes que cet homme est raisonnable; mais l'idée d'animé restera présente à sa vue et à sa pensée. Ainsi, de l'idée totale d'*homme*, c'est-à-dire de *corps animé raisonnable*, sera retranchée l'idée de *raisonnable*, et il ne restera que celle de *corps animé*. Peu après, à une plus grande distance se perdra l'idée d'*animé*, et il restera seulement celle de *corps* jusqu'au moment où, la distance augmentant toujours, l'objet ne pourra plus être aperçu et l'idée disparaîtra entièrement de devant les yeux et s'évanouira totalement. Je crois avoir suffisamment montré par ces exemples comment s'opère le raisonnement intérieur de l'esprit sans le secours des mots.

Il ne faut donc pas croire que le calcul, c'est-à-dire le raisonnement, ait seulement lieu dans les nombres de manière que l'homme ne soit distingué des autres êtres animés que par la faculté de compter, comme l'on dit que c'était l'opinion de Pythagore: car la grandeur peut être ajoutée à la grandeur et en être retranchée, de même le corps au corps, le mouvement au mouvement, le temps au temps, le degré de qualité au degré de qualité, l'action à l'action, la notion à la notion, la proportion à la proportion, le discours au discours, le nom au nom; tout cela est également susceptible d'addition et de soustraction, et c'est dans ces choses que consiste toute la philosophie.

Nous augmentons ou diminuons une chose quelconque, c'est-à-dire que nous la rapportons à certaines proportions, à certaines relations.

Alors nous disons que nous la considérons, ce que les Grecs appellent *logidzesthai*, comme ils expriment l'action même de calculer ou raisonner par le mot *syllogidzesthai*.

4. Les effets et les phénomènes sont des facultés ou des puissances des corps par lesquelles nous les distinguons les uns des autres, c'est-à-dire par lesquelles nous concevons que l'un est égal ou inégal, semblable ou dissemblable par rapport à un autre; comme dans l'exemple précédent, lorsque nous nous sommes assez approchés d'un corps quelconque pour apercevoir son mouvement et sa marche, nous le distinguons d'un arbre, d'une colonne et de tous les autres corps immobiles. C'est pourquoi cette faculté de marcher est la *propriété* de ce corps; car c'est une qualité propre aux animaux par laquelle on les distingue des autres êtres.

5. L'exemple d'un cercle fera facilement comprendre comment la connaissance d'un effet peut s'acquérir par la connaissance de sa génération. Car soit une figure plane extrêmement approchante de celle d'un cercle; vous ne pouvez reconnaître à la vue, ni d'aucune autre manière, si c'est réellement un cercle ou non : mais vous le découvrirez très facilement si vous savez comment cette figure a été engendrée. En effet, si vous savez que cette figure a été engendrée par la révolution d'un corps dont une des extrémités est restée immobile, vous raisonnerez ainsi : ce corps qui est toujours de même longueur et qui se meut ainsi, s'applique d'abord sur un rayon, puis sur un second, sur un troisième et ainsi successivement sur tous. La même longueur, en partant du même point, atteint donc la circonférence partout, c'est-à-dire que tous les rayons sont égaux. Il est donc connu par la génération de cette figure qu'elle est telle que son centre est à une égale distance de tous les points de sa circonférence.

De même, par la connaissance d'une figure, nous parviendrons, en raisonnant, à lui trouver une manière d'être produite, non pas peut-être celle dont elle l'a été, mais certainement celle dont elle a pu l'être; car connaissant la propriété du cercle dont nous venons de parler, il est facile de voir que si un corps se meut comme nous l'avons dit, il engendrera un cercle.

6. La fin ou le but de la philosophie est de tourner à notre avantage les effets prévus, ou lorsque nous avons connu que des effets se produisent par l'action des corps les uns sur les autres, de produire artificiellement des effets semblables pour les usages de la vie humaine, autant que les forces de l'homme et la nature des choses le permettent.

Car la satisfaction d'avoir surmonté les difficultés de questions très épineuses, ou découvert des vérités très cachées et de s'en applaudir intérieurement sans en rien dire à personne, ne me paraît pas une récompense suffisante pour un travail aussi grand que celui qu'exige l'étude de la philosophie ; et je ne pense pas non plus que ce soit une chose bien désirable que d'apprendre aux autres qu'on est bien savant, s'il n'en doit rien résulter de plus. La science n'est bonne que pour augmenter la puissance. Faisons comme les géomètres, les théorèmes pour les problèmes, c'est-à-dire pour savoir construire. En définitif, toute spéculation doit avoir pour but une action ou une production quelconque.

7. Quant à l'utilité de la philosophie, et surtout de la physique et de la géométrie, il suffit, pour prouver combien elle est grande, de faire l'énumération des principales commodités dont jouit maintenant le genre humain, et de comparer l'existence des hommes qui les possèdent avec celle de ceux qui en sont privés. Les choses les plus précieuses pour le genre humain sont les arts de mesurer les corps et leurs mouvements, de remuer les fardeaux les plus pesants, de bâtir, de naviguer, de fabriquer toutes sortes d'instruments, de calculer les mouvements célestes, les aspects des astres, les parties du temps, de décrire et représenter la surface du globe. Il est impossible de dire tous les avantages que les hommes retirent de ces inventions. Presque toutes les nations européennes en jouissent ainsi que la plupart de celles de l'Asie et quelques-unes de l'Afrique. Mais celles d'Amérique et toutes les peuplades qui habitent près des deux pôles en sont absolument privées. Pourquoi cette différence ? Les unes ont-elles plus d'esprit que les autres ? Tous les hommes n'ont-ils pas des âmes du même genre, et ces âmes n'ont-elles pas les mêmes facultés ? Que manque-t-il donc aux unes de ce que possèdent les autres, si ce n'est la philosophie ? La philosophie est donc la cause de tous ces biens. À l'égard de la philosophie morale et civile, son utilité doit être appréciée moins par les avantages qu'elle nous procure que par les calamités dont elle nous préserve. Tous les malheurs qu'il est au pouvoir de la sagesse humaine d'éviter naissent de la guerre et surtout de la guerre civile : de là, les massacres, la dépopulation et la disette de toutes choses. La cause de tous ces maux n'est pas que les hommes les désirent, car ils ne désirent jamais que le bien, du moins le bien apparent. Ce n'est pas non plus qu'ils ignorent que ce sont là des maux, car qu'est-ce qui ne sait pas que le carnage et la dévastation sont des choses funestes ? La cause de la guerre civile est donc que l'on ignore les causes qui produisent la guerre ou la paix, et que ceux-là sont en très petit nombre qui connaissent bien leurs devoirs, c'est-à-dire qui ont appris les véritables règles de conduite par lesquelles la paix est entretenue et conservée. Or la connaissance de ces règles, c'est la philosophie morale. Pourquoi donc les hommes ne la savent-ils pas, si ce n'est parce que personne jusqu'à présent ne la leur a enseignée en suivant une méthode claire et rigoureuse ? Quoi ! Les anciens docteurs, grecs, égyptiens, romains et autres ont bien pu persuader à la multitude une infinité de dogmes sur la

nature de leurs dieux, de la vérité desquels ils n'étaient pas du tout sûrs, ou qui même étaient manifestement faux et absurdes, et ils n'auraient pas pu montrer à cette même multitude ses vrais devoirs (c'est-à-dire ses vrais intérêts), si eux-mêmes les avaient bien connus? Un petit nombre d'écrits qui restent des anciens géomètres a suffi pour anéantir toute dispute sur les choses qu'ils ont traitées, et les innombrables et énormes volumes des moralistes auraient été sans effet, s'ils avaient contenu des choses certaines et démontrées? Si les écrits des uns ont été si pleins de choses, et ceux des autres si remplis seulement de mots, peut-on en imaginer d'autre raison, si ce n'est que les premiers ont été composés par des hommes qui connaissaient réellement leur sujet, et les autres par des hommes qui ignoraient eux-mêmes ce qu'ils enseignaient et n'avaient d'autre objet que de faire montre de leur esprit et de leur éloquence. Je ne nie point que la lecture de quelques-uns de ces livres ne soit très agréable. Il y en a de très éloquents : ils contiennent beaucoup de maximes lumineuses, salutaires et fort au-dessus des idées vulgaires; mais ils nous les donnent comme universelles; et la plupart ne sont pas universellement vraies; d'où il arrive que les circonstances des temps, des lieux, des personnes, étant changées, elles sont aussi souvent propres à confirmer dans des résolutions perverses qu'à montrer le chemin du devoir. Ce que l'on désire surtout dans ces livres, c'est une règle certaine pour apprécier les actions, par laquelle on puisse juger sûrement si ce que nous faisons est juste ou injuste; car il est fort inutile qu'ils *nous ordonnent de faire en toute occasion ce qui est bien*, tant qu'ils n'ont pas établi clairement la règle et la mesure du bien, et c'est ce qu'aucun n'a fait jusqu'à présent. Puis donc que l'ignorance de la science morale, c'est-à-dire de nos devoirs, a engendré les guerres civiles et les plus grands désastres, nous sommes fondés à attribuer à la connaissance de cette science tous les biens contraires à ces maux. Ainsi nous voyons combien est grande l'utilité de toutes les parties de la philosophie, sans parler du plaisir et de la gloire que l'on trouve à s'en occuper avec succès.

8. Le sujet de la philosophie, ou la matière sur laquelle elle s'exerce, est tout corps dont on peut concevoir la génération ou que l'on peut comparer à un autre sous un rapport quelconque, ou dans lequel il y a lieu à composition et à décomposition, c'est-à-dire tout corps que l'on peut concevoir avoir été engendré, ou avoir une propriété quelle qu'elle soit.

De la définition même de la philosophie dont la fonction est de rechercher les propriétés par la génération, ou la génération par les propriétés, il suit que là où il n'y a ni génération ni propriétés, il n'y a aucune prise pour la philosophie. Ainsi la philosophie rejette de son sein la théologie, c'est-à-dire la doctrine de la nature et des attributs de Dieu, éternel, inengendré, incompréhensible, et dans lequel on ne peut trouver ni composition, ni division, ni comprendre aucune génération.

Elle rejette de même la doctrine des anges et de tous les êtres qui ne sont ni des corps, ni des affections des corps, parce que dans ces êtres, il n'y a lieu ni à composition, ni à division, ni à plus ou moins; et par conséquent ils ne fournissent matière à aucun raisonnement.

La philosophie ne comprend pas non plus l'histoire tant naturelle que politique, quoiqu'elles soient très utiles, même nécessaires, à la philosophie. Mais ces connaissances consistent dans l'expérience ou l'autorité, et non dans le raisonnement.

Elle ne comprend pas davantage toute science qui naît d'une inspiration divine ou d'une révélation; car celle-là n'a pas été acquise par la raison, mais donnée gratuitement par la faveur divine et par un acte instantané. C'est une espèce de sens surnaturel.

Enfin la philosophie rejette non seulement toute doctrine fausse mais même toute doctrine qui n'est pas établie d'une manière inébranlable : car les choses qui sont connues par un raisonnement rigoureux ne peuvent être ni fausses ni douteuses. C'est pourquoi l'astrologie, telle qu'on la professe aujourd'hui, et les autres recherches qui sont plutôt des divinations que des sciences, ne font point partie de la philosophie. Enfin, ne fait point partie de la philosophie la doctrine du culte de Dieu, qui n'est point connue par la raison naturelle, mais par l'autorité de l'Église et qui appartient à la foi et non à la science.

9. La philosophie a deux branches principales, car lorsqu'on étudie la génération et les propriétés des êtres, deux grandes classes de choses très distinctes entre elles se présentent d'abord : l'une des êtres formés par la nature même, et que l'on range sous le nom de *nature*; l'autres des choses arrangées par la volonté humaine et réglées par les conventions et les transactions des hommes, qu'on nomme *société*. De là naissent d'abord deux parties de la philosophie; la *philosophie naturelle* et la *philosophie civile*. Ensuite, comme pour connaître les propriétés de la société, il est nécessaire de connaître auparavant les pensées, les affections et les mœurs des hommes, la philosophie civile se partage encore en deux parties; l'une qui traite des pensées et des mœurs, et que l'on appelle *éthique* ou *morale*; et l'autre qui s'occupe des devoirs des citoyens, et que l'on nomme *politique* ou simplement *civile*. C'est pourquoi, lorsque nous aurons commencé par voir les choses générales qui appartiennent à la nature même de la philosophie, nous parlerons premièrement des *corps naturels*, secondement de l'*esprit et des mœurs de l'homme*, troisièmement des *devoirs des citoyens*.

10. Enfin, comme il y a peut-être des hommes à qui ma définition de la philosophie ne plaira pas, et qui diront qu'en prenant la liberté de faire des définitions arbitraires, on peut conclure tout ce qu'on veut de quelque chose que ce soit; quoiqu'il ne me fût pas difficile de leur montrer que cette définition est d'accord avec le bon sens de tous les hommes, j'aime mieux n'avoir point de disputes avec eux à ce sujet et je leur déclare ici que je donnerai dans cet ouvrage les éléments de la science qui consiste à découvrir les effets d'une chose par la connaissance de sa génération, ou au contraire, à chercher cette génération par le secours des effets connus. Ceux qui désirent une autre philosophie sont avertis de l'aller chercher ailleurs.

CHAPITRE II

DES MOTS

1. Nécessité des monuments sensibles ou des notes *pour aider la mémoire. Définition de la note – 2. Nécessité des mêmes pour exprimer les concepts de l'esprit. – 3. Les* noms *font l'un et l'autre. – 4. Définition du nom. – 5. Les noms sont les signes, non des choses, mais des pensées. – 6. Quelles sont les choses qui ont des noms. – 7. Noms positifs et négatifs. – 8. Noms contradictoires. – 9. Nom commun. – 10. Noms de première et de seconde intention. – 11. Nom universel, particulier, individuel, indéfini. – 12. Nom univoque et équivoque. – 13. Nom absolu et relatif. – 14. Nom simple et composé. – 15. Description du prédicament. – 16. Observations sur les prédicaments.*

1. Chacun sait d'une manière bien certaine, par sa propre expérience, combien les pensées des hommes sont passagères et faciles à s'évanouir, et combien leur retour est fortuit; car personne ne peut se souvenir des quantités sans des mesures sensibles et présentes, ni des couleurs sans des exemples sensibles et présents, ni des nombres sans des noms de nombre disposés par ordre et récités de mémoire. C'est pourquoi, sans un tel secours, tout ce qu'un homme aurait recueilli dans son esprit en raisonnant lui échapperait aussitôt et ne pourrait être retrouvé qu'en recommençant le même travail. D'où il suit que, pour les progrès de la *philosophie*, des monuments sensibles sont nécessaires pour rappeler les pensées passées et enregistrer, pour ainsi dire, chacune à son rang. Les monuments de ce genre sont ce que nous appelons des *notes*, c'est-à-dire *des choses sensibles employées à volonté, pour rappeler dans l'esprit par la sensation qu'elles produisent, des pensées semblables aux pensées auxquelles elles ont été attachées*.

2. D'un autre côté, quand un homme, même d'un excellent esprit, passerait tout son temps, partie à raisonner, partie à inventer et à apprendre par cœur des *notes* pour aider sa mémoire, qui ne voit pas qu'il profiterait

très peu pour lui-même et qu'il ne serait utile à rien pour les autres ? Car, puisque ces monuments qu'il inventerait pour lui-même ne lui seraient communs avec personne, sa science périrait avec lui. Mais si ces monuments deviennent communs à un grand nombre d'hommes, c'est-à-dire si les notes inventées par un seul sont communiquées aux autres, alors les sciences peuvent s'accroître pour l'utilité de tout le genre humain. Ainsi, pour le progrès de la philosophie, il est nécessaire qu'il y ait des signes qui manifestent et expliquent aux uns ce que les autres ont pensé. On a coutume d'appeler *signes, les antécédents des conséquents ou les conséquents des antécédents, toutes les fois qu'on a éprouvé qu'ils se précèdent et se suivent constamment.* Par exemple, un nuage épais est le signe de la pluie qui va suivre et la pluie est le signe d'un nuage qui l'a précédée, parce que nous avons l'expérience que rarement il y a des nuages épais sans qu'il s'ensuive de la pluie et que jamais il n'y a de pluie sans qu'auparavant il y ait eu des nuages. Parmi les signes, il y en a de naturels, tels que ceux que nous venons de citer; et il y en a qui sont arbitraires, c'est-à-dire choisis par notre volonté, tels par exemple que du lierre pour annoncer du vin à vendre, une pierre pour annoncer la limite d'un champ, et des voix humaines arrangées d'une certaine manière pour exprimer les pensées et les mouvements de l'âme. La différence de la note et du signe est donc que l'une est instituée seulement pour notre usage et l'autre pour celui des autres.

3. Les voix humaines arrangées de manière qu'elles soient le signe des pensées s'appellent *discours*, et les parties de ce discours s'appellent *noms*. Nous avons dit que les *notes* et les *signes* sont nécessaires à la philosophie : les *notes* pour que nous puissions nous rappeler nos pensées; les *signes* pour que nous puissions les exprimer. Les noms remplissent les deux fonctions; mais ils font l'office de *notes* avant de faire celui de *signes*. Car quand un homme serait seul au monde, ils lui serviraient encore à se ressouvenir, quoiqu'ils ne lui servissent pas à s'exprimer, puisqu'il n'aurait personne à qui s'adresser. En outre, chaque nom par lui-même est une *note*, car même tout seul il rappelle une pensée; mais les noms ne sont des signes que quand ils forment un discours et qu'ils en sont les parties. Par exemple, la voix *homme* excite l'idée d'homme dans celui qui l'entend. Cependant si l'on n'y ajoute pas *est animal*, ou quelque chose d'équivalent, elle ne signifie pas s'il y a eu quelque idée dans l'esprit de celui qui la prononce, ou s'il a voulu dire quelque chose qui commence par cette voix *homme*, comme serait par exemple la voix *homogène*. La nature du *nom* consiste donc premièrement en ce qu'il est une *note* aidant la mémoire; et il arrive ensuite qu'il sert à signifier et à exprimer les choses que nous avons dans notre mémoire. Ainsi je définirai le nom de cette manière.

4. *Un nom est une voix humaine employée par la volonté de l'homme de façon qu'elle soit une note qui puisse exciter dans son esprit une pensée pareille à une pensée passée et qui, placée dans le discours et proférée devant d'autres hommes, leur soit un signe que telle pensée l'a précédée ou ne l'a pas précédée dans l'esprit de celui qui la profère*. Pour abréger, j'ai supposé que l'on pouvait regarder comme indubitable que les noms avaient été faits par les hommes absolument à volonté. En effet, quand on voit que de nouveaux noms sont créés tous les jours, que d'anciens disparaissent, que chaque nation en a de différents pour la même chose, qu'il n'y a aucune ressemblance entre les mots et les choses, et qu'on ne peut établir aucuns rapports entre les unes et les autres, à qui pourrait-il venir dans l'esprit que la nature des choses ait fourni leurs noms ? Dieu, il est vrai, nous a enseigné lui-même certains noms d'animaux et d'autres choses, dont nos premiers pères se sont servis; mais ces noms, il les a imposés selon sa volonté, et depuis, soit à la tour de Babel, soit par le seul laps du temps, ils sont tombés en désuétude et dans l'oubli, et d'autres leur ont succédé, inventés et reçus par la seule volonté des hommes.

Par conséquent, quel que soit l'usage vulgaire des mots, les philosophes qui veulent transmettre leur science à d'autres ont toujours eu et auront toujours le droit, quelquefois même l'obligation, d'employer les noms qu'ils voudront pour signifier leurs pensées, pourvu qu'ils se fassent entendre; car quand les mathématiciens ont appelé *paraboles, hyperboles, cissoïdes, quadratrices*, etc., des figures par eux inventées, ils n'ont eu à en demander la permission à personne qu'à eux-mêmes.

5. Puis donc que, suivant leur définition, les noms formant un discours sont les signes des pensées, il est manifeste qu'ils ne sont pas les signes des choses elles-mêmes. Car dans quel sens peut-on comprendre que le son de cette voix *Pierre* est le signe d'une *pierre*, si ce n'est dans celui-ci, que l'homme qui entend cette voix en infère que celui qui parle a pensé à une pierre ? Ainsi donc toutes ces disputes si les noms représentent, signifient *la matière* ou *la forme* ou *le composé* et d'autres de ce genre qui partagent les métaphysiciens, sont des discussions d'hommes qui errent dans le vide et qui ne comprennent pas les mots sur lesquels pourtant ils disputent.

6. Par conséquent, il n'est pas nécessaire que tout nom soit le nom de quelque chose. Car de même que les voix *homme*, *arbre*, *pierre*, sont les noms des choses mêmes, de même les images d'homme, d'arbre, de pierre, qui se présentent à nous en songe ont aussi leurs noms, quoiqu'elles ne soient pas des choses mais seulement des apparences des choses et des fantômes. En effet, il nous est donné de nous souvenir de ces images, et dès lors il faut qu'elles soient notées et représentées par des noms comme les choses mêmes. Cette voix *le futur* est un nom : mais la chose future est

encore nulle et nous ne savons pas si ce que nous appelons *futur* existera jamais. Cependant, comme par la pensée nous sommes accoutumés à rattacher les choses passées aux choses présentes, nous représentons une liaison semblable par le nom de *futur*. Par la même raison, ce qui n'est, ni n'a été, ni ne sera, ni ne peut être, aura pourtant un nom, cela sera appelé *ce qui n'est pas*, *ce qui n'a pas été*, etc., ou plus brièvement *l'impossible*. Enfin cette voix *rien* est un nom, et cependant ne peut être le nom d'aucune chose. Car si, par exemple, retranchant deux et ensuite trois de cinq, nous voyons qu'il n'y a aucun reste, et si nous voulons nous ressouvenir de cette soustraction, nous disons, *il reste rien*, et dans cette phrase, le mot *rien* n'est pas inutile. De même on appellera avec raison *moins que rien* ce qui reste quand on retranche une quantité plus grande d'une quantité plus petite. Car l'esprit pour s'instruire imagine des restes de ce genre et il désire les rappeler dans sa mémoire toutes les fois qu'il en a besoin. Puis donc que tout nom se rapporte à quelque chose qui est *nommée*, quoique cette chose nommée ne soit pas toujours un être existant dans la nature, il sera permis pour enseigner d'appeler *être* la *chose nommée*, comme s'il n'y avait pas de différence, soit que cet être soit réellement existant, soit qu'il soit imaginaire.

7. La première distinction à faire entre les noms, c'est que les uns sont *positifs* ou *affirmatifs*, et les autres *négatifs*. On a coutume d'appeler ces derniers *privatifs et infinis*. Les *positifs* sont ceux qui sont donnés aux choses auxquelles on pense à cause de leur similitude, de leur égalité ou de leur identité. Les *négatifs* sont ceux qui leur sont imposés à cause de leur diversité, de leur différence ou de leur inégalité. *Homme*, *philosophe*, sont des noms de la première espèce, car *homme* désigne qui l'on veut parmi beaucoup d'hommes, *philosophe* désigne qui l'on veut parmi beaucoup de philosophes, à cause de la similitude qu'ils ont entre eux. *Socrate* est encore un nom positif, parce qu'il désigne un homme et toujours le même. Les noms *négatifs* sont ceux qui se font en ajoutant à un nom positif la particule négative : comme seraient *non-homme*, *non-philosophe*. Mais les *positifs* sont antérieurs aux *négatifs* ; et s'ils n'étaient pas préexistants, ceux-ci ne pourraient pas être employés. Car lorsque le nom de *blanc* a été donné à certaines choses, et qu'ensuite les noms de noir, de bleu, de diaphane, ont été imposés à d'autres choses, les différences qui existent entre chacune de ces choses qui sont en nombre infini et le *blanc*, n'ont pu être exprimées que par un nom qui contînt la négation du blanc, tel que celui-ci *non-blanc*, ou cet autre équivalent dans lequel le mot *blanc* se retrouve (différent du blanc). Ainsi par les noms négatifs, nous rappelons dans notre esprit et nous exprimons ce que nous n'avons pas pensé expressément.

8. Mais le nom positif et le nom négatif sont contradictoires entre eux, en sorte qu'ils ne peuvent pas être tous deux le nom de la même chose. De plus, de deux noms contradictoires, l'un des deux est toujours le nom de quelque chose, car tout ce qui existe est homme ou non-homme, blanc ou non-blanc et ainsi du reste. Cela est trop clair pour qu'il soit nécessaire de le prouver ou de l'expliquer plus longuement. Car ceux qui pour énoncer cette idée disent, *la même chose ne peut pas être et ne pas être*, s'expriment obscurément, et ceux qui disent, *tout ce qui est est ou n'est pas*, se servent d'une locution absurde et ridicule. Toutefois, la certitude de cet axiome (que de deux noms contradictoires, l'un est toujours le nom d'une chose quelconque, et que l'autre ne l'est pas), cette certitude, dis-je, est le principe et le fondement de tout raisonnement, c'est-à-dire de toute philosophie ; c'est pourquoi j'ai dû l'énoncer avec soin, afin qu'elle parût claire et évidente par elle-même, comme elle l'est en effet pour tous les hommes, excepté pour ceux qui ayant lu sur ce sujet les longues dissertations des métaphysiciens dans lesquelles ils croient qu'il n'y a rien de vulgaire, ignorent qu'ils comprennent ce qu'ils comprennent.

9. Il y a encore, parmi les noms, des noms *communs* à plusieurs choses, tel que *homme*, *arbre* ; et d'autres qui sont *propres* à chaque chose comme *celui qui a écrit* l'Iliade, *Homère, celui-ci, celui-là*. Or le *nom commun* n'est pas le nom de plusieurs choses prises collectivement et ensemble, mais celui de chacune de ces choses prises séparément. Ainsi *homme* n'est pas le nom du genre humain, mais il est celui de tout homme, tel que Pierre, Jean et les autres considérés particulièrement : et c'est pour cela que le *nom commun* est nommé *universel*. Cet adjectif *universel* n'est donc pas la qualité d'une chose quelconque existante dans la nature, ni d'une idée, ni d'une image formée dans notre esprit, mais seulement celle d'un mot ou d'un nom ; ainsi lorsqu'on dit qu'animal, pierre, sceptre, etc., est universel, il ne faut pas entendre qu'il y ait aucun homme, aucune pierre, aucun être, qui ait été, soit, ou puisse être universel : mais seulement que les mots animal, pierre et les autres pareils sont des noms universels, c'est-à-dire communs à plusieurs choses ; et les pensées qui répondent dans l'esprit à ces noms communs sont les images et les représentations particulières de chacune de ces choses. C'est pourquoi, pour comprendre la valeur d'un *nom universel*, nous n'avons pas besoin d'une autre faculté que de l'imagination par laquelle nous nous rappelons que les mots de ce genre ont excité dans notre esprit tantôt l'idée d'une chose, tantôt celle d'une autre. Parmi les *noms communs*, les uns le sont plus, d'autres le sont moins. Celui qui est plus *commun* renferme un plus grand nombre de choses ; celui qui l'est moins en renferme un plus petit nombre. Ainsi *animal* est plus commun que *homme*, *cheval* ou *lion*, parce qu'il renferme toutes ces choses. Le nom

plus commun est appelé *genre* ou *général*, par rapport à celui qui l'est moins et qui y est compris, et celui-ci relativement à lui est nommé *espèce* ou *spécial*.

10. De là naît une troisième distinction entre les noms. Les uns sont appelés de *première* et les autres de *seconde intention*. Les noms de première intention sont ceux des choses elles-mêmes, comme *homme*, *pierre*; ceux de seconde intention sont les noms des mots ou des discours, comme *universel*, *particulier*, *genre*, *espèce*, *syllogisme* et autres semblables. Il est difficile de dire pourquoi les uns sont appelés de première et les autres de seconde intention, à moins que ce ne soit peut-être parce qu'on s'est occupé de nommer d'abord les choses qui ont trait aux besoins de la vie et que ce n'est qu'ensuite et postérieurement qu'on a songé à donner des noms aux choses qui ne regardent que la science, c'est-à-dire aux noms eux-mêmes. Quoi qu'il en soit, il est manifeste que *genre*, *espèce*, *définition*, ne sont que des noms de mots et que par conséquent les métaphysiciens ont eu tort de prendre le *genre* et l'*espèce* pour des choses et la *définition* pour la nature de la chose, puisque ce ne sont là que des expressions de nos pensées sur la nature des choses.

11. Quatrièmement les noms ont une signification certaine et déterminée, ou indéterminée et indéfinie.

Les noms qui ont une signification *certaine* et *déterminée* sont premièrement les noms propres à une seule chose et que l'on appelle *individuels*, comme *Homère*, *cet arbre*, *cet animal*. Secondement, ceux auxquels sont joints les adjectifs *tout*, *quelconque* et autres équivalents. On les appelle *universels* parce qu'ils sont le nom de chacune des choses auxquelles ils sont communs. Ces termes ont une signification certaine, parce que celui qui les entend conçoit nécessairement l'idée de la chose dont celui qui parle voulait l'occuper.

Les noms qui ont une signification *indéfinie* sont premièrement ceux auxquels on joint ces mots *quelques*, *certains* ou d'autres semblables, on les appelle noms *particuliers*. Secondement, les noms communs employés sans aucun signe d'universalité ou de particularité, comme *homme*, *pierre*, on les appelle *indéfinis*. Or les noms *particuliers* et *indéfinis* n'ont, les uns et les autres, qu'une signification incertaine, parce que celui qui les entend ne sait pas précisément à quelle chose celui qui parle veut qu'il les applique. C'est pourquoi, dans le discours, ils doivent être regardés comme équivalents.

Ces mots qui marquent l'universalité et la particularité, tels que *tout*, *quelque*, *certain*, etc., ne sont pas des noms mais des parties de noms. Car *tout homme* signifie l'homme *que celui qui écoute voudra se représenter*; et *certain homme* veut dire l'homme *auquel pense celui qui parle*.

D'où l'on voit que les signes de cette espèce ne servent pas à l'homme pour lui-même, c'est-à-dire pour acquérir des connaissances par sa propre méditation (car chacun a sa pensée bien déterminée sans leur secours) : mais ils lui servent pour les autres, c'est-à-dire pour enseigner et communiquer ses idées. Ainsi ils n'ont pas été imaginés pour aider la mémoire, mais pour faciliter la conversation.

12. On a coutume de distinguer encore les noms en *univoques* et *équivoques*, en sorte que l'on appelle *univoques* ceux qui signifient toujours la même chose dans la même suite de raisonnement, et *équivoques* ceux qui doivent s'entendre tantôt dans un sens, tantôt dans un autre. Par exemple, le nom de triangle est *univoque*, parce qu'il a toujours le même sens, et celui de parabole est *équivoque*, parce qu'il exprime quelquefois une allégorie, une allusion, et quelquefois une certaine figure de géométrie. Toute métaphore est une équivoque faite exprès ; mais celle-là vient moins des noms que de ceux qui s'en servent, les uns employant les mots avec soin et justesse pour faire jaillir la vérité, et les autres en abusant pour plaire ou pour tromper.

13. Cinquièmement. Les noms sont *absolus* ou *relatifs*. Les relatifs sont ceux qu'on impose aux choses, en conséquence de ce qu'on les compare à d'autres, comme *père*, *fils*, *cause*, *effet*, *semblable*, *dissemblable*, *égal*, *inégal*, *maître*, *serviteur*, etc. On appelle *absolus* ceux qui n'expriment aucune comparaison. De même que nous avons dit de l'universalité qu'il fallait l'attribuer aux mots et non pas aux choses, de même il en faut dire autant des autres distinctions des noms. Car il n'y a point d'être qui soit univoque ou équivoque, ni relatif ou absolu.

On distingue encore les noms en *abstraits* ou *concrets*. Mais comme les noms abstraits sont nés de la proposition et n'ont pu être faits qu'en vertu d'une affirmation supposée, nous en parlerons quand il en sera temps (chapitre III, article 4).

14. Sixièmement. Il y a des noms *simples* et des noms *composés* ou conjoints : mais avant d'expliquer ce que c'est, il faut avertir que ce n'est pas en philosophie comme en grammaire : un nom ne consiste pas dans un seul mot mais dans tous les mots qui, réunis, forment le nom d'une seule chose. Ainsi *corps animé sentant*, voilà pour les grammairiens trois noms ; mais pour les philosophes ce n'est qu'un, puisque c'est celui d'une seule chose, d'un seul animal quelconque. En philosophie, le nom *simple* n'est pas distingué du *composé* par la *préposition*, comme en grammaire. J'appelle donc ici nom *simple*, celui qui est complètement commun ou universel dans son genre ; et le *composé* est celui qui devient moins

universel par l'adjonction à d'autres noms et qui exprime qu'il a existé* dans l'esprit plusieurs idées en vertu desquelles ces noms subséquents ont été ajoutés au premier. Par exemple (comme nous l'avons dit au chapitre précédent), dans l'idée d'homme, la première idée est qu'il est une chose étendue ; et pour représenter cette idée on lui a donné le nom de *corps*. Ainsi *corps* est un nom simple imposé en vertu d'une première et unique pensée. Ensuite, quand je vois que cette chose étendue est mue d'une certaine manière, il me vient une autre pensée qui fait que j'appelle cette chose *corps animé*. C'est là un nom que j'appelle composé, ainsi que celui d'*animal*, qui lui est équivalent. Par la même raison, *corps animé raisonnable* ou *homme*, qui dit la même chose, est un nom encore composé. Ainsi nous voyons que la composition des noms répond à la composition des pensées. Car de même que dans l'esprit, à une idée ou à une vue il vient s'en joindre une autre, et à celle-là encore une autre, de même à un nom on en ajoute un second, et un troisième, et de tous il se forme un seul nom composé. Cependant, il faut bien se garder de croire qu'en réalité les corps se composent ainsi, et que dans la nature il y ait un corps ou un être quelconque possible qui d'abord n'ait absolument aucune grandeur et qui ensuite, en y ajoutant la grandeur, devienne grand ou petit, en y ajoutant peu ou beaucoup de solidité devienne dense ou rare, en y ajoutant la figure devienne figuré, et qui enfin, en y joignant la lumière et la couleur, devienne éclatant et coloré. Il n'y a que trop de personnes qui ont raisonné ainsi.

15. Les logiciens se sont efforcés de ranger les êtres de tous les genres suivant certaines gradations ou échelons, en subordonnant les moins communs aux plus communs. Par exemple, dans le genre des corps, ils ont placé au premier rang et en haut de l'échelle le nom de *corps* ; et sous celui-là les noms moins communs par lesquels il est limité et déterminé, comme *animé* et *inanimé*, et ainsi de suite jusqu'aux noms *individuels*. De même dans le genre des quantités, ils mettent d'abord *quantité*, et ensuite *ligne*, *superficie*, *solide*, et autres noms moins étendus. Ces ordres ou échelles de noms, ils les appellent *prédicaments* ou *catégories*, et ils arrangent ainsi, non seulement les noms *positifs*, mais encore les *négatifs*. Voici quelques exemples ou *formules* de ces prédicaments.

* *Dans les éditions de 1818 et de 1825, il est écrit par erreur (ainsi qu'on peut le vérifier en se reportant au texte latin)* : excité.

Formule du prédicament des quantités

- Quantité
  - non continue, comme les nombres
  - continue
    - par sa nature comme
      - ligne.
      - surface.
      - solide.
    - par accident
      - à cause de la ligne, comme le temps.
      - à cause de la ligne et du temps, comme le mouvement.
      - à cause du mouvement et de la solidité, comme la force.

Note du traducteur. *Je supprime ici comme inutiles les autres exemples de prédicaments et quelques observations auxquelles ils donnent lieu ; et je me fonde sur la réflexion suivante, par laquelle Hobbes termine ce chapitre et à laquelle je me hâte d'arriver.*

Enfin j'avoue que je n'ai pas vu jusqu'à présent que ces prédicaments fussent d'un grand usage en philosophie. Je crois qu'Aristote, voyant qu'il ne pouvait pas arranger les êtres suivant sa volonté, a été entraîné par un désir désordonné de faire, du moins à sa fantaisie, un classement des mots. J'ai fait la même chose ici, afin seulement de montrer en quoi cela consiste, mais sans prétendre que l'on regarde ces arrangements comme le véritable ordre des mots, à moins qu'on ne les trouve fondés en raisons.

CHAPITRE III

DE LA PROPOSITION

1. Différentes espèces de discours. – 2. Définition de la proposition. – 3. Ce que c'est que le sujet, *le* prédicat *et la* copule, *l'*abstrait *et le* concret. *– 4. Usage et abus des noms abstraits. – 5. Proposition* universelle *et* particulière. *– 6.* Affirmative *et* négative. *– 7.* Vraie *et* fausse. *– 8. Que le* vrai *et le* faux *est dans le discours, et non dans les choses. – 9. Proposition* première *et* non première, définition, axiome, demande. *– 10. Proposition* nécessaire *et* contingente. *– 11.* Catégorique *et* hypothétique. *– 12. La même proposition est présentée de plusieurs manières. – 13. Celles qui peuvent être réduites à la même proposition catégorique sont* équivalentes. *– 14. Les propositions universelles, renversées et composées des noms contradictoires sont* équivalentes. *– 15. Les propositions négatives sont* équivalentes, *soit que la négation soit placée avant ou après la copule. – 16. Les propositions particulières dont on n'a fait que renverser les termes, sont* équivalentes. *– 17. Ce que c'est que les propositions* subordonnées, contraires, sous-contraires *et* contradictoires. *– 18. Ce que c'est que la* conséquence. *– 19. Une proposition fausse ne peut pas suivre de propositions vraies. – 20. Comment une proposition est la cause d'une autre proposition.*

1. De la liaison ou de l'arrangement des noms résultent différentes espèces de discours. Il y en a qui expriment les désirs et les affections des hommes. Telles sont les interrogations qui expriment le désir de savoir quelque chose, comme celle-ci : *qui est homme de bien ?* dans laquelle un nom est énoncé, l'autre est désiré, et on l'attend de celui qu'on interroge. Telles sont encore les *prières* qui expriment le désir d'avoir quelque chose, les *promesses*, les *menaces*, les *souhaits*, les *ordres*, les *plaintes*, et d'autres expressions de nos sentiments. Un discours peut même être tout à fait absurde et insignifiant, comme lorsqu'à la série des noms ne répond aucune série d'idées dans l'esprit. C'est ce qui arrive souvent aux hommes qui, ne comprenant rien à des choses très subtiles, veulent cependant paraître les entendre. Ils profèrent des mots tout à fait incohérents. Car un assemblage

de mots incohérents, quoiqu'il n'atteigne pas le but du discours, c'est-à-dire qu'il n'exprime rien, est pourtant un discours; et chez les métaphysiciens, on en trouve presque autant de ceux-là que de ceux qui signifient réellement quelque chose. La philosophie n'emploie qu'une seule espèce de discours. On l'appelle *dit*, ou *énoncé*, ou même *prononcé*, mais le plus souvent *proposition*. La proposition est affirmative ou négative, vraie ou fausse.

2. *La proposition est un discours composé de deux noms réunis par un verbe, par lequel celui qui parle exprime qu'il conçoit que le second nom est le nom de la même chose dont le premier est aussi le nom*, ou, ce qui revient au même, *que le premier nom est contenu dans le second*. Par exemple, ce discours, *un homme est un animal*, dans lequel deux noms sont réunis par le verbe *est*, est une *proposition*, parce que celui qui la prononce exprime qu'il pense qu'*animal* est aussi le nom de la chose dont *homme* est déjà le nom, ou que le premier nom *homme* est contenu dans le second nom *animal*.

Le premier nom s'appelle *sujet*, *antécédent*, ou *contenu*; et le second *prédicat*, *conséquent*, ou *contenant*. Dans la plupart des langues, le signe de la connexion des deux noms est ou un mot, comme le mot *est* dans cette proposition, *un homme est un animal*; ou un cas, une terminaison de quelque mot, comme dans cette autre proposition, *l'homme marche*, qui équivaut à celle-ci, *l'homme est marchant*. Cette terminaison, au moyen de laquelle on dit *marche*, au lieu de *marchant*, est le signe que les deux noms sont conçus comme réunis, c'est-à-dire comme les noms de la même chose. Mais il existe, ou du moins il peut exister, des langues qui n'aient absolument aucun mot répondant à notre mot *est*. Elles pourraient cependant former des propositions par la seule position d'un nom après un autre, comme si, au lieu de dire *un homme est un animal*, nous disions seulement *un homme un animal*. Car cet arrangement des noms pourrait indiquer suffisamment leur connexion; et ces langues n'en seraient pas moins propres pour raisonner, quoiqu'elles n'eussent pas le mot *est*.

3. Dans toute proposition, il y a trois choses à considérer, savoir les deux noms, *sujet* et *prédicat*, et le lien ou la *copule*. Les deux noms excitent dans l'esprit l'idée d'une seule et même chose; mais la copule fait naître l'idée de la cause pour laquelle ces noms ont été imposés à cette chose. Par exemple, quand nous disons *tout corps est mobile*, quoique nous n'ayons l'idée que d'une seule et même chose désignée par deux noms différents, cependant notre esprit ne s'arrête pas à cette idée, il cherche en outre ce que c'est que d'*être corps* ou d'*être mobile*, c'est-à-dire quelles sont dans cet être les différences qui le distinguent des autres êtres et qui font qu'il peut être nommé ainsi, et que les autres ne le peuvent pas; car chercher ce que

c'est que *d'être quelque chose* comme *d'être mobile*, *d'être chaud*, etc., c'est chercher dans les êtres quelles sont les causes de leurs noms.

De la naît cette division des noms en *concrets* et *abstraits*, que nous avons indiquée dans le chapitre précédent. Le nom *concret* est celui d'une chose qui est supposée exister; c'est pourquoi, qu'il soit le sujet même ou qu'il y soit ajouté (c'est-à-dire qu'il soit *substantif* ou *adjectif*), on l'appelle en grec *hypokeimenon* (le sujet, la chose dont il s'agit). Tels sont les mots : *corps*, *mobile*, *mu*, *figuré*, *chaud*, *froid*, *semblable*, *égal*, *Appius*, *Lentulus*, etc. Le nom *abstrait* est celui qui exprime la cause pour laquelle le nom concret convient à la chose supposée existante; c'est-à-dire pourquoi un tel être *est corps*, *est mobile*, *est mu*, *est figuré*, *est chaud*, *est froid*, *est semblable*, *est égal*, *est Appius* ou *Lentulus*, etc. Tels sont les mots: *corporéité*, *mobilité*, *mouvement*, *figure*, *chaleur*, *froid*, *similitude*, *égalité*; et ceux-ci, dont s'est servi Cicéron, *appiété*, *lentulité*, qu'on appelle des noms abstraits. Les infinitifs sont des noms du même genre; car *le vivre*, *le mouvoir*, sont la même chose que *la vie*, *le mouvement*, ou l'état *d'être vivant*, *d'être mu*. Les noms abstraits expriment donc la cause du nom concret, mais non la chose même qu'il représente. Par exemple, lorsque nous voyons quelque chose, ou lorsque nous avons l'idée de quelque chose de visible, cette chose nous apparaît ou est conçue dans notre esprit, non comme existante dans un seul point, mais comme ayant des parties distantes les unes des autres et remplissant un certain espace. Cette chose ainsi conçue, nous avons voulu qu'elle soit appelée *un corps*. La cause de ce nom est donc la qualité *d'être une chose étendue* ou *l'extension*, *la corporéité*. De même, lorsque regardant une chose, nous la voyons tantôt ici, tantôt là, nous disons qu'elle est *mue*, transportée. La cause de ce nom est *cette chose être mue*, ou son *mouvement*.

Ainsi les causes des noms sont les mêmes que celles de nos conceptions, savoir quelque puissance, quelque acte, quelque affection de la chose conçue. Ce sont ses modes, ou comme l'on dit plus ordinairement, ses *accidents*. Dans ce sens, le mot *accident* ne veut pas dire l'opposé de *nécessaire*. Les accidents sont ainsi nommés, parce qu'ils ne sont ni la chose elle-même, ni partie de la chose, mais qu'ils l'accompagnent de telle manière qu'ils peuvent tous cesser d'exister, être anéantis (excepté toutefois l'étendue), mais qu'ils ne peuvent être séparés du sujet.

4. Il y a encore cette différence entre les noms *concrets* et *abstraits*, c'est que les premiers sont antérieurs aux propositions qu'on peut faire sur eux, au lieu que les derniers sont nécessairement postérieurs aux propositions, puisqu'ils naissent de la copule de ces propositions et que par conséquent ils ne peuvent exister que quand elles sont exprimées. On fait un grand usage et un grand abus des noms abstraits dans toutes les

circonstances de la vie et surtout en philosophie. Nous en faisons un grand usage, parce que sans eux nous ne pouvons presque pas raisonner, c'est-à-dire combiner, calculer les propriétés des corps. Car lorsque nous voulons ajouter ou retrancher, multiplier ou diviser la chaleur, la lumière, la vitesse, si nous le faisions en nous servant des noms concrets, en disant, par exemple, l'être chaud est double de l'être chaud, l'être lumineux est double de l'être lumineux, l'être mu est double de l'être mu, nous ne doublerions pas les propriétés, mais ces corps eux-mêmes, ce qui ne remplirait pas notre intention. Mais l'abus consiste en ceci, c'est que lorsque certaines personnes voient que l'on peut considérer, c'est-à-dire évaluer en rapports de quantité l'accroissement et le décroissement de la chaleur et des autres accidents, sans avoir égard aux corps qui en sont les sujets (ce qu'on appelle *abstraire* ou séparer), ils se croient fondés à parler des accidents comme s'ils pouvaient être réellement séparés de tout corps. De là viennent les erreurs grossières de certains métaphysiciens; car, *de ce que l'on peut considérer la pensée sans faire attention aux corps, ils en infèrent qu'on n'a pas besoin de corps pensant*; et de ce qu'on peut considérer la quantité sans faire attention au corps, ils croient que la quantité peut exister sans le corps et le corps sans quantité, en sorte que ce ne soit qu'après lui avoir ajouté la quantité qu'il devienne susceptible de quantité. De la même source naissent aussi ces mots dénués de sens, *substances abstraites*, *essence séparée*, et autres semblables, et toute cette foule de mots dérivés du verbe *être*, tels que *essence*, *essentialité*, *entité*, *entitatif*, *réalité*, *aliquidité*, *quiddité*. Tout cela ne peut pas être inventé dans les langues dans lesquelles la copule ou le lien de la proposition n'est pas exprimé par le verbe *est*, mais par des verbes adjectifs, comme *il court*, il lit, ou par la simple position des noms. Cependant, ces langues peuvent servir à raisonner comme les autres et toutes ces expressions barbares ne sont point du tout nécessaires à la philosophie.

5. Il y a beaucoup d'espèces de propositions. D'abord, il y en a d'*universelles*, de *particulières*, d'*indéfinies* et de *singulières*. Cette manière de les classer s'appelle la distinction de *quantité*. Une proposition est *universelle*, quand son *sujet* est affecté du signe du nom universel, comme celle-ci, *tout homme est animal*; elle est *particulière*, quand son *sujet* est affecté du signe du nom particulier, comme *un certain homme est savant*; elle est *indéfinie*, quand le *sujet* est un nom commun et sans signe, comme celles-ci *l'homme est un animal*, *l'homme est savant*; enfin, une proposition *singulière* est celle dont le sujet est un nom singulier, comme *Socrate est philosophe*, *cet homme est noir*.

6. Secondement, on distingue les propositions de leur *qualité*; elles sont *affirmatives* ou *négatives*. *L'affirmative* est celle dont le prédicat est un

nom positif, comme *l'homme est un animal; la négative* est celle dont le prédicat est un *nom négatif*, comme celle-ci, *l'homme n'est pas une pierre*, ou *l'homme est non-pierre*.

7. On les distingue encore en *vraies* et *fausses*. La proposition *vraie* est celle dont le *prédicat* renferme le *sujet*, c'est-à-dire dont le *prédicat* est le nom d'une chose dont le sujet est aussi le nom. Par exemple, *l'homme est un animal* est une proposition vraie, parce que tout ce qui s'appelle homme s'appelle aussi animal; et celle-ci, *quelque homme est malade* est vraie aussi, parce que malade est le nom de quelque homme. Les propositions qui ne sont pas vraies, c'est-à-dire dont le prédicat ne contient pas le sujet, s'appellent *fausses* : exemple, *l'homme est une pierre*.

Ces mots, *vrai*, *vérité*, *proposition vraie*, sont absolument équivalents, car la vérité consiste dans les paroles et non pas dans la chose; et quoique *vrai* soit souvent opposé à *apparent* ou à *fictif*, il faut toujours le rapporter à la vérité de la proposition. En effet, on nie avec raison que le simulacre d'un homme dans un miroir, ou son image, soit un *véritable homme*, parce que cette proposition, *une image est un homme*, est fausse; et cependant on ne peut nier qu'une image ne soit une vraie image; la vérité est donc une affection, une propriété de la proposition et non de la chose. Quant à ce que disent beaucoup de métaphysiciens, que *être*, *un* et *vrai* sont une seule et même chose, c'est une puérilité et une niaiserie; car assurément personne n'ignore que *être homme*, *être un homme* ou *être vraiment homme*, signifient exactement la même chose.

8. Par là on comprend qu'il n'y a lieu à vérité et à fausseté que dans les esprits de ceux qui se servent du langage. Ainsi quoique les animaux, qui n'ont point de langage, quand ils voient l'image d'un homme dans un miroir, puissent être affectés comme s'ils voyaient l'homme lui-même, et par cette raison en être effrayés ou réjouis mal à propos, cependant ils ne regardent pas cette chose comme une apparence vraie ou fausse, mais comme semblable, et en cela ils ne se trompent pas. De même donc que les hommes doivent tous leurs bons raisonnements aux discours bien compris, de même ils doivent toutes leurs erreurs aux discours mal compris; ainsi la gloire de la philosophie et la honte des dogmes absurdes leur appartiennent également tout entières; car le discours (comme on le disait autrefois des lois de Solon) ressemble aux toiles d'araignées, les esprits faibles et paresseux s'arrêtent aux mots et y demeurent embarrassés, les forts percent à travers.

On peut encore conclure de là que les premières vérités sont nées de la volonté de ceux qui les premiers ont donné des noms aux choses, ou ont adopté les noms imposés par d'autres; car par exemple ceci, *l'homme est un animal* n'est vrai que parce qu'il a plu de donner ces deux noms à une même chose.

9. Quatrièmement, on distingue les propositions en *premières* et *non-premières*. La proposition première est celle dont le prédicat explique le sujet par le moyen de plusieurs noms réunis. Par exemple, celle-ci, *l'homme est un corps animé raisonnable*, est une proposition première; car ce que signifie le mot *homme* est exprimé d'une manière plus étendue par ces trois mots, *corps*, *animé* et *raisonnable*. On appelle *premières* ces sortes de propositions, parce qu'elles sont toujours les premières d'un raisonnement; car on ne peut rien prouver qu'auparavant le nom de la chose dont il s'agit ne soit bien compris. Ces propositions premières ne sont autre chose que des définitions ou parties de définitions, et elles seules sont des bases de démonstration, c'est-à-dire que ce sont des vérités créées par la volonté de ceux qui parlent et de ceux qui écoutent et qui, par cela même, sont impossibles à démontrer. Quelquefois à ces propositions on en ajoute encore certaines autres que l'on appelle aussi *premières* et *principes*, ou autrement *axiomes* ou *notions communes*; mais celles-là ne sont pas réellement des *principes*, puisqu'elles peuvent se prouver, bien qu'elles n'en aient pas besoin, parce qu'elles sont évidentes, et il faut d'autant moins les reconnaître pour des principes que sous ce nom beaucoup de choses inconnues et même fausses nous sont données d'autorité comme très claires par des hommes qui veulent absolument que tout ce qu'ils croient vrai le soit. On met encore ordinairement au nombre des *principes* certaines *demandes*, telles que celles-ci, *que l'on puisse mener une ligne droite entre deux points*, et les autres demandes des géomètres; mais ce sont là des principes d'art ou de construction, et non pas de science et de démonstration.

10. Cinquièmement, on distingue les *propositions* en propositions *nécessaires*, c'est-à-dire qui sont nécessairement vraies, et propositions *contingentes*, c'est-à-dire qui effectivement sont vraies mais ne le sont pas nécessairement. Une proposition est nécessaire quand on ne peut concevoir ni imaginer aucune chose dans un aucun temps dont le nom puisse être le *sujet* de la proposition sans que le *prédicat* ne soit aussi son nom. Par exemple, *l'homme est un animal* est une proposition nécessaire, parce que dans quelque temps que nous supposions que le nom *homme* convient à quelque chose, le nom *animal* conviendra toujours aussi à cette même chose. La proposition *contingente* au contraire peut être tantôt vraie, tantôt fausse; par exemple, *tout corbeau est noir*, cela peut être vrai aujourd'hui, et ne pas l'être dans un autre temps. Il faut remarquer que dans toute proposition nécessaire, le prédicat est l'équivalent du sujet, comme dans celle-ci, *l'homme est un animal raisonnable*; ou l'équivalent d'une partie

du sujet, comme dans cette autre, *l'homme est un animal* : car ce nom *animal raisonnable* ou *homme* est composé de deux mots, *animal* et *raisonnable*. Au contraire, cela n'arrive pas dans les propositions contingentes. Car quand il serait vrai que *tout homme est menteur*, ce mot *menteur* n'étant pas une partie du nom composé auquel équivaut le nom *homme*, cette proposition n'est pas nécessaire, mais contingente ; et elle ne serait encore que contingente quand même elle serait toujours vraie. Les propositions nécessaires sont celles qui sont d'éternelle vérité.

Puisqu'il y a des vérités éternelles, il est évident que la vérité est dans le discours et non dans les choses. En effet il sera éternellement vrai que *s'il existe un homme, il existe un animal*; quoiqu'il ne soit pas du tout nécessaire qu'il existe éternellement une chose appelée *homme* ou *animal*.

11. Une sixième division des propositions consiste à les distinguer en *catégoriques* et *hypothétiques*. Les propositions *catégoriques* sont celles qui sont énoncées simplement ou absolument; comme *tout homme est un animal, nul homme n'est un arbre*. Les *hypothétiques* au contraire sont conditionnelles comme celles-ci : *si un être est un homme, il est un animal; si un être est un homme, il n'est pas une pierre*. Dans les propositions nécessaires, la *catégorique* et l'*hypothétique* qui lui correspond signifient la même chose, ce qui n'arrive pas dans les contingentes. Par exemple, si ceci est vrai, *tout homme est un animal*, il sera vrai de même que *si un être est un homme, il est aussi un animal*. Mais dans les contingentes, quand il serait vrai aujourd'hui que *tout corbeau est noir*, il serait pourtant faux de dire que *par cela seul qu'un être est un corbeau, il est noir*. On a raison de dire que la proposition hypothétique n'est vraie que quand elle renferme une conséquence juste. Par exemple, dès qu'il est vrai que *tout homme est un animal*, s'il est vrai que *tel être est un homme*, il faut nécessairement qu'il soit vrai aussi que *cet être est un animal*. C'est pourquoi toutes les fois que l'hypothétique est vraie, la catégorique qui lui correspond, non seulement est vraie, mais est nécessaire. J'ai cru devoir remarquer ce fait, pour prouver qu'il est plus sûr pour les philosophes de procéder par des propositions hypothétiques que par des propositions catégoriques.

12. Quoiqu'une proposition quelconque puisse être et soit souvent énoncée et écrite de différentes manières, et quoiqu'il faille toujours parler comme parle le plus grand nombre, cependant ceux à qui les docteurs enseignent la philosophie, doivent bien prendre garde de ne pas être induits en erreur par cette variété de locution ; et s'ils rencontrent quelque obscurité, ils doivent réduire la proposition à sa forme la plus simple et purement catégorique, en sorte que la copule *est* soit expressément énoncée, que le *sujet* soit complètement séparé et distingué du *prédicat*, et que ni l'un ni

l'autre ne soit en aucune manière confondu avec la *copule*. Par exemple, soit cette proposition, *l'homme peut ne pas pécher* comparée avec celle-ci, *l'homme ne peut pas pécher*. On connaît tout de suite en quoi elles diffèrent, si on les réduit à celles-ci, *l'homme est capable de non pécher*, et *l'homme est non capable de pécher*. Mais il ne faut faire cette transformation que pour soi-même, ou avec son instituteur seulement; car dans la conversation, il serait ridicule de parler ainsi.

Donc, pour déterminer quelles sont les propositions *équivalentes* entre elles, je dis premièrement que ce sont celles qui peuvent être réduites purement et simplement à une seule et même proposition catégorique.

13. Secondement, la catégorique nécessaire est *équivalente* à son hypothétique. Telles sont cette catégorique, *un triangle rectiligne a trois angles qui sont égaux à deux droits*, et cette hypothétique, *si une chose est un triangle, elle a trois angles qui sont égaux à deux droits*.

14. Troisièmement, sont équivalentes les propositions universelles quelconques dont les termes sont placés dans un ordre inverse, et dont chacun des termes est contradictoire à chacun des termes de l'autre; comme celles-ci : *tout homme est un animal*, et *tout ce qui n'est pas un animal n'est pas un homme*. En effet, puisque cette proposition, *tout homme est un animal*, est vraie, le nom *animal* contient le nom *homme*, et tous deux sont positifs. Donc le nom négatif, *non animal*, contient aussi le nom négatif, *non homme*; donc il est vrai de dire : *tout ce qui n'est pas un animal n'est pas un homme*. Il en est de même de celles-ci, *aucun homme n'est un arbre, aucun arbre n'est un homme*; car s'il est vrai que *arbre* ne soit le nom d'aucun homme, ces deux noms, *homme* et *arbre*, ne conviendront jamais à la même chose; donc il est vrai que *aucun arbre n'est un homme*. De même encore, à une proposition dont les deux termes sont négatifs, comme celle-ci, *tout ce qui n'est pas animal n'est pas homme*, équivaut celle-ci, *les seuls animaux sont des hommes*.

15. Quatrièmement, quoique Aristote le nie, *les propositions négatives* dont les termes sont les mêmes sont équivalentes, soit que la négation soit après la copule comme dans certaines langues, soit qu'elle soit avant, comme cela arrive en latin et en grec. Par exemple, *un homme n'est pas un arbre*, ou *un homme est non arbre*, disent la même chose; et de même celles-ci, *tout homme est non arbre*, ou *aucun homme n'est arbre*. Cela est si clair que cela n'a pas besoin de démonstration.

16. Enfin toutes les propositions particulières dont on n'a fait que renverser les termes, sont équivalentes. Telles sont celles-ci, *un certain homme est un aveugle, un certain être aveugle est un homme*; car les deux noms sont le nom d'un seul et même homme, et par conséquent ils expriment la même vérité, qu'ils soient unis dans un ordre ou dans un autre.

17. Parmi les propositions qui ont les mêmes termes, placés dans le même ordre, mais modifiés par une qualité ou une quantité différentes, les unes sont appelées *subordonnées*, d'autres *contraires*, d'autres *sous-contraires*, d'autres *contradictoires*.

Les *subordonnées* sont celles de même qualité universelle et particulière, comme celles-ci, *tout homme est un animal, certain homme est un animal*; ou *aucun homme n'est sage, certain homme n'est pas sage*. De celles-là, si l'universelle et vraie, la particulière l'est aussi.

Les *contraires* sont les universelles de qualité différente, comme *tout homme est heureux, aucun homme n'est heureux*. De celles-là, si l'une est vraie, l'autre est fausse; et toutes deux peuvent être fausses, comme dans l'exemple cité.

Les *sous-contraires* sont les particulières de qualité différente. Exemple: *un certain homme est savant, un certain homme n'est pas savant*. Elles ne peuvent être toutes deux fausses, mais toutes deux peuvent être vraies (parce qu'elles ne s'appliquent pas au même individu).

Les *contradictoires* sont celles qui diffèrent par la quantité et la qualité, comme *tout homme est un animal*, et *un certain homme n'est pas un animal*. Elles ne peuvent être ni toutes deux vraies, ni toutes deux fausses.

18. Une proposition est dite suivre de deux autres propositions lorsque, si on les suppose vraies, elle ne peut pas être supposée n'être pas vraie. Par exemple, soient les deux propositions, *tout homme est un animal*, et *tout animal est un corps*, reconnues comme vraies, parce que corps est le nom de tout animal et qu'animal est le nom de tout homme. Puisque ces choses comprises, on ne peut pas comprendre que corps ne soit pas le nom de tout homme, c'est-à-dire que cette proposition, *tout homme est un corps*, soit fausse, on dit qu'elle suit des deux premières, qu'elle s'en déduit nécessairement.

19. Une proposition vraie peut quelquefois suivre de propositions fausses, mais une fausse ne peut jamais suivre de celles qui sont vraies. Si on accorde comme vraies ces deux propositions fausses, *tout homme est une pierre*, et *toute pierre est un animal*, il s'ensuit qu'*animal* est le nom de toute pierre et *pierre* le nom de tout homme, c'est-à-dire qu'*animal* est le nom de tout homme, ou ce qui revient au même, que cette proposition *tout homme est un animal* est vraie, comme elle l'est en effet; ainsi quelquefois une proposition vraie suit de deux fausses. Mais si elles sont vraies toutes deux, quelles qu'elles soient, jamais il ne s'ensuivra une fausse. Or comme une proposition vraie suit de deux fausses, uniquement parce qu'elles sont accordées comme vraies, elle suit de même de deux vraies, reconnues pour telles.

20. Puis donc que de deux propositions vraies, il ne peut s'ensuivre qu'une autre proposition vraie aussi, et qu'ainsi l'intelligence de ces vérités est cause de l'intelligence d'une autre vérité qui dérive d'elles, on a coutume d'appeler ces deux propositions antécédentes, les causes de la conséquence. Les logiciens disent donc que les *prémisses* sont les causes de la conclusion; et l'on peut tolérer cette locution, quoique cependant elle ne soit pas exacte; car une compréhension, un jugement, est bien la cause d'une autre compréhension, d'un autre jugement; mais une expression, un discours, n'est pas la cause d'une autre expression, d'un autre discours. Il est vrai que les mêmes logiciens disent que la chose même est cause de sa propriété; mais cela est tout à fait inepte. Par exemple, de ce qu'une certaine figure est un triangle, et de ce que tout triangle a ses trois angles égaux à deux droits, il s'ensuit que cette figure a la somme de ses angles égaux à deux droits; et à cause de cela, ils disent que la figure elle-même est cause de cette égalité. Cependant comme elle ne fait pas elle-même ses angles, et qu'ainsi elle ne peut pas être appelée *cause efficiente*, ils disent qu'elle est *cause formelle*, quoique dans le vrai elle ne soit pas cause du tout; car la propriété ne suit pas du tout de la figure, mais seulement existe en même temps avec elle. Au contraire, la connaissance de la propriété suit de la connaissance de la figure; car une connaissance est la seule vraie cause d'une autre connaissance, et elle en est la *cause efficiente*.

En voilà assez sur la proposition qui, dans la marche philosophique, est comme le premier mouvement en avant fait d'une seule jambe: si on y en ajoute un autre exécuté convenablement, il y aura un pas entier de fait; et ce sera le syllogisme. Nous en parlerons dans le chapitre suivant.

CHAPITRE IV

DU SYLLOGISME

1. Définition du syllogisme. – 2. Dans le syllogisme il n'y a que trois termes. – 3. Le majeur, le mineur et le moyen terme ; qu'est-ce que la proposition majeure et la mineure ? – 4. Dans tout syllogisme le moyen terme doit être déterminé à une seule et même chose dans les deux propositions. – 5. De deux propositions particulières il ne s'ensuit rien. – 6. Le syllogisme est la réunion de deux propositions en une seule somme ou résultat. – 7. Figure du syllogisme. Ce que c'est. – 8. Quelle est l'opération de l'esprit qui répond au syllogisme. – 9. La première figure indirecte, comment elle a lieu. – 10. La seconde figure indirecte, comment elle a lieu. – 11. La troisième figure indirecte, comment elle a lieu. – 12. Il y a beaucoup de modes différents dans chaque figure, mais la plupart inutiles à la philosophie. – 13. Le syllogisme hypothétique est équivalent au catégorique.

1. Le discours qui consiste dans trois propositions, de deux desquelles s'ensuit une troisième, s'appelle *syllogisme*. La proposition qui suit des autres s'appelle *conclusion* ; et les autres se nomment *prémisses*. Par exemple, ce discours, *tout homme est un animal, tout animal est un corps, donc tout homme est un corps*, est un syllogisme, puisque la troisième proposition suit des précédentes, c'est-à-dire que si l'on accorde que celles-là sont vraies, il faut accorder que celle-ci est également vraie.

2. Aucune conclusion ne sort de deux propositions qui n'ont pas un terme commun ; et par conséquent elles ne forment pas un syllogisme. Que ces deux prémisses prises au hasard, *l'homme est un animal, l'arbre est une plante*, soient vraies toutes deux, puisqu'on ne peut en inférer ni que *plante* soit le nom de l'homme, ni que *homme* soit le nom de la plante, il ne s'ensuit pas qu'il soit vrai que *l'homme est une plante*. Corollaire. Ainsi dans les *prémisses* du syllogisme, il ne peut y avoir que trois termes.

En outre, dans la *conclusion*, il ne peut y avoir aucun terme qui ne se trouve auparavant dans les *prémisses*. Soient deux prémisses quelconques :

l'homme est un animal, l'animal est un corps, si dans la conclusion on met un autre terme quel qu'il soit, comme dans celle-ci, *l'homme est un bipède*, quoiqu'elle soit vraie, elle ne suit pas des prémisses; puisque ce n'est pas d'elles que l'on peut inférer que le nom de *bipède* convient à l'homme. C'est pourquoi, je le répète, dans un syllogisme il ne peut y avoir que trois termes.

3. De ces trois termes, on a coutume d'appeler *majeur* celui qui dans la conclusion est le prédicat; *mineur*, celui qui en est le sujet; et le troisième s'appelle *moyen*. Dans ce syllogisme, *un homme est un animal, un animal est un corps, donc un homme est un corps*, *corps* est le terme *majeur*, *homme* est le terme *mineur*, et *animal* le *moyen*. De même parmi les prémisses, celle dans laquelle se trouve le terme majeur s'appelle la *proposition majeure*; et celle où se trouve le terme mineur est nommée la *proposition mineure*.

4. Si le moyen terme n'est pas déterminé et appliqué à une seule et même chose singulière dans les deux prémisses, la conclusion ne s'ensuivra pas et il n'y aura pas de syllogisme. En effet, que le terme *mineur* soit *homme*, le *moyen*, *animal*, et le *majeur*, *lion*; et que les prémisses soient *tout homme est animal, certain animal est lion*, il ne s'ensuivra pas cependant que *tout homme ou certain homme soit lion*. D'où l'on voit que dans tout syllogisme la proposition qui a pour sujet le *moyen* terme doit être ou *universelle* ou *singulière*, mais ni *particulière* ni *indéfinie*. Par exemple, ce syllogisme, *tout homme est un animal, certain animal est un quadrupède*, donc *certain homme est un quadrupède*, est également vicieux, parce que le moyen terme *animal* dans la première prémisse est appliqué à l'homme seul; car elle dit seulement qu'*animal* est le nom de l'homme, au lieu que dans la seconde il peut s'entendre et s'entend de certain animal autre que l'homme. Mais si cette seconde prémisse eût été universelle comme ici, *tout homme est un animal, tout animal est un corps*, donc *tout homme est un corps*, le syllogisme eût été légitime; car il s'en serait suivi que *corps* est le nom de tout animal et par conséquent celui de l'homme, c'est-à-dire que cette conclusion, *tout homme est un corps*, eût été vraie. Au contraire, si le moyen terme est un nom singulier, il y aura un syllogisme inutile à la vérité pour la philosophie; mais enfin ce sera un vrai syllogisme, tel que celui-ci, *un certain homme est Socrate, Socrate est philosophe*, donc *un certain homme est philosophe*; car les prémisses accordées, on ne peut nier la conclusion.

5. Donc deux prémisses ne forment pas un syllogisme, si dans toutes deux le moyen terme est *particulier*; car soit que ce moyen terme *particulier* soit dans toutes deux le *sujet*, ou dans toutes deux le *prédicat*, ou

dans l'une le *sujet*, et dans l'autre le *prédicat*, il peut n'être pas appliqué à la même chose.

Soient ces deux prémisses :

Un certain homme est aveugle,
Un certain homme est savant. } où le *moyen* est le sujet.

Il ne s'ensuivra pas qu'*aveugle* soit le nom de quelque savant, ni *savant* le nom de quelque aveugle; puisque le nom *savant* ne contient pas le nom aveugle, ni celui-ci l'autre; et que par conséquent il n'est pas nécessaire que ces deux noms soient ceux du même homme.

De même de ces prémisses :

Tout homme est un animal,
Tout cheval est un animal. } dans lesquelles le *moyen* est le prédicat.

On n'en peut rien conclure; car comme *animal* est indéfini dans toutes deux, et par conséquent équivaut à un nom particulier, et qu'il se peut que *homme* soit un certain animal, il ne s'ensuit pas nécessairement que *homme* soit le nom du cheval, ni que *cheval* soit le nom de l'homme.

De même aussi ces prémisses :

Tout homme est un animal,
Certain animal est quadrupède, } dans l'une desquelles le *moyen* est sujet, tandis qu'il est prédicat dans l'autre,

seront encore sans conclusion, parce que le nom *animal* n'étant pas déterminé, peut dans l'une s'entendre de l'homme, et dans l'autre, d'autre chose que l'homme.

6. Il est manifeste, par les exemples précédents, que le syllogisme ne consiste qu'à recueillir la somme ou le résultat de deux propositions jointes ensemble par un terme commun, qu'on appelle *moyen*; et qu'ainsi le *syllogisme* est l'addition de trois termes, comme la proposition est l'addition de deux.

7. On a coutume de distinguer les syllogismes entre eux par la différence de leurs *figures*, c'est-à-dire par la différente position du *moyen terme*; et dans les figures on distingue encore certains *modes*, c'est-à-dire certaines différences dans la *quantité* et la *qualité* des propositions. La *première figure* est celle dans laquelle les termes sont arrangés suivant l'étendue de leur signification, de manière que le *mineur* vienne le premier, ensuite le *moyen*, puis le *majeur*; en sorte que si nous prenons pour mineur, *homme*; pour moyen, *animal*; et pour majeur, *corps*; le syllogisme de la première figure sera celui-ci :

Un homme est un animal, un animal est un corps[a]; dans lequel la proposition mineure est *un homme est un animal*; la proposition majeure est *un animal est un corps*; et la conclusion ou le résultat recueilli sera *un homme est un corps*. On appelle cette figure, directe, parce que les termes observent entre eux l'ordre direct; mais elle se partage en quatre modes, suivant la *quantité* et la *qualité* de ces termes.

Quand tous les termes sont positifs et le moyen terme universel (*tout homme est un animal, tout animal est un corps*), c'est le premier mode dans lequel toutes les propositions sont affirmatives, universelles.

Lorsque le terme majeur est un nom négatif et que le mineur est universel, c'est le second mode (*tout homme est un animal, tout animal est non arbre*), dans lequel la proposition majeure et la conclusion sont universelles négatives.

On ajoute quelquefois à ces deux modes deux autres modes qui en diffèrent en ce que le terme mineur est particulier.

Il peut se faire aussi que le terme majeur et le moyen soient des noms négatifs. Quand cela arrive, il en naît un nouveau mode dans lequel toutes les propositions sont négatives, et néanmoins le syllogisme est bon. Supposons, par exemple, que le terme mineur soit *homme*, que le moyen soit *non pierre*, et le majeur *non caillou*, il en résultera ce syllogisme-ci, *l'homme n'est pas pierre, tout ce qui n'est pas pierre n'est pas caillou, donc l'homme n'est pas caillou*, lequel syllogisme est composé de trois propositions négatives, mais n'en est pas moins régulier. Mais comme en

a. Quoique j'aie déclaré que je ne me permettrais aucune note sur cette *Logique*, parce que je me réservais d'exposer mes idées de suite dans mon ouvrage, et que je ne voulais pas les présenter incidemment dans des observations détachées, je ne puis m'empêcher de faire remarquer que cette première figure du syllogisme, appelée avec raison figure directe, est la base de toutes les autres; qu'elle est un véritable *sorite* qui peut se prolonger indéfiniment; et que la justesse de sa conclusion ne vient point de ce que le prétendu terme majeur renferme le moyen et le mineur, ou leur est égal; mais au contraire de ce que le mineur, le *premier sujet*, renferme un premier attribut, celui-là un second, un troisième, un quatrième si l'on veut; et enfin celui de la conclusion.

De cette réflexion développée et bien entendue naîtra la rénovation totale de la science logique et par suite l'anéantissement complet de l'ancien art logique qui est absolument faux et illusoire.

Je n'ai pas besoin de réfuter ici expressément l'explication que Hobbes donne, dans le paragraphe suivant, de l'opération de l'esprit qui a lieu dans le syllogisme, ni celle qu'il donne, chapitre III, § 7, de la cause de la vérité d'une proposition, ni celle qu'il donne, chapitre V, § 2, des causes de sa fausseté. Je me borne à remarquer, comme je l'ai fait déjà, qu'il y a plus de mérite à lui, à avoir essayé de rendre raison de tout cela, qu'à nous d'y réussir, et que dans le fait, il a très bien vu que les formes syllogistiques ne sont bonnes à rien. La preuve en est la conclusion de ce chapitre : s'il n'a pas été plus loin, c'est la faute du temps où il a vécu. Il est aisé de voir combien il était difficile alors d'aller jusqu'où il a été.

philosophie il ne s'agit que de trouver des règles universelles aux propriétés des choses, et que la négative ne diffère de l'affirmative qu'en ce que dans celle-ci on affirme du sujet un nom positif, et dans celle-là un nom négatif, il est inutile de considérer dans la figure directe un autre mode que celui dans lequel toutes les propositions sont universelles et affirmatives.

8. Voici maintenant la pensée ou l'opération de l'esprit qui répond au syllogisme direct. Premièrement, on conçoit l'idée de la chose nommée avec l'impression ou l'accident à cause duquel elle est nommée du nom qui est le *sujet* de la mineure. Ensuite, se présente à l'esprit l'idée de la même chose, avec l'impression ou l'accident qui fait qu'on lui applique le nom qui est le *prédicat* de cette même mineure. Troisièmement, la pensée revient une seconde fois à la chose nommée, avec l'impression à cause de laquelle cette chose est nommée du nom qui est le prédicat de la majeure. Enfin, quand l'esprit se rappelle que ces impressions sont toutes faites par une seule et même chose, il conclut que les trois noms sont les noms de la même chose; c'est-à-dire que la conclusion est vraie. Par exemple, quand on fait ce syllogisme, *un homme est un animal, un animal est un corps, donc un homme est un corps*, l'esprit est frappé d'abord de l'image d'un homme parlant ou dissertant, et il se rappelle que ce qui apparaît ainsi se nomme *un homme*. Ensuite se présente la même image de ce même homme, se mouvant de lui-même; et l'on se rappelle que ce qui apparaît ainsi s'appelle un *animal*. Troisièmement, la même image de cet homme revient comme étant dans un lieu quelconque, occupant un espace, et l'on se ressouvient que ce qui apparaît s'appelle un *corps*. Enfin, lorsqu'on se rappelle que ce qui occupe un certain espace, change de lieu et parle, est une seule et même chose, on conclut que ces trois noms, *homme, animal* et *corps*, sont les noms de la même chose, et par conséquent que cette proposition, *un homme est un corps*, est une proposition vraie. Ainsi, il est manifeste que le *concept* ou la *pensée* qui existe dans l'esprit et répond au syllogisme composé de propositions universelles, n'existe pas dans les animaux qui n'ont pas l'usage des noms, puisque pour faire un syllogisme, il faut penser non pas seulement à la chose, mais aux variations des différents noms qui lui ont été donnés à cause des différentes idées qu'elle a excitées.

9. Les autres figures naissent de l'inflexion ou du renversement de la figure première ou directe, ce qui s'opère par le changement de la majeure ou de la mineure, ou de toutes deux en une proportion inverse qui leur est équivalente. C'est pourquoi de ces trois figures indirectes, deux s'appellent infléchies, et la troisième s'appelle inverse.

La première de ces trois a lieu par le renversement de la majeure, comme on va le voir. Dans la figure directe, les trois termes sont placés dans cet ordre : mineur, moyen, majeur. *Un homme est un animal, un animal n'est pas une pierre* ; c'est là la figure directe.

Renversez la majeure et dites :

Un homme est un animal.

Une pierre n'est pas un animal, et vous aurez la seconde figure, ou la première des figures indirectes, dont la conclusion sera, *un homme n'est pas une pierre.*

En effet, puisqu'il a été prouvé dans le chapitre précédent, article 14, que les propositions universelles dont les termes sont renversés et contradictoires sont équivalentes, les deux syllogismes doivent avoir la même conclusion ; car si (à la manière des Hébreux) nous lisions la majeure en sens contraire, cela ferait, *un animal n'est pas une pierre*, et le raisonnement serait absolument tel qu'il était dans la figure directe.

De même voici un syllogisme direct : *un homme n'est pas un arbre, tout ce qui n'est pas un arbre n'est pas un poirier.*

Renversez la majeure, et changez-la en une proposition équivalente par la contradiction des termes. Le syllogisme restera le même, mais il deviendra indirect de cette manière :

Un homme n'est pas un arbre,

Un poirier est un arbre,

et la conclusion sera toujours *un homme n'est pas un poirier.*

Toutefois il faut, pour convertir la figure directe dans la première des figures indirectes, que le *terme majeur* soit *négatif* dans la figure directe ; car bien que ce syllogisme direct, *un homme est un animal, un animal est un corps*, devienne par le renversement de sa majeure, indirect de cette manière ;

Un homme est un animal,

Ce qui n'est pas un corps n'est pas un animal,

Donc *un homme est un corps*. Cependant cette conversion paraît si obscure que le mode est entièrement inutile. On voit que, par le renversement de la majeure, le moyen terme dans cette figure est toujours le *prédicat* des deux prémisses.

10. La seconde des figures indirectes a lieu au contraire par le renversement de la mineure, en sorte que le *moyen terme* soit toujours le sujet des prémisses ; mais alors la conclusion n'est jamais universelle ; c'est pourquoi cette figure est de nul usage en philosophie. Donnons-en cependant un exemple. Soit ce syllogisme direct, *tout homme est un animal, tout animal est un corps* ; renversant la mineure, il sera converti dans celui-ci :

Un certain animal est un homme,

Tout animal est un corps, donc

Un certain homme est un corps.

Car la mineure *tout homme est un animal* ne peut pas être convertie dans celle-ci, *tout animal est un homme*; et ainsi, si vous rendez à ce syllogisme sa forme directe, la mineure deviendra *un certain homme est un animal*, et par conséquent la conclusion sera *un certain homme est un corps*, puisque le moyen terme *homme*, qui est le sujet de la conclusion, est devenu un *nom particulier*.

11. La figure inverse, ou la troisième des figures indirectes, résulte du renversement des deux prémisses. Par exemple, soit ce syllogisme direct :

Tout homme est un animal,

Tout animal n'est pas une pierre, donc

Tout homme n'est pas une pierre.

Il devient inverse de cette manière :

Toute pierre n'est pas un animal,

Tout ce qui n'est pas un animal n'est pas un homme, donc

Toute pierre n'est pas un homme.

La conclusion est renversée et équivalente à la conclusion directe.

Ainsi, ces figures ne sont qu'au nombre de trois, si pour les compter on ne considère que le changement de situation du terme moyen. Car dans la première le moyen terme est le second, dans la seconde il est le troisième, et dans la troisième il est le premier. Mais si dans l'énumération des figures on a égard à la situation de tous les termes, alors il y en aura quatre; car la première se partage en deux, en directe et inverse; d'où l'on voit clairement que les disputes des logiciens sur une quatrième figure sont plus illusoires que réelles; car il est évident, par la chose même, que par la seule situation des termes (sans parler de la quantité ni de la qualité des propositions, ce qui distingue les modes), il y a quatre espèces de syllogismes; et chacun peut, à sa volonté, les appeler figures, ou leur donner tel autre nom qu'il jugera à propos.

12. Si dans ces figures nous voulons faire attention à toutes les manières dont les prémisses peuvent varier par des différences de qualité ou de quantité, il en naîtra un grand nombre de modes dans chaque figure, savoir : six dans la figure directe, quatre dans la première des figures indirectes, quatorze dans la seconde, dix-huit dans la troisième. Mais puisque, dans la figure directe, nous avons rejeté comme superflus tous les *modes*, autres que celui qui consiste dans deux propositions universelles dont la mineure est affirmative, nous rejetons en même temps tous les modes des autres figures qui naissent du renversement des prémisses de la figure directe.

13. Au reste, de même que nous avons montré précédemment que, dans les propositions nécessaires, la catégorique et l'hypothétique étaient équivalentes, de même il est évident que le syllogisme catégorique et

l'hypothétique sont aussi équivalents. En effet, un syllogisme catégorique, par exemple celui-ci,

Tout homme est un animal,
Tout animal est un corps, donc
Tout homme est un corps,

a la même force que le syllogisme hypothétique que voici,

Si un être est un homme, il est un animal,
Si un être est un animal, il est un corps, donc
Si un être est un homme, il est un corps.

De même, dans la figure indirecte, voici un syllogisme catégorique :

Aucune pierre n'est un animal,
Tout homme est un animal, donc
Aucun homme n'est une pierre, ou
Aucune pierre n'est un homme.

Il équivaut absolument à cet autre-ci, qui est hypothétique :

Si un être est un homme, il est un animal,
Si un être est une pierre, il n'est pas un animal, donc
Si un être est une pierre, il n'est pas un homme, ou
Si un être est un homme, il n'est pas une pierre.

Ce qui précède paraît suffisant pour faire connaître la nature du syllogisme; car tout ce qu'il y a d'utile dans ce que d'autres ont dit avec plus de développement sur les modes et sur les figures est clairement renfermé dans ce que nous venons de dire. Pour bien raisonner, on a moins besoin de préceptes que de pratique; et on apprend beaucoup plus vite la vraie logique en s'occupant de démonstrations mathématiques qu'en perdant son temps à lire les préceptes syllogistiques des logiciens, à peu près comme les petits enfants apprennent à marcher en marchant beaucoup, et non pas par des leçons expresses. En voilà donc assez sur ce que doit être la marche philosophique; maintenant nous allons parler des différentes espèces de fautes dans lesquelles tombent ceux qui raisonnent sans précaution et des causes de ces erreurs.

CHAPITRE V

DE L'ERREUR (*ERRATIO*), DE LA FAUSSETÉ (*FALSITAS*) ET DES SOPHISMES (*CAPTIONES*)

1. En quoi diffèrent l'erreur et la fausseté; comment l'esprit peut errer indépendamment de l'usage des mots. – 2. Noms incohérents de sept manières, qui toutes rendent la proposition fausse. – 3. Exemple de la première. – 4. de la seconde. – 5. de la troisième. – 6. de la quatrième. – 7. de la cinquième. – 8. de la sixième. – 9. de la septième. – 10. Que l'on découvre la fausseté des propositions par la résolution des termes, au moyen de définitions continuelles, jusqu'à ce qu'on arrive aux noms les plus simples, c'est-à-dire aux genres les plus étendus. – 11. Vice du syllogisme, provenant de la complication des termes avec la copule. – 12. Vice du syllogisme, provenant des dénominations équivoques. 13. – Que les artifices sophistiques pèchent plus souvent dans la matière que dans la forme du syllogisme.

1. Les hommes peuvent errer non seulement dans leurs affirmations et leurs dénégations, mais même dans leurs sentiments intimes et dans leur pensée non encore exprimée. En affirmant et en niant, ils se trompent quand ils attribuent à une chose un nom qui n'est pas le nom de cette chose, comme nous ferions si, voyant l'image du soleil tantôt directement dans le ciel, tantôt par réflexion dans une rivière, et attribuant à toutes deux le nom de soleil, nous disions qu'il y a deux soleils. C'est une faute dans laquelle les hommes seuls peuvent tomber, puisque les autres animaux n'ont pas l'usage des noms; et c'est le seul genre d'erreur qui mérite le nom de fausseté, parce qu'elle ne vient pas de la sensation ni des choses elles-mêmes, mais de notre témérité à prononcer un jugement. Car les noms ne dépendent pas de la nature même des choses, mais de la volonté des hommes, ce qui fait que celui qui s'écarte des appellations convenues n'est déçu ni par sa sensation, ni par la chose elle-même, puisque cette chose qu'il voit, il ne voit pas qu'elle s'appelle le soleil, mais il veut qu'elle

s'appelle ainsi; c'est donc sa propre négligence qui lui fait dire une proposition fausse. Au contraire, nous sommes déçus par notre sensation ou par notre pensée quand, en conséquence d'une impression actuelle, nous imaginons autre chose, ou quand nous nous représentons comme certainement passées ou futures des choses qui ne l'ont pas précédée ou qui ne la suivront pas. C'est ce qui nous arrive quand ayant vu dans une rivière l'image du soleil, nous imaginons que là est la chose dont le simulacre nous apparaît, ou quand ayant vu quelque part des épées, nous imaginons qu'il y a eu ou qu'il y aura là un combat, parce que c'est ce qui a lieu le plus souvent; ou quand, en conséquence de quelques promesses, nous nous figurons l'état de l'esprit de celui qui a promis; ou enfin quand, d'après un signe quelconque, nous nous faisons une fausse idée de la chose représentée. Les erreurs de ce genre sont communes à tous les êtres doués de sensibilité : cependant ce n'est ni par nos sens, ni par les choses que nous sentons que nous sommes ainsi trompés, mais par nous-mêmes qui imaginons les choses telles qu'elles ne sont pas, ou qui présumons que celles qui ne sont que des images sont plus que des images. Cependant, ni ces choses ni ces imaginations ne peuvent être appelées *fausses*, puisqu'elles sont réellement ce qu'elles sont et qu'elles ne nous promettent pas, en qualité de signes, ce qu'elles ne nous montrent pas : car ces choses et ces imaginations ne nous promettent rien, c'est nous qui nous promettons à leur occasion. Les nuages ne nous promettent pas de la pluie, mais nous nous en promettons quand nous avons vu des nuages. On prévient les erreurs qui tiennent aux signes naturels, d'abord et avant tout raisonnement, en ne se portant aux conjectures de ce genre qu'avec le sentiment de son ignorance, et ensuite par le moyen du raisonnement. Car elles ne naissent que de manque de raisonnement. Mais celles qui consistent dans des affirmations et des dénégations (ce qui constitue la fausseté des propositions), elles proviennent d'un mauvais raisonnement. C'est de celles-là dont nous devons parler, car ce sont les plus contraires à la philosophie.

2. Les erreurs qui tiennent au raisonnement, c'est-à-dire au syllogisme, consistent dans la fausseté de l'une des prémisses ou dans la déduction. Dans le premier cas, on dit que le syllogisme pèche par la matière, et dans le second par la forme. Nous examinerons d'abord la matière, ou de quelle manière une proposition peut être fausse; ensuite la forme, ou comment il arrive que les prémisses étant vraies la conséquence ne l'est pas.

Nous avons vu, chapitre III, article 7, qu'une proposition est toujours vraie quand les deux noms conjoints sont ceux d'une même chose; et toujours fausse quand ces deux noms sont ceux de deux choses différentes. Par conséquent, autant il y aura de manières pour que ces deux noms ne soient pas ceux de la même chose, autant il y en aura pour que la proposition soit fausse.

Il y a quatre genres de choses nommées, savoir, *les corps*, *les accidents*, *les apparences* et *les noms eux-mêmes*. C'est pourquoi dans toute proposition vraie, il faut que les deux noms assemblés soient deux noms *de corps*, deux noms *d'accident*, deux noms *d'apparence*, ou deux noms *de noms*. Tous les noms assemblés autrement sont incohérents et constituent une proposition fausse. Il peut même arriver que le nom d'une chose soit assemblé avec le nom d'un discours. Il y a donc sept manières pour que les noms assemblés soient incohérents.

1. Si le nom d'un corps	est assemblé avec	Le nom d'un accident
2. Si le nom d'un corps		Le nom d'une apparence
3. Si le nom d'un corps		Le nom d'un nom
4. Si le nom d'un accident		Le nom d'une apparence
5. Si le nomd'un accident		Le nom d'un nom
6. Si le nom d'une apparence		Le nom d'un nom
7. Si le nom d'une chose		Le nom d'un discours

Nous allons donner des exemples de toutes ces manières.

3. Les propositions sont fausses de la première manière quand on joint des noms abstraits à noms concrets, comme dans ces phrases, *l'être est un être*, *l'essence est un être* (*to ti ên einai*), *la quiddité est un être*, et beaucoup d'autres de ce genre qu'on trouve dans la *Métaphysique* d'Aristote. Il en est de même de celle-ci : *l'intelligence comprend*, *la vue voit*, *le corps est grandeur*, *le corps est quantité*, *le corps est étendue*, *l'humanité est homme*, *la blancheur est blanche*. Car c'est comme si l'on disait, *le coureur est course*, ou *l'action de marcher marche*. Ajoutez-y encore les suivantes, *l'essence est séparée*, *la substance est abstraite*, et d'autres semblables à celles-là ou dérivées d'elles (dont la philosophie commune est remplie). Car, puisqu'aucun sujet d'accident, c'est-à-dire aucun corps, n'est accident, aucun nom d'accident ne doit être attribué au corps ; ni aucun nom de corps à l'accident.

4. Les propositions qui suivent pèchent de la seconde manière ; *le spectre est un corps*, ou *est un esprit* ; c'est-à-dire un corps très ténu… *Les espèces sensibles voltigent dans l'air, sont mues ça et là*, ce qui est le propre des corps. *L'ombre se meut*, c'est-à-dire est un corps. *La lumière se meut*, ou est un corps. *La couleur est l'objet de la vision. Le son est l'objet de l'audition ; l'espace ou le lieu est une chose étendue* ; et d'autres de ce genre qui sont innombrables. Car puisque les spectres, les espèces visibles, les sons, l'ombre, la lumière, la couleur, l'espace, etc., ne nous sont pas moins présentes pendant le sommeil que pendant la veille, ce ne sont pas des choses extérieures à nous, mais des apparences, des fantômes de notre

imagination. Leurs noms ne peuvent donc pas être réunis avec les noms des corps dans une proposition* vraie.

5. Les propositions fausses de la troisième manière sont celles-ci : *le genre est un être, l'universel est un être, l'être se dit de l'être, peut être attribué à l'être*; car le genre, l'universel, le dire ou l'attribution (*predicare*) sont des noms de noms, et non pas des noms de choses. De même cette proposition, *le nombre est infini*, est fausse, car aucun nombre n'est sans bornes; il n'y a d'illimité que ce mot *nombre*, quand l'esprit ne lui applique aucun nombre déterminé. On peut donc dire que ce mot est indéfini, mais non pas qu'aucun nombre réel soit infini.

6. Voici des propositions fausses de la quatrième manière : *la grandeur ou la figure de l'objet apparaissent au spectateur telles qu'elles sont; la couleur, la lumière, le son, sont dans l'objet*, et autres semblables; car le même objet apparaît tantôt plus grand, tantôt plus petit, tantôt carré, tantôt rond, suivant les différences des distances et des milieux; et cependant la véritable grandeur et la véritable figure de la chose qui est vue sont unes et toujours les mêmes. Les grandeurs et les figures apparentes ne peuvent donc pas être les grandeurs et les figures des objets eux-mêmes : ce sont des apparences, des fantômes; ainsi on joint dans les propositions de ce genre, des noms d'accidents avec des noms d'apparences.

7. Un cinquième genre de propositions fausses, c'est quand on dit que *la définition est l'essence de la chose*, que *la blancheur ou tout autre accident est un genre ou un universel* : car la définition n'est point l'essence même d'une chose, mais un discours qui représente les idées que nous avons sur l'essence de cette chose; et ce n'est point la blancheur elle-même, mais le mot *blancheur* qui est genre et universel.

8. Le sixième genre de propositions fausses, c'est quand on dit que *l'idée d'une chose quelconque est universelle*; comme si nous avions dans l'esprit une certaine image de l'homme qui ne fût celle d'aucun homme, mais simplement de l'homme en général : cela est impossible, car toute idée est unique et est l'idée d'une seule chose. Ceux qui s'expriment ainsi se trompent, en ce qu'ils prennent le nom de la chose pour l'idée de la chose.

9. La septième manière de se tromper est, en établissant des distinctions entre les êtres, de dire que *tel être est un être par lui-même*, et tel autre *un être par accident*. Ainsi, parce que *Socrate est homme* est une proposition nécessaire, et que *Socrate est musicien* est une proposition contingente, ils établissent qu'il y a des êtres nécessaires ou existant par eux, et d'autres contingents ou existant par accident. Mais puisque ces mots, *nécessaire*,

* *Dans les éditions de 1805 et de 1818, il est écrit par erreur* : proportion.

contingent, *par soi-même*, *par accident*, sont des noms de propositions, et non pas des noms de choses, ceux qui disent qu'un être est un *être par soi-même* assemblent le nom d'une proposition avec le nom d'une chose. Ceux-ci tombent encore dans une erreur du même genre, qui supposent que nous avons de la même chose une idée dans notre intelligence et une autre dans notre imagination; comme si quand nous concevons et disons que *l'homme est un animal*, l'idée de l'homme que nous concevons, et qui est dans notre intelligence, n'était pas la même que l'idée ou l'image de l'homme qui, née de nos sens, est conservée dans notre mémoire. Ce qui les a induits en erreur, c'est qu'ils ont pensé que l'une de ces *idées* de la chose répondait au *nom* et l'autre à la *proposition*. Mais cela est faux; car la proposition exprime seulement l'ordre des choses qui, dans cette même idée de l'homme, sont observées l'une après l'autre; de sorte que pour former ce discours, *l'homme est un animal*, nous n'avons qu'une idée unique, quoique dans cette idée nous considérions d'abord ce qui fait qu'elle est appelée *l'homme*, et ensuite ce qui fait qu'elle est appelée *animal*. Tous ces genres de fausseté doivent être démasqués par le moyen des définitions des noms assemblés.

10. À la vérité, lors même que les noms des corps sont assemblés ou réunis avec les noms des corps, les noms des accidents avec ceux des accidents, les noms des noms avec ceux des noms, et les noms des images avec ceux des images, nous ne connaissons pas tout de suite pour cela si les propositions sont vraies : mais il faut auparavant que nous connaissions la définition des deux noms et les définitions des noms employés dans ces deux définitions, jusqu'à ce que par des résolutions successives nous soyons arrivés au nom le plus simple, c'est-à-dire le premier et le plus universel dans chaque genre de choses. Si alors la vérité ou la fausseté ne se manifeste pas encore, c'est l'affaire de la philosophie de la trouver, et on doit la chercher par le raisonnement, en commençant par les définitions. Car toute proposition universellement vraie est ou une définition, ou une partie de définition, ou doit être démontrée par des définitions.

11. Les vices des syllogismes qui peuvent être cachés dans leur forme se découvrent toujours ou dans la confusion de la copule avec un des termes, ou dans quelque équivoque de mots : car de ces deux manières il arrive toujours qu'il y a quatre termes au lieu de trois, ce que nous avons prouvé ne pouvoir pas être dans un syllogisme légitime. La confusion de la copule avec l'un des deux termes se manifeste tout de suite par la réduction des propositions à leur pure et simple expression. Par exemple, si quelqu'un argumente ainsi :

La main touche la plume,
La plume touche le papier, donc

La main touche le papier.

La réduction rend tout de suite l'ineptie évidente, car si l'on s'énonce ainsi :

La main est touchant la plume,

La plume est touchant le papier, donc

La main est touchant le papier,

il est clair qu'il y a quatre termes, *la main*, *touchant la plume*, *la plume*, *le papier*.

Ce genre de sophismes n'est pas assez dangereux pour qu'il soit nécessaire de s'en occuper davantage.

12. Les équivoques peuvent plus aisément induire en erreur, non pas cependant celles que l'on découvre tout de suite, ni les métaphores, car le mot *métaphore* dit lui-même le transport d'un nom d'une chose à une autre. Mais il y a des équivoques qui trompent quelquefois, sans même être très obscures; comme dans cet argument : *il appartient à la philosophie première d'examiner les principes; mais le premier de tous les principes est que la même chose ne peut pas en même temps être et ne pas être*. Donc *il appartient à la philosophie d'examiner si la même chose peut en même temps être et ne pas être* : c'est là une équivoque sur le mot *principe* qui induit à erreur. Car quand Aristote dit, au commencement de sa *Métaphysique*, que l'examen des principes appartient à la science première, il entend par *principes* les causes des choses, certains êtres qu'il appelle premiers; mais quand il dit que cette première proposition est un principe, il entend par *principe* la cause de la connaissance, c'est-à-dire l'intelligence des mots, sans laquelle en effet personne ne peut rien apprendre, quoi que ce soit.

13. Au reste, les moyens captieux au moyen desquels les sophistes et les sceptiques avaient autrefois coutume de se jouer de la vérité ou de l'attaquer, péchaient ordinairement non dans la forme mais dans la matière du syllogisme, et ils étaient eux-mêmes plus souvent trompés que trompeurs. Par exemple, le célèbre argument de Zénon contre le mouvement portait sur cette proposition, *tout ce qui peut être divisé en parties infinies en nombre est infini*; il la regardait comme d'une vérité incontestable, et pourtant elle est fausse : car pouvoir être divisé en parties infinies n'est autre chose que pouvoir être divisé en autant de parties que quelqu'un le veut. Or quoique je puisse diviser et subdiviser une ligne en autant de parties que je le veux, il ne suit pas de là nécessairement que cette ligne ait des parties infinies en nombre, ou soit infinie; car quelque multipliées que soient les fractions que j'en ferai, leur nombre sera toujours fini. Mais qui dit *parties* simplement, sans ajouter combien, ne fixe pas le nombre et laisse à l'auditeur à le déterminer. C'est pourquoi on dit ordinairement que

la ligne peut être divisée à l'infini, ce qui est vrai, et ne peut l'être que dans ce sens. En voilà assez sur le syllogisme qui est comme la marche de la philosophie ; car ce que nous en avons dit suffit pour connaître d'où toute argumentation légitime tire sa force ; et il serait aussi superflu d'accumuler tout ce qu'on en peut dire, que si, comme je l'ai déjà dit, on voulait donner à un enfant des préceptes pour marcher. L'art de raisonner s'acquiert, non par la théorie, mais par l'usage et par la lecture des livres dans lesquels tout est soumis à de sévères démonstrations. Je vais donc m'occuper de la route que suit la philosophie, c'est-à-dire de la méthode à suivre en philosophant.

CHAPITRE VI

DE LA MÉTHODE

1. Définitions de la méthode et de la science. – 2. On connaît mieux des choses singulières que des choses universelles, ce qu'elles sont ; au contraire, on connaît mieux des universelles que des singulières, pourquoi elles sont, c'est-à-dire quelles sont leurs causes. – 3. Ce que cherchent à savoir ceux qui philosophent. – 4. La première partie par laquelle on découvre les principes est purement analytique. – 5. Dans tous les genres, les causes les plus universelles sont connues par elles-mêmes. – 6. Quelle est la méthode qui conduit simplement des principes reconnus à la science positive ? – 7. Dans les sciences civiles comme dans les sciences naturelles, la méthode qui conduit de la sensation aux principes est analytique, et celle qui commence par les principes eux-mêmes est synthétique. – 8. Méthode pour trouver si la chose proposée est matière ou accident. – 9. Méthode pour trouver si l'accident proposé est dans un sujet ou dans un autre. – 10. Méthode pour trouver la cause de l'effet proposé. – 11. Les mots servent à l'invention, comme notes, *et à la démonstration comme* signes. *– 12. La méthode de la démonstration est synthétique. – 13. Que les définitions sont les seules propositions premières universelles. – 14. Nature et définition de la définition. – 15. Propriétés de la définition. – 16. Nature de la démonstration. – 17. Propriétés de la démonstration, et ordre des choses à démontrer. – 18. Vices de la démonstration. – 19. Analyse géométrique, pourquoi elle ne peut pas être traitée ici.*

1. Pour connaître la méthode, il faut se rappeler la définition de la philosophie. Nous l'avons donnée, chapitre I, article 2, à peu près en ces termes : la philosophie consiste à acquérir par un raisonnement juste la connaissance des phénomènes ou effets aperçus d'après la conception d'une production ou d'une génération quelconque reconnue possible, et à acquérir la connaissance de la production qui a lieu, d'après la conception de l'effet apparent. La *méthode* de philosopher est donc *la manière la plus courte de découvrir les effets par les causes connues, et les causes par les effets connus*. Nous pouvons dire que nous *connaissons* un effet

quelconque *quand nous savons ses causes, ce qu'elles sont, dans quel sujet elles existent, dans quel sujet elles produisent l'effet, et comment elles l'opèrent*. Ainsi, la science proprement dite (*tou dioti*) est la science des causes; toute autre connaissance (que l'on appelle *tou oti*) n'est que la sensation, ou bien l'imagination ou le souvenir qui résultent de la sensation.

Les premiers de tous les principes de la science sont donc les perceptions (les apparences) produites par la sensibilité et l'imagination. À la vérité, nous connaissons tout naturellement ce qu'elles sont; mais pour connaître pourquoi elles existent, c'est-à-dire de quelle cause elles proviennent, nous avons besoin du raisonnement qui consiste (comme nous l'avons dit, chapitre I, article 2) dans l'addition ou la composition, et la division ou la résolution. Toute méthode par laquelle nous recherchons les causes des choses est donc compositive ou résolutive, ou en partie compositive et en partie résolutive. La résolution s'appelle *analytique* et la composition *synthétique*.

2. Toutes les méthodes ont cela de commun, que l'on procède toujours du connu à l'inconnu; cela est évident par la définition même de la philosophie : mais dans la connaissance des sensations (des choses sensibles) le phénomène tout entier est plus connu que chacune de ses parties. Quand nous voyons un homme, nous le connaissons plus tôt, ou le concept, l'idée totale de cet homme nous est plus connue que les idées particulières de *figuré*, d'*animé*, de *raisonnable*, qui le composent; c'est-à-dire que nous voyons cet homme tout entier et que nous connaissons ce qu'il est avant d'avoir remarqué ses particularités. Ainsi dans la connaissance (*tou oti*) ou de ce qui est, on commence par s'occuper de l'idée totale. Au contraire, dans la connaissance (*tou dioti*) ou des causes, c'est-à-dire dans les sciences, les causes des parties sont plutôt connues que celles du tout; car la cause du tout se compose des causes des parties; et il faut nécessairement que les composants soient connus avant le composé. Mais par les parties, je n'entends pas ici les parties de la chose même, mais celles de sa nature; en sorte que par les parties de l'homme, je ne veux pas dire sa tête, ses épaules, ses bras, etc., mais la figure, la quantité, le mouvement, la sensibilité, le raisonnement, et autres choses semblables qui sont des accidents qui, réunis, constituent non pas la masse totale de l'homme mais la totalité de sa nature. C'est là ce que signifie ce que l'on dit communément, que certaines choses sont plus connues par *nous* et que d'autres le sont plus par la *nature*; car je ne crois pas que ceux qui établissent cette distinction pensent qu'il y ait rien qui, n'étant connu d'aucun homme, soit cependant connu par la nature; on doit donc comprendre que ce qu'ils appellent les choses les plus connues par *nous* sont celles dont la notion nous vient par les sens, et que

les plus connues par la nature sont celles dont nous n'acquérons la connaissance que par le raisonnement : c'est dans ce sens que l'on a coutume de dire que les *tous* sont plus connus de nous que les parties, c'est-à-dire que les choses qui ont des noms moins universels (et que pour abréger nous appelons singulières, ou individus) sont plus connues de *nous* que les choses qui ont des noms plus universels (et que nous appelons universelles) ; tandis que les causes des parties sont plus connues de la *nature* que la cause du tout, ou en d'autres termes, qu'elle connaît plus les choses universelles que les singulières.

3. Ceux qui philosophent cherchent simplement et indéfiniment la science, c'est-à-dire à savoir le plus qu'ils pourront, sans aucun but particulier ; ou bien ils veulent découvrir la cause de quelque phénomène, ou telle autre chose déterminée, comme la cause de la lumière, de la chaleur, de la gravité, d'une figure proposée et autres choses semblables ; ou ils désirent savoir dans quel sujet existe tel accident proposé, ou entre plusieurs accidents, quels sont ceux qui conduisent le plus sûrement à l'effet dont ils étudient la génération ; ou comment certaines causes particulières données doivent être assemblées pour produire un effet déterminé. Vu la variété de ces recherches, il faut employer tantôt la méthode analytique, tantôt la méthode synthétique, et quelquefois toutes les deux.

4. Mais puisque la science consiste à connaître autant que possible les causes de toutes les choses, et que les causes de toutes les choses singulières sont composées des causes des choses universelles ou simples, il est nécessaire que ceux qui cherchent la science simplement (ou en général) connaissent les causes des choses universelles ou de ces accidents qui appartiennent à tous les corps, en un mot les causes communes à toute matière, avant de connaître les causes des choses singulières, c'est-à-dire de ces accidents qui distinguent un être d'un autre. D'un autre côté, avant que les causes de ces choses universelles puissent être connues, il faut savoir quelles sont ces choses universelles elles-mêmes ; et puisque les choses universelles sont contenues dans la nature des choses singulières, il faut les en tirer par le raisonnement, c'est-à-dire par voie de résolution. Donnons-nous pour exemple un concept quelconque, l'idée d'une chose singulière, du *carré*. L'idée du carré se résoudra dans celle-ci : *un plan terminé par des lignes droites, et des angles droits, en certain nombre, égales et égaux*. Ainsi nous aurons ces idées universelles ou convenant à toute matière, *ligne*, *plan* (dans laquelle est contenue *surface*), *terminé*, *angle*, *rectitude*, *égalité*, dont il faut trouver les causes et les générations, pour en composer la cause du *carré*. De même, si l'on se propose l'idée de l'or, en la décomposant on trouvera celle de *solide*, de *visible*, de *pesant* (c'est-à-dire tendant au centre de la terre ou au mouvement de haut en bas),

et beaucoup d'autres plus universelles que l'idée de l'or elle-même, et qui peuvent encore se décomposer jusqu'à ce qu'on arrive aux plus universelles de toutes. Or en résolvant de la même manière les unes et les autres, on connaîtra ce qu'elles sont; et leurs causes étant ainsi connues séparément et ensuite réunies, on trouvera les causes des choses *singulières*. Nous conclurons donc que la méthode pour découvrir les notions universelles des choses est purement *analytique*.

5. Mais les causes des choses universelles (de celles dont quelques causes se trouvent absolument partout) sont manifestes par elles-mêmes, ou (comme on dit) sont connues *par la nature*, de sorte que nous n'avons besoin absolument d'aucune méthode pour les découvrir. L'unique cause universelle de toutes les autres, c'est le mouvement; car la différence de toutes les figures vient de la différence des mouvements par lesquels elles sont construites; on ne peut pas concevoir à un mouvement d'autre cause qu'un autre mouvement; et les différences des choses perçues par les sens, comme les couleurs, les sons, les saveurs, etc., ne sont causées que par des mouvements existants, tant dans les objets agissants que dans les individus sentants : aussi, quoiqu'on ne puisse connaître sans le secours du raisonnement ce que c'est que le mouvement, cependant il est manifeste à tous qu'il existe du mouvement quelconque; et quoiqu'il faille quelque explication pour faire entendre à la plupart des hommes que tout changement consiste dans un mouvement, ce n'est pas que la chose ne soit manifeste par elle-même (car personne assurément ne peut comprendre qu'il sorte de son état ou de son mouvement actuel autrement que par un mouvement); mais cela vient de ce que la direction naturelle de l'esprit est corrompue par les préjugés des maîtres ou de ce qu'on n'apporte absolument aucune attention à la recherche de la vérité.

6. Les choses universelles et leurs causes qui sont les premiers principes de la connaissance (*tou dioti*) étant connues, nous aurons tout de suite leurs définitions (qui ne sont que les explications de nos idées les plus simples). Car celui, par exemple, qui conçoit bien l'idée de *lieu* ne peut ignorer cette définition : un lieu est l'espace qui est rempli et occupé complètement par un corps; et celui qui conçoit l'idée du *mouvement* ne peut méconnaître que le mouvement est la privation d'un lieu et l'acquisition d'un autre. Ensuite, nous aurons aisément les générations de ces choses, ou leurs descriptions, comme par exemple que la ligne est engendrée par le mouvement du point, la surface par le mouvement de la ligne, un mouvement par un autre mouvement, etc. Reste à chercher quel mouvement produit tels effets, comme quel mouvement produit la ligne droite; quel autre la ligne circulaire; quel mouvement pousse ou tire, et dans quelle direction; quel mouvement fait que la chose vue, entendue,

etc., est vue ou entendue de telle ou telle manière, etc. Mais la méthode de cette recherche est la méthode *compositive*; car il faut d'abord voir quel effet produit le corps mu; en ne considérant en lui rien autre chose que le mouvement, l'on trouve qu'il produit la ligne ou la longueur; puis l'on cherche ce que fait le corps étendu en longueur, s'il est mu; on constate qu'il engendre la surface, et ainsi successivement on examine tout ce qui provient du mouvement *simple*; ensuite continuant de la même manière, et additionnant, multipliant, soustrayant, divisant le mouvement de ce genre, on considère quels effets, quelles figures en résultent, et quelles sont leurs propriétés. De cet examen est née la partie de la philosophie qu'on appelle *la géométrie*.

Après la considération des effets du mouvement simple, vient celle des effets que le mouvement d'un corps produit dans un autre corps; et comme le mouvement peut exister dans chacune des parties d'un corps, sans que pour cela le tout sorte de sa place, il faut d'abord chercher quel mouvement produit ce mouvement de translation dans un tout, c'est-à-dire chercher ce qui arrivera si un corps quelconque en rencontre un autre, ou en repos, ou déjà en mouvement, et dans quelle direction et avec quelle vitesse ils seront mus après le choc, puis quel mouvement engendrera ce second mouvement dans un troisième corps, et ainsi de suite. C'est dans ces considérations que consiste la partie de la philosophie qui traite du mouvement.

En troisième lieu, on s'occupera de la recherche des effets qui résultent du mouvement des parties des corps, c'est-à-dire comment il se fait que les mêmes choses ne paraissent pas toujours les mêmes aux sens, mais semblent changées, et on examinera les qualités sensibles, telles que la *lumière*, la *couleur*, la *transparence*, l'*opacité*, le *son*, l'*odeur*, la *saveur*, la *chaleur*, le *froid*, et autres choses semblables; mais comme tout cela ne peut être connu qu'auparavant on ne connaisse les causes de la sensibilité elle-même, on traitera dans cette troisième partie, des causes de la *vue*, de l'*ouïe*, de l'*odorat*, du *goût* et du *tact*, et l'examen des qualités susdites et de toutes leurs mutations formera une quatrième partie. Ces deux recherches réunies composent cette partie de la philosophie qu'on appelle *la physique*; et ces quatre parties ensemble contiennent tout ce qui, dans la philosophie naturelle, est susceptible de démonstration proprement dite. Car puisqu'elle doit rendre raison de chacun des phénomènes en particulier, si l'on cherche quels sont les mouvements et les vertus des corps célestes et de leurs parties, le raisonnement doit être fondé sur les parties de la science susdite, ou bien il n'y aura point de raisonnement, mais seulement des conjectures absolument incertaines.

Après la physique viennent les sciences morales, dans lesquelles on considère les mouvements des esprits, savoir le *désir*, l'*aversion*, l'*amour*, la *bienveillance*, l'*espérance*, la *crainte*, la *colère*, l'*émulation*, l'*envie*, etc., leurs causes et leurs effets. Ces choses doivent être examinées après la physique, parce qu'elles ont leurs causes dans la sensibilité et dans l'imagination, qui sont l'objet des recherches de la physique. Mais puisque tous ces sujets doivent être traités dans l'ordre que je viens de dire, l'on voit que l'on ne peut comprendre les effets physiques que quand on connaît le mouvement qui existe dans les parties les plus ténues des corps; ni ce mouvement des parties, que quand on sait comment le mouvement se communique; ni cette communication, que quand on a examiné le mouvement en lui-même. Et puisque la nature et l'intensité de toutes les apparences sensibles résultent de mouvements composés dont chacun a une certaine direction et une certaine vitesse, il faut étudier d'abord les directions des mouvements simples (c'est la géométrie), ensuite les directions des mouvements produits et manifestes, et enfin les directions des mouvements internes et invisibles (ces deux derniers points composent la physique). Ainsi ceux qui s'appliquent à la philosophie naturelle sans fonder leurs recherches sur la géométrie font des efforts inutiles; et ceux qui parlent et écrivent sur ces matières sans savoir la géométrie abusent de la patience de leurs lecteurs et de leurs auditeurs.

7. La philosophie politique tient de très près à la philosophie morale: cependant on peut l'en détacher, car les causes des mouvements des esprits sont connues, non seulement par le raisonnement, mais par l'expérience de chacun qui observe ses propres mouvements. C'est pourquoi non seulement ceux qui, par la méthode synthétique, seront parvenus des premiers principes de la philosophie à la connaissance de nos désirs et des perturbations de nos esprits, en continuant la même route, arriveront aux causes et à la nécessité de l'établissement des sociétés, et acquerront la science du droit naturel, des devoirs civils et des droits de la cité dans toute espèce de société, et de toutes les choses qui sont du ressort de la philosophie politique, *puisque les principes de la politique résultent de la connaissance des mouvements des esprits, et que cette connaissance dérive de la science des sensations et des idées*; mais encore ceux qui n'auraient pas appris la première partie de la philosophie, la géométrie et la physique, peuvent cependant arriver aux principes de la philosophie politique par la méthode analytique; car s'ils se proposaient une question quelconque, par exemple celle-ci, *une telle action est-elle juste ou injuste?* ils n'ont qu'à décomposer cette idée *injuste*, dans ces deux-ci, *fait* et *contre les lois*; et cette notion de *loi*, dans ces deux-ci, *ordonnance* de celui qui *peut* obliger; et cette idée *puissance* dans celles-ci, *volonté* des hommes qui *pour avoir la paix* établissent une telle puissance; et ils arriveront à ce résultat que les désirs des hommes et les mouvements de leurs esprits sont

tels que s'ils n'étaient comprimés par une puissance quelconque, ils se tourmenteraient réciproquement par la force : c'est ce que chacun peut reconnaître par expérience, en examinant son propre esprit ; et de là, il peut arriver par la méthode de décomposition à déterminer la justice ou l'injustice de toute action proposée. Il est donc clair, par tout ce qui précède, que la méthode de philosopher pour ceux qui cherchent simplement la science, sans se proposer aucun but déterminé, est partie analytique, partie synthétique ; qu'en partant des sensations pour arriver à la découverte des principes, elle est analytique ; et que dans tous les autres cas elle est synthétique.

8. Il arrive quelquefois à ceux qui cherchent la cause de quelque effet ou phénomène déterminé de ne pas savoir si cette chose dont ils cherchent la cause est matière ou corps, ou bien un accident de quelque corps. Car en géométrie, quand on cherche la cause de la grandeur, ou de la proportion, ou de la figure, on sait bien certainement que ces choses, grandeur, proportion, figure, sont des accidents. Mais en physique, quand il s'agit des causes d'images sensibles qui se présentent comme étant ces choses mêmes dont elles sont les images, et en imposent au plus grand nombre des observateurs, il n'est pas toujours facile d'en bien juger ; cela arrive surtout lorsqu'il s'agit d'images visuelles. Par exemple, celui qui considère le soleil a l'idée de quelque chose de resplendissant, de la grandeur d'environ un pied de diamètre, et il appelle cela le soleil, quoiqu'il sache bien que dans le vrai le soleil est beaucoup plus grand. De même, on voit quelquefois de loin une image ronde qui de près paraît carrée ; c'est pourquoi on peut justement douter si cette image est de la matière et quelque corps naturel, ou si c'est quelque accident d'un corps. Voici la méthode à suivre dans l'examen de cette question. Il faut comparer avec l'idée elle-même les propriétés de la matière et de l'accident que nous avons déduites de leurs définitions par le moyen de la méthode synthétique ; et si les propriétés du corps et de la matière conviennent à l'idée, elle est un corps ; si elles ne lui conviennent pas, elle est un accident. Ainsi, puisque la matière ne peut être ni produite, ni détruite, ni augmentée, ni diminuée, ni changée de place par notre seule fantaisie, si l'idée est produite, détruite, augmentée, diminuée, déplacée à volonté, il est certain qu'elle n'est pas matière, mais accident : or cette méthode est synthétique.

9. S'il s'agit de découvrir le sujet d'un accident connu, chose dont on est incertain quelquefois, comme dans le précédent exemple, où l'on peut douter dans quel sujet réside cette splendeur et cette grandeur apparente du soleil ; voici la marche à tenir dans cette recherche. D'abord on divisera toute la matière en différentes parties, comme l'objet, le milieu, l'être sentant ; ou on en fera quelque autre distribution qui paraîtra plus

appropriée à la question proposée; ensuite on comparera chacune de ces parties à la définition du sujet et on rejettera toutes celles qui ne sont pas capables de produire cet accident. Par exemple, si, par quelque raisonnement, le soleil est prouvé plus grand que cette grandeur apparente, cette grandeur n'est pas dans le soleil. Si le soleil est dans une certaine ligne droite et à une certaine distance, et que la grandeur et l'éclat soient vus dans plusieurs directions et à plusieurs distances différentes, comme cela arrive par la réflexion et la réfraction, l'éclat ni la grandeur apparente ne seront pas dans le soleil même; ainsi le corps solaire ne sera pas le sujet de cette grandeur et de cet éclat; par des raisons semblables, on rejettera aussi l'air et les autres corps, jusqu'à ce qu'il ne reste rien qui puisse être le sujet de la grandeur et de l'éclat que l'être sentant lui-même. Cette méthode est analytique, en tant que l'on divise le sujet en parties, et synthétique, en ce que l'on compare les propriétés du sujet et de l'accident avec l'accident dont on cherche le sujet.

10. Quand au contraire on cherche la cause d'un effet, il faut avant tout concevoir et saisir par la pensée la notion ou l'idée complète de la chose qu'on appelle cause; c'est-à-dire savoir que *la cause est la somme ou l'agrégat de tous les accidents existants tant dans les agents que dans le patient, qui concourent à l'effet proposé, de manière que, tous existant, on ne peut pas concevoir que l'effet n'existe pas, et qu'un d'eux manquant, on ne peut pas concevoir que l'effet existe.*

Mais quoique l'on sache bien ce que c'est qu'une cause, quelquefois un accident qui ne sera qu'un effet concomitant ou précédent pourra paraître appartenir de quelque manière à l'effet proposé. Il faudra donc l'examiner particulièrement, et voir si, lui n'existant pas, l'effet proposé peut être conçu existant ou non : et de cette manière on séparera les choses qui concourent à produire cet effet de celles qui n'y concourent pas. Cela fait, il faudra rassembler toutes les choses qui y concourent et examiner si, toutes ces choses existantes en même temps, il est cependant possible de concevoir que l'effet proposé n'existe pas. Si nous ne pouvons pas le concevoir, cet agrégat est la cause tout entière; autrement il ne l'est pas, et il faut encore chercher d'autres choses et les y joindre. Par exemple, si nous cherchons la cause de la lumière, nous examinons d'abord les choses externes, et nous trouvons que toutes les fois que la lumière paraît, il y a un certain objet principal qui est comme la source de cette lumière et sans lequel elle ne peut pas être conçue exister; ainsi d'abord quelque objet concourt à la génération de la lumière : ensuite nous considérons le milieu, et nous trouvons que s'il n'est pas disposé d'une certaine manière, par exemple s'il n'est pas diaphane, quoique l'objet demeure le même, l'effet disparaît. La transparence du milieu concourt donc à la génération de la lumière. Troisièmement, j'observe le corps de l'être qui voit, et je remarque que par une mauvaise disposition des yeux, du cerveau, des nerfs, du cœur, c'est-à-dire par des obstructions, de l'engourdissement, de la défaillance, la lumière disparaît. Je fais donc entrer dans la cause de la lumière une disposition des organes propre à recevoir les impressions des corps extérieurs. D'un autre côté, de toutes les choses qui étant inhérentes à l'objet peuvent produire la lumière, l'action (c'est-à-dire un mouvement quelconque) est la seule qui ne puisse pas être conçue manquante tant que l'effet subsiste; car pour qu'un corps puisse être lumineux, il n'est pas nécessaire qu'il soit de telle grandeur ou de telle figure, ni qu'il sorte tout entier de sa place (à moins cependant qu'on ne dise que ce qui dans le soleil ou dans tout autre corps est la cause de la lumière, est la lumière même, ce qui serait une distinction inepte et inadmissible; car dire que par la lumière on n'entend rien autre chose que la cause de la lumière, c'est dire que la cause de la lumière est ce qui existant dans le soleil produit la lumière). Reste donc que l'action par laquelle la lumière est engendrée, est seulement le mouvement des parties du corps lumineux. Par là on conçoit facilement quelle est la fonction du milieu: c'est de permettre la continuation du mouvement jusqu'à l'œil; et enfin en quoi l'œil et les autres organes de l'être sentant concourent à la production de l'effet: c'est en permettant la continuation du même mouvement jusqu'au cœur ou au dernier organe de la sensibilité. Ainsi la cause de la lumière sera composée d'un mouvement continué depuis son origine jusqu'à l'origine du mouvement vital, et le changement survenu au mouvement vital par l'arrivée de cet autre mouvement, est la lumière elle-même. Au reste, que ceci soit pris seulement comme un exemple; car sur la lumière et sa génération, il y a bien d'autres choses à dire que nous développerons quand il en sera temps; toutefois il est manifeste que dans la recherche des causes on emploie tantôt la méthode analytique et tantôt la méthode synthétique; l'analytique pour concevoir séparément les circonstances de l'effet; la synthétique pour réunir les choses qui agissent chacune de leur côté. Après avoir ainsi donné la méthode d'invention, il me reste à parler de la méthode d'enseignement, c'est-à-dire de la démonstration et des moyens de démontrer.

11. Dans la méthode d'invention, l'usage des mots consiste en ce qu'ils sont des *notes* par le moyen desquelles les choses déjà trouvées sont rappelées à notre souvenir. Car si cet effet n'a pas lieu, tout ce que nous découvrons périt et la faiblesse de notre mémoire ne nous permet pas, en partant des principes, d'aller au-delà d'un ou de deux syllogismes. Par exemple, si quelqu'un, en contemplant un triangle placé sous ses yeux, trouvait que tous ses angles pris ensemble sont égaux à deux angles droits, et que pour avoir conçu cette idée tacitement sans se servir d'aucuns mots,

ni proférés, ni pensés, il lui arrivât à la vue d'un autre triangle différent du premier, ou du même vu différemment, de ne pas savoir si cette propriété existe ou non, il faudrait sans doute qu'il recommençât sa méditation à chaque triangle qui lui serait présenté. Or ils sont en nombre infini; et cela n'est pas nécessaire quand on se sert des mots, parce que chaque mot universel (note) représente l'idée d'une infinité de choses singulières (d'individus). Toutefois, comme je l'ai dit, les mots servent à l'invention comme *notes* pour se ressouvenir et non pas comme *signes* pour exprimer. Ainsi un homme solitaire peut devenir philosophe sans maître. Adam a pu l'être; mais enseigner, c'est-à-dire démontrer, suppose deux personnes et un discours syllogistique.

12. Puisque enseigner n'est autre chose que conduire l'esprit de celui qu'on enseigne à la connaissance des choses trouvées, en lui faisant suivre la route que l'on a tenue soi-même en les trouvant, la méthode de démonstration est la même que celle de recherche, si ce n'est qu'il faut en supprimer la première partie; c'est-à-dire celle qui conduit depuis la sensation jusqu'aux principes universels; car ceux-ci, puisqu'ils sont des principes, ne peuvent être démontrés: et puisqu'ils sont connus de la nature (comme nous l'avons dit dans l'article 5), ils peuvent avoir besoin d'explication, mais jamais de démonstration. Donc toute la méthode de démonstration est synthétique; et elle consiste dans l'ordre d'un discours commençant aux propositions premières, ou les plus universelles comprises par elles-mêmes, et s'avançant toujours par un enchaînement continuel de propositions syllogistiques jusqu'à ce que la vérité de la conclusion cherchée soit comprise par celui qui apprend.

13. Mais ces principes ne sont que des définitions, et il y en a de deux genres. Les *uns* sont des définitions de ces mots qui signifient des choses dont on ne peut concevoir la cause; et les *autres* sont des définitions de ces mots qui signifient des choses auxquelles on peut concevoir une cause quelconque. Du premier genre sont le corps ou la matière, la quantité ou l'étendue, le mouvement en lui-même, et enfin les choses qui existent dans toute matière. Du second genre sont un tel corps, un tel mouvement, une telle grandeur, une telle figure, et toutes les autres choses par lesquelles un corps peut être distingué d'un autre. Les noms du premier genre sont suffisamment définis quand, par la phrase la plus courte possible, on excite dans l'esprit de celui qui écoute le concept ou l'idée claire et parfaite des choses dont ces mots sont les noms; comme par exemple quand on définit le mouvement, le délaissement d'un lieu et l'occupation subite d'un autre lieu. Car, quoiqu'on ne trouve dans cette définition ni le corps en mouvement, ni la cause du mouvement, cependant en entendant cette phrase, l'idée de mouvement se présente assez clairement à l'esprit. Mais les

définitions des noms de choses qui sont conçues pouvoir avoir une cause doivent contenir cette cause elle-même ou le mode de génération. Aussi nous définissons le cercle une figure engendrée par le mouvement d'une ligne droite sur un plan autour d'un point, etc. Il n'y a que les définitions qui doivent être appelées des propositions premières ; et à parler rigoureusement, aucune autre proposition ne mérite le nom de principe ; car les axiomes d'Euclide, puisqu'ils peuvent être démontrés, ne sont pas les principes de la démonstration, quoiqu'ils aient reçu l'autorité de principes d'un consentement unanime, parce qu'ils n'ont pas même besoin de démonstration. Les choses que l'on appelle *postulata* ou *demandes* sont dans le vrai des principes non de démonstration, mais de construction, c'est-à-dire non pas les principes de la science, mais ceux de la puissance, ou, ce qui revient au même, ce sont des principes non des théorèmes qui sont des spéculations, mais des problèmes qui ont trait à la pratique et à l'exécution d'une chose quelconque. À plus forte raison, on doit encore moins regarder comme des principes ces maximes vulgaires, telles que *la nature a horreur du vide, la nature ne fait rien en vain*, et autres pareilles qui ne sont ni évidentes par elles-mêmes, ni démontrables par d'autres, et qui se trouvent bien plus souvent fausses que vraies.

Mais pour en revenir aux définitions, voici la raison pour laquelle les choses qui ont une cause et une génération doivent être définies par cette cause et cette génération ; c'est que le but de la démonstration est la connaissance des causes et de la génération des choses, laquelle, si elle ne se trouve pas dans les définitions, ne peut pas se trouver dans la conclusion du premier syllogisme qui naît de ces définitions ; et si elle ne se trouve pas dans cette première conclusion, elle ne se trouvera dans aucune de celles qui la suivent : et alors on n'arrivera jamais à aucune vraie science, ce qui est contre le but et l'intention du démonstrateur.

14. Les définitions que nous venons de dire être les principes ou les propositions premières sont des discours ; et comme elles sont destinées à exciter dans l'esprit de celui qui écoute l'idée d'une chose, si un nom a déjà été imposé à cette chose, la définition ne peut être que l'explication de ce nom par le moyen d'un discours. Mais si le nom a été imposé à une idée composée, la définition n'est autre chose que la résolution de ce nom dans ses parties les plus universelles, comme lorsque nous définissons *l'homme* en disant que c'est *un corps animé, sentant, raisonnable*. Ces noms, *corps*, *animé*, etc., sont les parties de ce nom total d'*homme* ; d'où il arrive que les définitions de ce genre consistent à exprimer le genre et la différence de la chose définie ; de manière que tous ces noms, excepté le dernier, expriment le genre, et le dernier seulement marque la différence : mais si un nom est le plus universel dans son genre, sa définition ne peut pas résulter du genre et

de la différence. On doit la faire par le moyen d'une circonlocution quelconque, pourvu qu'elle soit le plus propre possible à expliquer la valeur de ce nom. Il peut arriver aussi, et il arrive souvent que ce genre et la différence sont joints de manière que cependant ils ne forment pas une définition. Par exemple, ces mots, *ligne droite*, contiennent bien le genre et la différence, et cependant ce n'est pas là une définition, à moins que l'on ne pense qu'une ligne droite est bien définie en disant : *une ligne droite est une ligne droite*. Toutefois s'il existait un mot différent de ces deux-là qui signifiât à lui seul la même chose qu'ils expriment à eux deux, ils feraient alors à eux deux la définition de ce mot unique. D'après tout ce qui vient d'être dit, on peut comprendre comment la définition elle-même peut être définie, et que *c'est une proposition dont le prédicat décompose le sujet lorsqu'il est susceptible de décomposition; on l'explique par quelques exemples, lorsqu'il ne peut pas être décomposé*.

15. Les propriétés de la définition sont :

1) Qu'elle lève toute équivoque et dispense de cette multitude de distinctions dont abusent ceux qui croient que la philosophie peut s'apprendre par des disputes; car la nature de la définition est de définir, c'est-à-dire de déterminer la signification du nom défini et de la séparer de toute autre signification que celle qui est contenue dans la définition; et c'est pour cela qu'une seule définition tient lieu de toutes les distinctions que l'on peut faire au sujet de l'objet défini.

2) Elle présente la notion universelle de l'objet défini, de sorte qu'elle est une espèce de peinture universelle qui s'adresse non à l'œil mais à l'esprit; car celui qui peint un homme produit l'image de cet homme, comme celui qui définit le nom *homme* produit l'image d'un homme quelconque.

3) Il n'est pas nécessaire de disputer si les définitions doivent être admises ou non; car il ne s'agit que d'une seule chose entre le maître et le disciple, c'est que celui-ci comprenne toutes les parties du défini qui sont contenues et développées dans la définition. S'il les comprend et que cependant il ne veuille pas admettre la définition, la controverse doit finir là tout de suite; car c'est la même chose que s'il ne voulait pas être enseigné : s'il ne les comprend pas sans contestation, la définition est inepte, puisque sa nature consiste à présenter clairement l'idée de la chose. Les principes sont connus par eux-mêmes ou ne sont pas des principes.

4) En philosophie, les définitions sont antérieures aux noms définis; car elles sont le commencement de l'enseignement de la philosophie : et ses progrès consistent à arriver par la méthode de composition à la connaissance du composé. Puis donc que la définition explique par voie de résolution le nom composé, et que la marche est d'aller des parties

composantes aux choses composées, il faut connaître les définitions avant les noms composés : et même quand les noms des parties sont expliqués dans le discours, il n'est pas nécessaire à la science que le nom exprimant la chose composée de toutes ses parties existe. Par exemple, ces noms-ci étant connus, *équilatère*, *quadrilatère*, *rectangle*, il n'est pas du tout nécessaire à la géométrie que le mot *carré* existe. On n'emploie les noms définis en philosophie que pour abréger.

5) Les noms composés qui sont définis d'une manière dans une partie de la philosophie peuvent être définis autrement dans une autre. Tels sont les mots parabole et hyperbole, qui sont définis différemment en géométrie et en rhétorique. Car les définitions sont instituées pour servir à un enseignement en particulier et le rendent plus facile. Mais si une définition peut rendre utile à une autre partie de la philosophie un mot qui a été jugé propre à transmettre plus brièvement des connaissances géométriques, on peut, par le même moyen, faire la même chose dans d'autres parties, et on en a le droit ; car l'usage des noms vis-à-vis de soi-même, et même avec les autres, pourvu qu'ils en soient consentants, est tout à fait arbitraire.

6) Aucun nom n'est défini par un seul mot, parce qu'un seul mot ne peut être la résolution, la décomposition d'un ou de plusieurs autres mots.

7) Le nom défini ne doit pas être répété dans la définition ; car le défini est un tout qui est composé. La définition du composé est sa résolution dans ses parties ; et un tout ne peut pas être une partie de lui-même.

16. Deux définitions quelconques qui peuvent être arrangées en syllogisme produisent une conclusion ; et comme elle sort des principes, c'est-à-dire des définitions, on dit qu'elle est *démontrée*, et sa dérivation ou sa composition s'appelle *démonstration*. De même, si l'on forme un syllogisme de deux propositions, dont l'une soit une définition et l'autre une conclusion démontrée, ou dont aucune des deux ne soit une définition, mais qui toutes deux aient été démontrées auparavant, ce syllogisme sera appelé une démonstration, et ainsi de suite. La définition de la démonstration est donc celle-ci : *une démonstration est un syllogisme ou une série de syllogismes commençant aux définitions des noms et arrivant à une dernière conclusion*. Ainsi, tout raisonnement légitime qui commence aux vrais principes est une démonstration véritable et scientifique. Quant à l'origine du nom, il est vrai que les Grecs ne se sont servis du mot *apodeixis* que les Latins ont traduit par *demonstratio*, que pour cette seule espèce de raisonnements dans lesquels, au moyen de certaines lignes et de certaines figures, on met, pour ainsi dire, sous les yeux la chose à prouver, ce qui est proprement *apodeiknuein*, ou montrer ; mais il paraît que c'est parce qu'ils n'avaient reconnu la certitude que dans la géométrie (dans laquelle seule on a occasion de se servir de ces sortes de figures), et qu'ils avaient remarqué

que sur tous les autres sujets ils n'avaient que des verbiages et des controverses, et aucun raisonnement certain et scientifique. Cela cependant ne vient pas de ce que la vérité qu'ils cherchaient ne peut pas se montrer sans le secours des figures, mais de ce qu'ils n'avaient pas trouvé les vrais principes du raisonnement; car il n'y a aucune raison pour que, dans tous les genres de science, on ne puisse pas faire des démonstrations rigoureuses, si on commence par de bonnes définitions.

17. Le propre d'une démonstration méthodique est donc :

1) Que la série de tout le raisonnement soit légitime; c'est-à-dire conforme aux règles que nous avons données sur les syllogismes.

2) Que les prémisses de chaque syllogisme soient démontrées d'avance depuis les définitions premières.

3) Qu'après les définitions on procède par la même méthode dont celui qui enseigne s'est servi pour découvrir chaque chose; c'est-à-dire que l'on démontre d'abord les choses qui tiennent immédiatement aux définitions les plus universelles (en cela consiste cette partie de la philosophie qu'on appelle philosophie première), ensuite celles qui peuvent se démontrer par le mouvement seulement (en cela consiste la géométrie), et enfin celles qui peuvent s'enseigner par une action manifeste, c'est-à-dire par l'impulsion ou l'attraction. Après ces préliminaires, il faut en venir au mouvement des parties invisibles ou au changement, à la doctrine des sens et de l'imagination, aux passions internes des animaux, et surtout à celles de l'homme, dans lesquelles on trouve les premiers fondements des devoirs ou de la doctrine civile qui est le couronnement de la philosophie. La preuve que c'est bien là le véritable arrangement de toute la science, c'est que les parties que nous avons placées les dernières ne peuvent être démontrées que quand celles qui les précèdent sont connues. Je ne puis pas citer d'autre exemple de cette méthode que la manière dont j'ai commence ces *Éléments de philosophie*, et que je suivrai dans tout le reste de l'ouvrage.

18. Nous avons parlé, dans le chapitre précédent, des *paralogismes* qui tiennent à la fausseté des prémisses ou aux vices de la composition : mais indépendamment de ceux-là, il y en a deux qui sont propres à la démonstration; c'est la *pétition de principe* et la *cause fausse*; et ils suffisent pour tromper non seulement le disciple peu instruit, mais même quelquefois le maître, et pour faire que ce qu'ils croient être démontré ne le soit pas. On dit que l'on fait une *pétition de principe* quand, énonçant en d'autres termes la conclusion qu'il s'agit de prouver, on la donne pour la définition, c'est-à-dire pour le principe de la démonstration. Effectivement en prenant ainsi pour cause de la chose cherchée, la chose elle-même ou l'effet, la démonstration fait une espèce de cercle; car elle revient d'où elle était partie. Par exemple, celui qui, pour démontrer que la terre est immobile au

centre de l'univers, supposerait que la gravité est la cause de cet effet et la définirait *la qualité par laquelle un corps grave tend au centre de l'univers*, ferait un raisonnement infructueux; car l'on cherche pourquoi la terre a cette qualité, et celui qui en donne pour raison la gravité donne l'effet lui-même pour la cause de l'effet.

Je trouve l'exemple d'une *cause fausse* dans un traité sur ces matières. Il s'agissait de prouver que la terre se meut. L'auteur dit d'abord que, puisque le soleil et la terre ne sont pas toujours dans la même situation à l'égard l'un de l'autre, il faut absolument que l'un des deux change de place; cela est vrai; ensuite, que les vapeurs que le soleil élève de la terre et de la mer sont nécessairement mues à cause de ce mouvement; cela est encore vrai. Il en infère que de là naissent des vents; cela doit encore lui être accordé; que ces vents mettent en mouvement les eaux de la mer et que le fond de la mer, pour ainsi dire fouetté par ce mouvement des eaux, doit se mouvoir; nous lui accorderons même cela. Mais il en conclut que la terre doit nécessairement se mouvoir, et cependant c'est un paralogisme; car si le vent a été la cause du commencement de la révolution de la terre et si le mouvement du soleil ou de la terre a été la cause du vent, le mouvement du soleil ou celui de la terre existait avant le vent lui-même. Si c'était la terre qui se mouvait avant la naissance du vent, il n'a pu être la cause de la révolution de la terre; si c'était le soleil qui était mu et la terre immobile, il est manifeste que la terre a pu n'être pas en mouvement quoique le vent existât. La cause de ce mouvement n'est donc pas celle qu'on lui assigne. On trouve beaucoup de paralogismes de ce genre dans les écrits des physiciens; mais il n'y en a point de mieux adapté à mon sujet que celui-ci.

19. On pensera peut-être qu'ici, à propos de la méthode, il conviendrait de parler de cet art que les géomètres appellent logistique, par le moyen duquel, en supposant vraie la chose cherchée, ils arrivent par une suite de raisonnements, ou à des choses connues qui prouvent la vérité de la chose en question, ou à des choses impossibles qui montrent que la supposition est fausse. Mais cet art ne peut pas s'expliquer ici : la raison en est que cette méthode ne peut être comprise et mise en pratique que par ceux qui sont versés dans la géométrie; et les géomètres eux-mêmes, c'est à proportion qu'ils connaissent un plus grand nombre de théorèmes et les ont plus présents à l'esprit, qu'ils peuvent mieux se servir de la logistique; de sorte que réellement elle n'est pas distincte de la géométrie. Cette méthode a trois parties; la première consiste à trouver entre les choses inconnues et les choses connues une égalité qu'on appelle équation; et l'on ne peut trouver cette équation que l'on ne connaisse bien la nature, les propriétés et les transpositions de la proportion; l'addition, la soustraction, la multiplication des lignes et des surfaces, et l'extraction des racines; ce qui déjà n'est

pas d'un géomètre médiocre. La seconde partie consiste, après avoir trouvé l'équation, à savoir juger si ou non, on en peut déduire la vérité ou la fausseté de la question; ce qui appartient encore à une science plus relevée. Enfin, la troisième partie est, après avoir trouvé une équation qui soit propre à la solution de la question, de la résoudre de manière que la vérité ou la fausseté devienne manifeste, ce qui, dans les questions difficiles, ne peut se faire sans connaître la nature des figures curvilignes. Or la connaissance de la nature et des propriétés des figures curvilignes, est tout ce qu'il y a de plus relevé en géométrie : ajoutez à cela qu'il n'y a réellement aucune méthode pour inventer les équations; et que chacun y réussit à proportion de sa sagacité naturelle.

SUPPLÉMENT À LA PREMIÈRE SECTION DES *ÉLÉMENTS D'IDÉOLOGIE*

AVERTISSEMENT

On va trouver ici, sous le nom de *Supplément à la première section des Éléments d'idéologie*, un morceau dans lequel j'appuie de quelques nouveaux motifs ma manière de concevoir l'artifice du jugement et du raisonnement. J'espère qu'il ne déplaira pas aux amateurs de ces recherches, parce qu'en resserrant et rapprochant les plus importants de mes principes logiques, je les présente sous une nouvelle face, et qu'en outre j'y ai ajouté quelques considérations sur la théorie des probabilités qui ne sont pas sans intérêt, vu le peu de progrès que cette science a encore faits. D'ailleurs ceux qui ne seraient pas curieux de ce dernier article, et qui seraient suffisamment satisfaits de ma théorie logique et convaincus de sa justesse, pourront se dispenser de lire ce *Supplément* qui n'est qu'une surabondance de preuves.

SUPPLÉMENT À LA PREMIÈRE SECTION DES *ÉLÉMENTS D'IDÉOLOGIE*

À mesure que j'avance dans la rédaction de ces *Éléments*, je suis incessamment obligé de revenir sur des objets que j'ai déjà traités. Au commencement de la *Grammaire*, il a fallu que je reporte l'attention du lecteur sur l'analyse du jugement, que je rende encore plus précise l'idée de cette opération intellectuelle et de ses résultats et que je rappelle plusieurs des effets déjà reconnus dans les signes et plusieurs de leurs rapports avec la nature des idées qu'ils représentent.

Au commencement du volume qui traite plus spécialement de la *Logique*, j'ai dû jeter un coup d'œil en arrière sur l'ancienne histoire de la science, pour montrer que la vraie logique est absolument la même science que celle de la formation, de l'expression et de la combinaison de nos idées, c'est-à-dire celle que depuis on a nommée *idéologie, grammaire générale* ou *analyse de l'entendement*, et pour faire voir que mes deux premiers volumes ne sont que le remplacement plus ou moins heureux des deux premières parties des anciennes logiques et le supplément de ce qui a toujours manqué à ces préliminaires si importants. J'ai de plus été dans la nécessité d'insister encore sur l'explication de l'idée d'existence et sur celle de la réalité de nos perceptions et de leur concordance nécessaire avec la réalité des êtres qui les causent, quand elles sont toutes légitimement déduites des impressions premières et directes que nous font ces êtres.

Aujourd'hui je me vois de même contraint de reparler des conclusions de cette *Logique* avant d'aller plus loin et de ne point appliquer à l'étude de notre volonté et de ses effets ma théorie des causes de la certitude et de l'erreur sans lui avoir donné quelques nouveaux développements. Le lecteur doit pardonner ces fréquentes rétrogradations, car elles naissent presque nécessairement de la nature du sujet, de la manière dont il a été traité jusqu'à présent et de la nécessité où l'on est d'aller au devant d'une foule d'objections quand on veut faire goûter une opinion nouvelle.

Qu'il me soit donc permis de rappeler ici que j'ai réduit toute la science logique à l'observation des deux faits qui résultent manifestement de l'examen scrupuleux de nos opérations intellectuelles. Le premier, c'est que nos perceptions étant tout pour nous, nous sommes parfaitement, complètement et nécessairement sûrs de tout ce que nous sentons actuellement. Le second, qui n'est qu'une conséquence de celui-là, c'est qu'aucun de nos jugements pris isolément ne peut être erroné, puisque par cela même que nous voyons une idée dans une autre, elle y est actuellement; mais que leur fausseté, quand elle a lieu, est purement relative à tous les jugements antérieurs que nous laissons subsister, et consiste en ce que cette idée dans laquelle nous voyons un élément nouveau, nous la croyons la même que celle que nous avons toujours eue sous le même signe, tandis qu'elle en est réellement différente, puisque l'élément nouveau que nous y voyons actuellement est incompatible avec quelques-uns de ceux que nous y avons vus précédemment; en sorte que pour qu'il n'y eût pas de contradiction, il faudrait ou en ôter ceux-là ou n'y pas admettre celui-ci.

Après avoir établi ces deux principes, ou plutôt ces deux faits, j'ai donné quelques éclaircissements; j'ai été au-devant de quelques objections; j'ai montré que ces deux observations sont également vraies, quelle que soit la nature de nos idées, et quels que soient les usages que nous en faisons; et j'en ai conclu que toutes les règles quelconques que l'on a jamais prescrites à la forme de nos raisonnements pour nous assurer de leur justesse, sont absolument inutiles et illusoires; et que notre seul et unique moyen de nous préserver de l'erreur est de bien nous assurer de la compréhension de l'idée dont nous jugeons, et si elle est douteuse, de faire l'énumération la plus complète possible des éléments qui la composent et principalement de ceux qui pourraient contenir implicitement, ou repousser celui qu'il s'agit d'y admettre ou d'en écarter.

C'est là que sans plus de détails j'ai terminé mon traité de logique qui, par conséquent, finit presque au moment où tous les autres commencent. Cela doit être, puisque je n'ai voulu parler que de la science, tandis que les autres logiciens, négligeant presque absolument la science, ne se sont occupés que de l'art. Je crois bien, je l'avouerai, que mon travail est plus utile que le leur: car dans toute matière il est toujours très difficile, d'une conséquence prématurée, de remonter aux principes qui auraient dû lui servir de base; au lieu que, quand on a bien établi les vérités premières, il est facile d'en déduire les conséquences qui en dérivent. Cependant cette seconde opération est importante aussi; et comme un sujet n'est traité complètement que quand elle est exécutée, je vais, avant d'aller plus loin, présenter sommairement, mais méthodiquement, la série des maximes pratiques qui résultent de ma manière de considérer nos moyens de connaître. L'emploi que je ferai ensuite de ces mêmes moyens à l'étude de notre volonté et de ses effets sera un exemple de la manière dont ces règles trouvent leur application dans toutes nos recherches.

Aphorisme premier[a]

Nous ne connaissons notre existence que par les impressions que nous éprouvons, et celles des êtres autres que nous, que par les impressions qu'ils nous causent.

Observation

Aussi, de même que toutes nos propositions peuvent être ramenées à la forme de propositions énonciatives, parce qu'au fond elles expriment toutes un jugement, de même toutes nos propositions énonciatives peuvent ensuite être toujours réduites à n'être qu'une de celles-ci : *je pense, je sens, ou je perçois que telle chose est de telle manière, ou que tel être produit tel effet*, propositions dont nous sommes nous-mêmes le sujet, parce qu'au fond nous sommes toujours le sujet de tous nos jugements, puisqu'ils n'expriment jamais qu'une impression que nous éprouvons.

Corollaire

Il suite de là, 1. que nos perceptions sont toujours toutes telles que nous les sentons et ne sont susceptibles d'aucune erreur, prises chacune séparément et en elle-même ;

2. que si, dans les diverses combinaisons que nous en faisons, nous n'y ajoutons rien qui primitivement n'y soit implicitement ou explicitement compris, elles sont toujours conformes à l'existence des êtres qui nous les causent, puisque cette existence ne nous est connue que par elles et ne consiste pour nous que dans ces perceptions ;

3. que nous ne connaissons rien que relativement à nous et à nos moyens de recevoir des perceptions ;

4. que ces perceptions sont tout pour nous, que nous ne connaissons jamais rien que nos perceptions, qu'elles sont les seules choses vraiment réelles pour nous, et que la réalité que nous reconnaissons dans les êtres qui nous les causent n'est que secondaire et ne consiste que dans le pouvoir permanent de faire toujours les mêmes impressions dans les mêmes circonstances, soit à nous, soit aux autres êtres sensibles qui nous en rendent compte (encore par des impressions qu'ils nous causent),

a. J'ai employé la forme d'aphorismes, d'observations et de corollaires, afin de dire plus de choses en moins de mots.

quand nous sommes parvenus à nous mettre en communication avec eux par des signes.

Aphorisme II

Puisque nos perceptions sont toujours toutes telles que nous les sentons, quand nous sentons une idée dans une autre, elle y est réellement actuellement par cela seul que nous l'y sentons; ainsi aucun de nos jugements pris séparément et isolément n'est faux : il a toujours et nécessairement la certitude qui appartient inévitablement à chacune de nos perceptions actuelles.

Corollaire

Aucun de nos jugements ne peut donc être faux que relativement à des jugements antérieurs; et cela suffit pour le rendre faux relativement à l'existence des êtres causes de nos impressions, si ces jugements antérieurs étaient justes relativement à cette existence.

Aphorisme III

Quand nous voyons dans une idée ou perception un élément incompatible avec ceux qu'elle renfermait auparavant, cette idée est autre qu'elle n'était; car telle qu'elle était, elle excluait ce nouvel élément que nous y voyons; et telle qu'elle est, elle exclut ceux qui sont incompatibles avec lui.

Corollaire

Donc pour qu'elle soit la même idée qu'elle était auparavant, il faut en exclure cet élément que nous y voyons actuellement: ou si ceux qui y répugnent sont à tort dans cette idée, il faut les en exclure eux-mêmes, c'est-à-dire la rendre telle qu'elle était quand ils y ont été introduits par méprise; ce qui est encore la remettre au même état où elle était avant qu'elle ait été changée par un jugement faux, sans que nous nous en apercevions.

Aphorisme IV

Quand nous portons un jugement d'une idée, quand nous y voyons un nouvel élément, il arrive donc nécessairement une de ces quatre choses :

Ou le jugement que nous portons actuellement est conséquent à une idée juste, alors il est juste; et l'idée, sans changer de nature, n'a fait que se développer et s'étendre.

Ou il est inconséquent à une idée juste, alors il est faux; et l'idée est changée et est devenue fausse.

Ou il est conséquent à une idée déjà fausse, alors il est faux ; mais l'idée n'est pas changée ; c'est quand elle est devenue fausse précédemment qu'elle a changé par rapport à ce qu'elle était primitivement.

Ou il est inconséquent à une idée fausse, alors il peut être juste ou faux, mais jamais certain ; car l'idée est changée. Seulement elle peut également être redevenue juste telle qu'elle était originairement, ou fausse d'une manière différente de la précédente.

Observation

Remarquez toutefois qu'une idée entachée d'éléments faux, et par conséquent méritant le nom de *fausse prise en masse*, peut contenir aussi beaucoup d'éléments vrais. Ainsi on peut porter, en conséquence de ces éléments vrais, des jugements justes, et alors ils seront complètement vrais, comme on en peut porter de faux qui seront complètement faux ; mais ces jugements ne seront pas portés de cette idée en tant qu'elle est fausse et en vertu de ce qu'elle a de faux ; ainsi ils doivent être considérés comme portés d'une idée vraie et rentrent dans ce que nous avons dit de ceux-ci.

C'est là ce qui nous arrive le plus souvent, tant nous avons peu d'idées composées qui soient parfaitement pures et sans mélange d'imperfection ; peut-être n'en avons-nous aucune ; peut-être même suffirait-il que nous en eussions une seule pour que toutes les autres fussent ou devinssent bientôt de même par la seule force de leurs relations et de leurs combinaisons prochaines ou éloignées avec elle.

Aphorisme V

Ainsi toutes nos perceptions sont originairement justes et vraies et l'erreur s'y introduit seulement à l'instant où nous y admettons un élément qui y est opposé, c'est-à-dire qui les dénature et les change sans que nous nous apercevions.

Aphorisme VI

Cela ne nous arriverait jamais si nous avions bien présent à l'esprit ce que comporte l'idée dont nous jugeons : ainsi toutes nos erreurs viennent réellement de ce que nous nous représentons imparfaitement cette idée.

Aphorisme VII

Tout ce qui précède ne tenant à aucune circonstance particulière à une de nos perceptions plutôt qu'à une autre, convient généralement à toutes.

Corollaire

Il suit de là, 1. que notre manière de procéder est la même pour nos idées de toutes espèces ;

2. que toutes nos erreurs viennent toujours du fond de nos idées et non de la forme de nos raisonnements ;

3. que toutes les règles que l'on peut prescrire à la forme de ces raisonnements ne peuvent servir de rien pour éviter l'erreur, ou du moins ne peuvent y servir qu'accidentellement.

Aphorisme VIII

Nous n'avons donc pas d'autre moyen efficace pour éviter l'erreur que de bien nous assurer de la compréhension de l'idée dont nous jugeons, c'est-à-dire des éléments qu'elle renferme.

Observation

Cela n'est possible qu'après avoir commencé par bien déterminer l'extension de cette idée ; car elle renferme beaucoup d'éléments dans certains degrés de cette extension qu'elle ne comporte pas dans d'autres ; c'est-à-dire qu'elle n'est pas exactement semblable à elle-même, qu'elle n'est pas rigoureusement la même dans ces différents degrés d'extension.

Aphorisme IX

Ce moyen général et unique en renferme plusieurs autres, et d'abord celui d'étudier avec soin l'objet ou les objets dont émane l'idée en question ; et ensuite celui de nous préserver avec le même soin des affections, passions, préventions, dispositions, habitudes, manières d'être qui pourraient altérer cette idée.

Observation

Ces deux précautions sont nécessaires, la première pour rassembler, autant que possible, tous les éléments qui appartiennent réellement à l'idée en question, la seconde pour en écarter de même tous ceux qui lui sont étrangers et qui pourraient s'y mêler et l'altérer sans que nous nous en apercevions.

Aphorisme X

Après ces deux préliminaires nécessaires, si nous sommes encore en doute sur le jugement qu'il s'agit de porter, l'expédient le plus utile dont nous puissions nous aviser est de faire l'énumération la plus complète possible des éléments qui composent l'idée sujet de ce jugement, et principalement ceux qui ont trait à l'idée que nous nous proposons de lui attribuer, c'est-à-dire à l'attribut du jugement projeté.

Observation

L'effet de cette opération est de nous rappeler à nous-mêmes, ou à ceux que nous voulons convaincre de la vérité ou de la fausseté d'une proposition, les éléments du sujet qui comprennent implicitement l'attribut proposé, ou qui, au contraire, pourraient l'exclure.

C'est le but que les logiciens se proposent d'atteindre par ce qu'ils appellent des *définitions*; mais, suivant moi, ils tombent dans plusieurs erreurs relativement aux définitions, et ils en méconnaissent bien les effets et les propriétés.

Premièrement, ils croient qu'il y a des définitions de noms et des définitions de choses; et dans le vrai, il n'y a jamais que des définitions d'idées. Quand j'explique le sens d'un mot, je ne fais autre chose qu'expliquer l'idée que j'ai quand je prononce ce mot; et quand j'explique ce qu'est un être, je ne fais encore qu'expliquer l'idée que j'ai de cet être et que j'exprime quand je prononce son nom.

Secondement, ils établissent que les définitions sont des principes et qu'on ne peut pas disputer des définitions. Ces deux assertions sont contradictoires et pourtant fausses toutes deux.

D'abord elles sont contradictoires; car si les définitions sont des principes, on peut et on doit souvent les révoquer en doute, puisqu'on ne doit reconnaître aucun principe comme vrai sans examen préalable; et si on ne peut contester les définitions, il faut qu'elles ne soient pas des principes, puisque tout principe doit être prouvé avant d'être admis.

Ensuite, ces deux assertions sont fausses toutes les deux. Les définitions ne sont pas des principes; car les seuls vrais principes, ce sont les faits; et les définitions ne sont pas des faits mais de simples explications fondées sur les faits, comme toutes nos autres propositions quelconques. Or, on peut contester une définition comme toute autre proposition; car quand j'explique l'idée que j'ai d'un être, je ne prétends pas dire seulement que j'en ai cette idée, je prétends affirmer de plus que cette idée convient à cet être, qu'on peut l'avoir telle sans erreur; or, c'est ce qui peut être faux, ce qu'on peut me contester. De même, quand j'explique l'idée que j'ai du sens d'un mot, je ne prétends pas seulement que j'en ai cette idée, je prétends encore qu'elle ne blesse point les relations réelles de ce mot avec une infinité d'autres; qu'on peut s'en servir dans ce sens sans inconvénient et sans inconséquence; or, c'est ce qu'on peut encore me contester avec raison. Enfin, quand je ne prétendrais faire, par une définition, qu'expliquer l'idée complexe et composée que j'ai actuellement dans la tête, on pourrait et on devrait toujours être reçu à me montrer que cette idée est mal faite ; qu'elle est composée en vertu de jugements inconséquents les uns aux autres, et qu'elle renferme des éléments contradictoires.

Donc les définitions ne sont jamais des principes, et pourtant elles sont toujours contestables.

Troisièmement, les logiciens ont cru que la définition est bonne et que l'idée est parfaitement expliquée, dès qu'on l'a déterminée *per genus proximum et differentiam specificam*, comme ils disent, c'est-à-dire dès qu'on a expliqué celui de ses éléments qui fait qu'elle est d'un tel genre, et celui qui, dans ce genre, la distingue des idées de l'espèce la plus voisine. Or, cela est encore faux ; et cela n'est fondé que sur la doctrine fantastique en vertu de laquelle on croyait pouvoir partager toutes nos idées en différentes classes arbitraires appelées *catégories*.

Cela est faux, d'abord parce que toutes ces classifications arbitraires ne représentent jamais la nature. Nos idées sont enchaînées les unes aux autres par mille rapports divers ; vues sous un aspect, elles sont d'un genre, et sous un autre, elles sont d'un autre genre ; par suite, chacune d'elles tient à une multitude innombrable d'idées voisines par une infinité de relations de natures si différentes qu'on ne peut les comparer entre elles pour décider quelle est la moins éloignée. Ainsi, on ne peut jamais, ou presque jamais, trouver réellement le *genre prochain ni la différence spécifique* qui méritent exclusivement de caractériser une idée.

De plus, quand on aurait trouvé dans cette idée les éléments qui déterminent en effet le genre et l'espèce dans lesquels il est permis raisonnablement de la classer, il s'en faudrait encore de beaucoup que l'idée fût suffisamment expliquée pour être bien connue ; il se pourrait même que ces deux éléments fussent absolument étrangers à la décision de la question qui aurait donné lieu à la définition. Assurément, quand j'ai dit que l'or est un métal, et le plus pesant des métaux après le platine, j'ai très bien rangé l'or dans le genre d'êtres auquel il appartient, et je l'ai distingué par une différence caractéristique de ceux qui en sont les plus voisins dans ce genre. Cependant, cela ne me sert à rien du tout pour savoir si l'usage de l'or, comme monnaie, est utile au commerce ou pernicieux pour la morale, ni même si l'or est le plus ductile des métaux. Les deux premières questions tiennent à des idées trop étrangères à celles qui mettent l'or dans telle place parmi les minéraux ; et quoique la dernière en soit moins éloignée, cependant nous ne connaissons pas de rapport direct et nécessaire entre la pesanteur et la ductilité.

Les logiciens se sont donc trompés sur la nature, les effets et les propriétés des définitions. Elles sont incapables de remplir le but qu'ils se proposent d'atteindre par leur moyen, celui de faire connaître l'idée dont il s'agit de juger, tellement qu'on ne puisse en porter qu'un jugement sain. La seule manière d'y parvenir est de faire la description de cette idée le mieux possible et avec les précautions que nous avons indiquées.

Remarque

Il faut faire attention que tout ce que nous avons conseillé dans les aphorismes VIII, IX et X et tout ce que nous conseillerons par la suite de faire pour bien connaître l'idée du *sujet* du jugement en question, est également applicable à l'idée *attribut* de ce même jugement dont la connaissance est également essentielle et ne peut s'acquérir que par les mêmes moyens.

Aphorisme XI

Les moyens indiqués ci-dessus pour bien connaître les idées dont on juge sont les seuls réellement efficaces pour nous amener à porter des jugements sains; mais ils peuvent fort bien n'être pas suffisants pour nous donner la certitude d'y avoir réussi; il faut donc y adjoindre des moyens subsidiaires.

Aphorisme XII

Le meilleur et le plus utile de ces moyens secondaires est de voir, d'une part, si le jugement qu'il s'agit de porter n'est point en opposition avec des jugements antérieurs, de la certitude desquels nous nous tenons assurés, et de l'autre, s'il ne nous conduit pas nécessairement à des conséquences manifestement fausses.

Remarque

Le premier point est ce qui a si fort accrédité l'usage des propositions générales; car, comme on peut leur confronter une multitude de jugements particuliers, on y a eu souvent recours, et on s'est habitué à ne pas remonter plus loin et à croire qu'elles étaient la source primitive de la vérité; le second est le motif de tous les raisonnements qui consistent dans une réduction à l'absurde.

Observation

Le procédé recommandé dans cet aphorisme est une espèce d'épreuve à laquelle on soumet l'opération projetée; il est bien utile pour éviter l'erreur; car si le jugement que l'on examine se trouve en opposition avec des jugements antérieurs justes, ou nécessairement lié avec des conséquences fausses, il est évident qu'il faut le rejeter; mais ce même procédé ne conduit pas directement et nécessairement à la vérité, car il se peut faire qu'il ne résulte de la recherche aucun motif déterminant pour l'affirmative.

Aphorisme XIII

Dans le cas où nous manquons de raisons décisives pour nous déterminer, il ne nous reste d'autre ressource que de tâcher de nous procurer de nouvelles lumières, c'est-à-dire de faire entrer de nouveaux éléments dans l'idée sujet du jugement qu'il s'agit de porter. Cela ne se peut faire que de deux manières, ou en cherchant à recueillir des faits nouveaux, ou en essayant de faire de ceux qui nous sont déjà connus des combinaisons dont nous ne nous étions pas encore avisés, et d'en tirer des conséquences que nous n'y avions pas encore remarquées.

Observation

Le conseil renfermé dans cet aphorisme n'est que le développement de la première partie de l'aphorisme IX, et il ne peut pas être autre chose; car quand on s'est assuré qu'on ne connaît pas assez un sujet pour en juger, il ne peut pas y avoir d'autre ressource que de l'étudier davantage.

Aphorisme XIV

Enfin, quand les motifs de détermination nous manquent invinciblement, il faut savoir rester dans le doute complet et suspendre absolument notre jugement, plutôt que de l'asseoir sur des apparences vaines et confuses, puisque dans celles-là nous ne sommes jamais sûrs qu'il n'y ait pas quelques éléments faux.

Remarque et conclusion

C'est là le dernier des principes logiques, et le plus essentiel de tous; car, en le suivant, nous pouvons bien rester dans l'ignorance, mais nous ne pouvons jamais tomber dans l'erreur, toutes nos erreurs venant toujours de ce que nous admettons, dans ce que nous savons, des éléments qui n'y sont réellement pas et qui nous mènent à des conséquences qui ne devraient pas suivre de ceux qui y sont effectivement.

En effet, si depuis nos impressions premières les plus simples jusqu'à nos idées les plus générales et à leurs combinaisons les plus compliquées, nous n'avions jamais reconnu dans nos perceptions successives que ce qui y est, nos dernières combinaisons seraient aussi irréprochables que le premier acte de notre sensibilité. Ainsi, il est bien certain qu'en rigueur logique nous ne devons jamais porter un jugement que nous ne voyions nettement que le sujet renferme l'attribut, c'est-à-dire que le jugement est juste.

Mais en même temps, il est bien vrai aussi que dans le cours de la vie nous arrivons rarement à la certitude et que pourtant nous sommes souvent obligé de prendre un parti par provision, d'autant que souvent n'en prendre aucun, c'est en prendre un, et même très décisif. Sans donc renoncer au principe que nous venons de poser, ni y déroger en aucune manière, il convient de parler actuellement de la théorie de la probabilité. C'est un sujet que j'aborde avec répugnance, premièrement parce qu'il est très difficile et encore très peu éclairci ; ensuite parce qu'on ne peut se flatter de l'approfondir quand on n'est pas très au fait des combinaisons de la science des quantités et de la langue qui leur est propre ; et enfin parce que, même avec ces moyens, la nature du sujet prive de l'espérance d'arriver à presque aucun résultat certain et ne laisse que celle de bien calculer les chances. Essayons cependant de nous en faire du moins une idée nette et juste ; ce sera peut-être déjà contribuer à ses progrès.

La science de la probabilité n'est point une partie de la logique et ne doit pas même être regardée comme en étant le supplément. La logique nous enseigne à porter des jugements justes et à faire des séries de jugements, c'est-à-dire des raisonnements qui soient conséquents. Or, il n'y a point, à proprement parler, de jugements ni de séries de jugements qui soient probables. Quand on juge qu'une opinion ou un fait sont vraisemblables, on le juge positivement et ce jugement est juste, faux ou téméraire, suivant que l'on a bien ou mal observé les principes de l'art logique. Mais, me dira-t-on, la science de la probabilité nous apprenant à évaluer la probabilité d'une opinion, nous apprend à porter avec justesse le jugement que cette opinion est ou n'est pas probable. D'accord ; mais elle produit cet effet, comme la science des propriétés des corps, la physique, nous apprend à porter le jugement que telle propriété appartient à tel corps ; comme la science de l'étendue nous apprend à porter le jugement que tel théorème résulte des propriétés de telle figure ; comme la science de la quantité nous apprend que tel nombre est le résultat de tel calcul ; enfin comme toutes les sciences nous apprennent à juger sainement les objets de leur ressort. Cependant on ne peut pas dire et on ne dit point qu'elles ne sont que des parties de la logique, ni même qu'elles en sont des suppléments. Toutes, au contraire, ne portent la lumière dans les sujets qu'elles traitent que par les moyens et les procédés que leur fournit la saine logique. Celle-ci sert à toutes les sciences, mais aucune d'elles ne la secourt directement, ni ne la remplace, ni n'en fait partie, ni n'en est le supplément. La science de la probabilité n'a point à cet égard de privilège particulier ; c'est, sous ce rapport, une science comme une autre.

Mais je vais plus loin : la science à laquelle on a donné le nom de *science de la probabilité* n'est point une science, ou, pour m'expliquer plus clairement, on comprend à tort sous ce nom collectif et commun une multitude de sciences ou de portions de sciences, toutes différentes entre elles, étrangères les unes aux autres, et qu'il est impossible de réunir sans tout confondre. En effet, ce que l'on appelle communément la *science de la probabilité* renferme deux parties bien distinctes, savoir, d'une part, la recherche de l'évaluation des données, et de l'autre, le calcul ou les combinaisons de ces mêmes données.

Or, le succès de la recherche et de l'évaluation des données, s'il s'agit de la probabilité d'une narration, consiste dans la connaissance des circonstances propres au fait en lui-même et à tous ceux qui en ont parlé; ainsi il dépend et fait partie de la science de l'histoire. S'il s'agit de la probabilité d'un événement physique, cette recherche des données consiste à acquérir la connaissance des faits antérieurs et de leur liaison; ainsi elle appartient à la physique. S'il est question de prévoir les résultats d'une institution sociale, ou des délibérations d'une assemblée d'hommes, les faits antérieurs sont les détails d'une organisation sociale, ou des dispositions et des opérations intellectuelles de ces hommes; ainsi ils dépendent de la science sociale, ou de la morale, ou de l'idéologie. Enfin, quand il ne s'agirait que de prévoir les chances du jeu de *croix* ou *pile*[1], les données seraient la construction de la pièce, le mode de résistance du milieu dans lequel elle se meut, celui des corps contre lesquels elle peut heurter, les mouvements propres au bras qui la lance et qui lui sont plus ou moins faciles; ainsi ces données dépendraient encore de la physique des corps animés et inanimés. Donc, quant à la recherche des données et à la fixation de leur importance, la prétendue science de la probabilité est composée d'une multitude de sciences différentes, suivant le sujet dont elle s'occupe, et par conséquent n'est point une science particulière.

Quant à la combinaison des données une fois bien établie, la science de la probabilité n'est autre chose, lorsqu'on y emploie le calcul, que la science de la quantité ou du calcul lui-même; car, la difficulté ne consiste pas à donner à l'unité abstraite une valeur concrète quelconque, et tantôt l'une et tantôt l'autre, mais à connaître toutes les ressources que fournit le calcul perfectionné, pour faire de cette unité et de tous ses multiples les combinaisons les plus compliquées et les enchaîner régulièrement sans en perdre le fil.

On voit donc que ni sous le rapport de la recherche et de l'évaluation des données, ni sous celui des combinaisons de ces mêmes données, la prétendue science de la probabilité n'est une science particulière et distincte de toute autre.

On pourrait plutôt la regarder ou comme une branche de la science des quantités, et comme un emploi que l'on en fait à certaines parties de

1. Ancienne dénomination du jeu de « pile ou face », datant du temps où les pièces de monnaie comportaient d'un côté une croix et de l'autre des piliers.

beaucoup de sciences différentes qui sont susceptibles de cette application, ou comme la réunion de portions éparses de beaucoup de sciences étrangères les unes aux autres, qui ont seulement cela de commun de donner lieu à des questions que l'on ne peut résoudre que par un emploi très savant et très délicat des moyens admirables de calcul que fournit la science des quantités dans l'état de perfection où elle est maintenant parvenue. Mais ce n'est pas encore là voir la théorie de la probabilité dans toute son étendue; car on ne peut pas toujours employer le calcul à l'estimation de la probabilité. Néanmoins cette manière de considérer et de décomposer ce que l'on appelle la *science de la probabilité* nous explique déjà beaucoup plus de choses qui la concernent et nous met sur la voie de nous en faire une idée nette et complète.

On voit d'abord pourquoi ce sont des mathématiciens qui en eu l'idée et qui l'ont pour ainsi dire créée et faite de toutes pièces. C'est parce que, comme telle qu'ils l'ont conçue, elle consiste principalement dans l'emploi d'un agent puissant dont ils disposaient, ils ont pu pousser très loin des spéculations que les autres hommes étaient obligés d'abandonner faute de moyens pour les suivre.

On voit aussi pourquoi ces mathématiciens se sont premièrement et presque uniquement occupés de sujets dont les données sont très simples, tels que les chances des jeux de hasard et des loteries, ou les effets de l'intérêt de l'argent placé. C'est que leur principal avantage consistant dans leur grande habileté dans le calcul, ils ont avec raison préféré les objets où cette partie est presque tout et où le choix et l'évaluation des données ne présentent presque aucune difficulté; et c'est en effet dans les cas de ce genre qu'ils ont obtenu des succès curieux et utiles.

On voit encore pourquoi tous les efforts de ces mathématiciens, même les plus habiles, quand ils ont voulu traiter de la même manière des sujets dont les données étaient nombreuses, fines et complexes, n'ont guère produit que des jeux d'esprit que l'on peut appeler *difficiles nugae*, de savantes niaiseries. C'est que plus ils ont suivi loin les conséquences résultantes du petit nombre de données qu'ils avaient pu saisir, plus elles sont devenues différentes des conséquences que ces mêmes données auraient produites, réunies avec toutes celles, souvent plus importantes, qu'ils ont été obligés de négliger, faute de pouvoir les démêler et les apprécier. C'est ce qui fait que nous avons vu de grand calculateurs, après les plus savantes combinaisons, nous donner les formes de scrutin les plus défectueuses, parce qu'ils n'avaient pas tenu compte de mille circonstances inhérentes à la nature des hommes et des choses, ne s'occupant que de la circonstance du nombre des unes et des autres. C'est ce qui fait que Condorcet lui-même, quand il a voulu appliquer la théorie des probabilités aux décisions des assemblées, et spécialement aux jugements des tribunaux, ou n'a osé rien statuer sur des institutions réelles et s'est borné à raisonner sur des hypothèses imaginaires, ou a été souvent conduit à des expédients absolument impraticables, ou qui auraient des inconvénients plus graves que ceux qu'il voulait éviter.

Quelque respect que j'aie pour les grandes lumières et la haute capacité de cet homme vraiment supérieur et à jamais regrettable, je ne crains pas de porter un jugement si hardi de cette partie de ses travaux, car j'y suis en quelque sorte autorisé par lui-même. Le titre d'*Essai* qu'il a donné à son traité [1] et l'épigraphe qu'il y a mise prouvent combien il se défiait du succès d'une pareille entreprise : et ce qui le confirme, c'est que, dans son dernier ouvrage composé à la veille d'une mort funeste, où il trace d'une main si ferme l'histoire des progrès de l'esprit humain [2] et où il assigne à la théorie des probabilités une si grande part dans les succès futurs des sciences morales, il dit, avec toute la candeur qui le caractérise, ces propres mots, page 362 : *Cette application, malgré les efforts heureux de quelques géomètres, n'en est encore pour ainsi dire qu'à ses premiers éléments, et elle doit ouvrir aux générations suivantes une source de lumières vraiment inépuisable*. Cependant, il avait fait alors, non seulement le savant *Essai* dont il s'agit, mais encore un ouvrage qui est bien supérieur à celui-là. Ce sont les *Éléments du calcul des probabilités, et son application aux jeux de hasard, à la loterie et aux jugements des hommes*, qui n'ont été publiés qu'en 1805 [3].

Je crois donc n'avoir rien avancé de téméraire en observant que dans les sujets difficiles par le nombre, la finesse, la complexité et l'intime liaison des circonstances nécessaires à considérer, sans en oublier aucune, le grand talent de bien combiner celles trop peu nombreuses qui ont été aperçues, n'a pas suffi pour préserver les calculateurs les plus habiles de graves erreurs et de grands mécomptes. On sent que cela doit être. Mais maintenant je dois aller plus loin ; et tout ceci m'amène à une dernière réflexion qui sort du fond des choses comme celles que l'on vient de lire, qui confirme plusieurs principes importants que j'ai établis dans les volumes précédents, qui, loin d'anéantir les grandes espérances de Condorcet, tend à les assurer et à les réaliser en les renfermant dans certaines limites, mais qui me paraît montrer manifestement combien il

1. *Essai sur l'application de l'analyse à la probabilité des décisions rendues à la pluralité des voix*, Paris, Imprimerie royale, 1785.

2. *Esquisse d'un tableau historique des progrès de l'esprit humain*, Paris, Agasse, an 3 (1794).

3. *Éléments du calcul des probabilités, et son application aux jeux de hasard, à la loterie et aux jugements des hommes*, Paris, Royer, an 13-1805. L'ouvrage a été écrit vers 1789-1790.

s'en faut que le calcul des probabilités soit la même chose que la théorie de la probabilité : voici en quoi consiste cette observation.

L'objet principal de la théorie des probabilités et sa grande utilité est, en partant de la réunion d'un certain nombre de causes données, de déterminer le degré de vraisemblance des effets qui doivent s'ensuivre ; et en partant de la réunion d'un certain nombre d'effets connus, de déterminer le degré de vraisemblance des causes qui ont pu les produire. On peut même dire que tous les résultats de cette théorie ne sont que des branches différentes de ce résultat général et peuvent être ramenés à n'en être que des parties.

Or, nous avons vu dans les volumes précédents, et à différentes occasions, que pour que des êtres quelconques puissent être soumis avec succès à l'action du calcul, il fallait qu'ils fussent susceptibles de s'adapter aux divisions nettes, précises et invariables des idées de quantité et de la série des noms de nombres et des chiffres qui les expriment. C'est une condition nécessaire à la validité de tout calcul, dont celui qui a pour objet la probabilité ne peut pas être plus exempt que celui qui conduit à la certitude absolue.

Il suit de là rigoureusement qu'il y a une multitude de sujets dont il serait absolument impossible de calculer les données, quand même, ce qui n'est pas toujours, il serait possible de les recueillir toutes, sans en échapper aucune.

Assurément les degrés de la capacité, de la probité des hommes, ceux de l'énergie et de la puissance de leurs passions, de leurs préventions, de leurs habitudes, sont impossibles à évaluer en nombres. Il en est de même du degré d'influence de certaines institutions ou de certaines fonctions, du degré d'importance de certains établissements, du degré de difficultés de certaines découvertes, du degré d'utilité de certaines inventions ou de certains procédés. Je sais que dans ces quantités, vraiment inappréciables et innumérables dans toute la rigueur de ce mot, on cherche et on parvient, jusqu'à un certain point, à en déterminer les limites par le moyen du nombre, de la fréquence et de l'étendue de leurs effets ; mais je sais aussi que dans ces effets, que l'on est obligé de sommer et de nombrer ensemble comme choses parfaitement similaires, pour en tirer des résultats, il est presque toujours, et je pourrais dire toujours impossible de démêler les altérations et les variations des causes concourantes, des circonstances influentes et de mille considérations essentielles, en sorte qu'on est nécessité à ranger ensemble, comme semblables, une multitude de choses très diverses, seulement pour arriver à ces résultats préparatoires, lesquels doivent ensuite conduire à d'autres qui ne peuvent manquer de devenir tout à fait fantastiques.

En veut-on un exemple bien frappant, tiré d'un sujet qui sûrement ne présente pas autant de difficultés de ce genre que les idées morales ? Le voici : Certainement aucun de ceux qui ont entrepris d'évaluer l'effort des muscles du cœur n'a péché contre les règles du calcul, ni, qui plus est, contre les lois de la mécanique, dont la sûreté devait encore préserver de beaucoup d'erreurs. Cependant, les uns sont arrivés à estimer cet effort plusieurs milliers de livres, et les autres seulement quelques onces, et personne ne sait avec certitude lesquels sont les plus près de la vérité. Quels secours tire-t-on donc du calcul quand, même en s'en servant bien, on est exposé à de pareilles divagations et à de si prodigieuses incertitudes ?

Il est donc vrai, je le répète, qu'il y a une multitude de choses auxquelles le calcul de la probabilité, comme tout autre calcul, est complètement inapplicable; ces choses sont beaucoup plus nombreuses qu'on ne le croit communément et que ne le croient beaucoup d'hommes très habiles; et le premier pas à faire dans la science de la probabilité est de savoir les discerner. C'est à la science de la formation de nos idées, à celle des opérations de notre intelligence, à la saine idéologie en un mot, à nous apprendre le nombre de ces choses, à nous faire connaître leur nature, à nous montrer les raisons pour lesquelles elles sont si réfractaires, et c'est un grand service qu'elle rendra à l'esprit humain, en l'empêchant à l'avenir de faire un usage pernicieux d'un de ses plus beaux instruments. Dès ce moment, elle nous montre que la science de la probabilité est une chose bien distincte du calcul de la probabilité avec lequel on l'a confondue, puisqu'elle s'étend à beaucoup d'objets auxquels celui-ci ne saurait atteindre. C'est ce que je me proposais principalement de faire voir.

Au reste, comme je l'ai annoncé, cette observation ne détruit pas les grandes espérances que le génie perçant de Condorcet lui avait fait concevoir de l'emploi du calcul en général et de celui de la probabilité en particulier pour l'avancement des sciences morales; car si les diverses nuances de nos idées morales sont impossibles à, exprimer en nombres, et s'il y a beaucoup d'autres choses relatives à la science sociale qui sont également impossibles à apprécier et à calculer directement, ces choses tiennent à d'autres qui souvent les rendent réductibles en des qualités* calculables, si l'on peut se servir de cette expression. Ainsi, par exemple, les degrés de la valeur de toutes les choses utiles ou agréables, c'est-à-dire les degrés de l'intérêt que nous attachons à les posséder, ne peuvent pas être notés directement par des chiffres; mais tous ceux qui peuvent être représentés par des quantités de poids ou d'étendue d'une même chose, deviennent calculables et même comparables les uns avec les autres. De

* *L'édition de 1825 a substitué par erreur* quantités *à* qualités

même l'énergie et la durabilité des ressorts secrets qui causent et entretiennent l'action des organes qui constitue notre vie, ne sont pas susceptibles d'être appréciés directement; mais nous en jugeons par leurs effets. Le temps et divers genres de résistances et de déchets sont susceptibles de divisions très exactes; cela nous suffit, et nous en tirons une multitude prodigieuse de résultats et de combinaisons précieuses. Or, il y a une infinité de choses dans les sciences morales qui nous offrent des ressources semblables, mais il y en a aussi beaucoup qui n'en présentent pas; et encore une fois, il est très important d'en bien faire la différence; car d'abord, à l'égard de ces dernières, tout emploi du calcul est abusif; et de plus, il se présente souvent des espèces de quantités qui paraissent calculables, mais qui sont compliquées invinciblement par le mélange de ces autres espèces de quantités que je me suis permis d'appeler *réfractaires*; et alors, si on y applique le calcul, les mathématiciens les plus habiles sont conduits inévitablement à des erreurs énormes: c'est, je crois, à quoi ils n'ont pas toujours assez pris garde. Pour ces deux derniers cas, on peut dire du calcul ce que l'on a dit de l'art syllogistique pour tous nos raisonnements quelconques; c'est qu'il conduit notre esprit beaucoup moins bien que les simples lumières du bon sens aidé d'une attention suffisante.

Voilà tout ce que j'avais à observer sur la science et le calcul de la probabilité et j'en tire les conséquences suivantes. La théorie de la probabilité n'est ni une partie, ni un supplément de la logique; cette théorie n'est point non plus une science à part et distincte de toutes les autres. Toutes les sciences ont une partie positive et une partie conjecturale. Dans toutes, la partie positive consiste à reconnaître les effets qui suivent toujours et nécessairement de certaines causes, et les causes qui produisent toujours et nécessairement certains effets. Dans toutes aussi, la partie conjecturale consiste, en partant de la réunion d'un certain nombre de causes données, à déterminer le degré de vraisemblance des effets qui doivent s'ensuivre, et en partant de la réunion d'un certain nombre d'effets connus, à déterminer le degré de vraisemblance des causes qui ont pu les produire. Dans ces deux parties, lorsque les idées comparées ne sont pas de nature à comporter l'application des noms de nombres et des chiffres, nous ne pouvons employer que les instruments ordinaires du raisonnement, c'est-à-dire nos langues vulgaires, leurs formes et les mots qui les composent. Dans ces deux parties également, quand les idées comparées, par la netteté, la constance et la précision de leurs subdivisions, sont susceptibles de s'adapter aux divisions de la série des noms de nombres et des chiffres, nous pouvons employer avec un grand avantage, au lieu des instruments ordinaires du raisonnement, les instruments propres à la science des idées de quantité, c'est-à-dire la langue des calculs, ses formules et ses signes. C'est là ce qui constitue, pour la partie conjecturale, le calcul de la probabilité. Il faut le distinguer soigneusement de la science de la probabilité, car l'une est d'usage dans tous les cas où il s'agit de trouver une vraisemblance quelconque; elle est proprement la partie conjecturale de toutes les autres sciences, au lieu que l'autre, le calcul, n'a lieu que dans les cas où l'on peut employer la langue des calculs; il n'est qu'un instrument dont malheureusement la science de la probabilité ne peut pas toujours se servir.

La science de la probabilité consiste dans le talent et la sagacité nécessaires pour reconnaître les données, les choisir, pressentir leurs degrés d'importance, et les disposer dans l'ordre convenable, talent auquel il est assez difficile de prescrire des règles précises, parce qu'il est souvent le produit d'une multitude de jugements inaperçus. Au contraire, le calcul de la probabilité proprement dit ne consiste qu'à suivre correctement les règles générales de la langue des calculs, dans les cas où elle peut y être employée.

Ce calcul est souvent extrêmement utile et extrêmement savant; mais il faut soigneusement distinguer les occasions où l'on peut s'en servir; car pour peu que les idées que l'on tente de calculer soient mêlées de celles que j'ai nommées *réfractaires* et qui sont vraiment incalculables, on est conduit inévitablement aux mécomptes les plus excessifs. C'est, je pense, ce qui n'est arrivé que trop souvent aux hommes habiles qui, par leurs lumières et même par leurs fautes, nous ont mis sur la voie d'en découvrir la cause.

Je me bornerai à ce petit nombre de résultats. Je sens que c'est porter bien peu de lumières directes sur un sujet qui est d'autant plus important et d'autant plus étendu que malheureusement la certitude est plus souvent loin de nous. Mais si j'ai contribué à en faire prendre une idée nette et juste, je n'aurai pas été inutile. J'ai bien plus de raisons que Condorcet de dire : *Je n'ai pas cru donner un bon ouvrage, mais seulement un ouvrage propre à en faire naître de meilleurs*, etc., etc., etc. [a].

a. Voyez page 183 du Discours préliminaire de l'*Essai sur l'application de l'analyse à la probabilité des décisions rendues à la pluralité des voix, in-4°*, 1785, à l'Imprimerie royale.

Ce Discours et les *Éléments* du même auteur, que j'ai déjà cités, sont suivant moi les ouvrages où l'on voit le mieux l'esprit et la marche générale du calcul des probabilités et où l'on peut le plus aisément découvrir les causes de ses avantages et de ses inconvénients, quoiqu'elles n'y soient pas encore complètement démêlées.

Nota : Je sens que quand on parle des probabilités, on est inexcusable de passer sous silence l'excellent ouvrage de M. Delaplace [Pierre Simon Laplace, *Théorie analytique des probabilités*, Paris, Courcier, 1812] sur ce sujet. Mais je ne l'ai connu que depuis que ceci est écrit et je suis actuellement tout à fait incapable d'y rien ajouter.

Au reste, cet ouvrage, tout admirable qu'il est, ne change rien à ce que j'ai dit ci-dessus, et même, en cas de besoin, le confirmerait dans plusieurs points. *[Nota ajoutée dans l'édition de 1825]*

Ne voulant pas m'occuper plus longtemps de la partie conjecturale de nos connaissances, et croyant ne devoir rien ajouter au petit nombre de principes que j'ai établis avant cette longue digression et qui renferment, suivant moi, tout ce qu'il y a d'important dans l'art logique tel qu'il naît de la vraie science logique, il ne me reste plus qu'à essayer de faire une heureuse application de cet art à l'étude *de notre volonté et de ses effets*. C'est ce que je vais entreprendre, avec l'espérance que, mon instrument étant meilleur, je pourrai mieux réussir que des hommes plus habiles peut-être, mais moins bien armés.

EXTRAIT RAISONNÉ SERVANT DE TABLE ANALYTIQUE AU SUPPLÉMENT À LA PREMIÈRE SECTION DES *ÉLÉMENTS D'IDÉOLOGIE*

J'ai réduit précédemment toute la science logique à deux faits.

Le premier, c'est que nos perceptions étant tout pour nous, nous sommes parfaitement, complètement et nécessairement sûrs de tout ce que nous sentons actuellement.

Le second, c'est que par conséquent aucun de nos jugements, pris isolément, ne peut être erroné, puisque par cela même que nous voyons une idée dans une autre, elle y est actuellement; mais leur fausseté, quand elle a lieu, est purement relative aux jugements antérieurs que nous laissons subsister et consiste en ce que cette idée, dans laquelle nous voyons un élément nouveau, nous la croyons la même que celle que nous avons toujours eue sous le même signe, tandis qu'elle en est réellement différente, puisque l'élément nouveau que nous y voyons actuellement est incompatible avec quelques-uns de ceux que nous y avons vus précédemment, en sorte que, pour qu'il n'y eût pas de contradiction, il faudrait ou en ôter ceux-là, ou n'y pas admettre celui-ci.

De ces deux faits ou principes, je tire quatorze aphorismes ou maximes qui constituent suivant moi tout l'art logique tel qu'il naît de la vraie science logique.

Après le dernier de ces aphorismes qui prescrit de s'abstenir de juger tant qu'on n'a pas les données suffisantes, je parle de la théorie de la probabilité.

La science de la probabilité n'est point la même chose que le calcul de la probabilité; elle consiste dans la recherche des données et dans leur combinaison. Le calcul ne consiste que dans cette dernière partie; il peut être très juste et mener à des résultats très faux. C'est ce dont ne sont pas assez aperçus les mathématiciens qui l'ont pris pour la science tout entière.

La science de la probabilité n'est donc pas une science particulière. Comme recherche des données, elle fait partie de chacune des sciences dont dépendent ces données. Comme calcul des données, elle est un emploi de la science des quantités.

La science de la probabilité est proprement la partie conjecturale de chacune des branches de nos connaissances, dans quelques-unes desquelles le calcul peut être employé.

Mais il faut bien voir quelles sont celles dont les idées sont, par leur nature, susceptibles de nuances assez précises et assez déterminées pour pouvoir se rapporter aux divisions exactes des noms de nombres et des chiffres, et pour que par suite on puisse y appliquer le langage rigoureux de la science des quantités. C'est encore à quoi n'ont pas assez pris garde les mathématiciens, qui ont cru que tout consistait dans le calcul, et cela les a conduits à des erreurs épouvantables.

Dans l'état où est encore la science de la probabilité, si c'en est une, j'ai cru devoir me borner à ce petit nombre de réflexions, destinées à en bien déterminer la nature, les moyens et le but.

TABLE DES MATIÈRES

ÉLÉMENTS D'IDÉOLOGIE

TROISIÈME PARTIE
LOGIQUE

Imprimé sur les presses de Jouve - Mayenne
2159977U - dépôt légal : mai 2014 - date d'impression : mai 2014